中国道教典籍丛刊

# 四子真经集释

〔晋〕张　湛　〔唐〕殷敬顺等 注

【下】

华龄出版社
HUALING PRESS

# 分目录

## 下 册

### 文 子

**通玄真经徐注** …………………… 860
 通玄真经序 …………………… 860
 通玄真经卷之一 …………… 861
  道　原 ……………………… 861
 通玄真经卷之二 …………… 872
  精　诚 ……………………… 872
 通玄真经卷之三 …………… 882
  九　守 ……………………… 882
  守　虚 ……………………… 885
  守　无 ……………………… 885
  守　平 ……………………… 886
  守　易 ……………………… 887
  守　清 ……………………… 887
  守　真 ……………………… 888
  守　静 ……………………… 888

守　法 …………………… 889
　　　守　弱 …………………… 889
　　　守　朴 …………………… 892
　　通玄真经卷之四 …………… 893
　　　符　言 …………………… 893
　　通玄真经卷之五 …………… 902
　　　道　德 …………………… 902
　　通玄真经卷之六 …………… 912
　　　上　德 …………………… 912
　　通玄真经卷之七 …………… 922
　　　微　明 …………………… 922
　　通玄真经卷之八 …………… 932
　　　自　然 …………………… 932
　　通玄真经卷之九 …………… 940
　　　下　德 …………………… 940
　　通玄真经卷之十 …………… 949
　　　上　仁 …………………… 949
　　通玄真经卷之十一 ………… 957
　　　上　义 …………………… 957
　　通玄真经卷之十二 ………… 964
　　　上　礼 …………………… 964
**通玄真经朱注** ……………… 971
　　通玄真经卷之一 …………… 971
　　　道原篇 …………………… 971
　　通玄真经卷之二 …………… 1001

精诚篇 ………………………………… 1001
　通玄真经卷之三 ……………………… 1024
　　九守篇 ………………………………… 1024
　　　守　虚 ……………………………… 1032
　　　守　无 ……………………………… 1033
　　　守　平 ……………………………… 1035
　　　守　易 ……………………………… 1036
　　　守　清 ……………………………… 1037
　　　守　真 ……………………………… 1039
　　　守　静 ……………………………… 1040
　　　守　法 ……………………………… 1042
　　　守　弱 ……………………………… 1043
　　　守　朴 ……………………………… 1048
　通玄真经卷之四 ……………………… 1051
　　符言篇 ………………………………… 1051
　通玄真经卷之五 ……………………… 1066
　　道德篇 ………………………………… 1066
　通玄真经卷之六 ……………………… 1086
　　上德篇 ………………………………… 1086
　通玄真经卷之七 ……………………… 1107
　　微明篇 ………………………………… 1107

**通玄真经缵义** ………………………… 1122
　文　子 …………………………………… 1122
　通玄真经缵义序 ………………………… 1122
　通玄真经缵义卷之一 …………………… 1124

道原篇 …………………………… 1124
通玄真经缵义卷之二 …………………… 1133
　　精诚篇 …………………………… 1133
通玄真经缵义卷之三 …………………… 1143
　　九守篇 …………………………… 1143
　　守虚一 …………………………… 1146
　　守无二 …………………………… 1146
　　守平三 …………………………… 1147
　　守易四 …………………………… 1147
　　守清五 …………………………… 1148
　　守真六 …………………………… 1148
　　守静七 …………………………… 1149
　　守法八 …………………………… 1149
　　守弱九 …………………………… 1150
　　守　朴 …………………………… 1152
通玄真经缵义卷之四 …………………… 1153
　　符言篇 …………………………… 1153
通玄真经缵义卷之五 …………………… 1162
　　道德篇 …………………………… 1162
通玄真经缵义卷之六 …………………… 1171
　　上德篇 …………………………… 1171
通玄真经缵义卷之七 …………………… 1180
　　微明篇 …………………………… 1180
通玄真经缵义卷之八 …………………… 1189
　　自然篇 …………………………… 1189

通玄真经缵义卷之九 …… 1198
　　下德篇 …… 1198
通玄真经缵义卷之十 …… 1207
　　上仁篇 …… 1207
通玄真经缵义卷之十一 …… 1215
　　上义篇 …… 1215
通玄真经缵义卷之十二 …… 1224
　　上礼篇 …… 1224
**通玄真经缵义释音** …… 1231
　卷一道原篇 …… 1231
　卷二精诚篇 …… 1231
　卷三九守篇 …… 1231
　卷四符言篇 …… 1232
　卷五道德篇 …… 1232
　卷六上德篇 …… 1232
　卷七微明篇 …… 1232
　卷八自然篇 …… 1233
　卷九下德篇 …… 1233
　卷十上仁篇 …… 1233
　卷十一上义篇 …… 1233
　卷十二上礼篇 …… 1233

# 亢仓子

**洞灵真经注** …… 1236

洞灵真经卷上 …………………………… 1236
  全道篇第一 ………………………… 1236
  用道篇第二 ………………………… 1241
  政道篇第三 ………………………… 1244
洞灵真经卷中 …………………………… 1253
  君道篇第四 ………………………… 1253
  臣道篇第五 ………………………… 1257
  贤道篇第六 ………………………… 1259
洞灵真经卷下 …………………………… 1263
  训道篇第七 ………………………… 1263
  农道篇第八 ………………………… 1269
  兵道篇第九 ………………………… 1275

# 文　子

# 通玄真经徐注

## 通玄真经序

大道不振，其来已久。微波尚存，出自诸子。莫不祖述道德，弥缝百代。文子者，周平王时人也。著书一十二篇。《史记》云：文子亦曰计然，范蠡师之。姓辛，名妍，字文子，葵丘濮上人，其先晋公子也。尝两游，蠡得而事之。老子弟子也。平王问文子曰：闻子得道于老君，今贤人虽有道，贤人文子也。而遭淫乱之世，以一人之权而欲化久乱之民，其能庸乎？文子对曰：道德匡邪以为政，振乱以为理，使圣德复生，天下安宁，要在一人。故积德成王，积怨成亡，而尧舜以是昌，桀纣以是亡。平王信其言而用之，时天下治。然安危成败，匪降自天，在乎君王任贤而已。故圣人怵怵为天下，孩其人同于赤子，欲以兴利去害而安之，非欲有私己也。其书上述皇王帝霸兴亡之兆，次叙道德礼义衰杀之由，莫不上极玄机，旁通庶品。其旨博而奥，其辞文而真，故有国者，虽淫败之俗，可返朴于太素，有身者，而患累之质，可复至命于自然，大矣哉！君子不可不刳心焉。洎我唐十有一叶，皇帝垂衣布化，均和育物，柔怀庶邦，殊俗一轨。故在显位者，咸尽其忠慕；幽居者，亦安其业。默希以元和四载投迹衡峰之表，考室华盖之前，迨经八稔，夙敦朴素之风，窃味希微之旨。今未能拱默，强为注释，是量天汉之高邈，料沧溟之浅深者，亦以自为难矣。

默希子序

# 通玄真经卷之一

默希子①注

## 道　原

且物之为贵，莫先于人。然不能定心猿而朗照，裂爱网于通津，遂使性随欲迁，生与物化。至人衰之，故述大道之原，特标众篇之首，怦寻原以阶道，方触事而即真，岂不有以者哉？

**老子曰：有物混成，**凝湛常存，故言有物。陶冶万类，故言混成。**先天地生，**首出庶物。**惟象无形，**如天之高有大象，惟道之广无定形。虚凝为一，气散布为万物者也。**窈窈冥冥，寂寥淡漠，言道性深，微不可测。不闻其声，**非声可闻，非色可观。**吾强为之名，字之曰道。**既非声非色，即无名无字，无言无说。今所言者，即非真号，故曰强名也。**夫道者，高不可极，深不可测。**既无形象可睹，岂有高深可测。**苞裹天地，禀受无形，原流汕汕，**音骨。**冲而不盈。**道范围天地，故曰苞。事禀受虚静，故曰无形。其原产万物，如水之流，满而不溢，酌而不耗。汕汕，水出之貌。**浊以静之徐清，**如动而静，似浊而清。**施之无穷，无所朝夕，**博施而穷，岂止旦暮？**表之不盈一握，**表之乃有物，握之乃无形。**约而能张，幽而能明，柔而能刚，含阴吐阳，而章三光。**言之幽间，明齐三景。言之柔毛，利断金石。故能阴能阳，能柔能刚，能大能小，能短能长。向之则存，背之则亡，无可无不可，变化无方也。**山以之高，渊以之深，兽以之走，鸟以之飞，麟以之游，凤以之翔，星历以之行。**高山深渊，麟游凤鸁，宿离不减，升沉遂所者，至治玄感，得如是焉？**以亡取存，以卑**

---

① 徐灵府，唐代道士，号默希子。

**取尊，以退取先**。谓遗生而后身存，自卑而人尊，自后而人先也。道性好谦，故以谦而受益。**古者三皇得道之统，立于中央，神与化游，以抚四方**，三皇，伏牺、神农、黄帝。治天下，神运乎中，德泽充乎外也。**是故能天运地滞，轮转而无废，水流而不止，与物终始，风兴云蒸，雷声雨降，并应无穷**。天运，动也。地滞，静也。言圣人能法天地之动静，与万物之终始，发号出令，雷动风兴，云行雨施，生蓄万物，应变无穷也。**已雕已琢，还复于朴**。修真慎行，所谓琢磨，绝待虚凝，自然复朴。**无为为之而合乎生死**，大道无心，任物自然，故曰无为。夫生者，不得不生，生者自然尔。死者不得不死，死者自然尔，故曰合乎生死。**无为言之而通乎德，恬愉无矜而得乎和**，是不言而达乎德，不矜而至于和也。**有万不同而便乎生**。万类虽差，各随其性。**和阴阳，节四时，调五行**，夫阴阳以和四时，以节五行，以调道之常也。非谓圣人更能改作，但俛察人事，上法天时，中察人情，俾厎不作，以至太平者也。**润乎草木，浸乎金石，禽兽硕大，毫毛润泽，鸟卵不殈，兽胎不殰**，音读。道之行，各遂生成，无相残害。**父无丧子之忧，兄无哭弟之哀**，上治顺，下不逆。**童子不孤**，无夭枉也。**妇人不孀**，皆得相保。**虹霓不见**，邪气自匿。**盗贼不行**，天下大同。**含德之所致也**。言上数者，皆圣人亭毒之所致也。**天常之道**，生化无穷，**生物而不有，成化而不宰**。不有之有，而妙有存焉。不宰之宰，而真宰见矣。**万物恃之而生，莫之知德；恃之而死，莫之能怨**。生非我有，欲谁德；死非我杀，欲谁怨。**收藏畜积而不加富，布施禀受而不益贫**。畜之不盈，散之不虚。**忽兮悦兮不可为象兮，悦兮忽兮用不诎兮**，音屈。**窈兮冥兮应化无形兮**，忽悦之间，应用无穷。窈冥之际，变化无方。原之似有物，寻之乃无状也。**遂兮通兮不虚动兮**。神用既周，理不虚应。**与刚柔卷舒兮，与阴阳俛仰兮**。屈伸从时。

**老子曰：大丈夫**能体道者。**恬然无思，惔然无虑**。与道周旋，岂烦思虑。以天为盖,以地为车,以四时为马,以阴阳为御。行乎无路,游乎无怠,出乎无门。以天为盖,则无所不覆也;以地为车,则无所不载也;四时为马,则无所不使也;阴阳御之,则无所不备也。大丈夫乘天地之正,御阴阳之运,行无尽之域,游无穷之道,岂不盛也?**是故疾而不摇,远而不劳,四支不动,聪明不损,而照见天下者,执道之要,观无穷之地也。**得道之要,观八方在乎掌握。致理之妙,万物存乎方寸。岂有驰于远近而坐致劳弊?**故天下之事不可为也,**为者败之。**因其自然而推之;**无不遂也。**万物之变不可救也,秉其要而归之。**虽变化多端,可精详其要。**是以圣人内修其本而不外饰其末,**内正一心,外斥杂伎。**厉其精神,**使内明也。**偃其知见,**止非道也。**故漠然无为而无不为也,无治而无不治也,所谓无为者不先物为也,无治者不易自然也,无不治者因物之相然也。**夫物因可然而然之,则无不然也。可治而治之,则无不治矣。

**老子曰:执道以御民者,事来而循之,物动而因之,万物之化,无不应也,百事之变,无不耦也。**言圣人御天下,因人事所便利而安之,则万民不得不化,百事不得不谐者也。**故道者,虚无、平易、清静、柔弱、纯粹素朴,此五者,道之形象也。**非备此五德,则不能见无形之形无象之象也。**虚无者道之舍也,**舍者,居也。**平易者道之素也,**素者,质也。**清静者道之鉴也,**鉴者,明也。**柔弱者道之用也,**用者,通也。**反者道之常也,**俗用有为,道用无为。**柔者道之刚也,弱者道之强也,**积柔以成刚,积弱以成强。**纯粹素朴者道之干也。虚者中无载也,平者心无累也,嗜欲不载虚之至也,无所好憎平之至也,一而不变静之至也,不与物杂粹之至也,不忧不乐德之至也。**解五义也。**夫至人之治也,弃其聪明,**无饰智也。**灭其文章,**存素质也。**依道废智,**全清虚之道,去迷妄之智。**与民同出乎公,**无私心也。**约其所**

守,寡其所求,去其诱慕,除其贵欲,捐其思虑。约其所守即察,寡其所求即得。心能得一,即万有其术。约以知微,寡以御众者也。**故以中制外,百事不废,中能得之,则外能牧之。中之得也,**中者,在国即君也,在人即心也。君明则国安,心正则身治,故以中制外,天下无对。以外制中,或达或穷,知中知外,万举不败。**五藏宁,思虑平,筋骨劲强,耳目聪明。**皆守中所致也。**大道坦坦,去身不远,求之远者,往而复返。**徒涉远而迷津,不知近而求诸己也。

**老子曰:**圣人忘乎治人,而在乎自理,贵忘乎势位,而在乎自得,自得即天下得我矣。未有身,不治而能治人,居势位而不骄人。不骄人者,其唯自得。自得者,我好之,人亦好。以我情得彼情,故曰自得。自得则天下之情皆得于我也。**乐忘乎富贵,而在乎和。**唯能不骄,富贵而保其和乐也。**知大己而小天下,几于道矣。**得其道,一身虽微,可以有天下,则一身为大。失其道,则天下虽大,无所容其身,则天下不小也。**故曰:至虚极也,守静笃也,万物并作,吾以观其复。**言物生虚静,故归根曰静。静曰复命,言往复无穷,万物不终始。**夫道者,陶冶万物,终始无形,寂然不动,大通混冥,**夫道寂寥,洪炉埏埴,始于无象。中而有物,终于无形。孰知其极,在乎混冥,莫知神灵者也。**深闳广大不可为外,折毫剖芒不可为内,无环堵之宇,**至大不可以外求,至小不可以内得。**而生有无之总名也。**言其无则触类森罗,言有则形兆莫睹,是无为之精,有物之妙,总言万物之名,生于有无之间也。**真人体之以虚无、平易、清净、柔弱、纯粹素朴,不与物杂,至德天地之道,故谓之真人。**体同虚无,德合天地,故曰真人。**真人者,知大己而小天下,贵治身而贱治人,**以人观之,则天下为大矣;以道观之,则天下为小矣。自远观之,则治人贱矣;以近观之,则治身贵矣。**不以物滑和,不以欲乱情,**心非物动,情岂欲乱。**隐其名姓,**与时沉浮,与俗同流,而人不知,隐之至也。**有道则隐,无道则见,**时之有道,则退而默然。时之无道,则勤而修之。**为无为,事无事,知不知也。**为而不恃，事而不矜，知而不耀。**坏天道，包天心，嘘吸阴阳，吐故纳新，与阴俱闭，与阳俱开，与刚柔卷舒，与阴阳俯仰，与天同心，与道同体**。嘘吸顺理，卷舒有宜，动静有节，屈伸从时也。**无所乐，无所苦，无所喜，无所怒，万物玄同，无非无是**。忧乐不挂于心，喜怒不形于色，触事即真，故曰玄同也。**夫形伤乎寒暑燥湿之虐者，形究而神杜；神伤于喜怒思虑之患者，神尽而形有余**。寒暑燥于外，喜怒作于内。精神将逝，余形虽存，其能久乎？**故真人用心复性，依神相扶，而得终始，是以其寝不梦，觉而无忧**。真人知阴阳害正，去偏正之情，养恬漠之性，故得形神相持，忧梦不入也。

**孔子问道，老子曰：正汝形，一汝视，天和将至**；一形正则四体皆端，一心平则群邪不忤，一其见则所遇皆真，绝诸虑则天和自至也。**摄汝知，正汝度，神将来舍。德将为汝容，道将为汝居**。无他知，守常度，则神无不应，德无不包，道无不在也。**瞳兮若新生之犊，而无求其故**。此谓专气致柔，唯求食于母，更无余虑也。**形若枯木，心若死灰**。不知形之为形，心之为心，枯木邪？死灰邪？**真其实知而不以曲，故自持恢恢，无心可谋，明白四达，能无知乎**？所谓无形之形，无心之心，不可以状貌诘，不可以处所寻。荡荡焉非可谟，度而得其唯四达，能无知乎？是谓实知也。

**老子曰**：夫事生者应变而动，变生于时，知时者无常之行。事来必应，变适于时，所贵知机，岂有常行。**故道可道，非常道；名可名，非常名**。随时而应，岂有定方。**书者言之所生也**，言出于智，智者不知，非常道也。书者，谓《诗》《书》《礼》《乐》也。言者，谓先王贤智之言也。皆以陈之刍狗，非常道也。**名可名，非藏书者也**。夫写之简素，缄之金縢，是名可名，且名生则有真伪，故书者，不真名者，不实也。**多闻数穷，不如守中**。多闻力屈，守一无劳。**绝学无忧，绝圣弃智，民利百倍**。止非道绝，摽显去偏，知任一原，故有百倍之利。**人生而静，天之性也；感物而动，性之**

欲也；物至而应，智之动也。智与物接，而好憎生焉。好憎成形而智出于外，不能反己而天理灭矣。性静而欲动，物感而害随。是智以生孽，欲以乱真，好憎是生，损益斯起，不能反照真性，以至灭身也。是故圣人不以人易天，外与物化而内不失情，故通于道者，反于清静，有道者，则清静。究于物者，终于无为。外物者，故无为。以恬养智，以漠合神，即乎无门。智非静而不生，神非寂而不应。应则出乎无，所游乎无门。循天者与道游也，谓守虚静。随人者与俗交也，谓附名势。故圣人不以事滑天，不以欲乱情，不谋而当，不言而信，若天道无心，如四时玄契。不虑而得，不为而成，得非役虑，成非有为。是以处上而民不重，居前而人不害，天下归之，奸邪畏之，以其无争于万物也，故莫敢与之争。至德所加，奸衰伏匿。万姓戴之而不重，天下莫敢与争之。

老子曰：夫人从欲失性，动未尝正也。以治国则乱，以治身则秽。欲之为害，亡国丧身，其应如响，岂不诫之？故不闻道者，无以反其性，不通物者，不能清静。不明于道理，不达于物情，必不能还原复朴也。原人之性无邪秽，久湛于物即易，易而忘其本，即合于其若性。言人本性，至静不觉，感物而动，是欲之害真，衰之蔽正，惑者不悟，以为合如其性，终身不迁，何其痛哉？水之性欲清，沙石秽之；人之性欲平，嗜欲害之，唯圣人能遗物反己。水性本清，秽在沙石。人性本平，害在嗜欲。能遗物反己，其唯圣人也。是故圣人不以智役物，不以欲滑和，其为乐不忻忻，其于忧不惋惋。乌贯切。以乐为乐，乐极则哀。以忧为忧，忧不忘也。是以高而不危，安而不倾，保以虚白，何虑倾危？故听善言便计，虽愚者知说之，称圣德高行，虽不肖者知慕之。愚者尚知向慕，而况贤德者乎？说之者众而用之者寡，慕之者多而行之者少，悦慕者过万，进修者无一。所以然者，学于物而系于俗，以其贪饕滋味，桎梏名利也。故曰：我无为而民自化，我无事而民自富，我好静而民自正，我无欲而民自朴。此明人君法此四者，主行于上，民化于下者也。**清静者德之至也，柔弱者道之用也。虚无恬愉者，万物之祖也。三者行则沦于无形，无形者一之谓也，一者无心合于天下也。**一者，无也。言无定形行于天下，周于万物而无穷也。**布德不溉，用之不勤，**无泽可润，无心可劳。**视之不见，听之不闻。**妙绝无声，安可闻见？**无形而有形生焉，无声而五音鸣焉，无味而五味形焉，无色而五色成焉。故有生于无，实生于虚。音之数不过五，五音之变不可胜听也；味之数不过五，五味之变不可胜尝也；色之数不过五，五色之变不可胜观也。**夫形声色味，皆无自而有。原其正数，不过有五。今自五之变，遂失其常。极于淫靡，固非视听之所究，常观之所察哉！**音者宫立而五音形矣，味者甘立而五味定矣，色者白立而五色成矣，道者一立而万物生矣。**已上皆宗一为主。故物得一而有常，人得主而化光。道通为一，万物蕃昌也。**故一之理施于四海，**无所不同。**一之硙察于天地，**明得一之人，知天地造化之本，万物之性情也。**其全也敦兮其若朴，**外愚于人。**其散也浑兮其若浊。**迹晦于俗。**浊而徐清，冲而徐盈，**浊而能清，虚而能盈。**淡然若大海，**漠然无涯。**氾兮若浮云，**飘然何适。**若无而有，若亡而存。**非无非有，能存能亡，自若朴已。下比体道之人，能若是者也。

老子曰：**万物之总，皆阅一孔，百事之根，皆出一门。**万物万事，皆出众妙之门。**故圣人一度循轨，不变其故，不易其常，放准循绳，曲因其常。**圣人循大道之原，审万物之性，不使陆者渊，居巢者穴，处是不变其故也。各附所安，俱利其性，是曲因其常者也。**夫喜怒者道之邪也，忧悲者德之失也，好憎者心之过也，嗜欲者生之累也。**此人者大丈夫之不处也。**人大怒破阴，大喜坠阳，薄气发喑，惊怖为狂，忧悲焦心，疾乃成积，人能除此五者，即合于神明。**此五者，修身之至诚。人能知飞金炼石以祈久寿，而不能节欲平和以全天性，且喜怒妄作，药石奚救？若审得其理，自合神明矣。**神明者得其内也，得其内者五藏宁，思虑平，耳目聪明，**

**筋骨劲强。**内得者，抱无守一，神闲虑淡，故耳目聪明，筋骨劲强。**疏达而不悖，**不与物竞。**坚强而不匮，**用柔不乏。**无所太过，无所不逮。**所欲不过分，所为无不遂。**天下莫柔弱于水，水为道也，**假言通理，借水明道。**广不可极，深不可测，长极无穷，远沦无涯，**音宜。**息耗减益，过于不訾。**音此。**上天为雨露，下地为润泽，万物不得不生，百事不得不成，大苞群生而无私好，泽及蚑**音岐。**蛲**音饶。**而不求报，富赡天下而不既，德施百姓而不费，行不可得而穷极，微不可得而把握，击之不创，**音疮。**刺之不伤，斩之不断，灼之不熏，绰约流循而不可靡散，利贯金石强沦天下，有余不足任天下取与，禀受万物而无所先后，无私无公与天地洪同，是谓至德。夫水所以能成其至德者，以其绰约润滑也。故曰：天下之至柔，驰骋天下之至坚，无有入于无间。**水者，五行之长，以其得一，故道济天下，德合万类，仁迫草木，义坚金石，信合四时，智出无穷。故柔不可断，刚不可折，动则有威，强而无敌。散为雨露，积为泉原。用之不匮，施之无边。污之不垢，洁而自全。旷哉水德与道合焉。**夫无形者物之太祖，无音者类之大宗。**夫万物生于无形，五音起于无声。故至无者，不生而能生，故无者为物之祖宗。**真人者通于灵府，与造化者为人，执玄德于心，而化驰如神。是故不道之道，芒乎大哉！未发号施令而移风易俗，其唯心行也。万物有所生而独如其根，百事有所出而独守其门，故能穷无穷，极无极，照物而不眩，响应而不知。**内得一心，外通万有，潜浮之道，其化如神，物应无方，孰知其极？**老子曰：得道者志弱而事强，心虚而应当。志弱者柔毳安静，藏于不取，行于不能，淡然无为，动不失时。**得者，谓无为。无为之道，因物所宜，动合得其时。**故贵必以贱为本，高必以下为基，**聚尘成岳，积流成海。**托小以包大，在中以制外，行柔而刚，力无不胜，敌无不陵，**虚心前物，是无力而强，所之皆遂，无敢陵侮也。**应化揆时，莫能害也。**动与道游，物何能害。欲刚者必以柔守之,欲强者必以弱保之。积柔即刚,积弱即强,观其所积,以知存亡。知刚知柔,厥德允修;知存知亡,其身必昌。强胜不若己者,至于若己者而格;强者不可胜,弱者不可陵,是行柔之道也。柔胜出于己者,其力不可量。言不可轻侮,或更胜于己。故兵强即灭,木强即折,革强即裂,用强者,故材不全也。齿坚于舌而先毙。观夫齿舌之理,可察刚柔之道,是刚者无毙,柔者获全矣。故柔弱者生之干也,坚强者死之徒,事势相召,死生可验。先唱者穷之路,后动者达之原。持后则不屈也。夫执道以耦变,先亦制后,后亦制先,何即不失所以制人,人亦不能制也。谓握夫化机,人莫能知。先之则人不拒,后之则雅合其宜。先后俱制,动静无为,此执道耦变也。所谓后者调其数而合其时,时之变则间不容息,先之则太过,后之则不及,夫事有适然,物有成败,机危之动,间不容息,在于调数候时,期于适中不可失。日回月周,时不与人游。谓去速也。故圣人不贵尺之璧,而贵寸之阴,时难得而易失,故圣人随时而举事,因资而立功,圣人不重积其宝,而贵全于道。惜光阴不驻,时运难遭,举事成功,不可失也。守清道,拘雌节,因循而应变,常后而不先,柔弱以静,安徐以定,功大靡坚,不能与争也。故体清静,守雌弱,攻天下之强者,其时不争乎!

老子曰:机械之心藏于中,即纯白之不粹。夫机未忘,智巧斯存,则玄道逾远也。神德不全于身者,不知何远之能坏。近失于身,远失于人。欲害之心忘乎中者,即饥虎可尾也,而况于人乎?夫欲害忘于中者,虽践饥虎之尾,处暴人之前,终无患者。体道者佚而不穷,治道得者,汝身不息。任数者劳而无功。穷数术者,劳而无益。夫法刻刑诛者,非帝王之业也;棰策繁用者,非致远之御也。刑滥民怨,棰繁马佚。好憎繁多,祸乃相随,自然之理。故先王之法非所作也,所因也,其禁诛非所为也,所守也。谓不专任刑杀,求民之祸,恶者去之,小惩大诫,小人之福也。

**故能因即大,作即细,能守即固,为即败。**如大禹治水,因下民昏,垫不胜其弊,随山濬川,斩水通道,救时济危,俾无有害。巍巍乎其有成功,为是能因者也。秦商鞅作法改程,从今者赏,违法者诛。一日之间,戮七百余人,渭水为之赤。其后身死车裂,是所害者大,所成者细,守而不固,为之者败也。**夫任耳目以听视者,劳心而不明,以智虑为治者,苦心而无功。**夫之耳目,竭心虑,则曷足以言哉?至于不听而聪,不视而明,无心而为,不虑而成,此真人之所贵也。**任一人之材,难以至治,一人之能,不足以治三亩之宅。**过则力分不及,循道理之数,因天地自然,即六合不足均也。因其宜,量其力,虽六合之大,必能均齐,万物之众,必究其极也。**听失于非誉**,惑于好憎。**目淫于彩色,礼亶不足以放爱,诚心可以怀远。**言礼不足以防闲,唯心可以照微也。**故兵莫憯于志,镆铘为下;寇莫大于阴阳,而枹鼓为细。所谓大寇伏尸不言节,中寇藏于山,小寇遁于民间。**五兵,道之末者也。阴阳,寇之大者,道也。镆铘枹鼓,有形而利,有声而威。至道无利而能断,无威而善服,故镆铘虽利,道为下,枹鼓存声于道而细。夫阴阳为男女爱恶也,凡欲利斯兴,心将缘情,取舍之间,必有生杀之患。故大寇藏于胸掖,小寇藏于民间。故至人自谨于内,制于外也。**故曰民多智能,奇物滋起,法令滋章,盗贼多有,去彼取此,夭殃不起。**治国法繁而民乱。乱者,亡之兆。治身法繁则刑劳。劳者,弊之征。去彼智法,取此清静,夭殃自弭之者也。**故以智治国,国之贼;不以智治国,国之德。**至人以智为贼,世人以智为德。用之则为民,不用之则为福也。夫无形大,有形细;无形多,有形少;无形强,有形弱;无形实,有形虚。有大有小,则有多有少。有少则有形为小,是小有形也。无大无小,则无多无少。无少则无形为大,是大因无形也。**有形者遂事也**,本乎无形,莫知其名。因物命名,曰遂事也。**无形者作始也,遂事者成器也,作始者朴也。**朴散而为器也。**有形则有声,无形则无声,有形产于无形,故无形者有形之始也。**道不无也,生者有也,因生悟道,体存即无。是声出无闻,形存有始也。**广厚有名,有名者贵全也;**此言有者,即无名之名,非求有名,若求有名,何以贵全也?**俭薄无名,无名者贱轻也**。此言无名者,非是无名之名,谓以愚自绝,不知大道之名者也。**殷富有名,有名尊宠也;贫寡无名,无名者卑辱也**。有道即尊,无道即辱。**雄牡有名,有名者章明也;雌牝无名,无名者隐约也**。自非用牡,岂全有名?自非守雌,岂全无名?晦明隐显,在我有无宁滞也。**有余者有名,有名者高贤也;不足者无名,无名者任下也**。不矜其名是有余,不高而自高者,非贤也。不修其名为不足,不下而自下者,愚也。**有功即有名,无功即无名**。道不虚应。**有名产于无名,无名者有名之母也。夫道,有无相生也,难易相成也**。夫有不自有,自无而生有。难不自难,因易以成难。知有不足有,故须守母而存子。知难不自难,必为难于其易。然物不孤运,事在相假也。**是以圣人执道虚静微妙,以成其德**。忘机即照。**故有道即有德,有德即有功,有功即有名,有名即复归于道**,道德既修,功名自有。有非我有,有自有耳。不知谁有,复归乎道。**功名长久,终身无咎**。全保功名,自无咎悔。**王公有功名,孤寡无功名,故曰:圣人自谓孤寡,归其根本**。唯圣人能立无功之功,无名之名。有此功名,犹称孤寡。是守雌柔复朴也。**功成而不有,故有功以为利,无名以为用**。有功利物而不显,无名常用而无穷。**古者民童蒙,言虽成立,犹若童子。不知东西**,无分别也。**貌不离情**,天和顺也。**言不出行,行出无容**,动与道合,**言而不文**。尚质也。**其衣煖而无采**,不增华饰。**其兵钝而无刃**,不治凶器。**行蹎蹎**,详徐之貌。**视瞑瞑**。音绵。若婴儿之视也。**凿井而饮,耕田而食**,衣食之外,余无所求。**不布施,不求德,高下不相倾,长短不相形**。外不求报,内不祈德,潜符道真,暗合天理。**风齐于俗可随也,事周于能易为也**。令不施而俗自整,人无欲而事自简也。**矜伪以惑世,轹行以迷众,圣人不以为民俗**。夫诈伪为事,坎轲而行,斯迷世惑众,圣人之所不为也。

## 通玄真经卷之二

默希子注

## 精　诚

精者，明也。诚者，信也。诚者天之性也，精者人之明也。诚以志之，明以辩之。非天下至诚，安能尽人物之性，合天地之德？故曰不精不诚，不能动人，斯之谓也。

**老子曰**：天致其高，地致其厚，日月照，列星朗，阴阳和，非有为焉。无为所致，非有欲也。正其道而物自然，言君正其身，民化如神，不言之教，莫之与邻也。阴阳四时，非生万物也，雨露时降，非养草木也，神明接，阴阳和，万物生矣。天地和泰，神明交降，非有心也。四时不得，不顺万物，不得不生。夫道者藏精于内，栖神于心，静漠恬惔，悦穆胸中，廓然无形，寂然无声。言圣人怀天心，施德养道，内韫精神，外无人物，都无兆朕，岂有形声。官府若无事，朝廷若无人，无苛政，无佞人。无隐士，无逸民，朝廷皆忠烈，岩野无遗贤。无劳役，无冤刑，使民以时，用法无滥。天下莫不仰上之德，象主之旨，绝国殊俗，莫不重译而至，君有其道，人赖其德，远被八表，旁流殊俗。非家至而人见之也，推其诚心，施之天下而已。言致重译怀殊俗，非人君一一自诣其家，是诚心内发，远人自至也。故赏善罚暴者，正令也，其所以能行者，精诚也。令虽明不能独行，必待精诚，精明也，诚信也，非明与信，莫能赏善伐恶。故总道以被民而民弗从者，精诚弗至也。如禹伐有苗，不伏然后退，舞干羽而有苗格，精诚至也。

**老子曰**：天设日月，列星辰，张四时，调阴阳，日以暴之，夜以息之，风以干之，雨露以濡之。其生物也，莫见其所养而万物长；其杀物也，莫见其所丧而万物亡，此谓神明。天道潜运，难可明言。物之生时也，物之死时也，生者，至时不得不生，死者，至时不得不死。即生者合生，死者合死。故生者不谢于天，死者不怨于道，自然而已，所谓神明。**是故圣人象之，其起福也，不见其所以而福起；其除祸也，不见其所由而祸除。稽之不得，察之不虚。**上言天法道，此言圣人法天。天之有生杀，由君之有赏罚。起福谓用贤，除祸谓去恶。恶者不得不诛，贤者不得不进。是贤者自进而非我进，暴者自诛而非我诛。故福非我起，祸非我生，莫知所由，不见其形。**日计不足，岁计有余。**圣人不谋细，日用似不足，岁计乃有余也。**寂然无声，一言而大动天下，是以天心动化者也。**夫圣人其静也，天下无声。其动也，万物归之。故高宗三年不言，言乃欢，有诸也。**故精诚内形，气动于天，景星见，黄龙下，凤凰至，醴泉出，嘉谷生，河不满溢，海不波涌**；圣人体道育物，唯德动天。内发于心，上应于天，故龙凤翔集，河海清澄，非无清诚，曷能至此？**逆天暴物，即日月薄蚀，五星失行，四时相乘，昼冥宵光，山崩川涸，冬雷夏霜。天之与人，有以相通。**上明天之应以喜祥，此明逆之致咎夭。故知祸福无门，唯人所召，故天人相通，气类相感，必不差也。**故国之殂亡也，天文变，世俗乱，虹霓见，万物有以相连，精气有以相薄。**悖气胜，灾害以变物，应之以凶，是故圣人审知一身，通乎万类，兢兢业业不敢荒，宁将上顺天心以安黔首，不敢悔慢也。**故神明之事，不可以智巧为也，不可以强力致也。**夫神明正直，岂容巧伪？非诚心莫应，况强力能通哉？**故大人与天地合德，与日月合明，与鬼神合灵，与四时合信。**唯大圣为能体至道，合天心，故德无不备，明无不烛，灵不虚应，信不逾时，有能与斯，可谓大哉！**怀天心，抱地气，执冲含和**，心气相通，天地交泰，非体冲和，岂至如此？**不下堂而行四海**，其唯神化。**变忌习俗，民化迁善，若出诸己，能以神化者也。**夫圣人不以尊卑易己，不以夷夏易情，故不下堂而殊俗化，不驰神而重译至，德加乎人，若出诸己者。

**老子曰：夫人道者全性保真，不亏其身，**夫人识道体，合天理，在物无害,于身不亏也。遭急迫难,精通乎天。诚至无违。若乃未始出其宗者,何为而不成,死生同域,不可胁凌。未始出其宗者,是心与道冥,身齐化物,何往不适,何为不成,死生已泯,安可胁凌也。又况官天地,府万物,返造化,含至和而已,未尝死者也。道者,法天象地,含阴吐阳,分布五材,包罗万品,独运陶钧之上,周行造化之表,未尝有生,孰云其死？精诚形乎内,而外喻于人心,此不传之道也。此言内育精诚,外感人物,其可传乎？圣人在上,怀道而不言,泽及万民,故不言之教芒乎大哉！君臣乖心,倍谲见乎天,神气相应征矣,此谓不言之辩,不道之道也。至道无言,玄功不宰。故君臣相保,诵咏其德,上达于天,幽通于神,不言之辩,不道之道,所能致也。夫召远者,使无为焉,亲近者,言无事焉,言天之高远,唯无为感之而应,无事亲之,则近也。唯夜行者能有之,夜行谓勤行,如夜行,未迫所诣,陪行不息,所以精神内发,上达于天。故却走马以粪,却者,罢也。马者,心也。心如伕马,难可控御。人皆驰心,远希名利,以荣其身。我则不然,罢走其心,保将虚静,以粪其身也。车轨不接于远方之外,是谓坐驰陆沉。不行而至,谓之坐驰。隐而不发,谓之陆沉。夫天道无私就也,无私去也,能者有余,拙者不足,夫天道无私,有德者则就,无德则去。观夫去彼取此,涉于有私,及乎舍恶亲善,理合自然。无欲则有余,有欲则不赡也已。顺之者利,逆之者凶。唯无私焉,故无利无功。是故以智为治者,难以持国,已释上经。唯同乎大和,而持自然应者,为能有之。唯全大和,自然应之。

**老子曰**：夫道之与德,若韦之与革,远之即近,近之即疏,稽之不得,察之不虚。夫韦革为鼓,击之则应,道德资身,用之则行。声应莫穷,神化无极。是考之不得,察之不虚也。是故圣人若镜,不将不迎,应而不藏,万物而不伤,其心若镜,所鉴无遗。不迎物而求照,必恒照而应物,物无逃像,所遇何伤也。其得之也乃失之也,其失之也乃得之也。有得有失,斯为不实。无得无失,斯为真一。故通于大和者,暗若酣醉而甘卧以游其中，若未始出其宗，是谓大通。夫抱道含和，忘形遗累，如饮醇酎，甘乐其中，混然而同，可谓大道者也。此假不用能成其用也。此谓悟道以无生，如因醉以忘形也。

老子曰：昔黄帝之治天下，调日月之行，治阴阳之气，节四时之度，正律历之数，别男女，明上下，使强不掩弱，众不暴寡，民保命而不夭，岁时熟而不凶，百官正而无私，上下调而无尤，法令明而不暗，辅佐公而不阿，田者让畔，道不拾遗，市不预贾。故于此时日月星辰不失其行，风雨时节，五谷丰昌，凤凰翔于庭，麒麟游于郊。此黄帝以道治天下，德化如是。虙牺氏之王天下也，枕石寝绳，杀秋约冬，负方州，抱员天，阴阳所拥。沈滞不通者，窍理之逆气戾物，伤民厚积者绝止之。其民童蒙，不知西东，视瞑瞑，行蹎蹎，侗然自得，莫知其所由浮游，泛然不知所本，自养不知所如往。此明虙牺氏之治天下也如此。当此之时，禽兽虫蛇无不怀其爪牙，藏其螫毒，功揆天地。虽含毒螫之情，而无残害之心，至德所加，故能若此也。至黄帝要缪未详乎太祖之下，然而不章其功，不扬其名，隐真人之道，以从天地之固然，何即道德，上通而智故消灭也。太祖，黄帝之先也，其人朴，其性野，有功而不德，有名而不扬，故曰隐真人之道，绝浮嚣之智，因自然通于天地也。

老子曰：天不定，日月无所载，地不定，草木无所立，身不宁，是非无所形。三才不宁，万物失所，若不习志专心，反听内视，则真人不见，真智不生也。是故有真人而后有真智，其所持者不明，何知吾所谓知之非不知与？所守不明，何以知道？是知者非不知道。积惠重货，使万民欣欣，人乐其生者，仁也。举大功，显令名，体君臣，正上下，明亲疏，存危国，继绝世，立无后者，义也。仁而建物，义以存诚，人无不怀，事无不济，此盖治世王霸之道。闭九窍，藏志意，弃聪明，反无识，芒然彷徉乎尘垢之外，逍遥乎无事之际，含阴吐阳而与万物同和者，德也。

内冥外顺，藏精育真，无为逍遥，而外尘垢。**是故道散而为德，德溢而为仁义，仁义立而道德废矣。**既散纯精，空余糟粕。

**老子曰：神越者言华，德荡者行伪，至精芒乎中，而言行观乎外，此不免以身役物也。**内溢至精，外生华藻，心役于事，身宁免害。**精有愁尽而行无穷极，所守不定而外淫于世俗之风。**内守不定则绝境致泥，外驰不息则常苦风波。**是故圣人内修道术，而不外饰仁义，知九窍四肢之宜，而游乎精神之和，此圣人之游也。**圣人内守真旨，外应物宜，故得精神之和，而游乎无穷者也。

**老子曰：若夫圣人之游也，即动乎至虚，游心乎大无，驰于方外，行于无门，听于无声，视于无形，不拘于世，不系于俗。**夫动乎至虚，则无所不通。游乎太无，则无所不有。何门户之拘制，岂视听之滑昏哉？**故圣人所以动天下者，真人不过，贤人所以矫世俗者，圣人不观。**夫真圣异迹，功业相县，由祀不得，庖各司其位。**夫人拘于世俗，必形系而神泄，故不免于累。**未有居荣显不役精神，既受其禄，必忧其事也。**使我可拘系者，必其命有在外者矣。**既受羁系，则命不在我也。

**老子曰：人主之思，神不驰于胸中，智不出于四域，怀其仁诚之心，甘雨以时，五谷蕃殖，春生、夏长、秋收、冬藏，月省时考，终岁献贡。**夫有道之主，不劳神虑，不炫智能，而远方怀之。故得上顺天心，下因物宜，万姓奉戴，贡献不绝。**养民以公，威厉不诫，法省不烦，教化如神，法宽刑缓，囹圄空虚，天下一俗，莫怀奸心，此圣人之恩也。**公而无私，威而不猛，法约刑缓，人从其化，可谓至神。故万方攸同，殊俗一轨，此圣人恩治天下。**夫上好取而无量，即下贪功而无让，民贫苦而分争生事，力劳而无功，智诈萌生，盗贼滋彰，上下相怨，号令不行。**言上数者，非圣人之所治天下也。若以此治，即亡无日矣。**夫水浊者鱼喁，政苛者民乱，上多欲即下多诈，上烦扰即下不定，上多求即下交争，不治其本而救之于末，无以异于凿渠而止水，抱薪而救火。**执本以御末，则功简而天下治。待末以求本,则身劳而天下乱。由决渠水溢,益薪火炽,莫能救也。**圣人事省而治,求寡而赡,不施而仁,不言而信,不求而得,不为而成。怀自然,保至真,抱道推诚,天下从之,如响之应声,影之像形,所修者本也。**至圣之理,在乎简易,则天下所宗,如声应响,影之像形,莫不应也。

老子曰:精神越于外,智虑荡于内者不能治。形神之所用者远,则所遗者近。求之非分,恣之无厌,内伤精神,外遗形体。**故不出于户以知天下,不窥于牖以知天道,其出弥远,其知弥少,此言精诚发于内,神气动于天也。**举要会以观天下,故人情可察。执璇玑以观大运,则天道可明。故诚言发乎中,精气应乎天,所守者近,所明者远,所务者多,所知者少也。

老子曰:冬日之阳,夏日之阴,万物归之而莫之使极,自然至精之感,弗召自来,不去而往,窈窈冥冥,不知所为者而功自成。冬日之阳,寒者附之。夏日之阴,炎者庥之。彼圣人以治天下,阴阳无情,圣人无情,为物自怀,人自归。故来非所召,往未尝遣也。**待目而照见,待言而使命,其于治难矣。皋陶喑而为大理,天下无虐刑,何贵乎言者也。师旷瞽而为太宰,晋国无乱政,何贵乎见者也。不言之令,不视之见,圣人所以为师也。**夫不言而化,天下无虐刑,岂烦于言哉?不视而治,晋国无乱,政何假乎见哉?是以不待目而视,不须言而令,故圣人所以为师也。**民之化上,不从其言,从其所行,**上古行而不言,末世言而不行。**故人君好勇,弗使斗争而国家多难,其渐必有劫杀之乱矣。人君好色,弗使风议而国家昏乱,其积至于淫泆之难矣。**民化其上,如水顺下,宜杜其原本,慎之细微,故秦庄有祈胁之祸,夏桀有妲己之乱也哉!**故圣人精诚别于内,好憎明于外,出言以副情,发号以明指。内无偏僻,外绝爱憎,言出响应,令出风行。是故刑罚不足以移风,杀戮不足以禁奸,可以德化,难以刑制。唯神化为贵,精至为神,精之所动,若春气之生,秋气**

之杀。其生也,暄然如春物得其生。其死也,肃然如秋物终于死。故生不祈报,死无归怨。生之死之,以其无心也。**故君子者,其犹射者也,于此毫末,于彼寻文矣。故理人者慎所以感之。**故君子理人,犹如射也,发矢之际,期于中的,及其至埮,以县寻文所。毫厘之差,天地县隔。

老子曰:悬法设赏而不能移风易俗者,诚心不抱也。法不可以禁民,唯至德可以易俗也。**故听其音则知其风,观其乐即知其俗,见其俗即知其化。**审音以知乐,审乐以知政,观政以知俗,观俗以知化。**夫抱真效诚者,感动天地,神逾方外,令行禁止,诚通其道而达其意,虽无一言,天下万民,禽兽鬼神与之变化,**夫圣人之治天下,民从其化,有若转丸。禁奸忒,其犹止方。故不恃之德,不言之教,禽兽神鬼无不悦服,况于人也?**故太上神化,**归自然也。**其次使得不为非,**立法以制。**其下赏贤而罚暴。**道德既废,赏罚始行。进贤之路开,则不肖者亦有居。其位去,暴之端起,则贤者亦有受其戮矣。故知非法不明,守之者滥,衡非不平,用之者弱。

老子曰:大道无为,无为即无有,无有者不居也。不居者即处无形,无形者不动,不动者无言也。无言者即静而无声无形,无声无形者,视之不见,听之不闻,是谓微妙,是谓至神,绵绵若存,是谓天地之根。无为者,为而不恃,故曰无为。无言者,言而不矜,故曰无声。无形何听?无色何视?可谓神微。独立不改,绵绵常存,为天地根。**道无形无声,故圣人强为之形,以一字为名天地之道。**此言得道之要。**大以小为本,多以少为始。**有生于无,多起于一。夫推本则返于无形,寻末则惑于多数。故知返则以无为为宗,感多则求一为主也。**天子以天地为品,**广大也。**以万物为资,**无不有也。**功德至大,势名至贵,二德之美,与天地配,故不可不轨大道以为天下母。**自四海之尊与天地相匹,安得不轨以乱乎?天经者也。

老子曰:赈穷补急,则名生起利,不行小惠。**除害即功成。**不有其功者善。**世无灾害,虽圣无所施其德,上下和睦,虽贤无所立其功。**时有灾害,圣人平之。国有祸乱,贤以定之。今灾害不生,祸乱不作,虽圣无作圣之阶,虽贤无立功之地也。**故至人之治,含德抱道,推诚乐施,无穷之智,寝说而不言,天下莫知贵其不言者。**鼓腹击壤,不知帝力。**故道可道,非常道也,名可名,非常名也。**无名之道,道之至也。有名之道,名之天下也。故以道可道,非道也,以名可名,非名也。**著于竹帛,镂于金石,可传于人者,皆其粗也。**华而多饰。**三皇五帝三王,殊事而同心,异路而同归。**言虽异时殊治,其归于道,一也。**末世之学者,不知道之所体,一德之所总要,取成事之迹,跪坐而言之,虽博学多闻,不免于乱。**今之学者,不原其本,不体于要,不究其理,而寻其迹,务在广闻,只益生乱也。

老子曰:**心之精者,可以神化而不可说道,**其神化者,不可说以非道。**圣人不降席而匡天下,情甚于謦呼。**夫呼声可闻,不过数少。政令一出,天下咸服也。**故同言而信,信在言前也,同令而行,诚在令外也。**与民同忧,故言至而信,信以前立矣,莫敢不应也。与民同利,故令行而诚,诚以外发,无有违者也。**圣人在上,民化如神,情以先之。**县得彼意,所应如神。**动于上,不应于下者,情令殊也。**夫饥者利食,寒者思裘。今饥者与裘,寒者遗食,上令既乖,下情安附也。**三月婴儿未知利害,而慈母爱之愈笃者,情也。**赤子之心,岂言饥饱?慈母觇候之情,察其燥湿而恩育之。夫人主抚百姓如爱赤子,何忧天下不治,四海不平。**故言之用者变,变乎小哉;不言之用者变,变乎大哉。**言有言,言则小。言无言,言则大。**信君子之言,忠君子之意,忠信形于内,感动应乎外,贤圣之化也。**言忠信,由是君子本意非有忘也。故形于内而动于外,虽贤圣无不从也。

老子曰:**子之死父,臣之死君,非出死以求名也,恩心藏于中,而不违其难也。子死父难,臣死君难,非矫世求誉,特以恩覆之,甚而忘其身,直趋其难,诚发于中也。君子之憯怛,非正为也,自中出者也。**亦察其所行**。惛怛,谓刑法也。刑戮,非正道也。所以惩恶劝善,不得已而行之,不可滥也。**圣人不惭于景**,贵不为非。**君子慎其独也**,谓不欺暗室也。**舍近期远塞矣**。近不求己,远而求人,不谓窒塞。**故圣人在上,则民乐其治,在下则民慕其意,志不忘乎欲利人也**。志在利人,人皆悦慕也。

老子曰:**勇士一呼,三军皆辟,其出之诚也**。勇者一呼,万人皆骇。贤者治世,天下所望也。**唱而不和,意而不载**。**中必有不合者也**。所宗者异故也。**不下席而匡天下者,求诸己也**,夫忧乐与民同,好恶与民等,故省诸己。**可以化人也**。故说之所不至者,容貌至焉。虽未违其精微,可仿佛其容貌。**容貌所不至者,感忽至焉**。感乎心发而成形,可以心灵感,不以状貌诘也。**精之至者可形接,不可以照期**。形百无形,至精之精,无不生形,而形见焉,照不求精,而精存矣。

老子曰:**言有宗,事有本,失其宗本,伎能虽多,不如寡言**。以道为宗,以德为本,离宗失本,故多不如寡也。**害众者倕而使断其指,以明大巧之不可为也**。夫巧藏于心,不在于指,绝其不可得也。由道在心,明非闳言,得若贵言,为道不可冀也。**故匠人智为不以能以时闭不知闭也,故必杜而后开**。匠人,工人也。闭为局,镵夫至巧,故善以智闭也,莫能启,拙者专以力捍,虽壮必开。比谕知用穷微,力不足任也。

老子曰:**圣人之从事也,所由异路而同归**,今古虽殊,治则一也。**存亡定倾若一志不忘乎欲利人也**。亡者存之,倾者安之,岂唯闻已,常在利人。**故秦楚燕魏之歌,异声而皆乐,九夷八狄之哭,异声而皆哀**。夫歌者乐之征,哭者哀之效也,憎于中,发于外,故在所以感之矣。声气相应,悲欢相召,故歌虽异国而皆乐,哭乃殊方而共悲也。**圣人之心,日夜不忘乎欲利人,其泽之所及亦远矣**。利人不已,泽乃遐临。

老子曰:**人无为而治,有为也,即伤无为而治者,为无为。为者不能无为也,不能无为者,不能有为也**。言无为者还是有为,有为即非,无为而治也。唯有为而不为，即无为。**人无言而神有言也，即伤无言而神者，载无言则伤有神之神者。**神贵无言，圣尚不作。言则迹见，为则人之粗，唯两无伤，能全于道也。

**文子曰：名可强立，功可强成。**劝勉之道。昔南荣趎老子弟子。耻圣道而独亡于己，南见老子，受教一言，精神晓灵，屯闵条达勤苦，十日不食，如享太牢。既受一方，精思十日，忘饥味道，如享太牢也。**是以明照海内，名立后世，智略天地，察分秋毫，称誉华语，至今不休，此谓名可强立也。**至言已受群疑，顿销若太阳回照，暗室俱明也。**故田者不强，囷仓不满；官御不励，诚心不精；将相不强，功烈不成；王侯懈怠，后世无名。**自庶人至于王侯，未有不勤励而能使仓廪实，功名著也。**至人潜行譬犹雷霆之藏也，随时而举事，因资而立功，进退无难，无所不通。**夫大大人之道，其隐也寂然，天下莫能见其行也。雷动，天下无不闻，进无喜容，退无惭色，是谓大道也。**夫至人精诚内形，德流四方，见天下有利也，喜而不忘天下有害也，怵若有丧。**喜则受利，忧其遇害。**夫忧民之忧者，民亦忧其忧，乐民之乐者，民亦乐其乐，故忧以天下，乐以天下，然而不王者，未之有也。**忧于民，民亦忧之。乐于民，民亦乐之。忧乐共之，民不戴者，未之有也。**圣人之法始于不可见，终于不可及，**德义无方，终始无际。**处于不倾之地，**立身无为之地。**积于不尽之仓，**用之不既。**戴于不竭之府，**运之而无穷也。**出令如流水之原，使民于不争之官，**令行则民知禁，事省则官无讼。**开必得之门。**安其所业。**不为不可成，不求不可得，不处不可久，不行不可复。**大人之令，动必有益，作则兴利，不处不久，不求不复。**大人行可说之政，而人莫不顺其命，命顺则从小而致大，命逆则以善为害，以成为败。**其政教，顺之以凶为吉，逆则以大为小。**夫所谓大丈夫者，内强而外明，内强如天地，外明如日月，天地无不覆载，日月无不照明。**如天地之覆载，如日月之照明,是谓大丈夫也。**大人以善示人,不变其故,不易其常,天下听令,如草从风。**革其故则俗难安,循其性则人易治。草之从风,无敢违者。**政失于春,岁星盈缩,不居其常;政失于夏,荧惑逆行;政失于秋,太白不当,出入无常;政失于冬,辰星不效其乡。四时失政,镇星摇荡,日月见商,五星悖乱,彗星出。**四时有差,五星失常,商见于天,灾及于人。**春政不失禾黍滋,夏政不失雨降时,秋政不失民殷昌,冬政不失国家宁康。**此明主不可失政。君失其政,天降百殃。君守其政,天降百祥。一人之庆,万民乐康。

## 通玄真经卷之三

默希子注

## 九 守

此篇有九目,故曰《九守》。九者,易之数终。明极则变,变则乖道。守之者居,亢龙无悔,可越三清之表。忽之者,则牝马不利,将沦九幽之下。固宜守道,不可失常也。

**老子曰:天地未形,窈窈冥冥,浑而为一,**气象未分。**寂然清澄,重浊为地,精微为天,**形质已具。**离而为四时,**春生夏长,秋收冬藏。**分而为阴阳,**刚柔立矣。**精气为人,粗气为虫,**所本则一,所禀则异,气有清浊,物有精粗。**刚柔相成,万物乃生。**从是万化,至乎无穷。**精神本乎天,骨骸根于地,**本乎天者,亲上;本乎地者,亲下。**精神入其门,骨骸反其根,我尚何存。**入无穷之门,反造化之根,莫诚其真,孰云有我也。**故圣人法天顺地,不拘于俗,不诱于人,以天为父,以地为母,阴阳为纲,四时为纪,**翱翔天地,复蹈纪纲,逍遥于自得之境,放旷于无为之宅,俗不能拘,世不能诱也。**天静以清,地定以宁,万物逆之者死,顺之者生。**天无心于逆顺,人有生于祸败。**故静漠者神明之宅,虚无者道之所居。**道处于静默,神游于虚极。**夫精神者所受于天也,骨骸者所禀于地也。**天气清化而为精神,地气重疑而为骨骸,故言禀受。**道生一,**天也。**一生二,**地也。**二生三,**人也。**三生万物。**变化广也。**万物负阴而抱阳,冲气以为和。**皆柔和气而和。

**老子曰:人受天地变化而生,**受生天地之间,而居万物之上。**一月而膏,**凝也。**二月血脉,**形兆胚也。**三月而胚,**定府灵也。**四月而胎,五月而筋,六月而骨,七月而成形,**开窍通明。**八月而动,**神其降灵。**九月而躁,**宫室列布,以定精也。**十月而生,**万像成也。**形骸已成,五藏乃分。肝主目,肾主耳,脾主舌,肺主鼻,胆主口。**五藏此唯四形,今说不同,未详。**外为表,中为里,头圆法天,足方象地。**一人之身,万像悉备,不可轻也。**天有四时五行九曜三百六十日,人有四支五藏九窍三百六十节。天有风雨寒暑,人有取与喜怒。胆为云,肺为气,脾为风,肾为雨,肝为雷,人与天地相类,而心为之主。**心为身主,总统五藏、六府、四支、九窍之要,上通于天,下应于地,中合于万物。所谓神,百姓日用不知,知此道者,鲜矣。**耳目者日月也,血气者风雨也。日月失行,薄蚀无光,风雨非时,毁拆生夹。**天有日月,不可不明;风雨,不可不节。不时不节,则为灾。人有耳目,不可不清;血脉,不可不平。不和不平,则为病矣。**五星失行,州国受其殃。**五星所犯,分野受灾。五藏受邪,一身生病。**天地之道,至闳以大,尚由节其章光,爱其神明。人之耳目,何能久熏而不息,精神何能驰骋而不乏。**天地至大,犹节四时,调五纬,护其神明。况乎人役耳目,驰心虑而能全其性灵者乎?**是故圣人守内而不失外。**内保精神,外全形体。**夫血气者,人之华也,五藏者,人之精也。血气专乎内而不外越,则胸腹充而嗜欲寡。**夫见表知里,视本知末,且嗜欲生乎中,则华色雕乎外;精气和于内,而肌肤充乎外。**嗜欲寡,则耳目清而听视聪达,听视聪达谓之明。夫聪无不察,明无不照,莫不由乎寡情杜欲也。五藏能属于心而无离,则气意胜胜去。而行不僻,精神盛而气不散,以听无不闻,以视无不见,以为无不成,任能正定其心,五藏不受于邪,则悖之气散,而精神之用明,微无不照,幽无不察,事无不济,为无不成也。**患祸无由入,邪气不能袭。**动用常正,祸患自亡。内精不荡,外邪莫入。**故所求多者所得少,所见大者所知小。**自少以求多,即易因小以知大,则明。**夫孔窍者精神之户牖,血气者五藏之使候,**决户牖,精神洞明玄鉴;通使俱,则五藏疏达而不悖也。**故耳目淫于声色,即五藏动摇而不定,血气滔荡而不休,精神驰骋而不守,祸福之至,虽如丘山,无由识之矣。**惑于声色,役其精神,忘于彼而忘于此。亦犹水之平也,则毫发之微可睹,人之蔽也,虽丘山之祸莫之见。**故圣人爱而不越。**虽通嗜欲,务在节宣,不祈分外也。**圣人**诚使耳目精明玄达,无所诱慕,意气无失清静,而少嗜欲,五藏便宁。精神内守形骸而不越,即观乎往世之外,来事之内,祸福之间,可足见也。圣人知嗜欲蔽塞聪明,故一心气而止乱,守精神而不越,则内外之情可见,祸福之兆自明也。**故其出弥远者,其知弥少,**远徇于物,近贵其身,所弃者大,所得者小。**以言精神不可使外淫也。故五色乱目,使目不明,五音入耳,使耳不聪,五味乱口,使口生创,**音爽。外有所欲,内有所损。**趣舍滑心,使行飞扬。故嗜欲使人气淫,好憎使人精劳,不疾去之,则志气日耗。**精气泄漏,则形神日逝也。夫人所以不能终其天年者,以其生生之厚。厚生者,谓贪餐无厌,只求快心,诚自疏也。**夫唯无以生为者,即所以得长生。**无以生为不厚生,不厚生者,不处必死之地也。**天地运而相通,万物总而为一,能知一,即无一之不知也,不能知一,即无一之能知也。**自天地万物,轮转无穷,皆乘一而有万类,虽差,同根于一。故知万物为一,理无不悉。不知万物为一,则触事皆失。**吾处天下,亦为一物,而物亦物也,物之与物,何以**

相物。此明物我玄同，好憎无主。故云吾处天下，亦天下之一物耳。同为一物，何以相物？物我两忘，是非安继，故游刃虚，宗全真大横也。**欲生不可事也，憎死不可辞也**，欲不可纵，事不可繁。**贱之不可憎也，贵之不可喜也**。贵贱以宜，好憎安在。**因其资而宁之，弗敢极也。弗敢极，即至乐极矣**。此一节总叙九守为治国修身之至诚，向道君子宜精详其旨也。

## 守　虚 九守一数

**老子曰：所谓圣人者，因时而安其位，当世而乐其业**。安人之所不安，至安也。乐人之所不乐，至乐也。**夫哀乐者德之邪，好憎者心之累，喜怒者道之过**。凡人则有，道者则无。**故其生也天行，其死也物化**，生非我有，故谓天行。死非我终，故谓物化。**静即与阴合德，动即与阳同波**。此动静不失其正也。**故心者形之生也，神者心之宝也**。神，心之舍也，人之所宝也。**形劳而不休即蹶，精用而不已则竭，是以圣人遵之，不敢越也**。形者，神之宅。精者，气之灵。相依而主，相违而死。圣人贵之，不敢轻用也。**以无应有，必究其理，以虚受实，必穷其节**，万物自无而生，无所不有。天地以虚而受，无所不容也。**恬愉虚静，以终其命**。保虚静，达生死。**无所疏，无所亲**，其贵也，不可亲，其贱也，不可疏也。**抱德炀和，以顺于天，与道为际，与德为邻，不为福始，不为祸先，死生无变于己，故曰至神**。合乎道德，齐乎死生，福之不能佑，祸之不能倾，自非至神，安能若此？**神则以求无不得也，以为无不成也**。能与天地同道，与神灵合德，则所求无不得，所为无不成，可谓至神也。

## 守　无

**老子曰：轻天下即神无累，细万物即心不惑**，无以天下为万物盗，则神何累？不为万物盗，则心何惑也？**齐生死则意不慑，同变化则明不**

眩。知死生以假名，不足以恐惧，诚变化以虚诞，不足以惊怛。**夫至人倚不挠之柱，行无关之途**，不挠之柱，道也。无关之途，德也。以道为柱，所以无倾。以德为途，所以皆适。**禀不竭之府**，神用无极。**学不死之师**，本乎不生。**无往而不遂，无之而不通，屈伸俯仰，抱命不惑而宛转祸福，利害不足以患心**。死生无迫于己，利害安足介怀。**夫为义者，可迫以仁，而不可劫以兵**，存义者可以仁道，劝不可以兵威胁。**可正以义，不可悬以利**，重于义则轻于利也。**君子死义，不可以富贵留也**。宁蹈义而死，不苟富而生。**为义者，不可以死亡恐也**，死义以忘生也。**又况于无为者乎！无为者即无累，无累之人，以天下为影柱**。影柱，虚无也。既无形质，安所系累？夫存义者，犹不可以兵威胁之，况有道者而可以死亡恐之乎？**上观至人之伦，深原道德之意，下考世俗之行，乃足以羞也**。羞，进也。观古视今，抱道守德，深明旨趣，足以进修也。**夫无以天下为者，学之建鼓也**。夫上古之君，无不以天下为己，不思至道，公然有为，其由击鼓而欲无声，不应者也。

## 守　平

老子曰：尊势厚利，人之所贪，比之身则贱，尊势者，重世而贱身。修道者，贵身而轻货。**故圣人食足以充虚接气，衣足以盖形御寒，适情辞余，不贪得，不多积**。养足而已，有余委之。**清目不视，静耳不听，闭口不言，委心不虑，弃聪明，反太素，休精神，去知故，无好无憎，是谓大通。除秽去累，莫若未始出其宗，何为而不成**。未始出其宗者，谓本来虚寂，无无贪爱，故万绪纷然，皆为秽累。故遣涤除，还原复朴也。**知养生之和者，即不可悬以利，通内外之符者，不可诱以势**。贪利伤生，慕世妨道，至人之所不为之也。**无外之外至大，无内之内至贵，能知大贵，何往不遂**。大道其出无外，其入无内，无之不通，可谓大贵也。

## 守　易

**老子曰**：古之为道者，理情性，治心术，养以和，持以适，乐道而忘贱，安德而忘贫。得情性之和，忘贫贱之品。性有不欲，无欲而不得，心有不乐，无乐而不为。有欲则所欲者不足，无乐则所适者皆遂。无益于性者，不以累德，不便于生者，不以滑和。名利伤德，嗜欲害生，故不为也。不纵身肆意，而制度可以为天下仪。自能矜慎，可为仪表也。量腹而食，制形而衣，容身而居，适情而行，余天下而不有，委万物而不利，岂为贫富贵贱失其性命哉！夫若然者，可谓能体道矣。惟体道知足者，故有余天下，不利万物，岂从欲害夺其性命也？

## 守　清

**老子曰**：人受气于天者，耳目之于声色也，鼻口之于芳臭也，肌肤之于寒温也，其情一也。贵贱所同。或以死，或以生，或为君子，或为小人，所以为制者异。所好则同，所得则异。随心所欲，为物所制。性有贤愚，情有厚薄。故或贵或贱，或死或生，不一也。神者智之渊也，神清则智明。鉴无遗物。智者心之府也，智公则心平。动不私己。人莫鉴于流潦，而鉴于澄水，以其清且静也。水非浊而能照，神非清而不居。故神清意平，乃能形物之情，唯清与平，可察物情。故用之者，必假于不用者。谓有无相成，形神相保也。夫鉴明者，则尘垢不污也，神清者，嗜欲不误也。明则不垢其身，清则不误其神。故心有所至，则神慨然在之，心灵相通，故心至则神存。反之于虚，则消躁藏息矣，此圣人之游也。心无静躁，神明虚游。故治天下者，必达性命之情而后可也。

## 守 真

**老子曰：夫所谓圣人者，适情而已，量腹而食，度形而衣，节乎己，而贪污之心无由生也。**绝贪污而情可适，节衣食而性可全。**故能有天下者，必无以天下为也，能有名誉者，必不以越行求之。**能有大名，盖天下者，必不以骄矜之处。故天下乐推而不厌，能有令誉，而州里必不以夸耀而得，故百姓戴之而不重也。**诚达性命之情，仁义因附也。**自非审穷通之分，得人物之情，则天下自归，百姓自附也。**若夫神无所掩，心无所载，通洞条达，淡然无事，势利不能诱，声色不能淫，辩者不能说，智者不能动，勇者不能恐，此真人之游也。**神之明者，物不能蔽，事不能惑。虽势倾王公，利积山岳，声驻行云，色能倾国，辩若连环，智若流水，勇绝扛鼎，且匹夫犹不可夺，况真人者乎？**夫生生者不生，化化者不化。**唯不生者能生生，不化者能化化，不生不化，故能为生化本。**不达此道者，虽知统天地，明照日月，辩解连环，辞润金石，犹无益于治天下也。**不知性命之理，不违危微之机，乐气吞宇宙，辨吐江河，虽曰神奇，而臭腐矣。奈天下何？**故圣人不失所守。**所贱者势名，所贵者道德。

## 守 静

**老子曰：静漠恬惔，所以养生也，和愉虚无，所以据德也。**自非恬愉，岂能全道？**外不乱内，即性得其宜，静不动和，即德安其位。养生以经世，抱德以终年，可谓能体道矣。**外物不挠，内和自生，育之有质，归乎自然。**若然者，血脉无郁滞，五藏无积气，祸福不能矫滑，非誉不能尘垢，**身心虚畅，情气调达，祸福已冥，非誉安垢。**非有其世，孰能济焉。有其才不遇其时，身犹不能脱，又况无道乎？**夫君臣相遇，犹云龙相感，有非常之主，用非常之人，亦千载一逢，所谓稀矣。今才可经世，时非有道，心宜逾迹，无复干求，是以文种就戮，范子泛舟。故贤愚相县，眇然千里也。**夫目察秋毫之末者,耳不闻雷霆之声,耳调金玉之音者,目不见太山之形,故小有所志,则大有所忘。**专视则废耳,专目则废听。至雷霆之声非细,耳不闻者,非谓聋者。太山之形非小,目不睹者,非谓瞽者,以心不两用,志不兼功。故知见利忘道,徇物遗身多矣。**今万物之来,擢拔吾生,攫取吾精,若泉原也,虽欲勿禀,其可得乎?** 声色之娱,滋味之美,金玉之音,惑眩情性,昏瞀精神,相发监觞,浸成巨壑,非夫至人,安能奋翅冲霄,扬馨慧海也。**今盆水若清之,经日乃能见眉睫,浊之不过一挠,即不能见方圆也。人之精神,难清而易浊,犹盆水也。** 凡人之情,易染于俗。知易染之情,必固难行之道。水之性,难清于器,审难清之性,去易昏之鉴也。

## 守　法

**老子曰:上圣法天,**无为。**其次尚贤,**形教也。**其下任臣。任臣者,危亡之道也。** 权政在人,危亡无日。**尚贤者,痴惑之原也。** 君尚贤,则下矫性而为之。矫性者非正真,故曰痴惑。**法天者,治天地之道也。** 治世之道,则天下之行也。**虚静为主,虚无不受,静无不持。** 守清静,故能维持天下,而万物之主也。**知虚静之道,乃能终始,故圣人以静为治,以动为乱。** 自静者则心不挠,自治者故物不乱。**故曰,勿挠勿缨,万物将自清,勿惊勿骇,万物将自理,是谓天道也。** 挠者,烦动也。骇者,散乱也。言治民之道如是,则万姓万物皆不失其所也。

## 守　弱

**老子曰:天子公侯,以天下一国为家,以万物为畜,怀天下之大,有万物之多,即气实而志骄。** 矜其大者,虽大必亡。忧其危者,虽危必存。**大者用兵侵小,小者倨傲凌下。** 恃强者亡,凌下者灭。**用心奢广,譬犹飘风暴雨,不可长久。** 明强不可恃,暴不可久。**是以圣人以道镇之,执一无为,而不损冲气,** 唯圣人知强暴不久,故镇以道德,一以好憎，则和气不伤，太平可至。**见小守柔，退而勿有，不可光大。法于江海，江海不为，故功名自化。弗强，故能成其王。**言圣君有功不居，民自从化，有德不宰，物自归往也。**为天下牝，故能神不死。**神者，沦九幽之不昧，腾三清而不皎，本乎无始，岂曰有终也。**自爱，故能成其贵。**万乘之势，以万物为功名，权任至重，不可自轻，自轻则功名不成。夫圣人以万物为贵。今轻万物，是轻其身；轻其身，是轻天下。轻天下，物不归矣。**夫道大以小而成，多以少为主，**道以小而成大，物缘众而宗之，一也。**故圣人以道莅天下，柔弱微妙者，见小也；俭啬损缺者，见少也。见小故能成其大，见少故能成其美。**有天下者，不遗小国之臣，故能成其大。治身者，不弃片善之益，故能归其美也。**天之道，抑高而举下，损有余，补不足。**天道恶盈而益谦也。**江海处地之不足，故天下归之奉之。圣人卑谦清静辞让者，见下也；**江海以容纳为大，圣人以谦济为尊。**虚心无有者，见不足也。见下故能致其高，见不足故能成其贤。矜者不立，奢者不长，强梁者死，满日者亡。**保虚柔者久存，矜奢溢者速亡。**飘风暴雨不终日，小谷不能须臾盈。**飘风暴雨行强梁之气，故不能久而灭；小谷处强梁之地，故不得不夺。**是以圣人执雌牝，去奢骄，不敢行强梁之气。执雌牝，故能立其雄牡，不敢奢骄，故能长久。**唯人不骄侈，执雌牝而英雄，归之为群雄之王也。

**老子曰：天道极即反，盈即损，日月是也。故圣人日损，而冲气不敢自满，日进以牝，功德不衰，天道然也。**天道恶盈而好谦，故唐虞法之而成大人。道恶暴而忌骄，故桀纣忽之以致亡也。**人之情性，皆好高而恶下，好得而恶亡，好利而恶病，好尊而恶卑，好贵而恶贱。众人为之，故不能成，执之，故不能得。是以圣人法天，弗为而成，弗执而得，**众人随俗，好尊高，恶卑下，故欲高而不能自高。圣人法天，不好尊高，不恶卑下，故不尊而自尊，不高而自高也。**与人同情而异道，故能长久。**晦其光,同其尘。**故三皇五帝有戒之器,命曰侑卮,其冲即正,其盈即覆。**其器今亦有之,以存戒。故知虚则自全,盈不可久。**夫物盛则衰,日中则移,月满则亏,乐终而悲。**天道有盈亏,人道有盛衰,或始吉终凶,或前乐后悲。**是故聪明广智守以愚,**任智则太察也。**多闻博辩守以俭,**纵辩则害正也。**武力勇毅守以畏,**恃勇则轻也。**富贵广大守以狭,**秉亢则多悔也。**德施天下守以让,此五者,先王所以守天下也。服此道者,不欲盈,夫唯不盈,是以弊不新成。**谨守弊陋,不令盈满,服膺此道,可保天下,况于一身也。

老子曰:圣人与阴俱闭,与阳俱开。可隐则隐,可显则显也。能至于无乐也,即无不乐也,无不乐,即至乐极矣。是内乐外,不以外乐内,故有自乐也。即有自志,贵乎天下,所以然者,因天下而为天下之要也。夫至乐者,非谓铿锵八音,端妍殊色,所贵清虚澄淡,无为绝欲以为至乐而亡。内乐外者,以乐乐人,而与天为俦。外乐内者,以乐乐身,即与身为仇。故因其乐而乐之,为天下要道也。**不在于彼,而在于我,不在于人,而在于身,身得则万物备矣。**求之于外,与道相谐。修之于身,与德为邻。**故达于心术之论者,即嗜欲好憎外矣。是故无所喜,无所怒,无所乐,无所苦,万物玄同,无非无是,**心术既明,道德将备。苦乐兼忘,好憎安系?万物不异,自然玄同也。**故士有一定之论,女有不易之行,**士之有道,万伪不能迁其心。女之有行,千金不能变其节。**不待势而尊,不须财而富,不须力而强,不利货财,不贪世名,不以贵为安,不以贱为危,形神气志,各居其宜。**尊道富德,轻势委利,志气清疑,形神相接矣。**夫形者生之舍也,气者生之元也,神者生之制也,一失其位,即三者伤矣。**此三者,谓形、神、气也。精神即逝,形气亦凋。一失其所,三者何依也?**故以神为主者,形从而利,以形为主者,神从而害**养神为主,虚静存乎本,则神运而气全。养形为主,欲害伤乎未,则形毙而神通。**其生。贪饕多**

欲之人，颠冥乎势利，诱慕乎名位，几以过人之知位高于世，即精神日耗以远久，淫而不还，形闭中拒，即无由入矣，是以时有盲忘自失之患。夫精神难御，势名易惑，必宜中拒，不可开兑，犹恐有失于济事，则终身不救也。夫精神志气者，静而日充以壮，躁而日耗以老。静则复无，躁则失生也。是故圣人持养其神，和弱其气，平夷其形，而与道浮沉，如此则万物之化，无不偶也，百事之变，无不应也。神和气平，志强形泰，故能与道浮沉，乘时变化，无不应者也。

## 守　朴

老子曰：所谓真人者，性合乎道也。故有而若无，实而若虚，治其内不治其外，明白太素，无为而复朴，体本抱神，以游天地之根，芒然彷徉尘垢之外，逍遥乎无事之业。履真返朴，即游天地之根。无为无事，即逍遥尘垢之外也。机械智巧，不载于心，审于无假，不与物迁，真性已著，外物不移。见事之化，而守其宗，心意专于内，通达祸福于一，守本不易，见化无疑，祸福素冥，升沉何累也？居不知所为，行不知所之，修然无心。不学而知，弗视而见，弗为而成，弗治而辩。知于无知，见于不见，为而不为，辩于不辩，明无知为真，知知之为伪。感而应，迫而动，不得已而往，如光之耀，如影之效。动之如光，流而不滞。静之如影，处而随意。以道为循，有待而然，廓然而虚，清静而无。廓然独处，忽若有待；泛然不系，实亦无谓。以千生为一化，以万异为一宗，千生虽殊，同乘一化；万形各异，同出一虚。有精而不使，有神而不用，内保湛然，外无役用。守太浑之朴，立至精之中，含真育神，朴浑精粹。其寝不梦，绝诸想也。其智不萌，无他虑也。其动无形，神用微也。其静无体，存而若亡，生而若死，出入无间，役使鬼神，精神之所能登假于道者也。今以存为亡，以生为死者，谓隳体黜聪，离形去智，故能出入无间，役使鬼神,是登假于道也。**使精神畅达,而不失于元**,元者,精气也。**日夜无隙,而与物为春**,如阳春之照万物,岂有迁际者也?**即是合而生时于心者也**。非假他术,唯心契道。**故形有靡而神未尝化**。形有同无,神无常有。**以不化应化,千变万转,而未始有极**。唯不化者能化,故隐显无穷,变化无极也。**化者复归于无形也,不化者与天地俱生也,故生生者未尝生,其所生者即生化,化者未尝化,其所化者即化**。万物受生化,不得不生化。故沦于无形。天地不生化而能生化,故所以常生常化。**此真人之游也,纯粹之道也**。言纯气精妙,游于不生不化之途,故曰真人。

## 通玄真经卷之四

默希子注

### 符言

符者,契也。言者,理也。故因言契理之微,悟道忘言之妙,可谓奥矣。

**老子曰:道至高无上,至深无下**,上乎无上,下乎无下,故能高能深,能上能下也。**平乎准,直乎绳**。非衡能平,无处不夷。非绳而直,无处不正。**圆乎规,方乎矩**。非圆能圆,而无圆。非方能方,而无方。**包裹天地,而无表里**。其大无外,其细无内。**洞同覆盖,而无所硋**。大圆无涯,大通无滞。**是故体道者,不怒不喜,其坐无虑,寝而不梦,见物而名,事至而应**。前已解。

**老子曰:欲尸名者必生事,事生即舍公而就私**,尸主求名者,必有事,事生即不和,故令去名而就和。**倍道而任己,见誉而为善,立而为贤**,倍,背也。背道祈誉,非喜之喜。趋俗求名,非贤之贤也。**即治不顺理,而事不顺时。治不顺理则多责,事不顺时则无功**。顺理,则用心寡而成事大,乘时则用力多而见功尠。**妄为要中,功成不足以塞责,事败足以灭身。**要誉立效,求合时君者,功未济物,败以及身也。

**老子曰:无为名尸,无为谋府,无为事任,无为智主,藏于无形,行于无怠,不为福先,不为祸始。**动不为主则无形,无形故无将迎之福;唱而方应则无怠,无怠故无未来之祸也。**始于无形,动于不得已,欲福先无祸,欲利先远害。**治未兆之事则为福,绝非常之利则无害也。**故无为而宁者,失其所宁即危,无为而治者,失其所治即乱。**失所宁者,谓舍内宁而外求宁,则困矣。失所治者,谓遗身而求治人,则惑矣。**故不欲碌碌如玉,落落如石。**谓玉石有分,而争夺生。**其文好者皮必剥,其角美者身必杀,甘泉必竭,直木必伐。**物有美而见害,人希名而召祸。**华荣之言后为愆**,先聘华辞,后招身祸。**石有玉伤其山**,山若藏宝必见凿,人不慎言必招祸。**黔首之患固在言前。**且君子攸戒,尚有三缄。小人腾口,得不招祸也?

**老子曰:时之行,动以从,不知道者福为祸。**时人从动以行,不知道者以福亡。夫圣人治道,先知存亡,县料得失。故舒卷靡定,宠辱不惊,方获终吉,以保其身。至于昧者,多承福而作威,故福极而祸生,非祸福相倾,乃动用之乖分耳。**天为盖,地为轸,善用道者终无尽。地为轸,天为盖,善用道者终无害。**以天为盖,覆无涯而皆善。以地为轸,运无穷而莫害。**陈彼五行,必有胜,**金火相攻,裹王递作。**天之所覆无不称,**天道包弘各称。**故知不知上,不知知,病也。**知无知者,善不知强知者,病也。

**老子曰:山生金,石生玉,反相剥,木生虫,还自食,人生事,还自贼。**名显道丧,事起害生。**夫好事者未尝不中,争利者未尝不穷,**未有涉水不濡其足,蒙尘不垢其身。**善游者溺,善骑者堕,各以所好,反自为祸。**矜夸其能丧厥功,骋其伎丧厥身,必也。**得在时,不在争,治在道,不在圣。**时会自得,不假力争。道在自尊,何烦矜圣。**土处下不争高,故安而不危,水流下不争疾,故去而不迟。**道之所贵,德之所尚,不争而高,不疾而远。**是以圣人无执故无失,无为故无败。**道无形状,不可把握,故执之则失。又非形体,难以雕刻,故为之则败者也。

老子曰:一言不可穷也,二言天下宗也,三言诸侯雄也,四言天下双也。贞信则不可穷,道德则天下宗,举贤德,诸侯雄,恶少爱众,天下双。兼得四句者,上为皇为帝,偏得一言,则下为霸为佐也。

老子曰:人有三死,非命亡焉。言非命者,人自取之也。饮食不节,简贱其身,病共杀之;乐得无已,好求不止,刑共杀之;以寡犯众,以弱凌强,兵共杀之。故死生在我,祸福无门,匪降自天,职竟由人也。

老子曰:其施厚者其报美,其怨大者其祸深。薄施而厚望,畜怨而无患者,未之有也。察其所以往者,即知其所以来矣。功高则报厚,怨深则患大,随其轻重,遗之恩怨也。

老子曰:原天命,治心术,理好憎,适情性,即治道通矣。原天命,即不惑祸福;治心术,即不妄喜怒;理好憎,即不贪无用;适情性,即欲不过节;不惑祸福,即动静顺理;不妄喜怒,即赏罚不阿;不贪无用,即不以欲害性;欲不过节,即养生知足。凡此四者,不求于外,不假于人,反己而得矣。明此四者,可谓大通。不因于人,省己而已。

老子曰:不求可非之行,不憎人之非己,无谲诈之行,人何非我?怀仁恕之情,我无尤人也。**修足誉之德,不求人之誉己。**自修己德,不求人誉。**不能使祸无至,信己之不迎也。不能使福必来,信己之不让也。**不能防不测之祸,信命不造。不能要必至之福,来者当受也。**祸之至,非己之所生,故穷而不忧;福之来,非己之所成,故通而不矜。**祸生非己,虽祸而何忧?福生非我,虽福而何恃也?**是故闲居而乐,无为而治。**怡泊优游而已。

老子曰:道者守其所已有,不求其所以未得。求其所未得,即所有者亡,循其所已有,即所欲者至。以有者一身之精神,未有者多方之伎术。今废已有之精神,祈未得之方术,未得者未至,所得者以忘。不保得一之由,难追两失之悔。故至人守其本,不寻其末,贵得于内,而制于外也。**治未固于不乱,而事为治者必危;行未免于无非,而急求名者必锉**。本固邦宁,行周不辱。**故福莫大于无祸,利莫大于不丧**。无祸之福,福之厚矣。无丧之利,利之大矣。**故物或益之而损,损之而益**。唯无祸福,则无损益。**夫不可以劝就利者,而可以安神避害**。道者不可诱以利,无利则无害,故神自安,道自来也。**故尝无祸不尝有福,尝无罪不尝有功**。无祸无福,无罪无功,是谓大通。**道曰芒芒昧昧,从天之威,与天同气,无思虑也,无设储也**。道曰道君也。芒昧,谓道窈冥不可得见。今但法天以虚,为身以无,为心不虑而成,不劳而物积也。**来者不迎,去者不将**,任其自得。**人虽东西南北,独立中央**,身应物而无穷,道居中而独运。**故处众枉不失其直**,曲全故大。**与天下并流不离其域**,至气流转,真精常存。**不为善,不避丑,遵天之道,不为始,不专己,循天之理,不豫谋,不弃时,与天为期,不求得,不辞福,从天之则**。天无心不言,而万物生人。无为不谋,而百事遂。**内无奇福,外无奇祸,故祸福不生,焉有人贼**。凡有福即有祸,今祸福已冥,孰为人贼害。**故至德,言同辂,事同福,上下一心,无歧道,旁见者退之于邪,开道之于善,而民向方矣**。偏见不足以化俗,正道而可以诱民。

**老子曰:为善即劝,为不善即观劝,即生责,观即生患**。劝勉也,观察也,夫人为善,当日自勉之。有不善者,察见己过,则向方矣。是不免其为善矣。若以己为善察,求人之不善而责之者,则有患矣。故劝为善而不善矣。**故道不可以进而求名,可以退而修身。故圣人不以行求名,不以知见求誉,治随自然,己无所与**。进不师智以求名,退而修身以自治。推之自然,岂希人誉也。**为者有不成,求者有不得,人有穷而道无通**。人求而不得道,无为而自周。**有智而无为,与无智同功,有能而无事,与无能同德,有智若无智,有能若无能,道理达而人才灭矣**。夫至德内充,人才外灭者,故有若无,实若虚者也。**人与道不两明,人爱名即不用**

道,道胜人即名息,道息人名章,即危亡。道须一致,事不两全。

老子曰:使信士分财,不如定分而探筹,何则？有心者之于平,不如无心者也。使廉士守财,不如闭户而全封。以为有欲者之于庶,不如无欲者也。探筹绝疑于无心,庶士见待于有欲。人举其疵则怨,鉴见其丑则自善。贤者举过而思改,愚者自媒而为善。人能接物而不与己,则免于累矣。先人后己,终身无咎。

老子曰:凡事人者,非以宝币,必以卑辞,币单而欲不厌。君子不重宝,币服以谦敬。人能行之,久而无厌也。卑体免辞,论说而交不结。约束誓盟,约定而反先日。君子之交,不假结,约一言而定,终身不易。小人之交,要以担盟,未盈旬时,以违旧要也。是以君子不外饰仁义而内修道德,内秉真淳,外无虚饰。修其境内之事,尽其地方之广,劝民守死,坚其城郭,上下一心,与之守社稷。即为民者不伐无罪,为利者不攻难得,此必全之道,必利之理。与民同利,民乐死之,与民同心,民共守之。求名者不贪滥,为利者不乖分。此圣王之道,即社稷共守,郊境同固也。

老子曰:圣人不胜其心,众人不胜其欲。心胜则道全,欲胜则心危。君子行正气,小人行邪气。内便于性,外合于义,循理而动,不系于物者,正气也。推于滋味,淫于声色,发于喜怒,不顾后患者,邪气也。邪与正相伤,欲与性相害,不可两立,一起一废,故圣人损欲而从性。目好色,耳好声,鼻好香,口好味,合而说之,不离利害嗜欲也。耳目鼻口,不知所欲,皆心为之制,各得其所。由此观之,欲不可胜亦明矣。六情所欲,一心为制。气正于中,则欲不害性。心邪于外,则伪已惑真。故知邪正在我,与夺因心,且一心自正,群物何累也？

老子曰:治身养性者,节寝处,适饮食,和喜怒,便动静,内在己者得,善不外求。而邪气无由入。饰其外伤其内,扶其情者害其神,见其文者蔽其真。夫须臾无忘其为贤者,必困其性,言人贤不可暂忘,若须臾离之,必受困辱。**百步之中无忘其为客者,必累其形。**夫辅身御性,必宜节饮全和,使心气内平,而神明可保。君子慎微,不在于远。虽十步之内,必虑朽株之患;须臾之间,卒遇非意之事,安可息哉!**故羽翼美者,伤其骸骨,枝叶茂者,害其根荄,能两美者,天下无之。**翡翠以文彩见害,春华以芳菲见折。物有双美,事能兼济,未之有也。

老子曰:**天有明,不忧民之晦也,地有财,不忧民之贫也。**天之道,明照大开,至幽能察。地之利,育于万物,广济无违也。**至德道者若丘山嵬然不动,行者以为期,直己而足物,不为人赐,用之者亦不受其德,故安而能久。天地无与也,故无夺也,无德也,故无怨也。**至人者,势名不能动,欲害不能倾,块然独处,归然不动。以其常足不受赐,脱其所取,辄亦无害,故与之不德,夺之无怨,故能长久也。**善怒者必多怨,善与者必善夺,唯随天地之自然而能胜理。**超喜怒之域,忘与夺之情,任之自得,以全天理也。**故誉见即毁随之,善见即恶从之,利为害始,福为祸先,不求利即无害,不求福即无祸,身以全为常,富贵其寄也。**誉者,人之所美,善者,人之所慕。但不欲显显,则有毁有怨,非待绝善誉,将无毁怨。若不矜不伐,自然无祸无福,道德自全。全身为常,富贵若寄也。

老子曰:圣人无屈奇之服,诡异之行,服不杂,行不观,服不惊众,行不异人。**通而不华,穷而不慑,荣而不显,隐而不辱,异而不怪,**穷通,命也。故不华不慑。荣隐,时也。故不显不辱。虽异于人,何足怪也?**同用无以名之,是谓大通。**用无则无滞,是为大通也。

老子曰:**道者直己而待命,时之至,不可迎而返也,时之去,不可足而援也,故圣人不进而求,不退而让。**正身待命,直道从时,不将不迎也。**随时三年,时去我走,去时三年,时在我后,无去无就,中立其所。**此言先之大过,后之不及,唯迎之无前,随之无后,独立其中而安其所也。天道无亲,唯德是与。福之至,非己之所求,故不伐其功;祸之来,非己之所生,故不悔其行。前已释也。**中心其恬,不累其德,**非誉不能生，宠辱不能惊。狗吠不惊，自信其情，诚无非分。自明无非，故不惊惧。故通道者不惑，知命者不忧。知道知命，何忧何惧。帝王之崩，藏骸于野，其祭也祀之于明堂，神贵于形也。言古帝王归骸于野，不封不树，示民有终；祀神明堂，不谄不滥，示民知严也。故神制形则从，形胜神则穷，聪明虽用，必反诸神，谓之大通。依神形全，纵欲神逝。自非明达，焉能保之？

老子曰：古之存己者，乐德而忘贱，故名不动志，乐道而忘贫，故利不动心，是以谦而能乐，静而能淡。道德备身，贫贱无耻，心志不亏，名利不惑。故能谦之，乐以静，而淡然也。以数算之寿，忧天下之乱，犹忧河水之涸，泣而益之也。故不忧天下之乱，而乐其身治者，可与言道矣。喻人不忧寿之将尽，而忧天下之不治，是犹泣数滴之泪，欲增其河水之流，无益之谓也。唯忘治人而治其身，可与言乎道也。

老子曰：人有三怨，爵高者人妒之，官大者主恶之，禄厚者人怨之。高而能卑，厚而能散，自保元吉也。夫爵益高者意益下，官益大者心益小，禄益厚者施益博，修此三者怨不作。故贵以贱为本，高以下为基。三者不修，殃及己身。

老子曰：言者所以通己于人也，闻者所以通人于己也。言己情以达人情，得人意以通己也。既暗且聋，人道不通，故有暗聋之病者，莫知事通，岂独形骸有暗聋哉？心亦有之塞也。目不睹太山，耳不闻雷霆，此形骸其暗聋，有鉴凝鹿马，智昏椒麦，此人之暗聋也。即事不辩，况大道哉？莫知所通，此暗聋之类也。夫道之为宗也，有形者皆生焉，其为亲也亦戚矣，飨谷食气者皆寿焉，其为君也亦惠矣，诸智者学焉，其为师也亦明矣。生以道为亲，无形而形焉，其为亲也大矣。谷与气为君，非寿焉，其为惠也厚矣。智以学为师，非师而师焉，其为明至矣。人皆以无用害有用，勤无用事，伤有深之情。故知不博而日不足，君子常以所知未远，竭日不足，以自勉励也。以博奕之日问道，闻见深矣。移博奕之功而专道德，可致深妙也。**不闻与不问，犹暗聋之比于人也。**不暗不问，是谓暗聋。

**老子曰：人之情，心服于德，不服于力，**可以德制，不可以力争也。**德在与不在来。**德施于人，不望来报。**是以圣人之欲贵于人者，先贵于人，欲尊于人者，先尊于人，欲胜人者先自胜，欲卑人者先自卑，故贵贱尊卑，道以制之。夫古之圣王，以其言下人，以其身后人，即天下乐推而不厌，戴而不重，此德重有余而气顺也。故知与之为取，后之为先，即几之道矣。**尊人者，非尊其人而取尊。先人者，非先其人而取先。是气顺于道，德归诸己，故推而不厌，戴而不重也。

**老子曰：德少而宠多者讥，才下而位高者危，无大功而有厚禄者微，故物或益之而损，或损之而益。**才职不称，危亡必至。损益相随，祸福斯验也。**众人皆知利利，而不知病病，唯圣人知病之为利，利之为病。**众人知利为利，不知以利为病。圣人知利是病，以不病为利也。**故再实之木，其根必伤，多藏之家，其后必殃。夫大利者反为害，天之道也。**木之再成者，必伤其根；家藏宝货者，必殃其身。谓非意而得者，先利后害，天之道也。

**老子曰：小人从事曰苟得，君子曰苟义。为善者非求名者也，而名从之，名不与利期，而利归之，所求者同，所极者异。**小人从事以苟得为利，利从而害之。君子直道不以利为期，而名归之。故受利同，而遇害异也。**故动有益则损随之。言无常是，行无常宜者，小人也。**不恒其德，或承之羞。**察于一事，通于一能，中人也。**所见不周，拘于一域。**兼覆而并有之，技能而才使之者，圣人也。**黜奸去邪，任贤使能，此圣人也。

**老子曰：生所假也，死所归也，故世治即以义卫身，世乱即以身卫义，死之日，行之终也。**世治即以义保身，世乱即以身死义。故君子有益于人，虽杀身不恨，故视死若归，犹生之年也。**故君子慎一用之而已矣。**

依道而行,动不乖正。故生所受于天也,命所遭于时也,有其才不遇其世,天也。求之有道,得之在命。遇时也,不遇天也。得之不喜,失之不怨也。君子能为善,不能必得其福,不忍而焉非,而未必免于祸。君子为善,未必要福。去非未能远祸,终不舍义以求福,易行而脱祸,何则?如是,正不可革,心苟无二故也。故君子逢时即进,得之以义,何幸之有;不时即退,让之以礼,何不幸之有。故虽处贫贱而犹不悔者,得其所贵也。君子进不以为幸,义得之也。不遇不以为耻,悔何有焉?所存道义,岂若贫贱?

老子曰:人有顺逆之气生于心,心治则气顺,心乱则气逆,心之治乱在于道德。得道则心治,失道则心乱。心治则交让,心乱则交争,让则有德,争则生贼。有德则气顺,贼生则气逆。一其心则顺而正,二其气即逆而邪。正则道隆,邪则害生。道存则神清,清则和治。贼生则气浊,浊则争乱。既浊且乱,亡无日矣。气顺则自损以奉人,气逆则损人以自奉。二气者可道己而制也。难以事涓,可以道制。天之道其犹响之报声也,德积则福生,祸积则怨生。人能行之,天能鉴之,善恶必臻,有如影响。宦败于官茂,孝衰于妻子,患生于忧解,病惹于且愈,故慎终如始,则无败事也。官败失于正法,孝衰匿于私房。忧虽暂解,犹虑患生。病且愈,仍宜节欲。故慎终如始,则无败事也。

老子曰:举枉与直,如何不得,举直与枉,勿与遂往,所谓同污而异泥者。知人不易,举人必明,今举枉为直,以愚为贤,岂有同污而异泥也?

老子曰:圣人同死生,愚人亦同死生。圣人同死生,明于分理,愚人同死生,不知利害之所在。圣人一死生,不利彼此,故无死生。愚人异死生,则在得失,故喻死生。道悬天,物布地,和在人,人主不和,即天气不下,地气不上,阴阳不调,风雨不时,人民疾饥。道系于天,物产于地,中和在人。人者,天之精,地之灵。故为人之主必和,治其气安,抚万物,则风雨不怨，灾害不作也。

老子曰：得万人之兵，不如闻一言之当；得隋侯之珠，不如得事之所由；得和氏之璧，不如得事之所适。一言有益，万兵非贵。一事可当，和璧非宝。天下虽大，好用兵者亡，国虽安，好战者危。故小国寡民，虽有什伯之器而勿用。大国莫若修德，小国莫若事人，则征伐不兴，上下安泰也。

老子曰：能成霸王者，必胜者也；非首不御。能胜敌者，必强者也；非德不胜。能强者，必用人力者也；能用人力者，必得人心者也；用贤者之力，得众人之心也，能得人心者，必自得者也。自得者，必柔弱者，能胜不如己者，至于若己者而格，柔胜出于若己者，其事不可度，故能众不胜成大胜者也。惟保谦柔众不能屈，故能成其胜也。

## 通玄真经卷之五

默希子注

### 道　德

此篇上问道德，下反礼智。虽前篇具明，今更起问，以其玄与？故宜精审，将成后学悟道之由。

文子问道，老子曰：学问不精，听道不深。非学不知，非精不达。凡听者将以达智也，将以成行也，将以致功名也。疑则有问，听则须审，亦犹撞钟，声不虚应，必将有益以致功名也。不精不明，不深不达，故上学以神听，玄览无遗。中学以心听，或存或亡。下学以耳听。瞥若风过。以耳听者，学在皮肤，以心听者，学在肌肉，以神听者，学在骨髓。故听之不深，即知之不明；知之不明，即不能尽其精；不能尽其精，即行之不成。道德高妙，如见明了，则功业可就也。凡听之理，虚心

**清静**,损气无盛,无思无虑,目无妄视,耳无苟听,专精积蓄,内意盈并,**既以得之,必固守之,必长久之。**此为神听之法,悟道之由。既以得之,必能守之,善听不忘,善抱不脱也。**夫道者原产有始,**欲听其理,必先明本。**始于柔弱,成于刚强,始于短寡,成于众长。十围之木始于把,百仞之台始于下。此天之道也。**自无生有,从微至著,天道常然,况于人乎?**圣人法之,卑者所以自下也,退者所以自后也,俭者所以自小也,损者所以自少也。卑则尊,退则先,俭则广,损则大,此天道所成也。**凡人多自尊而卑人,故失人之所尊。圣人后己而先人,故得人之所先。是知忤物则群情莫应,顺天则乐推而不厌也。**夫道者德之元,天之根,福之门,万物待之而生,待之而成,待之而宁。**道为生化之主,德为畜养之资。群物之根,莫不待而生,百福之门,莫不由而出也。**夫道无为无形,**无为而万物生,无形而万物化。**内以修身,外以治人,功成事立,与天为邻,无为而无不为,**修身治人,无为无形,与天为邻,与道俱冥,合乎无为,而无不宁也。**莫知其情,莫知其真,其中有信。**虽非情可察,非真可识,然窈冥之中,信而有焉。**天子有道,则天下服,长有社稷;公侯有道,则人民和睦,不失其国;士庶有道,则全其身,保其亲;**上至天子,下及庶人,皆宜守道、安国、睦民、全身、保亲。**强大有道,不战而克;小弱有道,不争而得;举事有道,功成得福。君臣有道则忠惠,父子有道则慈孝,士庶有道则相爱,故有道则和,无道则苛。由是观之,道之于人,无所不宜也。夫道者,小行之小得福,大行之大得福,尽行之天下服,服则怀之。**有其所行,皆原其福。**故帝者,天下之适也,王者,天下之往也,天下不适不往,不可谓帝王。**言其无道,民不归往。虽处其位,何能久乎?**故帝王不得人不能成,**国以人为本,本固邦宁也。**得人失道,亦不能守。**有人无道,是谓空国。**夫失道者,奢泰骄佚,慢倨矜傲,见余自显,自明执雄,坚强作难,结怨为兵,主为乱首,小人行之,身受**

大殃,大人行之,国家灭亡,浅及其身,深及子孙。夫罪莫大于无道,怨莫深于无德,天道然也。罪大怨深,有国者不得不亡,有身者不得不死,以其道丧德灭,天亡之故也。

老子曰:夫行道者,使人虽勇,刺之不入;虽巧,击之不中。夫刺之不入,击之不中,而犹辱也。未若使人虽勇不敢刺,虽巧不敢击。夫不敢者,非无其意也,未若使人无其意。夫无其意者,未有爱利害之心也。夫行道者,勇,刺不伤,巧,击不中。虽曰无害,而已受辱于奉,俗则为神,奇在至道,谓之儿戏。不若使彼不起刺击意,我无爱利害之心,忘诡世之迹,道亦全矣。不若使天下丈夫女子,莫不惧然皆欲爱利之。若然者,无地而为君,无官而为长,天下莫不愿安利之。庚桑尸羽俗,孔丘称素王,即其人也。故勇于敢则杀,勇于不敢则活。勇于敢则死,勇于不敢则存也。

文子问德,向已知道,今更问德,兼之仁义,次及礼智,自非广问,何能大通也。老子曰:畜之养之,遂之长之,兼利无择,与天地合,此之谓德。畜之成之,无为无私,泽滋万物,合乎天地,谓之至德。何谓仁?曰:为上不矜其功,为下不羞其病,于大不矜,于小不偷,兼爱无私,久而不衰,此之谓仁也。贵为天子而不骄,贱为匹夫而不忧,慈惠不偏,博施济众,所谓仁也。何谓义?曰:为上则辅弱,为下则守节,达不肆意,穷不易操,一度顺理,不私枉挠,此之谓义也。扶倾极溺,固穷守节,随宜顺理,所谓义也。何谓礼?曰:为上则恭严,为下则卑敬,退让守柔,为天下雌,立于不敢,设于不能,此之谓礼也。敬尊抚下,卑己先物,秉谦柔之德,无息傲之容,此之谓礼者也。故修其德则下从令,修其仁则下不争,修其义则下平正,修其礼则下尊敬,四者既修,国家安宁。四者有亏,以治人即败国,以修身则丧生。故物生者道也,长者德也,爱者仁也,正者义也,敬者礼也。五者兼修,天下无敌。不畜不养,不能遂长,不慈不爱,不能成遂,不正不匡,不能久长,不敬不宠,不能贵重。故德者民之所贵也，仁者民之所怀也，义者民之所畏也，礼者民之所敬也。此四者文之顺也，圣人之所以御万物也。备此四德，谓之圣人，故能承顺天心，摄御群类。**君子无德则下怨，无仁则下争，无义则下暴，无礼则下乱，四经不立，谓之无道。无道不忘者，未之有也。**夫道既隐，四经乘之。文子问其本末，老子陈其得失。若四者俱废，怨暴所作，争乱必兴，所谓无道，立见亡败也。

**老子曰：至德之世，贾便其市，农乐其野，大夫安其职处，士修其道，人民乐其业。**非夫至德之化，岂能各安其分，以乐其业？**是以风雨不毁折，草木不夭死，河出图，洛出书，**图谓龟负八卦，书即洪范九畴。惟德动天，泽沾庶物，此圣人至治所致也。**及世之衰也，赋敛无度，杀戮无止，刑谏者，杀贤士，是以山崩川涸，蠕动不息，墼无百蔬。**季世之君，黩纲败纪，诛贤任佞，聚敛不时，荒怠无厌。逆气陵沴，上达于天，星辰乖殊，下应于地，故山崩川竭，人无聊生，昆虫草木咸失其所，唯为人主者，不可不儆也。**故世治则愚者不得独乱，**正不容邪。**世乱则贤者不能独治。**寡不胜众。**圣人和愉宁静，生也；至德道行，命也。故生遭命而后能行，命得时而后能明，必有其世，而后有其人。**遭时遇命，得主有人。高梧自然接灵凤，尺渎不能容巨鳞。

**文子问圣智，**问圣与智。**老子曰：闻而知之，圣也；见而知之，智也。故圣人常闻祸福所生，而择其道，智者常见祸福成形，而择其行。**见可而为，知难而止。**圣人知天道吉凶，故知祸福所生；智者先见成形，故知祸福之门。**圣人知吉凶倚伏，察其未形，故治于未乱。智者知祸福相倾，监于已兆，故不游其门也。**闻未生，圣也，先见成形，智也，无闻见者愚迷。**闻未生之事，非圣如何？睹已形之祸，非智如何？无闻无见，真谓愚迷也已矣。

**老子曰：君好义，则信时而任己，弃数而用惠。**人生信一时之义，不虑将来之患，略大道之数，矜巧惠之能，非贤君也。**物博智浅，以浅赡**

博，未之有也。指杯为海，短绠汲深，何以能济也？**独任其智，失必多矣。**独任多败，询众可允。**好智，穷术也，好勇，危亡之道也。**独眩所知必致穷屈，专勇无料坐见危亡。**好与则无定分，上之分不定，则下之望无止，若多敛则与民为雠，少取而多与，其数无有，故好与，来怨之道也。**凡有所与，必先所取。取则有穷，与则有竭。以有竭之物给无穷之费，亦难为恒也。而易彼与此，一得一失，况取非其道，与非其当，得者未喜，失者为仇。是以至人绝取舍之心，守平和之分，怨何从而生也？**由是观之，财不足任，道术可因明矣。**观取与之分，乃仇怨之府，是以财不足以救时，唯道可以辅众。

**文子问曰：古之王者，以道莅天下，为之奈何？**问先王之道，讽当时之主。言今时之弊，不及昔者之政，将如之何也。**老子曰：执一无为，因天地与之变化。天下大器也，**夫上古帝王为治，非谓神奇，唯法天地，执一无为，与时消息。大器者，谓有天下也。**不可执也，不可为也，为者败之，执者失之。**神而无形，不可执也，执者非也。微而无状，不可为也，为者败之。**执一者见小也，见小故能成其大也。**唯一故能总众以御物，唯大故能见小而不遗。**无为者守静也，守静能为天下正。**动不逾分，静不滞方，此静之至也，故能为天下正也。**处大满而不溢，居高贵而无骄。**处大不溢，盈而不亏，居上不骄，高而不危。盈而不亏，所以长守富也；高而不危，所以长守贵也。**富贵不离其身，禄及子孙，古之王道，具于此矣。**夫理契无为，心符至道，处大满而不溢，履高位而不危，泽濡品物，德贻子孙，昔者明王，皆守此道以化天下也。

**老子曰：民有道所同行，有法所同守，义不能相固，威不能相必，故立君以一之。**讹僻之俗，浇薄之民，有道不守，有法不一，外饰于义以求誉，内作其威以伏众，不立君长，何以齐之也？**君执一即治，无常即乱。**一法不明，万民失据也。**君道者，非所以有为也，所以无为也。智者不以德为事，勇者不以力为暴，仁者不以位为惠，可谓一矣。**不择道而妄为,不冯位而济惠,能全五者,可谓一矣。**一也者,无适之道也,万物之本也。**一者法也。适者,往也。**言君致法而治,则万物皆归往于君,故无不适也。君数易法,国数易君,**法数变,君数易。是君无一,则民物劳弊,天下不安。君无恒法,随时迁变,固无恒主,亦废与也。**人以其位,达其好憎,下之任惧,不可胜理。**凡为君者,宜镇以道德,不妄好憎。恣其胸臆,逾于赏罚,不当则下吏斯惧,惧则刑滥,何可胜理也?**故君失一,其乱甚于无君也。君必执一,而后能群矣。**天下所以戴君上者,以君有道故也。今国有君而无道,是民无主。虽有其主,使奸臣窃柄,贤者受害,微敛无厌,民物劳苦,故云甚于无君也。

**文子问曰:王道有几?老子曰:一而已矣。**皇王之号虽殊,古今之道唯一也。

**文子曰:古有以道王者,有以兵王者,何其一也?**唐虞揖让,汤武征伐,其不一也。**曰:以道王者,德也;以兵王者,亦德也。**道无升降,时有浇淳,理在变通,义非胶柱,故适时而举,因资济物,大矣哉!其谁知之?且结绳而理,用道以化者,德也。夷暴殄逆,用兵而治,亦德也。动不逾正,静不乖道,虽曰凶器,实为至德也。**用兵有五:有义兵,有应兵,有忿兵,有贪兵,有骄兵。**夫兵者,动有危亡,用有可否也。**诛暴救弱,谓之义;敌来加己,不得已而用之,谓之应;争小故不胜其心,谓之忿;利人土地,欲人财货,谓之贪;恃其国家之大,矜其人民之众,欲见贤于敌国者,谓之骄。义兵王,应兵胜,忿兵败,贪兵死,骄兵灭,此天道也。**国有五兵,轻用则死。败身有五,贼轻用之,则危亡。天道赏善惩奸,其理不差,仁者慎之也。

**老子曰:释道而任智者危,弃数而用才者困。**舍平夷之道,专巧诈之智,遗祸福之数,骋谲诡之才,抑本趋末,得不危亡也?**故守分循理,失之不忧,得之不喜,成者非所为,得者非所求。**不惊得失,自无忧喜。**入者有受而无取,出者有授而无与。**受无贪取之心,与无矜出之态。**因春而生，因秋而杀，所生不德，所杀不怨，则几于道矣。春秋无心，生杀有时。人主无为，赏罚必当。远违其理，近失其道。

文子问曰：王者得其欢心，为之奈何？帝王之理，何以得百姓欢心？老子曰：若江海即是也，淡兮无味，用之不既，先小而后大。夫明王之德，湛若江海，来者不逆，酌者不竭。淡然无味，五味成焉。施之无穷，万物赖焉。故得万姓欢心，子孙不绝也。夫欲上人者，必以其言下之，欲先人者，必以其身后之。天下必效其欢爱，进其仁义，而无苛气。居上而民不重，居前而众不害，天下乐推而不厌。虽绝国殊俗，蜎飞蠕动，莫不亲爱。无之而不通，无往而不遂，故为天下贵。欲上人者，非有欲上之心，有欲人之不上矣。先人者，非有先人之心，则推先而不害。若然者，德惠动天地，况于人乎？

老子曰：执一世之法籍，以非传代之俗，譬犹胶柱调瑟。执一隅之说，非通代之典，其犹胶柱调瑟，何典节之能全也？圣人者应时权变，见形施宜，世异则事变，时移则俗易，论世立法，随时举事。夫圣王救时济物，众人仰止，犹饥而待食，渴而思饮，人谁不愿也？上古之王，法度不同，非古相返也，时务异也。是故不法其已成之法，而法其所以为法者，与化推移。道无隆替，而俗有变革，是以五帝不同治，三王不共法。非欲相返，因时宜也。圣人法之可观也，其所以作法，不可原也，法未然，人不可知，政已治，众有可观。其言可听也，其所以言，不可形也。言可听者，当时用也。不可形者，不可以当时之言，为后时之用。三皇、五帝轻天下，细万物，齐死生，同变化，轻天下者，非鄙薄也。细万物者，非简贱也。言非有欲取天下，而天下归；无心利万物，万物自附者也。齐死生则忧惧不能入，同变化则诡异不能移也。抱道推诚，以镜万物之情，神而为镜，照无不得。上与道为友，下与化为人。上与道交，下与化游。今欲学其道，不得其清明玄圣，守其法籍，行其宪令，必不能以为治矣。夫存其典籍，行其法制，实赖玄圣发扬道达，使后之学者，知贵其道，内以治身，外以治国也。

**文子问政**，政者，政教也。**老子曰：御之以道，养之以德，无示以贤，无加以力，**教之以道，无见其智能。临之以德，无矜其威势。**损而执一，无处可利，无见可欲，**清虚为体，欲利自亡也。**方而不割，廉而不刿，**正不割物，廉不伤义。**无矜无伐。御之以道则民附，养之以德则民服，无示以贤则民足，无加以力则民朴。无示以贤者，俭也，无加以力，不敢也。下以聚之，赂以取之。俭以自全，不敢自安。不下则离散，弗养则背叛，示以贤则民争，加以力则民怨。离散则国势衰，民背叛则上无威，人争则轻为非，下怨其上则位危。四者诚修，正道几矣。**俭而自全，养以亲众，贤而不恃，威而不暴，四者兼修，正道存矣。

**老子曰：上言者下用也，下言者上用也。上言者常用也，下言者权用也。唯圣人为能知权，言而必信，期而必当。**上言谓道，下言为权。唯圣人能知，用之不失其道，善用权也。小人用之则丧其躯，不知权也。唯权不言而信，不期而当也。**天下之高行，直而证父，信而死女，孰能贵之？**世知所谓证父为贤，死女为信，而天下莫不高之。斯不然，其矫性而求直，节行以存诚，乃末世之诡法，非至德之真意，则故不足信贵也。**故圣人论事之曲直，与之屈伸，无常仪表，**理在称机，事无定体。**祝则名君，溺则捽父，势使然也。**捽，祚骨切。名君非礼在祝则当，捽父非法于溺即可。事在适时，谁云适礼也？**夫权者圣人所以独见，夫先迕而后合者之谓权，先合而后迕者不知权，不知权者善反丑矣。**善用权者，先谲而后通。不善用者，始吉而终凶也。

**文子问曰：夫子之言，非道德无以治天下。上世之王，继嗣因业，亦有无道，各没其世而无祸败者，何道以然？**设问之意。**老子曰：自天子以下，至于庶人，各自生活，然其活有厚薄，天下时有亡国破家，无道德之故也。**非有他殃，在于失道。**有道德，则夙夜不懈，战战兢兢，常恐危亡；无道德，则纵欲怠惰，其亡无时。**居存若亡，国无余殃。安时忘危,身死无时。**使桀纣循道行德,汤武虽贤,无所建其功也。**有道即王,无道即亡,固知善恶无王,兴亡在人,皇天辅德,自然之理。岂云昧也哉?**夫道德者,所以相生养也,所以相畜长也,所以相亲爱也,所以相敬贵也。夫聋虫**鳖聋无耳。**虽愚,不害其所爱,诚使天下之民,皆怀仁爱之心,祸灾何由生乎?**夫道者,广覆厚载,生之畜之,亲之爱之,一不异物,尽申诸己,使万物皆然,则虽聋虫之愚,尚感仁泽,何忧祸突之生也?**夫无道而无祸害者,仁未绝义未灭也。仁虽未绝,义虽未灭,诸侯以轻其上矣。诸侯轻上,则朝廷不恭,纵令不顺。**夫王者无道,有位继业未灭者,以仁义犹存故也。而祸福之衅已萌于兹,陵慢之情以轻其上矣。则夷王下堂而见诸侯,文公要盟而会践土,此衰世之谓也。**仁绝义灭,诸侯背叛,众人力政,**以威力为政也。**强者陵弱,大者侵小,民人以攻击为业,灾害生,祸乱作,其亡无日,何期无祸也?**道丧德亡,仁绝义灭,有君非君,为臣非臣,尊卑失位,强弱相陵,故即秦之二世,汉之季主,此国毁亡之时也。

老子曰:**法烦刑峻,即民生诈,**法烦难奉,奉之不逮,则峻之以刑。刑之不正,则罪及无辜。遂使百姓轻生冒禁,以死抵法。天下之危,莫不由此也。**上多事则下多态,求多即得寡,禁多即胜少。以事生事,又以事止事,譬犹扬火而使无焚也;以智生患,又以智备之,譬犹挠水而欲求其清也。**人多事即心乱,国多禁则民劳,犹火不可频扬,水不可数挠也。

老子曰:**人主好仁,即无功者赏,有罪者释。好刑,即有功者废,无罪者及。无好憎者,诛而无怨,施而不德。**人主无好憎之心,则臣无颇僻之刑,则赏者不避,诛者不怨。**放准循绳,身无与事,若天若地,何不覆载?合而和之,君也;别而诛之,法也。民以受诛,无所怨憾,谓之道德。**动循法度,德合天地,君明即理无不鉴,法平则民不遭其辜。

老子曰:**天下是非无所定,世各是其所善,而非其所恶。夫求是者,非求道理也,求合于己者也,非去邪也,去迕于心者。今吾欲择是而居之,择非而去之,不知世所谓是非也。世人善己所是,恶人所非;彼亦恶吾所善,非吾所是。是既非是,善亦非善,即善恶无定,是非安在?然惬其情者,虽恶以为善,善其所善,非去衰也。近其意者,虽是以为非,其所非,违其心也。则无是以不非,其所非者,则无非矣。则无是无非,无善无恶,故明不出善恶,而无是非者也。**故治大国若烹小鲜,勿挠而已。**大国不胜乱政,小鲜何堪数挠。**夫趣合者,即言中而益亲,身疏而谋,当即见疑。**趣合,谓偶合于君。所言且当而身疏,则君未深信,必见疑也。**今吾欲正身而待物,何知世之所从规我者乎?吾若与俗遽走,犹逃雨无之而不濡。**今我欲为人规矩,人亦为我师匠,犹速走避雨,身已劳倦,不免沾濡。**欲在于虚则不能虚,若夫不为虚而自虚者,此所欲而无不致也。**夫虚者无欲,有欲非虚,无心,无所不至也。**故通于道者,如车轴不运于己,而与毂致于千里,转于无穷之原也。**达道之士,身由毂也,神由轴也,身混世而常适,心居中而常寂,不驰言外,不劳诸己,故能转于无穷之路,游于绝冥之境。**故圣人体道反至,不化以待化,动而无为。**圣人内以反真,外能应化,触情不染,动用无为也。

老子曰:夫亟战而数胜者,则国必亡。亟战则民罢,数胜则主骄,以骄主使罢民,而国不亡者,则寡矣。主骄则恣,恣则极物,民罢则怨,怨则极虑,上下俱极而不亡者,未之有也。故功遂身退,天之道也。战不欲频,主不欲骄,民不欲罢,物不欲极,极则返极而不亡,未之有也。

平王问文子曰:吾闻子得道于老聃,今贤人虽有道,而遭淫乱之世,以一人之权,而欲化久乱之民,其庸能乎?平王,周平王也。言一人者,王自况也。贤人,指文子也。言今虽权在一人,不能化之,子有何道,而能治之也。文子曰:夫道德者,匡邪以为正,振乱以为治,化淫败以为朴,淳德复生,天下安宁,要在一人。夫衰正存心,治乱由君。心衰则衰,君治则治,故兴亡匪天,成败在我,不系于物,贵在诸道。道彼一人,则淫俗可变，醇德复兴，何忧不治者也？**人主者，民之师也，上者，下之仪也。上美之则下食之，上有道德，则下有仁义，下有仁义，则无淫乱之世矣。**故知天下颙颙，莫不上师于君，望为仪表，其由决水于千仞之豀，无不归往也。**积德成王，积怨成亡，积石成山，积水成海，不积而能成者，未之有也。**德不积不足以成名，恶不积不足以毁身，故王者顺所积也。**积道德者，天与之，地助之，鬼神辅之，凤凰翔其庭，麒麟游其郊，蛟龙宿其沼。**故积道德以感天地，四灵呈其祥，万物乐其业者也。**故以道莅天下，天下之德也；无道莅天下，天下之贼也。以一人与天下为雠，虽欲长久，不可得也。**莅，临也。人君以道莅天下，天下共戴之而不重。无道处天下，天下怨之而不久也。**尧舜以是昌，桀纣以是亡。**观乎善否，以察存亡。**平王曰：寡人敬闻命矣。**平王，周之贤王，伤时道衰，故问文子，求于治道。文子云：要在一人，匪由于他。故平王修政，周道复兴，而《春秋》美之，后谥为平王。

# 通玄真经卷之六

默希子注

## 上 德

上德，谓当时之君有德者也。夫三代之道废，五霸之德衰，故宜修德以匡天下，有功可见，有德可尊，故曰上德者也。

**老子曰：主者国之心也，心治则百节皆安，心扰则百节皆乱。**治国在君明，明则万姓乐其业。治身在心正，正则百节安其所也。**故其身治者，支体相遗也**；无疾苦也。**其国治者，君臣相忘也。**无忧虞也。

**老子曰：学于常枞，**老子之师，姓常，名枞。老子自说受教于师，师之言如是，不文者。**见舌而守柔，**见古道皆守雌柔。古字亦作舌字，亦柔也。

仰视屋树，惜光阴不驻也。退而因川，叹逝者不息也。观影而知持后，不先物为。故圣人虚无因循，常后而不先，譬若积薪，燎后者处上。后即先，下即上，物之常然。夫求先于人，即不能先也。

老子曰：鸣铎以声自毁，膏烛以明自煎，虎豹之文来射，猿狖之捷来格，故勇武以强梁死，辩士以智能困，能以智知，未能以智不知。此以能自害，不能以不能自全。以智自贼，不能以不智自存也。故勇于一能，察于一辞，可与曲说，未可与广应。持匹夫之勇，未能御众，执一隅之说，非通途论。

老子曰：道以无有为体，体道虚无，所谓微妙。视之不见其形，听之不闻其声，谓之幽冥。幽冥者所以论道，而非道也。犹筌者取鱼而非鱼，言者论道而非道也。夫道者，内视而自反，反听内视，自得于身也。故人不小觉，不大迷，不小惠，不大愚，执荧耀而方太阳，非迷者若何，持燕石而比和玉，非愚若何也。莫鉴于流潦，而鉴于止水，以其内保之止而不外荡。心尘外荡，则流浊而常昏；水性内虚，因其止而自鉴。月望日夺光，阴不可以承阳，日出星不见，不能与之争光。末不可以强于本，枝不可以大于干，上重下轻，其覆必易。此意言大君有命，小人勿用，若用之，犹阴夺阳，星夺日光，宜本末相用，各得当位则无倾危之患，颠覆之祸。一渊不两蛟，一雌不二雄，一即定，两即争。君主一，则国安，人主一，则心泰。玉在山而草木润，珠生渊而岸不枯。山川韫珠玉而润媚，君子积道德以光辉也。蚯蚓无筋骨之强，爪牙之利，上食晞堁，下饮黄泉，用心一也。蚯蚓饥则食土，渴则饮水，言无异虑，而不假筋骨爪牙之用。人一心守道，亦何假名利，然后称意也。清之为明，杯水可见眸子，浊之为害，河水不见太山。清明虽小，可以见毫发，昏浊虽大，不能见山岳。兰芷不为莫服而不芳；舟浮江海，不为莫乘而沉；君子行道，不为莫知而止，性之有也。兰芷之芳性也，不得不芳，君子为善道，不可不行。以清入浊，必困辱，以浊入清，必覆倾。贤愚不并立，清浊不同器。天二炁即成虹,地二炁即泄藏,人二炁即生病。三才之道,所贵生之。阴阳不能常,且冬且夏,月不知昼,日不知夜。冬夏不可差跌,昼夜不相干犯。川广者鱼大,山高者木修,地广者德厚。川不广,不能生巨鳞,智不周,不能达至理。故知非厚德,不能深知而远见。故鱼不可以无饵钓,兽不可以空器召。物不可以端然至,道不可以无人弘。山有猛兽,林木为之不斩;园有螫虫,葵藿为之不采;国有贤臣,折冲千里。猛兽螫虫,犹庇及草木,贤人君子,自然辅佑君民也。通于道者若车轴转于毂中,不运于己,与之致于千里,终而复始,转于无穷之原也。前已释矣。故举枉与直,何如不得,举直与枉,勿与遂往。以释符言篇也。有鸟将来,张罗而待之,得鸟者罗之一目,今为一目之罗,则无时得鸟。任一人之才,难以御众。一目之罗,无由获鸟。故事或不可前规,物或不可预虑,故圣人畜道待时也。夫圣人其行也天,其动也时,未至即守道,时之来即修之。文王之兴周道,高祖之盛汉业也。欲致鱼者先通谷,欲来鸟者先树木,水积而鱼聚,木茂而鸟集,为鱼得者,非挈而入渊也。为猨得者,非负而上木也,纵之所利而已。夫君臣相为用也,由鱼之投水,鸟之依林,纵其所利,不召而来。明君处世,而忠贤自至也。足所践者浅,然待所不践而后能行,心所知者褊,然待所不知而后能明。足其所践者少,其不践者多。心所知者寡,其不知者众。以不用而能成其用,不知而能全其知也。川竭而谷虚,丘夷而渊塞,唇亡而齿寒,河水深而壤在山。此善言君民相倚,犹山川相通,河水深则膏润在山,君厚敛则民货财匮乏。上有所求,下有所竭。民力殚而君位危,则唇亡齿寒之义者是也。水静则清,清则平,平则易,易则见物之形,形不可并,故可以为正。夫元首既明,犹止水之清。深鉴物情,善恶之状无逃;幽察人情,平和之政斯布之也。使叶落者,风摇之也,使水浊者,物挠之也。风不摇而叶自落,物常挠而水自清,未之有也。璧锾之器,磋磋之功也。镆铘断割,砥砺之力也。言良玉宝剑,虽有美质,终假砥砺之功,方成乎奇器。君子贤人,虽有才质,终假师匠,方成其业也。**虮与骥致千里而不飞,无裹粮之资而不饥。**国所托者贤,则所存者大,坐而无忧。物所附者良,则所致也远,疾而不劳。狡兔得而猎犬烹,必然之势。高鸟尽而良弓藏,不见用也。**名成功遂身退,天道然也。**审进退之宜,尽穷通之数,抱道守德,全身保名,可谓贤也。**怒出于不怒,为出于不为,视于无有,则得所见,听于无声,则得所闻。**人之性本无怒,怒出于有事。人之性本无为,为出于有欲。知怒之为过,为之是非,故内视见于无形,反听致于无声者,谓却照本性,而无声无形,无怒无为,所贵见于无非,谓见于有也。**飞鸟反乡,兔走归窟,狐死首丘,寒螀得木,**各依其所生也。物不忘本,人或违道。**水火相憎,鼎鬲在其间,五味以和;骨肉相爱也,谗人间之,父子相危也。**言物性有相反,虽水火相攻,用之有方则致和,父子相爱,谗慝间之则见疑。贤者不可不察也。**犬豕不择器而食,俞肥其体,故近死。**此明小人苟希名利,虽且贵而终否;贤者畜道待时,虽暂否而终泰也。**凤凰翔于千仞莫之能致,椎固百内而不能自橡,**陟坏切。未详。**目见百步之外而不能见其眦。**希大者亡其细,见远者遗其近。**因高为山,即安而不危,因下为渊,即深而鱼鳖归焉。**因其所易,人不劳而自成。利其所习,物不召而自至。**沟池潦即溢,旱即枯,河海之源,渊深而不竭。**蓄之则不盈,流之则不竭,未闻有枯溢之患者,渊深然也。**鳖无耳而目不可以蔽,精于明也,瞽无目而耳不可以蔽,精于聪也。**各利一原,莫能相假。**混混之水浊,可以濯吾足乎,泠泠之水清,可以濯吾缨乎。**言清浊无遗,贤愚并用,但量能授任,称物随机也。**斸**音药。**之为缟也,或为冠,或为袜。**音未。言所用不定也。**冠则戴枝之,袜则足蹑之。**无乖其分,各全其要。**金之势胜木,一刃不能残一林;土之势胜水,一掬不能塞江河;水之势胜火,一酌不能救一车之薪。**谕一人之直,不能移众枉,任一人之智,不能化群迷也。**冬有雷,夏有雹,寒暑不变其节,霜雪麃麃,**碑休切。义鹿乙。**日出而流。**冬雷夏雹,寒暑不能全其节。太阳日照,霜雪不能固其质也。**倾易覆也,倚易轫也,**

几易助也，湿易雨也。贤者亲善，愚者亲恶，其势易輗，其事易染也。**兰芷以芳，不得见霜，蟾蜍辟兵，寿在五月之望**。斯皆有用而见害，曷若无名以全身。案万毕术，蟾蜍五月中，杀之涂五兵，入军阵而不伤。**精泄者中易残**，精华发于内，而枝干凋于外也。**华非时者不可食**。物非时而食必病，财非义而取必害。**舌之与齿，孰先弊焉，绳之与矢，孰先直焉**。刚者虽坚而致弊，柔者虽屈而正物。**使影曲者形也，使响浊者声也**。形端必无曲影，言善必无恶响。**与死同病者，难为良医，与亡国同道者，不可为忠谋**。必死之病，医虽良而不救。必亡之国，臣虽忠而难存。**使倡吹竽，使工捻窍，虽中节不可使决，君形亡焉**。倡，乐人也。工，制器人也。盖言倡者吹竽，工者捻窍。曲节虽中律，终动用相违，心乎莫应，何能所决，言其主君形忘也。**聋者不歌无以自乐，盲者不观无以接物**。声不通于耳，绝想其乐，色不见其目，息观于心。**步于林者，不得直道，行于险者，不得履绳**。步林不求阡陌，务于通足。履险不循规矩，事在济危也。**海内其所出，故能大**。生而不绝，用而无穷，故为大也。**日不并出，狐不二雄，神龙不匹，猛兽不群，惊鸟不双**。斯皆独立不群，故能为百兽众禽之长也。**盖非橑不蔽日，轮非辐不追疾，橑轮未足恃也**。言事物相假，不可偏任也。**张弓而射，非弦不能发，发矢之为射，十分之一**。弓虽劲，无弦不能中的。君虽圣，非臣无以济其业。及为射者甚众，至于求中者十分无一，犹干禄者不少，至于求贤者万分无二。**饥马在厩，漠然无声，投刍其旁，争心乃生**。乏刍豢者，投之乃争。渴名位者，居之必竞。故君子让其禄，小人竞其位也。**三寸之管无当，天下不能满，十石而有塞，百斗而足**。喻贪者无厌而莫足，由器之无底而难满。**循绳而断即不过，悬衡而量即不差。悬古法以类，有时而遂，杖格之属，有时而施。是而行之谓之断，非而行之谓之乱**。循绳而动，物不能越，悬衡而制，事无不当。古今既殊，法度亦异，适时而治，滞方则乱。**农夫劳而君子养，愚者言而智者择**。耕也劳在其中,学也禄在其中。**见之明白,处之如玉石,见之黯**乌感切。黯音昧。**必留其谋。**事理明白,居然可分,固无疑焉。闻见卤莽,自难情晓,宜留谋矣。**百星之明,不如一月之光,十牖毕开,不如一户之明。**小人虽多,不足可任,贤士虽寡,得一有余。文王得吕望,高祖得子房,其在多乎?**蝮蛇不可为足,虎不可为翼。**人无全能,物不双美。**今有六尺之席,卧而越之,下才不难,立而逾之,上才不易,**势施异也。明人才不等也,于彼则通,于此则塞,所能有异故也。**助祭者得尝,救斗者得伤。**见善蒙惠,遇恶有伤,而况躬行。**蔽于不祥之木,为雷霆所扑。**蔽不祥之木,而天威难逃,匿不善之人,而国法必诛也。**日月欲明,浮云蔽之;河水欲清,沙土秽之;丛兰欲修,秋风败之;人性欲平,嗜欲害之;蒙尘而欲无眯,不可得絜。**处昏翳之间,何以见明?居嗜欲之场,必从所染。霜霰交下,兰蕙难以保其芳,沙壤汨流,河源无以全其絜。**黄金龟纽,贤者以为佩,土壤布地,能者以为富。**不识所用,虽金玉以为粪土;苟知所施,虽土壤以为珠玉。**故与弱者金玉,不如与之尺素。**弱,谓愚弱也。与之尺素或可保,与之金玉则为害。犹小人不可处大位,必置危亡也。**毂虚而中立三十辐,各尽其力,使一轴独入,众辐皆弃,何近远之能至。**为车者必假众辐,求致远之用;治国者亦借群才,保久安之业。**橘柚有乡,萑苇有丛,兽同足者相从游,鸟同翼者相从翔。**同气相召,同类相求。**欲观九州之地,足无千里之行,无政教之原,而欲为万民上者,难矣。**观乎九域,岂不行而至?御万机,岂无道而居之也?**凶凶者获,提提者射。**凶凶,恶也。提提,群也。言群恶相聚,必被中伤,为人诛获也。提,音时。**故大白若辱,广德若不足。**明唯白著,故似屈辱。德不外扬,有若屈少。**君子有酒,**言其过量。**小人鞭缶,虽不可好,亦可以丑。**言君子饮酒之过,小人鞭缶为诫,在小人由不可好,君子固可为丑也。**人之性便衣绵帛,或射之即被甲,为所不便,以得其便也。**御寒即假缯纩,临兵即被甲胄。相时而动,以取其便，人之情也。**三十辐共一毂，各直一凿，不得相入，犹人臣各守其职也。**此意不殊前解。**善用人者，若蚿**音贤。**之足，众而不相害，若舌之与齿，坚柔相磨而不相败。**蚿，百足虫也。言人善用众者，其由蚿乎？舌之与齿，刚柔并任，愚智咸收，使各循其分，不失其才也。**石生而坚，芷生而芳，少而有之，长而逾明。**此原其性也。石坚芷芳，由贤者明，愚者暗。是知坚芳不可夺，愚暗亦莫移，少而有之，长而弥笃者故也。**扶之与提，谢之与让，得之与失，诺之与己，相去千里。**此言邈然县殊，孰云一致者也？**再生者不获华，太早者不须霜而落。**再荣不实，阳极自零。**污其准，粉其颡，**准，鼻也。鼻有污而粉其颡，犹手有疾而治其足，事非常也。**腐鼠在阼，烧薰于堂，入水而增濡，怀臭而求芳，虽善者不能为工。**腐鼠犹奸佞也。言君昵近佞人，而求国之治，犹入水致溺，挟臭求芳，薰鼠烧堂，其祸不小也。**冬冰可折，夏木可结，时难得而易失。**光阴可惜，时命难遭，谕君子俟时而动，不可失之也。**木方盛终日采之而复生，秋风下霜，一夕而零。**言人建功成业，不可后时。**质的张而矢射集，林木茂而斧斤入，非或召之也，形势之所致。**质的不求中而矢射集，材干不祈用而剪伐至，自然之势。**乳犬之噬虎，伏鸡之搏狸，恩之所加，不量其力。**顾恩育者，所以不觉忘生。**夫待利而登溺者，必将以利溺之矣。舟能浮能沉，愚者不知足焉。**舟因水而浮，亦能沉之。人因利而生，亦能溺之。唯审止足之分，庶免沉溺之祸。**骥驱之不进，引之不止，人君不以求道里。**民疲已极，君敛无厌，骥困更驱，难规远路。**水虽平必有波，衡虽正必有差，尺虽齐必有危。非规矩不能定方圆，非准绳无以正曲直。用规矩者，亦有规矩之心。**上立平正之法，下生乖越之分者，是由波生平水，正起差心，兆乎爱憎，迹生祸乱，非君上无法制，而臣下失其规矩者也。**太山之高，倍而不见，秋毫之末，视之可察。**所向正秋毫，虽小可察，所行背太山，虽大不可见也。**竹木有火，不钻不熏；土中有水，不掘不出。**木藏于火,土藏于水,不钻不掘,必不能出。道在于人,不学不知。**矢之疾不过二里,跬步不休,跛鳖千里,累块不止,丘山从成**。凡为学者,非贵疾于初心,所美久于其道,则千里可至,丘山必成也。**临河欲鱼,不若归而织网**。河之有鱼,取之在网。人之有道,取之在心。**弓先调而后求劲,马先顺而后求良,人先信而后求能**。明此三者之由,可察万机之要也。**巧冶不能消木,良匠不能斲冰,物有不可,如之何君子不留意**。非可治之物,不能成其器,虽有良匠,无所施其功。非可道之人,不能回其操,虽有圣人,无由谕其意也。使人无渡河,可,使河无波,不可。言河必有波,世必有祸,使人不犯祸则易,使河无波即难。**无曰不辜,甑终不堕井矣**。辜,罪也。言人所获戾,非谓无辜。甑终不堕井,安得无出也。**刺我行者欲我交,呰我货者欲我市**。欲动于中,见形于外。**行一棋不足以见知,弹一弦不足以为悲**。一惹裁通,未能尽理。一弦始张,何足称妙。**今有一炭然,掇之烂指,相近也。万石俱熏,去之十步而不死,同气而异积也**。**有荣华者,必有愁悴**。荣枯迭兴,衰乐相反。**上有罗纨,下必有麻綀**。浮费切。君上骄侈,以轻绮罗,下民冻馁,不周于衣食。为人君,可不察焉?**木大者根瞿**,音衢,**山高者基扶**。君以民为本,高以下为基。

老子曰:**鼓不藏声,故能有声;镜不没形,故能有形**。鼓不藏声,镜不藏形,故能有声有形也。**金石有声,不动不鸣;管箫有音,不吹无声**。金石箫管,不能自鸣,皆因吹击乃能有声。由人皆禀道德,不学终不成者也。**是以圣人内藏,不为物唱,事来而制,物至而应**。圣人言不妄发,事不虚应。**天行不已,终而复始,故能长久。轮得其所转,故能致远**。天行者神而莫测,运乎无穷故也。**天行一不差,故无过矣。天气下,地气上,阴阳交通,万物齐同**。天行一而不差,君守政而无失。故得天地交畅,庶物咸遂,君臣说睦,上下康乂也。**君子用事,小人消亡,天地之道也**。去邪任贤,合于天地,道也。**天气不下,地气不上,阴阳不通,万物不昌,小人得势,君子消亡,五谷不植,道德内藏。天地之气不交,阴阳之气不通。由世主道德不用,奸佞并行,小人居位,君子在野,使万物不昌而五谷不成。天之道,裒多益寡,地之道,损高益下,天地之道。鬼神之道,骄溢与下,时骄溢之性,与谦下之人。人之道,多者不与,不增有者。圣人之道,卑而莫能上也。终不为上,故人尊也。天明日明,而后能照四方,君明臣明,域中乃安,域有四明,乃能长久。明其施明者,明其化也。四明既备,万姓俱化。天道为文,日月星辰。地道为理,山泽江海。一为之和,融乎冲气。时为之使,应而不乱。以成万物,命之曰道。生畜万物,不自为宰,故名曰道者也。大道坦坦,去身不远,修之于身,其德乃真,修之于物,其德不绝,内修其真谓之真,外育于物谓之德。天覆万物,施其德而养之,与而不取,故精神归焉。与而不取者上德也,是以有德。高莫高于天也,下莫下于泽也,天高泽下,圣人法之,尊卑有叙,天下定矣。卑高以陈,贵贱位也。地载万物而长之,与而取之,故骨骸归焉。与而取者下德也,下德不失德,是以无德。不取者,谓天生万物,但养畜之,不取其材,故精神归于上。终有德而取者,谓地生万物,虽成孰之,而复其质,故骨骸归于下,是为无德也。地承天,故定宁,地定宁,万物形,地广厚,万物聚,定宁无不载,广厚无不容。地势深厚,水泉入聚,地道方广,故能久长,圣人法之,德无不容。言天地相承,以致广厚。君臣相信,故能治和。阴难阳,万物昌;阳复阴,万物湛。物昌无不赡也,物湛无不乐也,物乐则无不治矣。阴害物,阳自屈,阴进阳退,小人得势,君子避害,天道然也。阳制于阴,则天下和治,臣胜于君,则小人在位也。阳气动,万物缓而得其所,是以圣人顺阳道。夫顺物者物亦顺之,逆物者物亦逆之,故不失物之情性。洿音乌。泽盈,万物节成;洿泽枯,万物荶。故雨泽不行,天下荒亡,阳上而复下,故为万物主。不长有,故能终而复始,终而复始,故能长久,能长久,故为天下母。圣人顺天之道,无为长久,逆物之情,有位莫守。阳气畜而后能施,阴气积而后能化,未有不畜积而后能化者也。故圣人慎所积。积德来庆,积恶致亡。阳来阴,万物肥;阴灭阳,万物衰。故王公尚阳道则万物昌,尚阴道则天下亡。阳者,正也,生也,故物肥,肥者则昌。阴者邪也,死也,故物衰,衰者即亡。阳不下阴,则万物不成,君不下臣,德化不行,故君下臣则聪明,不下臣则暗聋。君非至圣,不能下臣,臣非至贤,不能弼君。虞舜屈伯成,文王师尚父,可谓聪明。日出于地,万物蕃息,王公居民上,以明道德。日入于地,万物休息,小人居民上,万物逃匿。谓阳不下阴,则万物不昌;君不下臣,则万物藏也。雷之动也,万物启,雨之润也,万物解,大人施行,有似于此。阴阳之动有常节,大人之动不极物。大人之盛也,如春之雷。其发令也,如暄之风。皆聋和气顺,故不极物。雷动地,万物缓,风摇树,草木败。大人去恶就善,民不远徙,故民有去就也,去尤甚,就少愈。且大人有善,百姓交归。若太王之去邠,人何远哉?风不动,火不出,大人不言,小人无述。火之出也,必待薪,大人之言,必有信。有信而真,何往不成?火出而薪传,言发而信行。故知大人之言,其行也往而不追,其信也有若四时。河水深,壤在山,丘陵高,下入渊,阳气盛,变为阴,阴气盛,变为阳,故欲不可盈,乐不可极。天之道神高举下,唯节欲全和,以顺天理,不使至极。忿无恶言,怒无作色,是谓计得。虽忿怒未忘,而恶言悖色,不形于外,是计得于中,镇之以道也。火上炎,水下流,圣人之道,以类相求,圣人偯音依。阳天下和同,偯阴天下溺沉。偯阳者,亲忠良,故和同。偯阴者,亲奸佞,故沉溺。

老子曰:积薄成厚,积卑成高,君子日汲汲以成辉,小人日快快以至辱。君子勤身以修道,日益晖光。小人乘间以快意,终致困辱。其消息也,虽未能见,故见善如不及,宿不善如不祥。苟向善,虽过无怨；苟不向善，虽忠来恶。故怨人不如自怨，勉求诸人，不如求诸己。声自召也，类自求也，名自命也，人自官也，无非己者。操锐以刺，操刃以击，何怨于人？故君子慎其微。慎微，言不在大也。苟向善，则福不因人，勉求诸己。苟不向善，则祸归于身，何怨于人？不善犹操刃自割，积火自浇，又谁咎之者也？万物负阴而抱阳，冲气以为和，和居中央，是以木实生于心，草实生于荚，卵胎生于中央，不卵不胎，生而须时。物殊类异，言其为生，皆自中和而成质，其自加卵，而因变化所为者，即须时而有也。地平则水不流，轻重均则衡不倾。地平，水无奔驰之势，衡均，则物无轻重之偏。物之生化也，有感以然。万物之生，各有所感，非徒然也。

老子曰：山致其高，而云雨起焉。水致其深，而蛟龙生焉。君子致其道，而德泽流焉。夫有阴德者，必有阳报，有隐行者，必有昭名。山之灵者，必降云雨。道之高者，必施德泽。未有不先行其事，而后致其报。树黍者不获稷，树怨者无报德。树黍获稷，以怨报德。

## 通玄真经卷之七

默希子注

### 微 明

道周象外谓之微，德隐冥中谓之明。是知非微无以究其宗，非明无以契其旨。微明之义，体用而然也。

老子曰：道可以弱，可以强，可以柔，可以刚，可以阴，可以阳，可以幽，可以明，可以苞裹天地，可以应待无方。此与《道原》篇意同也。知之浅，不知之深，知之外，不知之内，知之粗，不知之精，知之乃不知，不知乃知之，孰知知之为不知，不知之为知乎？夫道不可闻,闻而非也;道不可见,见而非也;道不可言,言而非也。孰知形之不形者乎？故天下皆知善之为善也,斯不善矣。知者不言,言者不知。夫道绝形声,故非闻见能辩。德非藻饰,岂云善恶能明？故知者不言,言者不知,其至矣也。

文子问曰:人可以微言乎？老子曰:何为不可。唯知言之谓乎？夫知言之谓者,不以言言也。微言谓至妙言。唯忘其言,可与言也。争鱼者濡,逐兽者趋,非乐之也。故至言去言,至为去为,浅知之人,所争者末矣。夫言有宗,事有君。夫为无知,是以不吾知。道者,无名之妙;言者,至理之宗。达妙者无言,明宗者不竞。是言至而无言,为至而无为,而知自知尔。孰去吾知？

文子问曰:为国亦有法乎？老子曰:今夫挽车者,前呼邪轷,火乎切。后亦应之,此挽车劝力之歌也。虽郑、卫、胡、楚之音,不若此之义也。治国有礼,不在文辩。法令滋彰,盗贼多有。夫所用者必有宜,须各当其要,犹挽车劝力,而不当奏以咸池之乐。治国宁民务崇朴素,又何烦藻丽之色也。

老子曰:道无正而可以为正,譬若山林而可以为材。材不及山林,山林不及云雨,云雨不及阴阳,阴阳不及和,和不及道。道者所谓无状之状、无物之象也。无达其意,天地之间,可陶冶而变化也。大道无正出于道,犹山林非材而材出于山林。自云雨已下,言不及道者,以其无状无象,故能包罗万有,总括群方。唯体道者知变化无穷。

老子曰:圣人立教施政,必察其终始,见其造恩。造恩,谓制立教也。故民知书则德衰,知数而仁衰,知券契而信衰,知机械而实衰。斯数者,皆由失道而后兴。随时而立制,制之逾谨,违之逾切。是知实信衰而机械设,政教兴而奸滥甚矣。瑟不鸣,而二十五弦各以其声应;轴不运于己,而三十辐各以其力旋。弦有缓急,然后能成曲;车有劳佚,然后能致远。使有声者乃无声者也,使有转者乃无转也。瑟无声,声在于弦。轴不转,转在于轮。是无声而能有声,无转而能有转,故无声之声而曲节成,无转之转乃能致远。**上下异道,易治即乱,位高而道大者从,事大而道小者凶。**冠不可践于足,臣不可尊于君,上下乖乱,亡无日矣。**小德害义,小善害道,小辩害治,苟悄伤德。**矜小惠而蔽大道,纵小忿而伤至德。**大正不险,故民易道,至治优游,故下不贼。至忠复素,故民无伪匿。**上有乎正,下无险诐。上有清简,下无巧伪。

老子曰:**相坐之法立,则百姓怨,减爵之令张,则功臣叛。**狱讼相引,无辜者受其怨。爵位减默,有功者怀其叛。**故察于刀笔之迹者,不知治乱之本;习于行阵之事者,不知庙战之权。**治乱者,谓垂拱无为之堂,非督责之吏所知。庙战者,谓决胜之术在方寸之地,非一卒之能晓。**圣人先福于重关之内,虑患于冥冥之外。**重关之内,冥冥之外,谓无祸福之场。绝思虑之境,自非圣人,孰能玄鉴也?**愚者惑于小利,而忘大害,故事有利于小而害于大,得于此而忘于彼。**小见忘大,得利忘害,速到之甚,非愚若何。**故仁莫大于爱人,智莫大于知人,爱人即无怨刑,知人即无乱政。**爱人犹己,则刑不滥。知人尽诚,即政无乱。

老子曰:**江河之大,溢不过三日,飘风暴雨,日中不出须臾止。**言人由暴,不久而亡,由飘风横厉,不日而止也。**德无所积而不忧者,亡其及也。夫忧者所以昌也,喜者所以亡也,故善者以弱为强,转祸为福。道冲而用之,又不满也。**愚者执迷而不祇,以忧为喜,则速亡。善者守道以全朴,转祸为福者必昌。

老子曰:**清静恬和,人之性也。仪表规矩,事之制也。知人之性,则自养不悖,知事之制,则其举措不乱。**恬和者,率性之本也。规矩者,制欲之过也。牵于欲利,虽静而常悖。明其法度,虽动而不乱也。**发一号,散无竟,总一管,谓之心。见本而知末,执一而应万,谓之术。**发号谓使心不竟,使心不竟即混。百节归根,应万物而冥一,谓之术也。**居知**

所以，行知所之，事知所乘，动知所止，谓之道。至人者行藏，有谓言凶具料。若其不然，何以为道也。使人高贤称举己者，心之力也；使人卑下诽谤己者，心之过也。言出于口，不可禁于人，行发于近，不可禁于远。善恶由己，谤誉因人。众口所称，莫之能禁。一行有亏，无远不至。事者难成易败，名者难立易废。凡人皆轻小害，易微事，以至于大患。夫祸之至也，人自生之，福之来也，人自成之，祸与福同门，利与害同邻，自非至精，莫之能分。是故智虑者祸福之门户也，动静者利害之枢机也，不可不慎察也。夫至人所为必谋，始克料于终。且名利之所起，即祸福之生门。故杜名利之原，闭祸福之门，即智虑自息，动静无变也。

老子曰：人皆知治乱之机，而莫知全生之具，故圣人论世而为之事，权事而为之谋。圣人能阴能阳，能柔能刚，能弱能强，随时动静，因资而立功，睹物往而知其反，事一而察其变，化则为之象，运则为之应，是以终身行之无所困。人皆能机于治乱之道，而不能全身于治乱之间，故圣人论世权事，应变无穷，相时而为，终身不辱。故事或可言而不可行者，或可行而不可言者，或易为而难成者，或难成而易败者。所谓可行而不可言者，取舍也；可言而不可行者，诈伪也；易为而难成者，事也；难成而易败者，名也。此四者，圣人之所留心也，明者之所独见也。审行藏之势，察成败之由，其唯圣明方能独见也。

老子曰：道者敬小微，动不失时，百射重戒，祸乃不滋。计福勿及，虑祸过之。同日被霜，蔽者不伤。愚者有备，与智者同功。贤者无虑为愚，愚者有备为贤。夫积爱成福，积憎成祸，人皆知救患，莫知使患无生。夫使患无生易，施于救患难。今人不务使患无生，而务施救于患，虽神人不能为谋。患祸之所由来，万万无方。圣人深居以避患，静默以待时。小人不知祸福之门，动而陷于刑，虽曲为之备,不足以全身。故上士先避患而后就利,先远辱而后求名。故圣人常从事于无形之外,而不留心于已成之内,是以祸患无由至,非誉不能尘垢。夫陷于利害由爱憎。爱憎不生,毁誉安在?君子见未形则易治,小人曲备而终祸。救于已形,成则难脱。

老子曰:凡人之道心欲小,志欲大,智欲圆,行欲方,能欲多,事欲少。所谓心小者,虑患未生,戒祸慎微,不敢纵其欲也。志欲大者,兼包万国,一齐殊俗,是非辐辏,中为之毂也。智圆者,终始无端,方音旁。流四远,渊泉而不竭也。行方者,立直而不挠,素白而不污,穷不易操,达不肆志也。能多者,文武备具,动静中仪,举错废置,曲得其宜也。事少者,秉要以偶众,执约以治广,处静以持躁也。故心小者禁于微也,志大者无不怀也,智圆者无不知也,行方者有不为也,能多者无不治也,事少者约所持也。凡此数者,非大至圣高真,莫能兼也矣。故圣人之于善也,无小而不行,其于过也,无微而不改,行不用巫觋,而鬼神不敢先,可谓至贵矣。然而战战栗栗,日慎一日,是以无为而一之成也。外不负物,内不惭心,何须巫觋,宁惧鬼神?由怀兢栗,然可保终也。愚人之智,固已少矣,而所为之事又多,故动必穷。故以政教化,其势易而必成;以邪教化,其势难而必败。舍其易而必成,从事于难而必败,愚惑之所致。不量得失,坐致危亡。事繁难致,虽劳将败。物简易从,易从必成,而不为者,愚之至也。

老子曰:福之起也绵绵,祸之生也纷纷,祸福之数,微而不可见。圣人见其始终,故不可不察。福如鸿毛,圣人独是。祸若太山,愚者莫睹也。明主之赏罚,非以为己,以为国也。适于己而无功于国者,不施赏焉;逆于己而便于国者,不加罚焉。明主赏罚在于公正。益于国,便于人,则行。利于己,不利于人,则止也。故义载乎宜,谓之君子,遗义之宜,谓之小人。君子小人,岂有定分?举措合宜,即为君子,动用乖分,即为小人。**通智得而不劳,**上士玄解。**其次劳而不病,**中人勉力不倦。**其下病而亦劳。**下士心服昏滞,精神迷到,故劳俞甚,病愈甚也。**古之人,味而不舍也,今之人,舍而不味也。**不舍,不居也。味道,味也。古人味道而不居,今人无道而自伐也。**纣为象箸,**箸以象牙为之。**而箕子唏,**唏其华侈也。**鲁以偶人葬,**偶人,刻木似人,为盟器之类也。**而孔子叹。**叹其非礼。**见其所始,即知其所终。**小人见象箸、偶人,以为其生也荣,其死也盛。君子观之,其道也衰,其得也亡。

老子曰:**仁者,人之所慕也,义者,人之所高也。为人所慕,为人所高,或身死国亡者,不周于时也。故知仁义而不知世权者,不达于道也。**徒高仁义之风,不识机权之变,无救败亡,岂为周达者也?**五帝贵德,**无为而治。**三王用义,**诛暴宁民。**五伯任力,**任智力也。**今取帝王之道施五伯之世,非其道也。故善否同,非誉在俗,趋行等,逆顺在时。**言时代既异,治化不同。当五伯之时,行太古之道,犹胶柱调瑟,療渴饮鸩,实亦难矣。**知天之所为,知人之所行,即有以经于世矣。**经,治常也。**知天而不知人,即无以与俗交,知人而不知天,即无以与道游。**知天知人,知俗知时,可以治世,可以道游也。**直志适情,即坚强贼之,以身役物,即阴阳食之。**适我志即乖彼心,必为强坚者所怃。徇于物即劳其体,犹冰炭之相攻,阴阳之躁静也。**得道之人,外化而内不化。外化所以知人也,内不化所以全身也。故内有一定之操,而外能屈伸,与物推移,万举而不陷,所贵乎道者,贵其龙变也。**得道之人其动也天,其静也地。动静失时,卷舒在我,故俗莫得而害,世莫得而羁。故尼父见老君,其犹龙乎,变化无方也。**守一节,推一行,虽以成满,犹不易,拘于小好,而塞于大道。**既滞一方,宁论大道?**道者寂寞以虚无,非有为于物也,不以有为于己也。**物我之间,居然已泯。寂寞之卿,自然而神。**是故举事而顺道者,非道者之所为也,道之所施也。**道本无为,今云顺道,即是有为。有为即事起,事起即患生。且道无常容,事无常顺,为是逆之,则是非纷然,祸患所作,故云非道者所为也。施者,设也。言外设程科,是道仪表,非其真实,不可执之。执者失之,为者败之,理可明也。**天地之所覆载,日月之所照明,阴阳之所煦,雨露之所润,道德之所扶,皆同一和也。是故能戴大圆者履大方,**谓人戴天履地。**镜太清者视大明,**谓睹日见月也。**立太平者处大堂,**谓在宇宙之间。**能游于冥冥者,与日月同光。无形而生于有形,是故真人托期于灵台,而归居于物之初。**反未生也。**视于冥冥,听于无声,冥冥之中,独有晓焉,寂寞之中,独有昭焉。**言真人在天地之间,睹日月之光,游乎太平,则何往不适?居乎大堂,而无不容于冥冥之中,晓乎无声,而众声应寂寞之内,照乎无形而群形见,则与天地相保,日月同明,寄托灵台,含藏至精,谓之真人也。**其用之乃不用,不用而后能用之也;其知之乃不知,不知而后能知之也。**前已释。**道者物之所道也,德者生之所扶也,仁者积恩之证也,义者比于心而合于众适者也。**四者,所用以处世修身,不可失也。**道灭而德兴,德衰而仁义生。故上世道而不德,中世守德而不怀,下世绳绳唯恐失仁义。故君子非义无以生,失义则失其所以生;小人非利无以活,失利则失其所以活。故君子惧失义,小人惧失利,观其所惧,祸福异矣。**道丧德亡,仁绝义薄。君子无义无以全其道,小人无利无以活其身。君子惧失义以为祸,小人欲利以为福也。

**老子曰:事或欲利之,适足以害之,或欲害之,乃足以利之。夫病湿而强食之热,病渴而强饮之寒,此众人之所养也,而良医所以为病也。悦于目,悦于心,愚者之所利,有道者之所避。圣人者,先迎而后合,众人先合而后迕,故祸福之门,利害之反,不可不察也。**夫病渴饮之以水,良医以为祸;贪者取财于不义,君子以为害。先迕而后合,愚者之所犯;先合而后迕,圣人之所恶。夫利害相反,祸福相倾,不可不察也。

**老子曰:有功离仁义者即见疑,有罪有仁义者必见信。故仁义者,事之常顺也,天下之尊爵也。**言虽功名已立而仁义不可舍之,舍之则罪累斯及，顺之则爵禄可尊。**虽谋得计，当虑患解，图国存，其事有离仁义者，其功必不遂也。言虽无中于策，其计无益于国，而心周于君，合于仁义者，身必存。故曰：百言百计常不当者，不若舍趋而审仁义也。**为人臣，图国解难，骄王尊己，而功不成者，去仁义故也。或有良谋不用，奇计不行，戴君尽力，虽不见察，终保仁义，不敢暂忘，而身亦无害也。

老子曰：**教本乎君子，小人被其泽，利本乎小人，君子享其功。使君子小人各得其宜，则通功易食而道达矣。**德泽被乎下，禄利奉于上，则无官而自治，不令而自行，各安其所，道之达也。**人多欲即伤义，多忧即害智。**欲生义夺，爱积智昏。**故治国乐所以存**，守其道也。**虐国乐所以亡。**继其欲也。**水下流而广大，君下臣而聪明，君不与臣争而治道通。故君根本也，臣枝叶也，根本不美而枝叶茂者，未之有也。**圣人之治者，明四目，达四聪，屏邪慝，任贤能，则上垂拱无为自化，则下尽心而奉职。岂有交争之理？则根本日固，枝叶繁盛也。

老子曰：**慈父之爱子者，非求其报，不可内解于心。圣主之养民，非为己用也，性不能已也，及恃其力，赖其功勋，而必穷有以为，则恩不接矣。**父之爱子，君之牧民，岂求其所报？自然之分，天道也。或有君父，恃其功力，骄其臣子者，恩惠不接也。**故用众人之所爱，则得众人之力，举众人之所喜，则得众人之心。故见其所始，则知其所终。**兼爱天下，天下虽大，其为一家之人，不爱天下，则匹夫虽微，由万方一敝。以此而观，则终始可知，存亡可察也。

老子曰：**人以义爱，党以群强。是故得之所施者博，即威之所行者远，义之所加者薄，则武之所制者小。**此谓德泽无私，所附者众；弃义用武，即所存者寡也。

老子曰：**以不义而得之，又不布施，患及其身，不能为人，又无以自为，可谓愚人，无以异于枭爱其子也。**取之不义，积而不散，则谓养虎自啮，育枭自祸也。**故持而盈之，不如其已，揣而锐之，不可长保。**然扃固筐筐，终为大盗之资，安得长有也？**德之中有道，道之中有德，其化不可极。**有道者必有德，有德者必有道。道德充备，与变化无极也。**阳中有阴，阴中有阳，万事尽然，不可胜明。福至祥存，祸至祥先，见祥而不为善，则福不来，见不祥而行善，则祸不至。利与害同门，祸与福同邻，非神圣莫之能分。故曰：祸兮福所倚，福兮祸所伏，孰知其极。**阳中有阴，阴中有阳，言祸中有福，福中有祸。夫见福而为祥，则知福为祸始；见祸而遽为善，则知祸为福先。祸福之来，有如纠缠，自非至圣，莫知其极也。**人之将疾也，必先甘鱼肉之味；国之将亡也，必先恶忠臣之语。**人病者，甘其口，美其味，必死之征。国乱者，恶忠言，信谗佞，必亡兆也。**故疾之将死者，不可为良医，国之将亡者，不可为忠谋。**人将死者，医虽良而莫救。国将亡者，忠虽尽而难存。唯良医忠臣，审必死而不救，察可有而为谋也。**修之身，然后可以治民，居家理治，然后可移官长。故曰：修之身，其德乃真；修之家，其德乃余；修之国，其德乃丰。**以身观彼，自家刑国，其要修真，在于全德。**民之所以生活，衣与食也，事周于衣食则有功，不周于衣食则无功，事无功，德不长。**衣食者庶民之命，庶民者君臣之本。衣食既周于身，君臣长保于国也。**故随时而不成，无更其刑，顺时而不成，无更其理，时将复起，是谓道纪。**时有兴废，运有休否。不可以前时之繁政为今世之要理，言刑不可废，理不可易。能知于此，道之纪纲也。**帝王富其民，**孰其本也。**霸王富其地，**务其广也。**危国富其吏，**重敛则困。**治国若不足，**治乱也不足，将乱之微也。**亡国困仓虚。**费用无度，仓廪日虚，君荒民罢，不亡何待？**故曰上无事而民自富，上无为而民自化。**安其居，乐其业。**起师十万，日费千金，师旅之后，必有凶年。故兵者不祥之器也，非君子之宝也。**兵革兴之于前，凶荒随之于后，国费万金，民罢征役。故知凶器非圣之所宝。**和大怨必有余怨，奈何其为不善也。**夫和怨者，谓主不明。黜有功之臣，削有土之君，不忍一朝之怨，以为后之患。君赫怒于上，臣愤骄于下，奈何其为不善以积余怨也。**古者亲近不以言，来远不以言使，近者悦，远者来。**近悦远来者，在德不在言。**与民同欲则和，与民同守则固，与民同念者知。得民力者富，得民誉者显。行有召寇，言有致祸，无先人言，后人己，附耳之语**，附，传也。先言后之于耳也。**流闻千里。言者祸也，舌者机也，出言不当，驷马不追。**寇有所爱者利，祸有所起者言。然言者无足而走，无翼而飞，白珪之玷，驷马何追？言祸之疾也。**昔者中黄子曰：天有五方**，四方、中央。**地有五行**，金、木、水、火、土也。**声有五音**，宫、商、角、徵、羽也。**物有五味**，甘、苦、辛、酸、咸也。**色有五章**，青、黄、赤、白、黑也。**人有五位**，五常也。**故天地之间有二十五人也。**二十五等人品，类各差也。**上五有神人、真人、道人、至人、圣人**，变化不测曰神，纯素不杂曰真，通达无碍曰道，心洞玄微曰至，智周万物曰圣。**次五有德人、贤人、智人、善人、辩人**，含畜曰德，仁爱曰贤，明慈曰智，柔和曰善，能知曰辩。**中五有公人、忠人、信人、义人、礼人**，无私曰公，奉君曰忠，不欺曰信，合宜曰义，恭柔曰礼也。**次五有士人、工人、虞人、农人、商人**，事上曰士，攻器曰工，掌山泽曰虞，治田曰农，通货曰商。**下五有众人、奴人、愚人、肉人、小人**，庶类曰众，伏役曰奴，昏昧曰愚，无慧曰肉，无识曰小人。**上五之与下五，犹人之与牛马也。**言贤愚有差，天地悬隔也。**圣人者，以目视，以耳听，以口言，以足行。**在世圣人，六情滞隔，犹有因假。**真人者，不视而明，不听而聪，不行而从，不言而公。**出世圣人，方寸已虚，触涂无隔。故圣人所以动天下者，真人未尝过焉；贤人所以矫世俗者，圣人未尝观焉。治世存真，各尽其分，故唐尧圣德以配天，仲武高抗以矫俗也。**所谓道者，无前无后，无左无右，万物玄同，无是无非。**迎之无前，随之无后，孰能于左？谁知其右？泯然玄同，强名为道。

# 通玄真经卷之八

默希子注

## 自 然

自然，盖道之绝称，不知而然，亦非不然。万物皆然，不得不然。然而自然，非有能然，无所因寄，故曰自然也。

**老子曰：清虚者，天之明也，无为者，治之常也。**夫虚中有灵，暗中有明，孰能见之？与道同也，无为自治，万物乃成也。**去恩慧，舍圣智，外贤能，废仁义，灭事故，弃佞辩，禁奸伪，则贤不肖者齐于道矣。**去此七者，即贤无所尚，愚无所愧，洪同大道，复归自然也。**静则同，虚则通，至德无为，万物皆容。虚静之道，天长地久，神微周盈，于物无宰。**心既虚矣，无所不通。德既充矣，无所不容。故能神用而无主，周行而不息。**十二月运行，周而复始，**谓十二月转轮无穷，终而复始，天之道也。**金木水火土，其势相害，其道相待。**五行相推，一王一衰。寒暑递迁，进退有时。生杀存道，不失其宜也。**故至寒伤物，无寒不可；至暑伤物，无暑不可，故可与不可皆可。是以大道无所不可，可在其理，见可不趋，见不可不去，可与不可相为左右，相为表里。**寒暑代谢，此天地之道也。礼教刑罚，圣人法也。然寒暑虽酷，不可无也。时顺即何伤，刑罚虽惨，不可废也。理当即非害，见可即行，不可即止。**凡事之要，必从一始，时为之纪，自古及今未尝变易，谓之天理。**一者道之子，君之柄。古今虽异，动用未殊，如轴运毂，以内制外，轮转无穷，与天相为终始也。**上执大明，下用其光，道生万物，理于阴阳，化为四时，分为五行，各得其所。**有本作事。**与时往来，法度有常，下及无能，上道不倾，群臣一意，天地之道，无为而备，无求而得，是以知其无为而有益也。**天垂象以明照四方，君立法以临制天下。蛰虫昭苏，黎庶蒙惠，阴阳不差，万物有常，自非无焉，不能有益于国。昔尧治天下而修身也。

老子曰：朴至大者无形状，道至大者无度量，故天圆不中规，地方不中矩。往古来今谓之宙，四方上下谓之宇。道在其中而莫知其所。故见不远者不可与言大，知不博者不可与论至。夫禀道与物通者无以相非，道德至大无形状，天地至广无度量。近在毫发之间而莫见，远则宇宙之内而难测。自非博连通物者，莫能明至道之原，冥是非之境也。故三皇五帝法籍殊方，其得民心一也。制法虽殊，敬民一也。若夫规矩勾绳，巧之具也，而非所以为巧也。故无弦虽师文师文善琴。不能成其曲，徒弦则不能独悲。故弦，悲之具也，非所以为悲也。夫万物虽曰自然，皆有因假，不能独运。其独勾绳者，巧之制也，而非巧。妙在于人，无绳无不直。弦器者，悲之具也，而非悲也，无弦则不悲也。至于神和游于心手之间，放意写神，论变而形于弦者，父不能以教子，子亦不能受之于父，此不传之道也。师文弹琴，在指勾弦。写神故意，游心手之间。和阴阳之候，遂使律变四时，气感万物，至于父子虽亲，不能传者，妙之极矣。此亦况道不可传受也。故肃者，形之君也，而寂寞者，音之主也。肃静也，故静中生形，以静为君，寂中有音，以寞为主。

老子曰：天地之道，以德为主，道为之命，物以自正，至微甚内，不以事贵。故不待功而立，不以位为尊，不待名而显，不须礼而庄，不用兵而强。道生为命，德畜为主。人能调护冲气，正性命，内保精微，外弃烦累，何须名位而自尊？不待兵甲而人服也。故道立而不教，明照而不察。道立而不教者，不夺人能也，明照而不察者，不害其事也。道存则教遗，明极则无察，然后能任所重，事无有害。夫教道者，逆于德，害于物，故阴阳四时，金木水火土同道而异理。万物同情而异形，智者不相教，能者不相受，故圣人立法以道民之心，各使自然。故生者无德，死者无怨。夫逆德者，谓德衰教兴，害物者，谓先损而后益，且五行异性，万物殊形，由教有本末，人有贤愚，圣人垂法制教，开迷道蒙，使智者相授，能者不隐，各尽其分，归乎自然，生不矜其德，死不怨乎天。**天地不仁，以万物为刍狗；圣人不仁，以百姓为刍狗。**天地生万物，圣人养百姓，岂有心于物，有私于人哉？一以观之，有同刍狗。**夫慈爱仁义者，近狭之道也。狭者，入大而迷；近者，行远而惑。圣人之道，入大不迷，行远不惑。常虚自守，可以为极，是谓天德。**道德玄微，仁义浅狭，中庸登小径以致迷，上圣陟通衢而无滞。自非灵府恒明，安能与天为极也？

**老子曰：圣人天覆地载，日月照临，阴阳和，四时化，怀万物而不同，无故无新，无疏无亲。**此圣人之德也。覆载若天地，照临如日月，转轮如四时，殊俗异类，草木昆虫莫不安其居，遂其性，岂有新故亲疏于其间者哉？**故能法天者，天不一时，地不一材，人不一事。故绪业多端，趋行多方。**言天以一时则不能成岁，地以一材则用之有极。人有一能，未足为贵也。**故用兵者或轻或重，或贪或廉，四者相反，不可一也。**各有所利，故以不一。**轻者欲发，重者欲止，贪者欲取，廉者不利，非其有也。**夫兵众心欲一，今重者欲止。轻者欲发，各趋其便，是不一也。不一则遇敌而败。但量其才力，均轻重而使之，则尤往不克。**故勇者可令进斗，不可令持坚；重者可令固守，不可令凌敌；贪者可令攻取，不可令分财；廉者可令守分，不可令进取；信者可令持约，不可令应变。五者圣人兼用而材使之。**惟圣人善用其能，不失其所能，故天下无敌也。**夫天地不怀一物，阴阳不产一类。故海不让水潦以成其大，山林不让枉挠以成其崇，圣人不辞其负薪之言以广其名。夫守一隅而遗万方，取一物而弃其余，则所得者寡，而所治者浅矣。**大道不广，不能怀万物。圣人德不厚，无以纳微言。故一能不可恃，一方不可守。守之者细，恃之者浅也。

**老子曰：天之所覆，地之所载，日月之所照，形殊性异，各有所安。乐所以为乐者，乃所以为悲也。安所以为安者，乃所以为危也。**以已乐乐之则悲，因其乐乐之即乐，以已安安之则危，因其生而安之则安也。故圣人之牧民也，使各便其性，安其居，处其宜，为其所能，周其所适，施其所宜，如此即万物一齐，无由相过。圣人牧民，使异性殊形，各适其宜，虽则万类，有若一体，不能相越，故曰一齐。天下之物无贵无贱，因其所贵而贵之，物无不贵。因其所贱而贱之，物无不贱。贵贱无定分，穷通无常准，在遇与不遇，用与不用也。故不尚贤者言不放鱼于木，不沈鸟于渊。言因飞而放于林，因游而投于水，则飞沈得所，由贤愚并用也。昔尧之治天下也，舜为司徒，契为司马，禹为司空，三公之官，论道经邦，燮理阴阳，为天子股肱喉舌也。后稷为田畴，教民播种。奚仲为工师。造器物以备民用。圣人任贤若此。功格宇宙，德潦四海，唯天为大，唯尧则之也。其导民也，水处者渔，林处者采，谷处者牧，陵处者田。地宜事，事宜其械，械宜其材。皋泽织网，陵坂耕田。如是则民得以所有易所无，以所工易所拙，是以离叛者寡，听从者众，若风之过箫，忽然而感之。各以清浊应物，莫不就其所利，避其所害。是以邻国相望，鸡狗之音相闻，而足迹不接于诸侯之境，车轨不结于千里之外，皆安其居也。圣人之导民也，因其势而居之，因其宜而安之，则有无相资，巧拙相资。由风之过箫，雨之润物，则声从所感，物随所利。故得邻国相望，兵甲不用，民至老死，皆安其居也。故乱国若盛，治国若虚，亡国若不足，存国若有余。虚者非无人也，各守其职也；盛者非多人也，皆徼于末也；有余者非多财也，欲节而事寡也；不足者非无货也，民鲜而费多也。明此四者，则见治乱之本，察存亡之势也。故先王之法非所作也，所因也，其禁诛非所为也，所守也，上德之道也。禁诛者，先王制法非所以为杀，然为以陻防也。然愚人不守其令，而多陷之，是有取死之道焉尔。

老子曰：以道治天下非易人性也，因其所有而条畅之，故因即大，作即小。古之渎水者因水之流也，生稼者因地之宜也，征伐者因民之欲也，能因则无敌于天下矣。物必有自然而后人事有治也。观物有自然之性，然后顺物之宜，因民所欲，则事无不济，动无不利。故先王之制法，因民之性而为之节文，无其性不可使顺教，有其性无其资不可使遵道。由木不可使出水，金不可使生火也。人之性有仁义之资，其非圣人为之，法度不可使向方，因其所恶以禁奸，故刑罚不用，威行如神。因其性即天下听从，怫其性即法度张而不用。道德仁义，虽本性皆有，而非圣王为法度。行其权赏，导之以德，齐之以礼，威之以刑，则无由复自然之性，而能向方矣。因其性，则其应如神，怫其性，即虽令不从也。道德者则功名之本也，民之所怀也，民怀之则功名立。非有道德，无以树功名也。古之善为君者法江海，江海无为以成其大，窊下以成其广，故能长久为天下谿谷，其德乃足。无为故能取百川，不求故能得，不行故能至，是以取天下而无事。不自贵故富，不自见故明，不自矜故长，处不有之地，故为天下王，不争故莫能与之争，终不为大，故能成其大。江海近于道，故能长久与天地相保。公正修道则功成不有，不有即强固，强固而不以暴人，道深即德深，德深即功名遂成，此谓玄德，深矣远矣，其与物反矣。世尚尊高，吾则自卑，世贵矜伐，吾则不争，长处不有，故谓物反。天下有始，莫知其理，唯圣人能知所以，非雄非雌，非牝非牡，生而不死。天地以成，阴阳以形，万物以生。故阴与阳有圆有方，有短有长，有存有亡。道为之命，幽沉而无事，于心甚微，于道甚当，死生同理，万物变化合于一道，简生忘死，何往不寿？去事与言，慎无为也。守道周密，于物不宰，至微无形。天地之始，万物同于道而殊形。至微无物，故能周恤；至大无外，故为万物。盖至细无内，故为万物贵。道以存生，德以安形，至道之度，去好去恶，无有知故，易意和心，无以道迕。天地有始者，谓道也。举世莫能识者，言非雄雌可辩，形色所推，然虽寻之无所，语之不得，而又长存。夫天地有高下之位，日月有昼夜之宜，阴阳有刚柔之理，万物有长短之质，至于道也，非幽非明，非存非亡，非巨非细，非圆非方，轮转不极，变化无方。然而礼之者，能存生安形，去事去言，浩然无为，悠然委顺，则能复乎大朴，冥乎仁寿之域。**夫天地专而为一，分而为二，反而合之，上下不失，专而为一，分而为五，反而合之，必中规矩。**一者气布，二者形流，五者五行也。上下者天地也，人处其间能合德天地，专精为一，必中法度，而复乎初也。**夫道至亲不可疏，至近不可远，求之远者，往而复反。**远求诸物，莫知求之身也。

老子曰：**帝者有名，莫知其情。帝者贵其德，王者尚其义，霸者通于理。**德者煦育万物，义者拯溺扶危，理者应于机数。**圣人之道于物无有，道挟然后任智，德薄然后任刑，明浅然后任察。任智者中心乱，任刑者上下怨，任察者下求善以事上即弊。**智出乱真，刑生法诈，善起于矫。三者既变，圣人禁之，莫之能胜，失道之弊任于兹也。**是以圣人因天地以变化其德，乃天覆而地载，导之以时，其养乃厚，厚养即治。**治乱。**虽有神圣，夫何以易之？去心智，省刑罚，反清静，物将自正。道之为君，如尸俨然玄默而天下受其福，一人被之不褒，万人被之不褊。是故重为慧，重为暴，即道迕矣。为惠者布施也**，圣人观时之弊，任其智诈。故镇以道德，反乎清静，使物自正，守于玄默，使其复朴，故惠不妄施，刑不妄加，即暴乱不兴，而顺于道。**无功而厚赏，无劳而高爵，即守职者懈于官，而游居者亟于进矣。夫暴者妄诛，无罪而死亡，行道者而被刑，即修身不劝善而为邪行者轻犯上矣。故为惠者即生奸，为暴者即生乱，奸乱之俗，亡国之风也。**夫刑不可加有道，爵不可及无功，则守职者有懈怠之色，行道者有陵替之心。此奸乱之俗，亡国之风也。**故国有诛者而主无怒也，朝有赏者而君无与也，诛者不怨，君罪之当也，赏者不德上，功之致也。民知诛赏之来，皆生于身，故务功修业不受赐于人，是以朝廷芜而无迹，田墼辟而无秽。**赏足以劝善，刑足以惩奸。赏者无骄与之危，刑者无哀恻之情，则近者被其泽，远人服其德。若修其业而竭其力，故朝廷无争讼，田野滋稼穑。**故太上下知而有之。**言下古知太上有道，后王取法而行。**王道者处无为之事，行不言之教，清静而不动,一度而不徭,因循任下,责成而不劳,谋无失策,举无过事,言无文章,行无仪表,进退应时,动静循理。美丑不好憎,赏罚不喜怒。名各自命,类各自以,事由自然,莫出于己。若欲狭之,乃是离之,若欲饰之,乃是贼之。王者非大不能容万物,非静不能和百姓,绝于好憎,敦乎朴素。狭而不亲,文无害质,物类众咸归自然也。**天气为魂,地气为魄,反之玄妙,各处其宅,守之勿失,上通太一,太一之精,通合于天。天道嘿嘿,无容无则,大不可极,深不可测,常与人化,智不能得,轮转无端,化遂如神,虚无因循,常后而不先。**人之魂者,阳也,生也,受于天。魄者,阴也,杀也,受于地。是各守其宅。魂者阳之神,魄者阴之精,魂魄是天地之至精,故曰玄妙。天得之常明,人得之常生,故曰守之勿失,上通太一。太一,太上道君也。人之所禀也,言人能守其精神,使不失其身,乃上合天。太一专精积念,故能通也。守之法,唯静唯默,无容无则,无大无涯,其微莫测。故曰:常与人化,智不能得。其转如轮,其化如神。虚无之间,常后不先。冥冥能晓,故曰至真也。**其听治也,虚心弱志,清明不暗,是故群臣辐凑并进。无愚智贤不肖,莫不尽其能,君得所以制臣,臣得所以事君,即治国之所以明矣。**夫有清明之鉴,必见纯粹之精,以治国则群臣争戴之。不轻以身,则万万周卫而不离也。

**老子曰:知而好问者圣,勇而好问者胜,乘众人之智者即无不任也,用众人之力者即无不胜也,用众人之力者乌获不足恃也,乘众人之势者天下不足用也。**善用众者,天下无强。用众力,则山丘虽重,其势可移。用众智,则鬼神虽隐,其理可明。**无权不可为之势,而不循道理之数,虽神圣人不能以成功。**夫机权已张,而匹夫虽微,可发万钧之弩。事理既乖,而圣人虽神,不能屈童子之言。**故圣人举事未尝不因其资而用之也。有一功者处一位,有一能者服一事,力胜其任即举者不重也,能胜其事即为者不难也。圣人兼而用之,故人无弃人,物无弃材。**因其材而使之,莫不各尽其材。因其能而用之,莫不皆竭其能。

老子曰：所谓无为者，非谓其引之不来，推之不去，迫而不应，感而不动，坚滞而不流，卷握而不散。唯能变通循时，应物无滞，谓之无为。谓其私志不入公道，嗜欲不挂正术，循理而举事，因资而立功，推自然之势，曲故不得容。事成而身不伐，功立而名不有。若夫水用舟，沙用𫏋，乃鸟切。泥用辀，敕伦切。山用樏，音赢。夏渎冬陂，因高为山，因下为池，非吾所为也。用其所利，各得其便。故云非吾所为也。圣人不耻身之贱，恶道之不行也；不忧命之短，忧百姓之穷也。故常虚而无为，抱素见朴，不与物杂。常与道同，不为物杂。

老子曰：古之立帝王者，非以奉养其欲也，圣人践位者，非以逸乐其身也，为天下之民，强陵弱，众暴寡，诈者欺愚，勇者侵怯，又为其怀智诈不以相教，积财不以相分，故立天子以齐一之。为一人之明不能遍照海内，故立三公九卿以辅翼之。为绝国殊俗不得被泽，故立诸侯以教诲之。是以天地四时无不应也。官无隐事，国无遗利，所以衣寒食饥，养老弱，息劳倦，无不以也。圣人之在上者，非欲尊其位乐其身，将以息民教弊。故天子执一以齐之，三公论道以匡之，九卿奉法以翼之，诸侯宣教以尊之。故得退迩同风，君臣一意，官无伪禄，市无邪利。故《诗》云：有觉德行，四国顺之。神农形悴，尧瘦癯，舜黧黑，禹胼胝，伊尹负鼎而干汤，吕望鼓刀而入周，百里奚传知恋切。卖，管仲束缚，孔子无黔突，墨子无煖席，非以贪禄慕位，将欲事起天下之利，除万民之害也。自天子至于庶人，四体不勤，思虑不困，于事求赡者，未之闻也。自神农以下，形体癯悴，手足胼胝，非求居于民上自取尊，志在救物故也。未有安坐而望禄，不耕而获秦也。

老子曰：所谓天子者，有天道以立天下也。立天下之道，执一以为保，反本无为，虚静无有，忽怳无际，远无所止，视之无形，听之无声，是谓大道之经。与前释同。

老子曰：夫道者，体圆而法方，背阴而抱阳，左柔而右刚，履幽而戴明，变化无常，得一之原以应无方，是谓神明。夫人，头圆天也，足方地也，背阴面阳，左手执柔，右手执刚，足践九幽，上戴三光，周行无穷，精耀四方。一而不变，轮转无常，谓之神。见之者昌也。天圆而无端，故不得观其形，地方而无涯，故莫窥其门。天化遂无形状，地生长无计量。化乎无穷，至明者莫见其形。生乎无尽，善计者不能知其数也。夫物有胜，唯道无胜，所以无胜者，以其无常形势也。轮转无穷，象日月之运行，若春秋之代谢，日月之昼夜，终而复始，明而复晦，制形而无形，故功可成，物物而不物，故胜而不屈。形出无形，故形形而不绝。物出无物，故物物而无穷。庙战者帝，神化者王，庙战者法天道，神化者明四时，修正于境内，而远方怀德，制胜于未战，而诸侯宾服也。庙战者，以道制而为帝。神化者，以兵胜而为王，不得已而用之。古之得道者静而法天地，动而顺日月，喜怒合四时，号令比雷霆，音气不戾八风，讪申不获五度。得道之人，喜怒不妄发，号令不妄施，法于天地，顺乎日月。故八风不戾，五星不差也。因民之欲，乘民之力，为之去残除害。夫同利者相死，同情者相成，同行者相助，循己而动，天下为斗。故善用兵者用其自为用，不能用兵者用其为己用。用其自为用，天下莫不可用，用其为己用，无一人之可用也。除其所害，则天下虽众，自为我用。非其所欲，则一人虽寡，不为己有。

## 通玄真经卷之九

默希子注

### 下　德

时有浇醨，故德有上下。不世之君，以显有德，非谓至德，故曰下德也。

老子曰：治身，太上玄古之君。养神，以清虚为本也。其次养形，以嗜欲为本也。神清意平，百节皆宁，养生之本也。肥肌肤，充腹肠，供嗜欲，养生之末也。神者生之本，形者生之末。致本则形全而合道，重末则形逝而归土。上古务本不顺末，在乎适中，下世遗神而养形，诚于太过也。治国，太上养化，以道化也。其次正法。谓刑罚也。民交让，争处卑，财利争受少，事力争就劳，日化上而迁善，不知其所以然，治之本也。太上之化也。利赏而劝善，畏刑而不敢为非，法令正于上，百姓服于下，治之末也。下世之治。上世养本，而下世事末。先论治身，次可治国。夫有本则有末，犹形全而身祥。故知道德备而是非之端绝，法令兴而交争之路开。圣人抑末崇本，岂不有以者也。

老子曰：欲治之主不世出，可与治之臣不万一，以不世出求不万一，此至治所以千岁不一也。言明君贤佐，无代无之。论贤与不贤，用与不用，非若文王之师吕望，武丁之求傅说。若尽以此求，万载不遇一君，千载不遇一臣，谁与治天下？盖霸王之功，不世立也。言不世世而立，但明哲居之也。顺其善意，防其邪心，与民同出一道，则民可善，风俗可美。所贵圣人者，非贵其随罪而作刑也，贵其知乱之所生也。若开其锐端，而纵之放僻淫佚，而弃之以法，随之以刑，虽残贼天下，不能禁其奸矣。法者防其未然，刑者惩其已遇。然法不可乱，刑不可滥，乱则难奉，滥及无辜，虽残贼万姓，终奸暴不止也。

老子曰：身处江海之上，心在魏阙之下，即重生。重生，重累其生。即轻利矣，犹不能自胜，即从之，神无所害也。不能自胜而强不从，是谓重伤。重伤之人无寿类矣。夫心不二用，事不并兴。犹居闲旷之地，志骋荣华之场，则宜委身从志，可免于累。如抑身违志，两心交战，是谓重伤。重伤祝寿，信不虚语。故曰：知和曰常，知常曰明，益生曰祥，心使气曰强，是谓玄同。用其光，复归其明。沐精神以至于和，和则与天地为常；一心气以合其明，明则与日月同光。

老子曰：天下莫易于为善，莫难于为不善。所谓为善者，静而无为，适情辞余，无所诱惑，循性保真，无变于己，故曰为善易也。所谓为不善难者，篡弑矫诈，躁而多欲，非人之性也，故曰为不善难也。凡人不易于为善，而难于为恶。今之以为大患者，由无常厌度量生也。故利害之地，祸福之际，不可不察。圣人无欲也，无避也。事或欲之，适足以失之；事或避之，适足以就之。志有所欲，即忘其所为。是以圣人审动静之变，而遭受与之度，理好憎之情，和喜怒之节。夫动静得，即患不侵也；受与适，即罪不累也；理好憎，即忧不近也；和喜怒，即怨不犯也。体道之人，不苟得，不让祸，其有不弃，非其有不制，恒满而不溢，常虚而易赡。故自当以道术度量，即食充虚，衣围寒，足以温饱七尺之形。无道术度量，而以自要尊贵，即万乘之势，不足以为快，天下之富，不足以为乐。苟知足者，虽一瓢而有余。然厌者，富有天下而不足也。故圣人心平志易，精神内守，物不能惑。心既保于平和，物奚汩情欲？

老子曰：胜人者有力，自胜者强。能强者，必用人力者也；能用人力者，必得人心者也；能得人心者，必自得者也。未有得己而失人者也，未有失己而得人者也。谓以柔胜人，以弱得强者也。强主众力不在己，故我皆众力而不失人之力；得在众心不在己，故人皆我心，乃得人之心。故为治之本，务在安人；安人之本，在于足用；足用之本，在于不夺时；不夺时之本，在于省事；省事之本，在于节用；节用之本，在于去骄；去骄之本，在于虚无。谓君不高台榭，不广苑囿，则民务农不夺其时。夫骄侈之性，荣华之情，非体于虚无，道德则不能去也。故知生之情者，不务生之所无以为；知命之情者，不忧命之所无奈何。知生知命，何忧何惧。目悦五色，口惟滋味，耳淫五声，七窍交争，以害一性。日引邪欲，竭其天和，身且不能治，奈治天下何？所谓得天下者，非谓其履势位，称尊号，言其运天下心，得天下力也。有南面之名，无一人之誉，此失天下也。故桀纣不为王，汤武不为放。故天下得道，在守四夷；天下失道，守在诸侯。诸侯得道，守在四境；诸侯失道，守在左右。故曰：无恃其不吾夺也，恃吾不可夺也。行可夺之道而非篡弑之行，无益于持天下矣。夫圣人处天下，在于治身安人，非徒尊位重势。故有道者人戴之，无德者人弃之。故天下非私于己，唯善是与也。

老子曰：善治国者，不变其故，不易其常。夫怒者，逆德也，兵者，凶器也。争者，人之所乱也。阴谋逆德，好用凶器，治人之乱，逆之至也。非祸人不能成祸，不如挫其锐，解其纷，和其光，同其尘。人之性情，皆愿贤己而疾不及人。愿贤己，则争心生；疾不及人，则怨争生。怨争生，则心乱而气逆。故古之圣王退争怨，争怨不生，则心治而气顺。故曰：不尚贤，使民不争。保道守常，圣人之治；昏气逆德，昏主之用。不开尚贤之路，宁无取怨之患。

老子曰：治物者，不以物以和；治和者，不以和以人；治人者，不以人以君；治君者，不以君以欲；治欲者，不以欲以性；治性者，不以性以德；治德者，不以德以道。非和无以治物，非君无以治人，非性无以通德，非德无以明道。以道本人之性，无邪秽，久湛于物，即忘其本即合于若性。衣食礼俗者，非人之性也，所受于外也。道所以安神，物所以养性。性者，内也。物者，外也。以内性求外物，至而应其性，以为性之常然。故有道者能遗物反己。反己者，见本性之衷欲，即万类都息也。故人性欲平，嗜欲害之。唯有道者，能遗物反己。有以自鉴，则不失物之情；无以自鉴，则动而惑营。夫纵欲失性，动未尝正，以治生则失身，以治国则乱人。故不闻道者，无以反性。自于治物，至于修道，未尝正者，病起于欲。夫欲者，凶之根，祸之门，非明道德无以复其真也。古者圣人得诸己，故令行禁止。凡举事者，必先平意清神。神清意平，物乃可正。听失于非誉,目淫于采色,而欲得事正,即难矣,是以贵虚。故水激则波起,炁乱则智昏;昏智不可以为正,波水不可以为平。故圣王执一以理物之情性。夫一者至贵,无适于天下,圣王托于无适,故为天下命。得诸己者,在于平意。意之平者,心不私外物,目不视采色,一其精神,和其喜怒,故得情尘不起,欲浪不翻。人皆反性,而天下莫不承令也。

老子曰:阴阳陶冶万物,皆乘一炁而生。上下离心,炁乃上蒸;君臣不和,五谷不登。春肃秋荣,冬雷夏霜,皆贼炁之所生也。天地之间,一人之身也;六合之内,一人之形也。一人,天子也。一人正,则天下获其安;一人乱,则万姓罹其害。故系于天地,通于六合,可不慎欤?故明于性者,天地不能胁也;审于符者,怪物不能惑也。性既合真,雷霆迫而不恐;明以照物,阴阳惑之而莫疑也。圣人由近以知远,以万里为一同。得于内,明于外;得于一,通于万。炁蒸乎天地,礼义廉耻不设,万民莫不相侵暴虐,由在乎混冥之中也。积善神明辅,而积恶神明咎。然气类相召,善恶无差。勿谓混冥之中无报应之效也。廉耻陵迟及至世之衰,用多而财寡,事力劳而养不足,民贫苦而忿争生,是以贵仁。仁以安之。人鄙不齐,比周朋党,各推其与,怀机械巧诈之心,是以贵义。义以断之。男女群居,杂而无别,是以贵礼。礼以正之。性命之情,淫而相迫于不得已,则不和,是以贵乐。乐以节之。故仁义礼乐者,所以救败也,非通治之道也。自贵仁己,不救弊之谓,非为至德也。诚能使神明定于天下,而心反其初,则民性善。民性善,则天地阴阳从而包之,则财足而人赡,贪鄙忿争之心不得生焉。仁义不用,而道德定于天下,而民不淫于采色。故德衰然后饰仁义,和失然后谓声,礼淫然后饰容,故知道德,然后知仁义不足行也,知仁义,然后知礼乐不足修也。道德者,天下之大无不包也。故有道者兼仁义礼乐,备而有之。或者谓绝灭四者而日有道,非通论也。夫圣王悯世之衰而无道德,故贵仁义礼乐，制节其性，和乐其情，全其节度，崇其敬让，使不敢逾越，以复道德也。

老子曰：清静之治者，和顺以寂寞，质真而素朴，闲静而不躁。在内而合乎道，出外而同乎义，其言略而循理，其行悦而顺情，其心和而不伪，其事素而不饰。不谋所始，不议所终。安即留，激即行。通体乎天地，同精乎阴阳，一和乎四时，明朗乎日月，与道化者为人。此明清静素朴，同乎天而合乎道，谓真人。机巧诈伪，莫载乎心。是以天覆以德，地载以乐，四时不失序，风雨不为虐，日月清静而扬光，五星不失其行，此清静之所明也。真人之治，感于天地。故日月清明而不忒，凶悖不作也。

老子曰：治世之职易守也，其事易为也，其礼易行也，其责易赏也。是以人不兼官，官不兼士，士农工商，乡别州异。故农与农言藏，士与士言行，工与工言巧，商与商言数，是以士无遗行，工无苦事，农无废功，商无折货，各安其性。异形殊类，易事而不悖，失业而贱，得志而贵。《易·系辞》曰：乾以易知，坤以简能。圣人无为而治，百姓不苦其役，则各安其业，俱乐其生。故易理而不乱，四民得其所即贵，失其势即贱。夫先知远见之人，才之盛也，而治世不以责于人。不责成于人也。博闻强志，口辩辞给，人知之溢也，而明主不求于下。聪敏给数未必为忠正，不求在下位之也。敖世贱物，不从流俗，士之伉行也，而治世不以为化民。敖世忽俗，不可以为仪表。故高不可及者，不以为人量；行不可逮者，不可为国俗。故人才不可专用而度量，道术可世传也。此数者治世，士不可不察其才而用，唯通明道术，与时消息者，则与为治。故国治可与愚守也，而军旅可以法同也。不待古之英隽而人自足者，因其所有而并用之。治在适时，非求异见；词尚体要，无烦饰辩。但量能处位，无世无之。岂待古贤，天下方治也？末世之法，高为量而罪不及也，重为任而罚不胜也，危为其难而诛不敢也。民困于三责，即饰智而诈上,犯邪而行危,虽峻法严刑,不能禁其奸。兽穷即触,鸟穷即啄,人穷即诈,此之谓也。用其法而求其遇以诛其罪者,是为法杀人,非治人也。怀忧惧即饰智而诬矫以求侥幸,由鸟兽穷麕则拂然之心而忿不顾其生也。故圣人贵道不贵法也。

老子曰:雷霆之声,可以钟鼓象也;风雨之变,可以音律知也。大可睹者,可得而量也;明可见者,可得而弊也;声可闻者,可得而调也;色可察者,可得而别也。夫至大天地不能函也,至微神明不能见也。夫风雨雷霆,形声色象,可以类知,可以建事。及乎至大至微者,谓道也,天地不能容,神明不能究也。及至建律历,别五色,异清浊,味甘苦,即朴散而为器矣。立仁义,修礼乐,即德迁而为伪矣。民饰智以惊愚,设诈以攻上,天下有能持之而未能有治之者也。夫智能弥多而德滋衰,是以至人淳朴而不散。夫至人之治,虚无寂寞,不见可欲,心与神处,形与性调,静而体德,动而理通,循自然之道,缘不得已矣。漠然无为而天下和,淡然无欲而民自朴,不忿争而财足。施者不得,受者不让,德反归焉,而莫之惠。不言之辩,不道之道,若或通焉,谓之天府。取焉而不损,酌焉而不竭,莫知其所求由出,朴散亡本,故圣人有作而调饰之,使反修其业,道乎自然,藏于天府,取之不灭,与之不盈。谓之摇光。摇光者,资粮万物者也。摇光斗标之望揭运于中,制以四方万物,主之以为资。

老子曰:天爱其精,地爱其平,人爱其情。天之精,日月星辰,雷霆风雨也。地之平,水火金木土也。人之情,思虑聪明喜怒也。故闭四关,止五道,即与道沦。神明藏于无形,精气反于真,目明而不以视,耳聪而不以听,口当而不以言,心条通而不以思虑,委而不为,知而不矜,直性命之情,而知故不得害。精存于目,即其视明;存于耳,即其听聪;留于口,即其言当;集于心,即其虑通。故闭四关,即终身无患。四肢九窍莫死莫生,是谓真人。天之四关,日、月、星、辰。五道,五行也。言四时有节,五行有度,则天地清明,民物丰泰。人之四关,心、口、耳、目也。五道,谓五藏也。夫精神存者,则四关不妄动,五道不受邪,聪视听明,言行无跌,故祸害无及于身,止死不系于怀,是真人得道所游之地。**地之生财,大本不过五行,圣人节五行,即治不荒。**圣人者,由节五情以和五行,故天下不乱,而况常人哉?

**老子曰:衡之于左右,无私轻重,故可以为平;绳之于内外,无私曲直,故可以为正;人主之于法,无私好憎,故可以为令。德无所立,怨无所藏,是任道而合人心者也。**此三者,借于无私,故平为之立,正为之存,令为之行。不殒德于外,不匿怨于内,任道而死,百姓不知。**故为治者,知不与焉。水戾破舟,木击折轴,不怨木石,而罪巧拙者,智不载也。**水无破舟之意,木无折轴之心,不怨木石,而罪巧拙者,非智之所为也。明治国者不以智。故以智治国者,国之贼也。**故道有智则乱,德有心则险,心有眼则眩。**息智即不乱,忘心即不险,绝视则不眩,皆忘之也。**夫权衡规矩,一定而不易,常而不邪,方行而不留。一日形之,万世传之,无为之为也。**夫衡非不平,绳非不直,用之者偏耳。道非不虚,德非不明,修之者误耳。**一者无为也,百王用之,万世传之,为而不易也。**一者无为也,百王用之,万世传之而不易也。凡无情无私,一以遇之者,虽终日应用,未尝为也。斯道致治,正而有常。不然,权之与量,岂一日制作而万世不能易哉?

**老子曰:人之言曰:国有亡主,世亡亡道。人有穷而理无不通,故无为者,道之宗也。得道之宗,并应无穷。**夫国之亡者,何也?以无正道故亡也。夫穷而能通者,道也,为而不恃者,德也,无为之宗应于无穷者也。**故不因道理之数而专己之能,其穷不远也。**独贤于己,不修其道,立见穷屈。**夫人君,不出户以知天下者,因物以识物,因人以知人。故积力之所举,即无不胜也。众智之所为,即无不成也。千人之众无绝粮,万人之群无废功。工无异伎,士无兼官,各守其职,不得相干,人得所宜,物得所安,是以器械不恶,职事不慢也。因此物识彼物之情,度己身见他人之性。善用众者,可以倾河竭海,善用人者,可以尽心竭力。夫债少易偿也,职寡易守也,任轻易劝也。上操约少之分,下效易为之功,是以君臣久而不相厌也。在于简易,故无劳厌。

老子曰:帝者体太一,太一者,以虚无为祖,清静为宗,故帝王宜体之。王者法阴阳,运行有度。霸者则四时,不失其其宜。君者用六律。与物有节。体太一者,明于天地之情,通于道德之伦,聪明照于日月,精神通于万物,动静调于阴阳,喜怒和于四时,覆露皆道,溥洽而无私,蚑飞蠕动,莫不依德而生,德流方外,名声传乎后世。玄古帝王以道治天下也。法阴阳者,承天地之和,德与天地参光,明与日月并照,精神与鬼神齐灵,戴圆履方,抱表寝绳,内能理身,外得人心,发施号令,天下从风。五帝以德治天下也。则四时者,春生夏长,秋收冬藏,取与有节,出入有量,喜怒刚柔,不离其理,柔而不脆,刚而不折,宽而不肆,肃而不悖,优游委顺以养群类,其德含愚而容不肖,无所私爱也。三王以仁治天下也。用六律者,生之与杀也,赏之与罚也,与之以夺也,非此无道也,伐乱禁暴,兴贤良废不肖,匡邪以为正,攘险以为平,矫枉以为直,明于施舍闭塞之道,乘时因势,以服役人心者也。五霸以义治天下也。帝者,不体阴阳即侵;王者,不法四时即削;霸者,不用六律即辱;君者,失准绳即废。故小而行大,即穷塞而不亲;大而行小,即狭隘而不容。帝王之世,道德有优劣;五霸之时,仁义有厚薄。大小不得相逾。

老子曰:地广民众,不足以为强;甲坚兵利,不可以恃胜;城高池深,不足以为固;严刑峻罚,不足以为威。夫三者不得恃,唯有德者王也。为存政者,虽小必存焉;为亡政者,虽大必亡焉。故善守者,无与御。音御。善战者,无与斗。乘时势,因民欲,而天下服。

故善为政者，积其德；善用兵者，畜其怒。德积而民可用也，怒畜而威可立也。故文之所加者深，则权之所服者大；德之所施者博，则威之所制者广。广即我强而适弱。善用兵者，先弱敌而后战，故费不半而功十倍。故千乘之国，行文德者王；万乘之国，好用兵者亡。王兵先胜而后战，败兵先战而后求胜，此不明于道也。轻用兵器，虽大必亡；善任政术，虽小必昌。存万姓于不死之地，故胜；驱民于立尸之地，必败者也。

## 通玄真经卷之十

默希子注

## 上 仁

上德者天下归之，上仁者海内归之，上义者一国归之，上礼者一乡归之。无此四者，则民不归也。自《上仁》已下不注篇首，义类此也。

老子曰：君子之道，静以修身，俭以养生。静即下不扰，下不扰即民不怨。下扰即政乱，民怨即德薄。政乱，贤者不为谋；德薄，勇者不为斗。明主者，修身以静，养生以俭，上无乱政，下无怨民，则贤自为谋，勇自为斗也。乱主则不然，一日有天下之富，处一主之势，竭百姓之力，以奉耳目之欲。志专于宫室台榭、沟池苑囿、猛兽珍怪。贫民饥饿，虎狼厌刍豢，百姓冻寒，宫室衣绮绣。故人主畜兹无用之物，而天下不安其姓命矣。此暗主居一日之位，极一主之势，殚天下之财，毒流四海，竭万民之产，恣心目所娱，若秦主之二世，用之则昏也。

老子曰：非淡漠无以明德，非宁静无以致远，非宽大无以并覆，非正平无以制断。以天下之目视，以天下之耳听，以天下之心虑，以天下之力争,故号令能下究,而臣情得上闻,百官修达,群臣辐凑。喜不以赏赐,怒不以罪诛。法令察而不苛,耳目聪而不暗,善否之情,日陈于前而不逆。故贤者尽其智,不肖者竭其力,近者安其性,远者怀其德,得用人之道也。此明君治国如此,用人如彼,若汉之孝文、唐之太宗也。夫乘舆马者,不劳而致千里;乘舟楫者,不游而济江海。使言之而是,虽商夫刍荛,犹不可弃也;言之而非,虽在人君卿相,犹不可用也。是非之处,不可以贵贱尊卑论也。其计可用,不羞其位;其言可行,不贵其辩。夫用得其道,不劳而至,不行而达。故轩皇感牧童之言而天下理,有贱乎卑弱邪?胡亥信赵高之谋而天下亡,有贵乎卿佐也?暗主则不然,群臣尽诚效忠者希,不用其身也。而亲习邪枉,贤者不能见也;疏远卑贱,竭力尽忠者不能闻也。有言者,穷之以辞;有谏者,诛之以罪。如此而欲安海内,存万方,其离聪明亦以远矣。非圣不能静四海,非明无以安万方。

**老子曰**:能尊生,虽富贵不以养伤身,虽贫贱不以利累形。虽日费万金不恣口以害生,虽家无儋石不苟求以伤德,可谓能尊生矣。今受先祖之遗爵,必重失之。生之所由来久矣,而轻失之,岂不惑哉?贵以身治天下,可以寄天下;爱以身治天下,所以托天下。承先人遗业而失之者,必由轻失。故不责于己,无以托天下也。

文子问治国之本,老子曰:本在于治身。未尝闻身治而国乱者也,身乱而国治者未有也。故曰:修之身,其德乃真。身苟未治,而况国哉?道之所以至妙者,父不能以教子,子亦不能受之于父。故道可道,非常道也;名可名,非常名也。常道无名,可名非道。故言论之所不及,父子莫能相传也。

文子问曰:何行而民亲其上?老子曰:使之以时,而敬慎之,如临深渊,如履薄冰。天地之间,善即吾畜也,不善即吾雠也。昔者夏商之臣,反雠桀纣而臣汤武;宿沙之民,自攻其君,归神农氏。故曰：人之所畏，不可不畏也。可畏非君，可畏非善。

老子曰：治大者，道不可以小；地广者，制不可以狭；位高者，事不可以烦；民众者，教不可以苛。事烦难治，法苛难行，求多难赡。寸而度之，至丈必差；铢而称之，至石必过。石称丈量，径而寡失。大较易为智，曲辩难为慧。道隐小成，言隐浮伪。故无益于治，有益于乱者，圣人不为也；无益于用者，有益于费者，智者不行也。故功不厌约，事不厌省，求不厌寡。功约易成，事省易治，求寡易赡，任于众人则易。故小辩害义，小义破道，道小必不通，通必简。圣人通明，洞见未然，不以小蔽大，不以烦易简也。河以逶迤故能远，非一勺之水也。山以陵迟故能高，非一篑之土也。道以优游故能化。非即时所致也。夫通于一伎，审于一事，察于一能，可以曲说，不可以广应也。夫调音者，小弦急，大弦缓；立事者，贱者劳，贵者佚。言勺弦大小适中，治国者贵贱皆当也。道之言曰，芒芒昧昧，因天之威，与天同炁。同炁者帝，同义者王，同功者霸，无一焉者亡。同炁者无德而称，同义者救时之危，同功者与民同利。无一于此，以至危亡也。故不言而信，不施而仁，不怒而威，是以天心动化者也。五帝自然无为，与天同心，物禀其生，感而化也。施而仁，言而信，怒而威，是以精诚为之者也。三王精诚发内，动应于外，而犹有迹，未同于无心也。施而不仁，言而不信，怒而不威，是以外貌为之者也。五霸诚不由中，物无应者，故虽怒而不威。故有道以理之，法虽少，足以治；无道以理之，法虽众，足以乱。治存道要，乱存法多。

老子曰：鲸鱼失水，则制于蝼蚁；人君舍其所守，而与臣争事，则制于有司。鱼不可失水，君不可亡道。以无为持位，守职者以听从取容，臣下藏智而不用，反以事专其上。人君者不任能而好自为，则智日困而自负责。数穷于下，则不能申理；行堕于位，则不能持制。

智不足以为治，威不足以行刑，则无以与下交矣。喜怒形于心，嗜欲见于外，则守职者离正而阿上，有司枉法而从风。赏不当功，诛不应罪，则上下乖心，君臣相怨。百官烦乱，而智不能解；非誉萌生，而明不能照。非己之失，而反自责，则人主愈劳，人臣愈佚，是代大匠斲。夫代大匠斲者，希有不伤其手矣。人主任贤举能，不专断于己，则智有所因，明有不照，则守职阿上，有司正法。故无辜受戮，有功者不偿，主愈劳，臣愈佚。是代大匠斲，坐伤其手也。与马逐走，筋绝不能及也，上车摄辔，马死衡下。伯乐相之，王良御之，明主乘之，无御相之劳，而致千里，善乘人之资也。夫人主居上以御群下，所任忠正，不必形神。其由乘马，假在相御，可坐致千里，不为为难也。人君之道，无为而有就也，有立而无好也。有为即议，有好即谀。议即可夺，谀即可诱。诱其私好，夺其正术。夫以建而制于人者，不能持国。故善建者不拔，言建之无形也。唯神化者，物莫能胜。夫为上者，常能制人，不为人所制。不为人所制者，是善建者不拔。用之无形，故曰神化。中欲不出，谓之扃；外邪不入，谓之闭。中扃外闭，何事不节？外闭中扃，何事不成？中扃外闭，无欲无害。故不用之，不为之，而有用之，而有为之。有用即为之，未有为而不用也。不伐之言，不夺之事，循名责实，使自有司，以不知为道，以禁苛为主，如此则百官之事，各有所考。君存大体，任于百官，详其考校，定其得失而已。

老子曰：食者，民之本也；民者，国之基也。故人君者，上因天时，下尽地理，中用人力。是以群生以长，万物蕃殖。春伐枯槁，夏收百果，秋蓄蔬食，冬取薪蒸，以为民资，生无乏用，死无传丁恋切尸。君能保和，死生尽理。先王之法，不掩群而取鴁鷈，上袄下滔。不涸泽而渔，不焚林而猎。不极物也。豺未祭兽，罝罘音浮。不得通于野；獭未祭鱼，网罟不得入于水；鹰隼未击，罗网不得张于皋；草木未落,斤斧不得入于山林;昆虫未蛰,不得以火田;育孕不杀,鷇音遘。卵不探;鱼不长尺不得取,犬豕不期音饥。年不得食。皆以其时,不晏害也。是故万物之发生,若蒸炁出。谓杀非其时,取非其当,则万物精炁发动上达于天,将害于人也。先王之所以应时修备、富国利民之道也。养之有宜,取之以时,不乖其道,所以富国宁家。非目见而足行之也,欲利民不忘乎心,则民自备矣。以心揆物,以身观人,何假扬眉举足,然后方备?

老子曰:古者明君,取下有节,自养有度,必计岁而收,量民积聚,知有余不足之数,然后取奉。如此即得承所受于天地,而离于饥寒之患。其憯怛于民也,国有饥者,食不重味;民有寒者,冬不被裘。与民同苦乐,即天下无哀民。此明君之治天下也如此。暗主即不然,取民不裁其力,求下不量其积,男女不得耕织之业以供上求。力勤财尽,有旦无暮,君臣相疾。且人之为生也,一人蹠音尺。禾而耕不益十亩,中田之收,不过四石,妻子老弱,仰之而食。或时有灾害之患,无以供上求。即人主憨之矣,贪主暴君,涸渔其下,以适无极之欲,则百姓不被天和,履地德矣。此暗主之治天下也如彼。

老子曰:天地之炁,莫大于和。和者,阴阳调,日夜分。故万物春分而生,秋分而成,生与成必得和之精。故积阴不生,积阳不化,阴阳交接,乃能成和。此天地之气和平,故万物得以生成。是以圣人之道,宽而栗,严而温,柔而直,猛而仁。夫太刚则折,太柔则卷,道正在于刚柔之间。夫绳之为度也,可卷而怀也,引而申之,可直而布也。长而不横,短而不穷,直而不刚,故圣人体之。此圣人之和也。柔而能直,良匠之规矩也,卷而能舒,圣人之法度也。夫恩推即懦,懦即不威;严推即猛,猛即不和;爱推即纵,纵即不令;刑推即祸,祸即无亲,是以贵和也。

老子曰:国之所以存者,得道也;所以亡者,理塞也。故圣人见化以观其征。德有昌衰,风为先萌。故得生道者,虽小必大;有亡征者,虽成必败。国之亡也,大不足恃;道之行也,小不可轻。故存在得道,不在于小;亡在失道,不在于大。故乱国之主,务于地广,而不务于仁义;务在高位,而不务于道德。是舍其所以存,造音操。其所以亡也。观贤愚以取兴亡,存道德不在其广大也。若上乱三光之明,下失万民之心,孰不能承?故审其己者,不备诸人也。古之为君者,深行之谓之道德,浅行之谓之仁义,薄行之谓之礼智。此六者,国家之纲维也。深行之则厚得福,浅行之则薄得福,尽行之天下服。古者修道德即正天下,修仁义即正一国,修礼智即正一乡。德厚者大,德薄者小,故道不以雄武立,不以坚强胜,不以贪竞得。立在天下推己,胜在天下自服,得在天下与之,不在于自取。故雌牝即立,柔弱即胜,仁义即得,不争即莫能与之争。故道之在于天下也,譬犹江海也。天之道,为者败之,执者失之。失欲名之大,而求之争之,吾见其不得已。而虽执而得之,不留也。夫名不可求而得也,在天下与之。与之者归之。天下所归者,德也。故云:上德者天下归之,上仁者海内归之,上义者一国归之,上礼者一乡归之。无此四者,民不归也。不归用兵,即危道也。故曰:兵者,不祥之器,不得已而用之,杀伤人胜而勿美。故曰:死地,荆棘生焉,以悲哀泣之,以丧礼居之。是以君子务于道德,不重用兵也。行之有浅深,而德之有厚薄。道德不可暂亡,凶器不宜妄动。

文子问:仁义礼何以为薄于道德也?老子曰:为仁者,必以哀乐论之;为义者,必以取与明之。四海之内,哀乐不能遍,竭府库之财货，不足以赡万民。言恩惠不能普。故知不如修道而行德，因天地之性，万物自正，而天下赡，仁义因附。是以大丈夫居其厚，不居其薄。故知道德深厚而仁义浅薄，故圣人居其厚，不处其薄也。夫礼者，实之文也；仁者，恩之效也。故礼因人情而制，不过其实，仁不溢恩，悲哀抱于情，送死称于仁。夫养生，不强人所不能及，不绝人所不能已，度量不失其适，非誉无由生矣。故制乐足以合欢，不出于和，明于死生之分，通于侈俭之适也。人情失和，故兴于仁义，节以礼乐，各使明其分而不相逾。末世即不然，言与行相悖，情与貌相反，礼饰以烦，乐扰以淫，风俗溺于世，非誉萃于朝，故至人废而不用也。末世谓乐淫、变节、礼烦、饰情，至人见其如此，故执其朴素，易其风俗。与骥逐走，即人不胜骥；托于车上，即骥不胜人。故善用道者，乘人之资以立功，以其所能托其所不能也。主与之以时，民报之以财；主遇之以礼，民报之以死。故有危国，无安君；有忧主，无乐臣。德过其位者，尊；禄过其德者，凶。德贵无高，义取无多。不以德贵者，窃位也；不以义取者，盗财也。无德而贵者凶，非义而取者盗。圣人安贫乐道，不以欲伤生，不以利累己，故不违义而妄取古。无德者，不尊；无能，不官；无功，不赏；无罪，不诛。其进人也，以礼；其退人也，以义。小人之世，其进人也，若上之天；其退人也，若内之渊。圣人之用人也，不苟进，不安退；小人则用之恐不高，退之恨不深也。言古者，以疾今也。敏今时偷薄，好之欲其生，恶之欲其死也。相马，失之瘦；选士，失之贫。豚肥充厨，骨骼音寺。不官。马在良，虽瘦，可以致远；臣在忠，虽贫，可以成事。君子察实，无信谗言。君过而不谏，非忠臣也；谏而不听，君不明也。不谏者谓尸禄也，不听者暴主也。民沉溺而不忧，非贤君也。故守节死难，人臣之职也；衣寒食饥，慈父之恩也。有君如此，何虑社稷之危亡，有臣如此，何忧爵禄之不备。以大事小，谓之变人；以小犯大，谓之逆天。前虽登天，后必入渊。故乡里以齿，老穷不遗；朝廷以爵，尊卑有差。故长幼守其节，则祸患无由生。夫崇贵者，为其近君也；尊老者，谓其近亲也；敬长者，谓其近兄也。因君以崇贵，因亲而敬老，因礼而敬长也。生而贵者骄，生而富者奢。故富贵不以明道自鉴，而能无为非者寡矣。贵不斯骄骄自至，富不辩奢奢自至。处乎贵，不明道德，使不为非者，鲜矣。学而不厌，所以治身也，教而不倦，所以治民也。贤师良友，舍而为非者寡矣。观学知道，承教无类，入芝兰之圃，必染芬芳之气也。知贤之谓智，爱贤之谓仁，尊仁之谓义，敬贤之谓礼，乐贤之谓乐。古之善为天下者，无为而无不为也，不生民事，故曰无为。因民所利，而无不为。故为天下有容。能得其容，无为而有功；不得其容，动作必凶。为天下有容者，豫兮其若冬涉大川，犹兮其若畏四邻，俨兮其若容，涣兮其若冰之液，敦兮其若朴，混兮其若浊，广兮其若谷。此为天下容。容，包容也，道之容貌也。治天下者兢兢业业，不敢懈息。下文并释。豫兮其若冬涉大川者，不敢行也；犹兮其若畏四邻者，恐四伤也；俨兮其若容者，谦恭敬也；涣兮其若冰之液者，不敢积藏也；敦兮其若朴者，不敢廉成也；混兮其若浊者，不敢明清也；广兮其若谷者，不敢盛盈也。进不敢行者，退不敢先也；恐自伤者，守柔弱不敢矜也；谦恭敬者，自卑下尊敬人也；不敢积藏者，自损弊不敢坚也；不敢廉成者，自亏缺不敢全也；不敢清明者，处浊辱而不敢新鲜也；不敢盛盈者，见不足而不敢自贤。夫道退故能先，守柔弱故能矜，自卑下故能高人，自损弊故实坚，自亏缺故盛全，处浊辱故新鲜，见不足故能贤。道无为而无不为也。此数者，道之反也。处后则人先之，自损则人与之。故天下戴之而不重，百姓乐推而不厌也。

## 通玄真经卷之十一

默希子注

# 上义

老子曰：凡学者，能明于天人之分，通于治乱之本，澄心清意以存之，见其终始，反于虚无，可谓达矣。唯夫体清，明反虚静，故能明天人之分，究纷始之际。治之本，仁义也；其末，法度也。人之所生者，本也；其所不生者，末也。本末一体也，其两爱之性也。先本后末，谓之君子；先末后本，谓之小人。人之生也，精神为本，形体为末。故太上养神，治其情性；末世养形，恣其嗜欲。治性则神清，纵欲则身害。夫神清体和，本末相济，乃全身保神，不亏其真。凡修摄有方，禀受不一，故有君子小人之异。法之生也，以辅义，重法弃义，是贵其冠履，而忘其首足也。治国者先治于仁义，然后法令以齐之。重法令，遗仁义，是遗首足而贵冠履也。仁义者，广崇也。不益其厚而张其广者，毁；不广其基而增其高者，覆。故不大其栋，不能任重，任重莫若栋，任国莫若德。人主之有民，犹城中之有基，木之有根。根深即本固，基厚即上安。根基犹道德也。夫根深基广而见毁拔者，未之有也，道高德盛而万姓不崇戴者，未之闻也。故事不本于道德者，不可以为经；言不合于先王者，不可以为道。夫事不师古，不遵道，不可为国法。便说掇取一行一功之术，非天下通道也。恢怪谲诡之术，非天下之大道。

老子曰：治人之道，其犹造父之御驷马也。周穆王时御马。齐辑音集。之乎辔衔，正度之乎胸臆，内得于中心，外合乎马志，故能取道致远，气力有余，进退还曲，莫不如意，诚得其术也。今夫权势者，入主之车舆也；大臣者，入主之驷马也。身不可离车舆之安，手不可失驷马之心。故驷马不调，造父不能以取道，君臣不和，圣人不能以为治。执道以御之，中才可尽；明分以示之，奸邪可止。物至而观其变，事来而应其化。近者不乱，即远者治矣。不用适然之教，而得自然之道，万举而不失矣。有造父之善御，不忧车马之奔逸；有圣人之至治，不忧黔首之危亡。

老子曰：凡为道者，塞邪隧，防未然。不贵其自是也，贵其不得为非也。故曰：勿使可欲，无曰不求；勿使可夺，无曰不争。如此即人欲释而公道行矣。有余者，止于度；不足者，逮于用，故天下可一人也。夫释职事而听非誉，弃功劳而用朋党，即奇伎天长，守职不进，民俗乱于国，功臣争于朝。故有道以御人，无道则制于人矣。舜为匹夫而天下共戴者，其道存也，故能制于人；纣为天子而四海离心者，其道亡也，则为人所制。

老子曰：治国有常，而利民为本；政教有道，而令行为古。苟利于民，不必法古；苟周于事，不必循俗。故圣人法与时变，礼与俗化。衣服器械，各便其用；法度制令，各因其宜。故变古未可非，而循俗未足多也。夫治道所贵，适时而已，不在数变为务也。诵先王之书，不若闻其言；闻其言，不若得其所以言。得其所以言者，言不能言也。故道可道，非常道也；名可名，非常名也。执言为道，即言而非道也，持石为玉，即石而非玉也。故圣人所由曰道，犹金石也，一调不可更；音律以定，不可易也。事犹琴瑟也，曲终改调。曲节既殊，故宜变易。法制礼乐者，治之具也，非所以为治也。故曲士不可与论至道者，讯审于俗而束于教也。登阆峰者，非九乘能及；论至道者，非曲士所通。

老子曰：天下几有常法哉？当于世事，得于人理，顺于天地，详于鬼神，即可以正治矣。便于事，顺于人，即可治天下。自然通神明，何常有法也？昔者三皇无制令而民从，五帝有制令而无刑罚，夏后氏不负言，殷人誓，周人盟。三皇者，虙牺、神农、黄帝。五帝少昊、颛顼、高辛、唐、虞。三王者，夏禹、殷汤、周文王。夫上古不令而民从，末世峻法而民诈，故无为为化易，有为为治难，盟誓不禁，刑戮随之也。末世之衰也，忍垢而轻辱，贪得而寡羞。故法度制令者，论民俗而节缓急。器械者，因时变而制宜适。夫制于法者，不可与达举；拘礼之人，不可使应变。必有独见之明，独闻之聪，然后能擅道而行。拘法守文者，动用乖滞，独闻独见，不得离道也。夫知法之所由生者，即应时而变；不知治道之源者，虽循终乱。今为学者，循先袭业，握篇籍，守文法，欲以为治，非此不治，犹持方柄而内圆凿也，欲得宜适亦难矣。夫执法守文而无变通者，自以为治，犹持方内圆，安能适中？夫存危治乱，非智不能，道先称古，虽愚有余。故不用之法，圣人不行也；不验之言，明主不听也。事当虽愚必用，理乖虽贤必舍。

文子问曰：法安所主？老子曰：法生于义，义生于众适。众适合乎人心，此治之要也。法非从天下也，非从地出也，发乎人间，反己自正。诚达其本，不乱于末。知其要，不惑于疑；有诸己，不非于人；无诸己，不责于所立。立于下者，不废于上；禁于民者，不行于身。故人主之制法也，先以自为检式。故禁胜于身，即令行于民。夫法者，天下之准绳也，人主之度量也。自检于己，则民禁于彼也。县法者，法不法也。不法以法之法也。法定之后，中绳者赏，缺绳者诛。虽尊贵者，不轻其赏；卑贱者，不重其刑。犯法者，虽贤必诛；中度者，虽不肖无罪。是故公道行而私欲塞也。古之置有司也，所以禁民，使不得恣也；其立君也，所以制有司，使不得专行也。法度道术，所以禁君，使无得横断也。人莫得恣，即道胜而理得矣。故反朴无为。无为者，非谓其不动也，言其从己出也。立君宜有司，上不得自恣，下不得专断，故上守正术，下无枉法，天下之治，何足难也？

老子曰：善赏者，费少而劝多；善罚者，刑省而奸禁；善与者，用约而为德；善取者，入多而无怨。故圣人因民之所喜以劝善，因民之所憎以禁奸。赏一人,而天下趋之;罚一人,而天下畏之。是以至赏不费,至刑不滥。圣人守约而治广,此之谓也。此圣人致理之道若此也。

老子曰:臣道者,论是处当,为事先唱,守职明分,以立成功。故君臣异道即治,河道即乱,各得其宜,处有其当,即上下有以相使也。故枝不得大于干,末不得强于本,言轻重大小有以相制也。君臣分明,则大小无越也。夫得威势者,所持甚小,所在甚大,所守甚约,所制甚广。十围之木,持千钧之屋,得所势也;五寸之关,能制开阖,所居要也。下必行之令,顺之者利,逆之者凶,天下莫不听从者,顺也。发号令行禁止者,以众为势也。义者,非能尽利于天下之民也,利一人而天下从之;暴者,非能尽害于海内也,害一人而天下叛之。故举措废置,不可不审也。慎其举措,平其爱憎,利无偏赏,害无偏罚。

老子曰:屈寸而申尺,小枉面大直,圣人为之。今人君之论臣也,不计其大功,总其略行,而求其小善,即失贤之道。故人有厚德,无间其小节;人有大誉,无疵其小故。夫人情莫不有所短,成其大略是也,虽有小过,不以为累也。成其大略非也,闾里之行,未足多也。言人之才不能尽善尽美。固当无疑其小疵,乃全其大用。闾里之行,谤艷之言,不足信也。故小谨者无成功,訾行者不容众。体大者节疏,度巨者誉远,论臣之道也。论用臣之道如此,则不失其人也。

老子曰:自古及今,未有能全其行者也。故君子不责备于一人。人无全能,量其才力而任之也。方而不割,廉而不刿,直而不肆,博达而不訾,道德文武,不责备于人。以力自修以道,而不责于人,易赡也。自修以道,则无病矣。自修者,不责于人而行于世,世可为之哉?夫夏后氏之璜,不能无瑕;明月之珠,不能无秽。然天下宝之者,不以小恶妨大美。今志人之所短，忘人之所长，而欲求贤于天下，即难矣。夏后氏之璜，明月之珠，尚有瑕秽，贤人君子岂能尽善尽美？弃其所短，取其所长，则无遗才必矣。夫众人之见，位之卑，身之贱，事之污辱而不知其大略。凡人之情，恶其卑辱；君子用人，存其大略。故论人之道，贵即观其所举，举贤才也。富即观其所施。济物也。穷即观其所受，非义不为。贱即观其所为。非道不处。视其所患难，以知其所勇；因其患难，方见仁勇。动以喜乐，以观其守；不逾滥也。委以货财，以观其仁；不妄取也。振以恐惧，以观其节。杀身成仁。如此，则人情可得矣。一有所存，人之干也。七者备具，世之英也。能以此观之，贤愚可知，忠信可见矣。

老子曰：屈者，所以求申也；枉者，所以求直也。屈寸申尺，小枉大直，君子为之。百川并流，不注海者不为谷；趋行殊方，不归善者不为君子。善言贵乎可行，善行贵乎仁义。夫君子之过，犹日月之蚀，不害于明。过也，人皆见之；更也，人皆仰之。故智者不妄为，勇者不妄杀，择是而为之，计礼而行之，故事成而功足恃也，身死而名足称也。为其可为者，杀其可杀者，然后功遂名立，称于后世也。虽有智能，必以仁义为本而后立。智能并行，圣人一以仁义为准绳，中绳者谓之君子，不中绳者谓之小人。君子虽死亡，其名不灭；小人虽得势，其罪不除。故尧舜为善，至人称之；桀纣为恶，其名不成。善恶之名俱存，故君子慎为不善行也。左手据天下之图，而右手刎其喉，虽愚者不为，身贵于天下也。旦为称孤之客，夕为暴尸之人，皆愚琐之辈，非君子之伦也。死君亲之难者，视死如归，义重于身也。故天下大利也，比之身即小；身之所重也，比之仁义即轻。此以仁义为准绳者也。此伤时无仁义，故切论君子死义，小人死利也。

老子曰：道德之备，犹日月也，夷狄蛮貊，不能易其指。苟有道，虽蛮貊之邦行矣，无道，其如诸夏何？**趣舍同，即非誉在俗；意行均，即穷达在时。事周于世，即功成；务合于时，即名立。是故立功名之人，简于世而谨于时，时之至也，即间不容息。**夫济倾弱立功者，睹其机厄，宁容瞬息。**古之用兵者，非利土地而贪宝赂也，将以存亡平乱，为民除害也。贪叨多欲之人，残贼天下，万民骚动，莫宁其所。有圣人勃然而起，讨强暴，平乱世，为天下除害，以浊为清，以危为宁，故不得不中绝。赤帝为火灾，故黄帝擒之。共工为水害，故颛顼诛之。**此二君勃然而起者，非欲尊其势位，利其土地，贪其宝货，去其残贼，安其人民，为天下除其虐害，不得已而用之也。**教人以道，导之以德，而不听，即临之以威武，临之不从，则制之以兵革。杀无罪之民，养不义之主，害莫大也。聚天下之财，赡一人之欲，祸莫深焉。肆一人之欲，而长海内之患，此天伦所不取也。**言天亡之，桀、纣是也。**所为立君者，以禁暴乱也。今乘万民之力，反为残贼，是以虎傅翼，何谓不除？夫畜鱼者，必去其蝙獭，养禽兽者，必除其豺狼。又况牧民乎？是故兵革之所为起也。**道莫大乎诛暴，德莫加乎安民。凡为人君暴虐无道，万姓不安，若不除之，犹纵猛兽以害人物，畜鱼鳖以食蝙獭，罪莫大焉。

　　**老子曰：为国之道，上无苛令，官无烦治，士无伪行，工无淫巧。其事任而不扰，其器完而不饰。**此至治之世也。**乱世即不然，为行者，相揭以高；为礼者，相矜以伪。车舆极于雕琢，器用遂于刻镂。求货者，争难得以为宝；诋**音底。**文者，逐烦挠以为急；事为诡辩，久稽而不决，无益于治，有益于乱；**此衰世之理也。**工为奇器，历岁而后成，不周于用。故神农之法曰：丈夫丁壮不耕，天下有受其饥者；妇人当年不织，天下有受其寒者。故身亲耕，妻亲织，以为天下先。其导民也，**故天子耕田所以劝农，皇后亲蚕所以劝织，而况匹夫匹妇惰于耕织而受于饥寒也。**不贵难得之货，不重无用之物。是故耕者不强，无以养生；织者不力，无以衣形。有余不足，各归其身。衣食饶裕，奸邪不生，安乐无事，天下和平。智者无所施其策，勇者无所错其威。智以救危，勇以止暴。危暴不作，何用之有？

老子曰：霸王之道，以谋虑之，以策图之。挟义而动，非以图存也，将以存亡也。存其亡者。故闻敌国之君，有暴虐其民者，即举兵而临其境，责以不义，刺以过行。兵至其郊，令军帅曰：无伐树木，无掘坟墓，无败五谷，无焚积聚，无捕民虏，无聚六畜。乃发号施令曰：其国之君，逆天地，侮鬼神，决狱不平，杀戮无罪，天之所诛，民之所雠。兵之来也，以废不义而授有德也。有敢逆天道、乱民之贼者，身死族灭。以家听者，禄以家；以里听者，赏以里；以乡听者，封以乡；以县听者，侯其县。克其国，不及其民，废其君，易其政，尊其秀士，显其贤良，振其孤寡，恤其贫穷，出其囹圄，赏其有功。百姓开户而内之，渍米而储之，唯恐其不来也。义兵至于境，不战而止。义兵所临，明告天地；幽通鬼神，德被万物；以辞禧众，以罪问敌，亦非容易而动凶器。百姓悦戴，唯恐不至。殷汤文武，以义而平暴乱也。不义之兵，至于伏尸流血，相交以前。故为地战者，不能成其王；为身求者，不能立其功。举事以为人者，众助之；以自为者，众去之。众之所动，虽弱必强；众之所去，虽大必亡。不义之兵，以强凌弱，恃大侵小，戮无辜，害有道。虽屠城万计，掠地千里，其由项籍威镇海内，气吞宇宙，势拔丘阜，终为高祖所摧折者，以其不循道理，虽大必败，虽强必亡，图霸尚不可得，而况欲成王业者乎？

老子曰：上义者，治国家，理境内，行仁义，布德施惠，立正法，塞邪道，群臣亲附，百姓和辑，上下一心，群臣同力。诸侯服其威，四方怀其德。修正庙堂之上，折冲千里之外。发号行令，而天下响应，此其上也。地广民众，主贤将良，国富兵强，约束信，号令明，两敌相当，未交兵接刃而敌人奔亡，此其次也。知土地之宜，习险隘之利,明苛政之变,察行阵之事。白刃合,流矢接,舆死扶伤,流血千里,暴骸满野,义之下也。修德而胜者上,守法而胜者中,用兵而胜者下也。兵之胜败,皆在于政。政胜其民,下附其上,即兵强;民胜其政,下叛其上,即兵弱。义足以怀天下之民,事业足以当天下之急,选举足以得贤士之心,谋虑足以决轻重之权,此上义之道也。

老子曰:国之所以强者,必死也。所以必死者,义也。义之所以行者,威也。是故令之以文,齐之以武,是谓必取;威义并行,是谓必强。白刃交接,矢石若雨,而士争先者,赏信而罚明也。上视下如子,下事上如父;上视下如弟,下事上如兄。上视下如子,必王四海;下事上如父,必政天下。上视下如弟,即必难为之死;下事上如兄,即必难为之亡。故父子兄弟之寇,不可与之斗。有君如此,则天下如一家。万兵共一心,则虽敌不惧,虽死不顾。恩义所感,则视死如归。岂有见父有危急而子吝其生而不救,君有难而臣惧于死而不忠者也?是故义君内修其政,以积其德;外塞于邪,以明其势。察其劳佚,以知饥饱。战期有日,视死若归,恩之加也。信义立,虽死不顾。恩威治,无远不至。

## 通玄真经卷之十二

默希子注

## 上 礼

老子曰:上古真人,玄古之君也。呼吸阴阳,而群生莫不仰其德以和顺,当此之时,领理隐密自成,纯朴纯朴未散,而万物大优。内韬明德,外和万物,天下无事,各乃遂其性,无相侵害,故并优游也。及世之衰也,至伏羲氏,昧昧懋懋,皆欲离其童蒙之心而觉悟乎,天地之间，其德烦而不一。时始画八卦，以通神明，以类万情，结绳以为纲罟，以畋以渔。离蒙觉悟，其君于天下，渐失其本，德烦不一，比玄古之时，以为衰世也。**及至神农黄帝核领天下，纪纲四时，和调阴阳，于是万民莫不竦身而思，戴听而视，故治而不和。**伏羲作耒耜，以教民播种，黄帝造轩冕之服。核领，谓阴阳壅沈而通之，逆气戾物绝而止之。造书契，建律历，纪四时，和五行，恐失其所，使万物皆竦身，莫不注其耳目，听视德化，以严其上。故言不和也。**下至夏、殷之世，嗜欲达于物，聪明诱于外，性命失其真。**至夏殷兴嗜欲，则诱于物外，眩聪明，则内失其真。**施及周室，浇醇散朴，离道以为伪，险德以为行，智巧萌生，狙学以拟圣，华诬以胁众，琢饰诗书，以贾名誉。各欲以行其智，伪以容于世，而失大宗之本。故世有丧性命，衰渐所由来久矣。**至于周室，道德全丧，浇醨弥甚，以伪险为道，以华巧为贤，显道矜德，贾名求誉以失大宗。时之衰薄，从羲、轩已来数千载，故云久矣，非周室顿尔也。**是故至人之学也，欲以反性于无，游心于虚；世俗之学，擢德攓性，内愁五藏，暴行越知，以谯**乃巧切。**喧呼**也。**名声于世，此至人所不为也。**擢德自见也，攓性绝生也。**若夫至人定乎死生之意，通乎荣辱之理，举世誉之而不益劝，举世非之而不加沮，得至道之要也。**至人者，无代不有，但稀尔。万中有一，为多也。至人之学，反性于华伪之场，沐神于虚静之域，不矜其德，不伐其才，死生无变于己，利害不经于心。今之学者，怫性命以求达，走声誉以高名，遂使奸衰竞起，忠正伏匿，欲求世之治，欲求身之安，不可得也。

**老子曰：古者被发而无卷领，以王天下，其德生而不杀，与而不夺，天下非其服，同怀其德。当此之时，阴阳和平，万物蕃息，飞鸟之巢可俯而探也，走兽可系而从也。**玄古之君，不冠不帻，被发而卷，以王天下。而安其生，不夺其利，故四时和，万物理。是以巢鸟探之而不惊，走兽系之而不惧，德之至也。**及其衰也，鸟兽虫蛇皆为民害，故铸铁锻刃以御其难，故民迫其难则求其便，因其患则操其备，各以其智去其所**

害,就其所利。常故不可循,器械不可因,故先王之法度,有变易者也。故曰:名可名,非常名也。世之衰,物不淳一,各生异情,递相残害,智诈相欺,制器械而为备,去其害,就其利。故先王变法,非有常也,故法无常名也。五帝异道而德覆天下,三王殊事而名后世,因时而变者也。譬犹师旷之调五音也,所推移上下,无常尺寸以度,而靡不中者,故通于乐之情者,能作音。有本主于中,五帝、三王,不同法度,犹师旷之调五音,道乐之情,知音之主。夫五音以宫为主,万姓以君为主,无主于中即乱,故立主以一之也。而知规矩钩绳之所用者,能治人。故先王之制不宜,即废之,末世之事善,即著之。故圣人之制礼乐者而不制于礼乐,制物者不制于物,制法者不制于法,制礼非礼,乖于道也;制乐而乐,失其和也。物制于物,尚可也;法制非法,逾其政也。故曰:道可道,非常道也。

老子曰:昔者之圣王,仰取象于天,俯取度于地,中取法于人。调阴阳之气,和四时之节,察陵、陆、水泽肥墩,古尧切。高下之宜,以立事生财,除饥寒之患,辟疾疢之灾。中受人事以制礼乐,行仁义之道,以治人伦;列金木水火土之性,以立父子之亲而成家;听五音清浊,六律相生之数,以立君臣之义而成国;察四时孟、仲、季之序,以立长幼之节而成官。列地而州之,分国而治之,立大学以教之,此治之纲纪也。此治天下之六纲也。得道则举,失道则废。夫物未尝有张而不弛、盛而不败者也,唯圣人可盛而不败。圣人初作乐也,以归神杜淫,反其天心;至其衰也,流而不反,淫而好色,不顾正法,流及后世,至于亡国。其作书也,以领理百事,愚者以不忘,智者以记事;及其衰也,为奸伪以解有罪而杀不辜。其作围也,以成宗庙之具,简士卒以戒不虞;及其衰也,驰骋弋猎以夺民时,以罢音皮。民力。其上贤也,以平教化,正狱讼,贤者在位,能者在职,泽施于下，万民怀德；至其衰也，朋党比周，各推其所与，废公趣私，外内相举，奸人在位，贤者隐处。天地之道，极则反，益则损。故圣人治弊而改制，事终而更为，其美在和，其失在权。圣人之道曰：非修礼义，廉耻不立，民无廉耻不可以治，不知礼义，法不能正，非崇善废丑不向礼义，无法不可以为治，不知礼义不可以行法。法能杀不孝者，不能使人孝，能刑盗者，不能使人廉。圣王在上，明好恶以示人经，非誉以道之，亲而进之，贱不肖而退之，刑错音措。而不用，礼义修而任贤德也。故天下之高以为三公，一州之高以为九卿，一国之高以为二十七大夫，一乡之高以为八十一元士。立官分职，任贤去邪，为王者股肱耳目以和万姓，以静四方也。智过万人者谓之英，千人者谓之俊，百人者谓之杰，十人者谓之豪。明于天地之道，通于人情之理，大足以容众，惠足以怀远，智足以知权，人英也；德足以教化，行足以隐义，信足以得众，明足以照下，人俊也；行可以为仪表，智足以决嫌疑，信可以守约，廉可以使分财，作事可法，出言可道，人杰也；守职不废，处义不比，见难不苟免，见利不苟得，人豪也。此择才之道，知人之因。有一如此，即可用之。若兼而有之，即圣人也。英俊豪杰各以大小之材处其位，由本流末，以重制轻，上唱下和，四海之内一心同归，背贪鄙，向仁义，其于化民，若风之靡草。今使不肖临贤，虽严刑不能禁其奸。小不能制大，弱不能使强，天地之性也。故圣人举贤以立功，不肖之主举其所与同，观其所举，治乱分矣，察其党与，贤不肖可论也。圣人用人，各以其才，而官之不相逾越，则天下治也。

老子曰：为礼者雕琢人性，矫拂其情，目虽欲之，禁以度，心虽乐之，节以礼。趣翔周旋，屈节卑拜，肉凝而不食，酒澂而不饮，外束其形，内愁音囚。其德，钳阴阳之和而迫性命之情，故终身为哀人。何则？不本其所以欲，而禁其所欲，不原其所以乐，而防其所乐,是犹圈兽而不塞其垣,禁其野心,决江河之流而壅之以手,故曰:开其兑,济其事,终身不救。夫礼乐之弊兴,矫饰之情见者,不本其无欲,而节其所欲,不原其无乐,而防其所乐,则欲不可止,乐不可禁。乐不可禁,必至淫;礼不可防,必至息。而由开圈纵兽,决河止流,一失其真,群迷不返也。夫礼者,遏情闭欲,以义自防,虽情心咽噎,咽音菌。咽欲吐也。形性饥渴,以不得已自强,故莫能终其天年。为礼,拘束不放肆,迫于情性,皆强为之,故不终天年也。礼者,非能使人不欲也,而能止之;乐者,非能使人勿乐也,而能防之。夫使天下畏刑而不敢盗窃,岂若使无有盗心哉？谓不开嗜欲,何假隄防？不积货财,无防盗窃也。故知其无所用,虽贪者皆辞之,不知其所用,廉者不能让之。夫人之所以亡社稷,身死人手,为天下笑者,未尝非欲也。欲之为害,其甚如此。知冬日之扇,夏日之裘,无用于己,万物变为尘垢矣。直为无用,天下之物化为粪土。故道备无为之事,害归有欲之人也。故扬汤止沸,沸乃益甚,知其本者,去火而已。亲道莫若无欲,止沸在于去薪。

老子曰:循性而行谓之道,得其天性谓之德。性失然后贵仁义,仁义立而道德废,纯朴散而礼乐饰,是非形而百姓眩,珠玉贵而天下争。道德既亡,仁义不足以制其情,礼乐不足以禁其欲。一人尚之,百姓争之,则乱也。夫礼者,所以别尊卑贵贱也;义者,所以和君臣、父子、兄弟、夫妇、人道之际也。末世之礼,恭敬而交,为义者布施而得,君臣以相非,骨肉以生怨也。故水积则生相食之虫,土积则生自肉之狩,礼乐饰则生诈伪。犹扬火以自焚,投水以自溺。且礼义本无害人之性,其由水火也,亦无害人之心,用合其道则吉,乖其道则凶也。末世之为治,不积于养生之具,浇天下之醇,散天下之朴,滑乱万民,以清为浊,性命飞扬,皆乱以营,贞信熳烂,人失其性,法与义相背,行与利相反,贫富之相倾,人君之与仆虏不足以论。夫有余则让,不足则争。让则礼义生，争则暴乱起。故多欲则事不省，求赡则争不止。故世治则小人守正，而利不能诱也；世乱则君子为奸，而法不能禁也。

老子曰：衰世之主，钻山石、挈金玉、擿礧蜃、消铜铁，而万物不滋。刳胎焚郊，覆巢毁卵，凤凰不翔，麒麟不游。构木为台，焚林而畋，竭泽而渔，积壤而丘处，掘地而井饮，濬川而为池，筑城而为固，拘兽以为畜，则阴阳缪戾，四时失序，雷霆毁折，雹霜为害，万物焦夭，处于太半，草木夏枯，衰世之主，剖石索玉，擿蚌求珠，焚郊竭泽，刳胎毁卵，恣情性之欲，快耳目之娱，遂致乖戾，万物失所，雷霆以恐之，霜雹以害之。非万邦之过，一人之罪也。故夏桀、殷纣，城池非不高，玉帛非不多，妖艳非不足，仓库非不盈，俄而覆宗绝祀，身死人手，为天下笑，岂不痛哉？故曰：天鉴不远，在夏、殷之世也。三川绝而不流。分山川豀谷，使有壤界，周衰而三川竭，晋微而沙鹿崩。国之将兴，必有祯祥；国之将亡，必有妖孽也。计人众寡，使有分数，设机械险阻以为备，制服色，等异贵贱，差贤不肖，行赏罚，则兵革起而忿争生，虐杀不辜，诛罚无罪，于是兴矣。天地不得不变动，人物不得不灾危也。

老子曰：世之将丧性命，犹阴气之所起也。主暗昧而不明，道废而不行，德灭而不扬，举事戾于天，发号逆四时，春秋缩其和，天地除其德，人君处位而不安，大夫隐遁而不言，群臣推上意而坏常，疏骨肉而容，邪人谄而阴谋遽，载骄主而像其乱，人以成其事，是故君臣乖而不亲，骨肉疏而不附，田无立苗，路无缓步，金积折廉，璧袭无赢，壳龟无腹，蓍筮日施，天下不合而为一家。诸侯制法各异，习俗悖，拔其根而弃其本，凿五刑为刻削，争于锥刀之末，斩刈百姓，尽其太半，举兵为难，攻城滥杀，覆高危安，大冲车，高重垒，除战队，使阵死路，犯严敌，百往一反，名声苟盛，兼国有地，伏尸数十万，老弱饥寒而死者不可胜计。自此之后，天下未尝得安其性命,乐其习俗也。末世骄主,恃其威势,广其土地,尽生民之命,求锥刀之末,伏尸流血,无时暂宁,以至今日,岂为有道?贤圣勃然而起,持以道德,辅以仁义,近者进其智,远者怀其德,天下混而为一,子孙相代辅佐,黜谗佞之端,息未辩之说,除刻削之法,去烦苛之事,屏流言之迹,塞朋党之门,消智能,循大常,隳枝体,黜聪明,大通混冥,万物各复归其根。夫圣人非能生时,时至而不失也,是以不得中绝。圣人见其机,得其时,勃然而起,整顿乾坤,扑灭残暴,大庇苍生。天将降大任于其人,不得中绝,言必有其主也。

老子曰:鄸水之深,十仞而不受尘垢,金石在中,形见于外,非不深且清也,鱼鳖蛟龙莫之归也。言水至清,鱼不游,人至察,众不归也。石上不生五谷,秃山不游麋鹿,无所荫蔽也。故为政以苛为察,以切为明,以刻下为忠,以计多为功,如此者,譬犹广革者也,大败大裂之道也。为政以苛,必败之由,为革以广,必裂之道。其政闷闷,其民淳淳;其政察察,其民缺缺。上太察,下不安。

老子曰:以政治国,以奇用兵,先为不可胜之政,而后求胜于敌,以未治而攻人之乱,是犹以火应火,以水应水也。同莫足以相治,故以异为奇。奇静为躁,奇治为乱,奇饱为饥,奇逸为劳。奇正之相应,若水、火、金、木之相伐也,何往而不胜。故德均则众者胜寡,力敌则智者制愚,智同则有数者禽无数。此明正奇相攻,贤愚相敌。大得虽均,人率众者胜。力虽敌,智以制愚;智虽均,而有计禽无计。计、数者,皆相胜之术,迭相禽制,而非道也,此明权也。

# 通玄真经朱注

## 通玄真经卷之一

宋宣义郎试大理寺主簿兼括州缙云县令朱弁正仪注

### 道原篇

夫本相待者有原,体相证者有归。大道无原,至理无归。今推之,道原反在乎物象之内,但复物之性,原其远乎?

**老子曰:**

盖惟生已白首,老在物先事始。

**有物混成,**

夫道之为义也,理宗自然,体本虚寂,不似于物,何以寄言?今称有物者,欲明无物者也。混为能舍清浊,成为不遗纤介者也。

**先天地生,**

天地以玄黄为色,方圆为形,道岂生于形色之后也?

**惟象无形,窈窈冥冥,**

可以理会难以目见。

**寂寥淡漠,不闻其声,**

应则无响,听则无声。

**吾强为之名,字之曰道。**

夫形声俱无,则名言莫及也。将欲示旨,非强而何?今圣人字道之由,义取乎无所不适也。

**夫道者，高不可极，深不可测，**

仰之弥高，俛之弥深，故知有极者非高，可测者非深。

**包裹天地，禀受无形。**

周合二仪，资兴品物而无迹可得也。

**原流出，冲而不盈，**

自深而流，不绝其原，当虚而受，不溢于物。

**浊而静之徐清，**

同物谓之浊也。取其不污之体，徐以会之，则本自清矣。徐也者，含理从容之谓也。

**施之无穷，**

随用而大。

**无所朝夕，**

万古千秋，而今而后。

**表之不盈一握，**

真无纤微之质。

**约而能张，**

在乎至简，从事则广。

**幽而能明，**

虽寂默之幽，亦显应之明也。

**柔而能刚，**

不与物争曰柔，能终不挫曰刚。

**含阴吐阳，**

藏用为阴，昭化为阳。

**而章三光。**

日月星辰禀之，故能各丽其所。

**山以之高,渊以之深,兽以之走,鸟以之飞,麟以之游,凤以之翔,星历以之行。**

皆在自然之道也。夫高深之宜,飞走之势,游翔之精,经纬之象,斯不期而然,不会而至,无代司以成势,皆毕受而自宜,均其生成,故称大道也。

**以亡取存,**

夫有质者,未尝不亡者也。今以无质之亡而成虚体之存也。

**以卑取尊,**

夫有位者,未尝不黜者也。今以无位卑而成不黜之尊也。

**以退取先。**

夫有争者,未尝不退者也。今以不争之退而成无敌之先也。

**古者三皇得道之统,立于中央,**

三皇者,天、地、人皇也。言体道之君,全于纯和,不治而自化,德配天地,御物为一贯,是能寄中枢以应用,恣旁行而不流者也。

**神与化游,以抚四方。**

乘变化之理而以神游,则四方之人各安其性。

**是故天运地滞,**

阳性刚运,阴性柔滞。

**轮转而无废,水流而不止,与物终始,风兴云蒸,雷声雨降,并应无穷。**

夫德合自然,治通大顺,则天地不亏,运滞之理,风雨不乖,燥润之节,五行无克,六气自和。故圣人神动如天,尸居如地,其令如风雷,其泽如云雨,虽万物生化不知所穷,而执一无为,与之并也。

**已雕已琢,还反于朴。**

使万物复其性。

**无为为之而合乎道,**

任其自为,则无所不为,故物畅其性。我常无为,是以与道而符合也。

**无为言之而通乎德,**

德者,道之用也;言者,人之表也。无心之言,言乃通物,物畅得所顺而保其安,则终日言之,未常离德也。

**恬愉无矜而得乎和,**

以无所矜而合大和。

**有万不同而便乎生。**

万物异宜,各便其性。

**和阴阳,**

二仪交泰。

**节四时,**

时不过节。

**调五行,**

不相克伐。

**润乎草木,浸乎金石,**

德泽广被,至坚斯洽。

**禽兽硕大,毫毛润泽,鸟卵不败,兽胎不殰,**

尽其生成之气也。

**父无丧子之忧,兄无哭弟之哀,童子不孤,**

人无中夭。

**妇人不孀,**

合配得类。

**虹蜺不见,**

气之和也。

**盗贼不行，**

未知苟得之利。

**含德之所致也。**

至哉,三皇之德也。能使阴阳不愆,品物咸若,与道为友,与化为人,不可得而名矣。或曰昔在太古,玄风正淳,民惟之生,器未雕朴。是以五行不伐,四节各司,专气自柔,尽年为寿。诚以君圣牧良,人由其所化,非三皇之不德使其然乎？尝试言之曰:且天下者,形也。君主者,心也。心乱者身病,君静者国安。致治全生,功有归矣。然三皇生于淳古,时也付之,自治道也。向使非任治之道,不因其然而然,则诱惑渐生,物性滋失。今之各治,乃彼玄功,功在无为,莫彰其德,此则不治治之,盖非治之治者也。

**天之道,生物而不有也,化成而不宰也。**

无心以生而生者自生,故不有也。无心以化而万物自成,故不宰也。

**万物恃之而生,莫之知德；恃之而死,莫之能怨。**

将无爱恶于其间,亦何所措其德怨耳？

**收藏畜积而不加富,布施禀受而不溢贫。**

冬阴固畜,春阳发散,而生杀之气未尝亏盈也。

**忽兮怳兮不可为像兮,**

出入于有无,往来于变化,不可一象而取。

**怳兮忽兮其用不诎兮,**

用之不可穷也。

**窈兮冥兮应化无形兮,**

应之而无迹也。

**遂兮通兮不虚动兮，**

感之而后动也。

**与刚柔卷舒兮，与阴阳俛仰兮。**

随彼以成体也。

**老子曰：大丈夫**

自得之称。

**恬然无思，淡然无虑，**

物莫当情。

**以天为盖，以地为车，**

同乎覆载。

**四时为马，阴阳为驺。**

因而乘之。

**行乎无路，**

廓然皆通。

**游乎无怠，**

神不可极也。

**出乎无门。**

直非所由。

**以天为盖，即无不覆也；以地为车，即无不载也；四时为马，即无不使也；**

生化之功恒运尔。

**阴阳御之，即无不备也。**

消息之理乃全尔。

**是故疾而不摇，远而不劳，四肢不动，**

神驰者无所摇动，任适者不至劳怠。

**聪明不损，而照见天下者，执道之要，观无穷之地也。**

且夫欲之存也，万类纷然而未极中之得也。六合洞然而皆通，是知形性所接，未可尽于一方，神性之游乃能照于天下，执道之要，斯非谓欤？往而无穷，固亦宜矣。

**故天下之事不可为也，因其自然而推之；**

事之广矣，不可力为。唯因自然之势，乃能与之偕矣。

**万物之变不可究也，秉其要而归之。**

物变无极，不可智穷。唯执不迁之要，乃会机化之本也。

**是以圣人内修其本而不外饰其末，**

性顺为本，形势为末。

**厉其精神，偃其知见，**

碓精莹神，畅达其性，不纵心悦目，而系滞于外物者焉。

**故漠然无为而无不为也，**

同物为性，则皆尽其为耳。

**无治而无不治也，**

弃我之智，则同万物之自治也。

**所谓无为者不先物为也，**

既不先物，明非不为，盖因之而为也。

**无治者不易自然也，**

不易自然，亦非无治，斯因之而治也。

**无不治者因物之相然也。**

物我通顺，相然之义。

**老子曰：执道以御民者，事来而循之，物动而因之，**

循事而治，因动而应。

**万物之化，无不应也，百事之变，无不偶也。**

无心乃能尽之。

**故道者,虚无、平易、清净、柔弱、纯粹素朴,此五者,道之形体也。**
化迹为形,理本为体。

**虚无者道之舍也,**
不碍故能集。

**平易者道之素也,**
任道,故无饰也。

**清净者道之鉴也,**
明正,故能照也。

**柔弱者道之用也,**
体顺,故皆通。

**反者道之常也,**
反情归性故得常。

**柔者道之刚也,弱者道之强也,**
柔故不可挫,弱故不可胜。

**纯粹素朴者道之干也。**
用此为体。

**虚者中无载也,平者心无累也,嗜欲不载虚之至也,无所好憎平之至也,一而不变静之至也,**
变当动矣。

**不与物杂粹之至也。**
杂则不能。

**不忧不乐德之至也。**
至德之人乐天,故不忧。齐物故无乐矣。

**夫至人之治也,弃其聪明,**

明有所不见，聪有所不闻，直尽耳目之功，即未能至矣。是以开通七窍，不止一用而动，未尝役者，乃尽治身之至。
**灭其文章，**
尚未以朴素当情，而况此外饰？
**依道废智，**
依乎坦然之道，废其间隙之智。
**与民同出乎公，**
不异，故无私也。
**约其所守，**
居简要也。
**寡其所求，**
淡于欲也。
**去其诱慕，**
不诱民以智，不慕圣之功。
**除其嗜欲，捐其思虑。约其所守即察，**
居要故明审。
**寡其所求即得。**
不取故常得。
**故以中制外，百事不废，中能得之，即外能牧之。**
神全情性者，则尽养形御物之理也。
**中之得也，五藏宁，思虑平，**
气而不悖，性而不挠。
**筋骨劲强，耳目聪明。大道坦坦，去身不远，**
道无不在，宁远我哉？
**求之远者，往而复返。**

惑而求之，往也。得之自我，反也。

**老子曰：圣人忘乎治人，而在乎自治，**

夫以治人之治，皆以事济事，而未尝无事。不若内治其性以至自然，则天下皆然，各正性命，故曰我无为而民自化也。

**贵忘乎势位，而在乎自得，自得即天下得我矣。**

且一至自得，则天下未有不得。任之各治，则万物得我之得。内外玄同，天下悉得，斯不亦兴贵而光势位之贵乎？

**乐忘乎贵富，而存乎和，**

富与贵者，忧役兼之，亦何以为乐矣？唯和而自得者，乃游恒乐之涂也。

**知大己而小天下，即几乎道矣。**

大己贵乎自得，小天下忘乎治人，是以近于道也。

**故曰：至虚极也，守静笃也，万物并作，吾以观其复也。**

夫物之芸芸，莫不复其虚静之本矣。故性虚通者，可法天道之极；身安静者，可同地德之厚也。

**夫道者，陶冶万物，终始无形，**

且埏埴为器，始乎有由而能极，形数亦非无故，则终始之迹，居然可观。今以大道之冶，阴阳之炉，不见造物之端，而生生未尝不绩，莫究所用之极，而化化未尝不流，则始终之形，不可复得也。

**寂然不动，大通混冥，**

混冥，犹阴阳也。夫动则有息，静乃不极，唯其寂然，是为生化之主也。

**深闳广大不可为外，析豪剖芒不可为内，**

非巨细之所能内外也。

**无环堵之宇，**

非六合之所能舍也。
**而生有无之总名也。**
虽无出处之迹,而寄有无之用。
**真人体之,是以虚无、平易、清净、柔弱、纯粹素朴,不与物杂,**以能体之故,备五者之德。
**至德天下之道,故谓之真人。**
人者,三才之一也。性得纯和以合天下,斯真人也。
**真人者,大己而小天下,贵治身而贱治人,**
义已见上。
**不以物滑和,**
圣人忘乎治人,而在乎自治也。
**不以欲乱情,**
是以全其真也。
**隐其名姓,**
不欲显迹。
**有道即隐,**
上德忘德,故不见也。
**无道即见,**
未能忘德,即自彰也。
**为无为,事无事,**
虚心顺物,故所作皆通。任彼众材,而群务自济。知不知,玄鉴而同尘。
**怀天道,抱天心,**
体乎自然,无私无宰。
**嘘吸阴阳,吐故纳新,**

流五藏之秽滞,延六气之和奕。

**与阴俱闭,与阳俱开,与刚柔卷舒,与阴阳俛仰,**
顺时而消息也。

**无所乐,无所苦,**
形遇一味。

**无所喜,无所怒,**
神遇一统。

**万物玄同,无非无是。**

夫游于迹者,物则万矣。体物之性,性则一矣。今我亦物,奚得独物于物哉?是以真人虚真齐性,物无不同。居异能同,同之玄者,则是非之滞,可得荡而适焉。

**夫形伤乎寒暑燥湿之虐者,形究而神杜;**

虐者,阴阳偏毒也。生者,精气共感也。夫神以精感形,以气生气,和则神清,形劳则精耗。一犯寒暑之虐,而遂失其所依。故形有所究屈,神随而杜塞也。

**神伤于喜怒思虑之患者,神尽而形有余。**

夫阴阳之神,生化不测。禀受之者,涯分有期。静与理冥,则通而未极。动为物役,乃困于所终。且人之生也,止在形神;时所遭也,未离动息。而役之思虑,往不知归,遂使兀然之形假气而余生未丧者也。

**故真人用心伏性,依神相扶,而得终始,是以其寝不梦,觉而无忧。**

真人心无所欲,性有所适。无欲以保性,任适而为心,斯乃用心伏性之义也。所以神依之形不虐于冰炭,形赖之神不患于欣戚。和静相济,不乖忧恧之始,形神各理其理,可得乘化而终,故其无物接之忧,而绝魂交梦也。

**孔子问道,老子曰:正汝形,**
与物屈伸。

**一汝视,**
无所异见。

**天和将至;**
乃得自然之和。

**摄汝知,**
勿知仁义,可观于人也。

**正汝度,**
勿修规法,以为自正。

**神将来舍。**
精神方全于身矣。

**德将为汝美,道将为汝居。**
然后举揩,莫非在道而成德也。

**童兮若新生犊,而无求其故。**
所谓气能之至也。

**形若枯骸,**
无复雕饰。

**心若死灰,**
无复起灭。

**真其实知而不以曲,**
直信所遇而应。

**故将自持恢恢,无心所谋,**
但自广大,不知所期。

**明白四达,能无以知乎。**

四向明达,而不载乎知也。

**老子曰:夫事者应变而动,**

物变我动,然后事生。

**变生于时,**

生所极之时也。

**知时者无常行。**

以应变之故也。

**故道可道者,非常道也;**

道以称可万物,故不常于一道。

**名可名者,非常名也。**

名以可物为名,故不常于一名。

**书者言之所生也,**

书以载言也。

**言出于知,**

知以立言,载之于书。

**知者不知,非常道。**

但约所知,以立于言,而不知应变,非常于一道也。

**名可名者,非藏书也。**

书者载所知之言耳。而可物之名,不常于一名,故非书之所能藏也。

**多闻数穷,不如守中,**

多闻立言之书,滞之者,数至穷屈。唯抱守中和,则常通矣。

**绝学无忧,**

俗学教以经术,谕以礼义,将存乎表饰,以别乎贤愚,诱慕大行,将失其性。圣人立教以全性,故绝之而无忧也。

**绝圣弃智,民利百倍。**

圣者法制之首,智者谋虑之始,以其肇迹乱物,遂伤性命之原。绝而弃之,利百倍矣。

**人生而静,天之性也;**

天道静故生也,性自天故静也。

**感而后动,性之害也;**

因感遂动,发害于性。

**物至而应,知之动也。**

物以多类,知辨所起。

**知与物接,而好憎生焉,**

接物以知,必生爱恶。

**好憎成形而知怵于外,**

知以辩物,生好憎之欲;物以感知,为美恶之形。一至内著,遂有外丧也。

**不能反己而天理灭矣。**

夫天理,性也。

**是故圣人不以人易天,**

不以人欲,易其天性。

**外与物化而内不失情。**

情犹性也。

**故通于道者,反于清静,究于物者,终于无为。**

反性则与道通,无为乃可穷物。

**以恬养智,**

静之自鉴也。

**以漠含神，**

虚故神正。

**即乎无门。**

义已见上。

**循天者与道游者也，**

任乎自然，则神与化游，未始离乎道。

**随人者与俗交者也。**

顺乎人事，接物以情，是交于流俗耳。

**故圣人不以人滑天，不以欲乱情，**

是全其素。

**不谋而当，**

不先为谋，故得随事之当。

**不言而信，**

应不失机，故不在言而信。

**不虑而得，**

虚心内彻，故无虑而理得也。

**不为而成。**

因任端居，则无为而各成。

**是以处上而人不重，居前而众不害，**

覆之以道，则庶类斯安，故不重也。导之以德，故群性皆适，故不害也。

**天下归之，奸衷畏之，**

归其有德，畏其无私。

**以其无争于万物也，故莫敢与之争。**

柔服万物，以道自胜，孰能与之比德哉？

**老子曰:夫人从欲失性,动未尝正也,以治身即秽,**

欲之在身,劳形污行。

**以治国则乱。**

欲之在国,劳人乱政也。

**故不问道者,无以反性,**

道以示性,性以反欲。

**不通于物者,不能清静。**

得理则通,不挠故静。

**原人之性无衷秽,**

推究本性,受之自天。

**久湛于物即易,易而忘本,即合于若性。**

若犹彼也,与物接而生欲。

**水之性欲清,沙石秽之;人之性欲平,嗜欲害之,唯圣人能遗物反己。**

遗嗜欲之物,反清静之己。

**是故圣人不以身役物,**

体乎妙者,物不能累,安受役哉？

**不以欲滑和。其为乐不忻忻,**

恬愉之乐,无所忻悦。

**其为忧不惋惋。**

济治之忧,亦何嗟惋？

**是以高而不危,安而不倾也。**

忘位而同民,则不危其高也。忘位而同患,则不倾其安也。

**故听善言便计,虽愚者知说之,称圣德高行,虽不肖者知慕之。说之者众而用之者寡,慕之者多而行之者少,所以然者,牵于物而**

系于俗也。

夫人之生也,莫不欲通鉴万类,孤高一身,顺教善之言,唏必然之策。虽在鄙昧,岂无是心?以其日与物迁,久而从俗,义且未胜,夫何及我?

**故曰:我无为而民自化,**

因其为而为之,即我无所为,民自化也。

**我无事而民自富,**

无赋敛之事以扰之,则民自富矣。

**我好静而民自正,**

不设法教以诱之,民得任性之正也。

**我无欲而民自朴。**

无情欲以挠之,则民自全乎性之朴也。

**清静者德之至也,**

至德不德,常清而静。

**柔弱者道之用也,**

能服刚暴,是为道用。

**虚无恬愉者,万物之祖也。**

物生于无而育于和。

**三者行即沦于无形,**

名之乃三,体之则一,而一无所一,可谓于无形也。

**无形者一之谓也,**

以彼无形,寄之在一。

**一者无止合于天下也。**

夫有所止则涉乎形,固不能通合万类尔。

**布德不已,**

一者,被物以成德也。然物之不穷,故德之无已。

**用之不勤,**

无劳无息。

**视之不见,**

无形可见。

**听之不闻。**

无声可闻。

**无形而有形生焉,无声而五音鸣焉,无味而五味形焉,无色而五色成焉,故有生于无,实出于虚。**

道体虚无,能生形质声色之类,莫不由之。

**音之数不过五,五音之变不可胜听;**

宫徵成文,则乱于耳。

**味之数不过五,五味之变不可胜尝也;**

甘酸相和,则爽于口。

**色之数不过五,五色之变不可胜观也。**

玄黄间杂,则眩于目。

**音者宫立而五音形矣,**

宫为音君。

**味者甘立而五味定矣,**

甘为味主。

**色者白立而五色成矣,**

白为色本。

**道者一立而万物生矣。**

一也者,无之谓也。夫数之众寡,皆起于一。物之巨细,本生于无。原其无者,可得天下之形。处其一者,能总万名之本。故立称一,万物生焉。

> **故一之理施于四海,一之解察于天地。**
> 无远近之不达,无上下之不明也。
> **其全也敦兮若朴,**
> 混成而无饰也。
> **其散也浑兮若浊。**
> 与物而同尘也。
> **浊而徐清,冲而徐盈,**
> 义已见上。
> **淡兮若大水,泛兮若浮云,**
> 深广无涯,去来无系。
> **若无而有,若亡而存也。**
> 谓其形无体有,述亡应存耳。
> **老子曰:万物之总,皆阅一孔,**
> 道为生化之阅。
> **百事之根,皆出一门。**
> 莫不由之。
> **故圣人一度循轨,不变其故,不易其常,**
> 循天道之轨辙,不以事变而失常性也。
> **放准循绳,曲因其直,直因其常。**
> 以物性多宜,无舍于道之纲度,则能曲全其性耳。
> **夫喜怒者道之衺也,**
> 过当非正也。
> **忧悲者德之失也,**
> 不能自得。

**好憎者心之过也，**

系执之过。

**嗜欲者生之累也。**

养生之过。

**人大怒破阴，大喜坠阳，**

阴主肃杀，阳主和怿，施之为喜怒矣。夫冲气以为和，生之本也。而喜怒将过，二气伤焉。

**薄气发喑，**

声所发者，气之和也，阴阳相薄则喑矣。

**惊怖为狂，**

精神散越，则举措狂乱也。

**忧悲燋心，病乃成积，人能除此五者，即通于神明。**

形之能和，神其王矣。

**神明者得其内也，**

内静乃安。

**得其内者五藏宁，思虑平，耳目聪明，筋骨劲强。疏达而不悖，**

类不乱也。

**坚强而不匮，**

精不竭也。

**无所太过，无所不逮。**

神明之功，所适皆中。

**天下莫柔弱于水，水之为道也，大不可极，深不可测，长极无穷，**

以其能浮天也。

**远沦无崖，**

以其能载地也。

**息耗减益,过于不訾。**

不訾者,不可訾量之谓也。然推其所过之理,当为尾闾。不訾,訾名未尝所出,且夫属乎形性,莫不有相制之力。则水之为大,孰可制哉?故称尾闾洩之,入于无底之谷也。

**上天为雨露,下地为润泽,万物不得不生,百事不得不成,**

因雨露而资生,以润泽而成遂也。

**大包群生而无私好,泽及蚑蛲而不求报,**

恩周万类,是无私也。泽及微秽,不求报也。

**富赡天下而不既,德施百姓而无费,**

未尝耗尽。

**行不可得而穷极,微不可得而把握,**

虚顺之至。

**击之无创,刺之无伤,斩之不断,灼之不熏,**

至柔物不能犯。

**淖约流循而不可麋散,**

随所往之曲直,体委顺而常全。

**利贯金石,**

通乎至坚。

**强沦天地,**

势在不可制也。

**有余不足,**

故满东南之地也。

**任天下取与,禀受万物而无所先后,无私无公,**

素且无私,何公之有?

**与天地洪同,是谓至德。**

气轻浮以同天,体润泽以同地,斯与大块之玄合,故可谓至德矣。

**夫水所以能成其至德者,以其淖约润滑也。故曰:天下之至柔,驰骋天下之至坚,无有入于无间。**

无不入也。

**夫无形者物之大祖也,**

物各有祖,道能总生,故称大也。

**无音者类之大宗也。**

无形故无声。以无形声,乃能为万类之妙本矣。

**真人者通于灵府,与造化者为人,**

灵府者,精神之形宅。造化者,自然之妙本也。精神玄达,则与本实体。道为人自有,将无纤芥之欲,得非至真者哉?

**执玄德于心而化驰于神。**

无为之化,德迹不彰,故云玄也。真人无心而物顺,则其化不疾而若驰矣。

**是故不道之道,芒乎大哉!不言之教,其化广矣。夫发号施令而移风易俗,其唯心行也。**

夫号令之由,生于德化。故玄德被物,不待教令,而风俗自移。是知玄道在乎无心之心而行也。

**万物有所生而独知其根,百事有所出而独守其门,**

静能知物之本,顺能守事之由。

**故能穷无穷,极无极,**

夫唯清净无物,则能穷而极之。

**照物而不眩,响应而不止。**

虚而静者,能鉴能应。

**老子曰：夫得道者志弱而事强，**

志顺之弱，事济之强。

**心虚而应当。**

中不载，故应之无失。

**所谓至弱者柔毳安静，**

道者，以不变为志，非自强之至矣。故如毳毛柔弱，附体而不扬也。

**藏于不敢，行于不能，**

于行藏之间，无为无迹。

**淡然无为，动不失时。**

动在于应，复何失也？

**故贵以贱为本，高以下为基，托小以包大，**

皆谓处谦弱之卑小，成道德之高大也。

**在中以制外，**

心得则物得也。

**行柔而刚，力无不胜，敌无不陵，**

守柔者，直不可屈耳。

**应化揆时，莫能害之。**

非有揆度，而因时以应，故时不我失，物不我害也。

**欲刚者必以柔守之，欲强者必以弱保之，积柔即刚，积弱即强，观其所积，以知存亡。**

理势然矣。

**强胜不若己者，**

强之所胜，在不如己也。

**至于若己者而格；**

至与己同,则格而齐矣。

**柔胜出于己者,其力不可量。**

柔之为用,其谁与争?故其所胜出于若己。且夫强之所胜,胜不如己。今柔之所胜,其若己,则明柔之为胜也大矣,而强能之力,安可比哉?

**故兵强即灭,**

强则骄,骄则灭。

**木强则折,革强即裂,齿坚于舌而先之毙。故柔弱者生之干也,而坚强者死之徒也,**

气以柔弱为和,形以坚强为病,况乎人道好恶,亦利害之可知也。

**先唱者穷之路也,而后动者达之原也。**

道事多穷,因物常达。

**夫执道以偶变,先亦制后,后亦制先,何则?不失所以制人,人亦不能制也。**

执道全中,以对流境,则因之而可自正矣。故处静而知变,则先可以制后;观变而反静,则后可以制先。斯皆制之在我,不复为俗人之所迁也。

**所谓后者,调于数而合于时也,**

顺必然数,偶可动之时,乃得持后之妙耳。

**时之变故,间不容息,**

变,时变矣。理无息,不容其间。

**先之即太过,后之即不及,**

物未变而制之,机不应矣。物已变而制之,形已成矣。

**日回而月周,时不与人游。故圣人不贵尺之璧,而重寸之阴,**

**时难得而易失也。**

机宜之时,惟圣乃得。

**故圣人随时而举事,因资而立功,**

事随可以尽举,功易可以常立。

**守静道,拘雌节,**

守虚静之道,能审于机。拘雌顺之节,能因于物。

**因循而应变,常后而不先,柔弱以静,安徐以定。**

居恒德而从容也。

**功大靡坚,莫能与之争也。**

有而若虚,物乃顺耳。

**老子曰:机械之心藏于中,即纯白不粹。**

夫因动而济,用之莫穷。虚己无佗,由之乃素。载乎智巧,固不静而杂焉。

**神德不全于身者,不知何远之能怀。**

神全可以极化,德全可以复物。归远之美,莫非在身也。

**欲害之心亡乎中者,饥虎可尾也,而况于人乎?**

同则不异,避则以志。今旷然无欲,与造化者为形,虽猛毅之徒,以无感而不害也。

**故体道者佚而不穷,任数者劳而无功。**

数,术数也。

**夫法刻刑诛者,非帝王之业也;**

法刻以良于刑,足明神德不全,无以服化于天下矣。

**棰策繁用者,非致远之御也。**

棰策以至于繁用,乃知控御失性,无以任力于修途矣。

**好憎繁多,祸乃相随,故先王之法非所作也,所因也,**

因世损益,以施法教,非有所作以炫其能也。

**其禁诛非所为也,所守也。**

守乎禁令,使民知惧,非有所设以示其威。

**故能因即大,作即细,能守即固,为即败。夫任耳目以听视者,劳心而不明,以智虑为治者,苦心而无功。**

人君明四目,达四聪,乃致垂拱之化也。

**任一人之材,难以致治,**

谓独任耳目智虑者。

**一人之能,不足以治三亩之宅。**

力知止此。

**循道理之数,因天地之然,即六合不足均也。**

且夫顺物与之理合,必然之数。即天下虽大,不劳智力而万化自平。

**听失于非誉,目淫于彩色,**

任耳者必失于闻,任目者必眩于见。

**礼禀不足以效爱,诚心可以怀远。**

禀乎礼者,但整其仪,归爱之心,未果能效,唯推诚天下,可得感之也。

**故兵莫憯乎志,镆铘为下;**

志者害和,兵之毒者。

**寇莫大于阴阳,而抱鼓为细。**

喜怒相攻,寇之甚者。

**所谓大寇伏尸不言节,**

教令之言不节,是害于民也。

**中寇藏于山,**

持险潜身,以乘隙便。

**小寇逐于民间。**

苟窃为事。

**故曰民多智巧,奇物滋起,**

智过则巧,巧则矜能。雕朴饰伪,以惑于物也。

**法令滋彰,盗贼多有,**

不绝其利而止其盗,虽繁法严令以禁之,则至乎窃法为盗,惟增多也。

**去彼取此,天殃不起。**

去彼巧智之法令,取此朴素之无为,则天之咎殃不复起矣。

**故以智治国,国之贼也;**

独任己智,固为民害。

**不以智治国,国之德也。**

因而治之,物得其性。

**夫无形大,有形细;**

神化无方故大,品物有极故细。

**无形多,有形少;**

莫测为多,可见为少。

**无形强,有形弱,**

能制于物故强,物受其制故弱。

**无形实,有形虚。**

恒久为实,迁变为虚。

**有形者遂事也,无形者作始也,遂事者成器也,作始作朴也。有形即有声,无形即无声,**

散而为器,则有可名。反之于道,名不可得。

**有形产于无形,故无形者有形之始也。广厚有名,有名者贵重也;俭薄无名,无名者贱轻也。**

夫广厚者,世上之美名也。俭薄者,道家之清德也。物之所重则举其名,我之所遗乃任其实。圣人守道谦薄,自为广厚之资,执德不迁,反在功名之本。下之数句,亦同此耳。

**殷富有名,有名者尊宠也;贫寡无名,无名者卑辱也。雄牡有名,有名者章明也;雌牝无名,无名者隐约也。有余者有名,有名者高贤也;不足者无名,无名者任下也。有功即有名,无功即无名。**

夫广厚殷富,有之功也。俭薄贫寡,无之功也。名者迹著,名乃生焉。无者迹微,非名所及。故世以有功为美,道以无名为德也。

**有名产于无名,无名者有名之母也。**

所谓处俭寡之无名自生,尊贵之大备矣。

**天之道,有无相生也,难易相成也。**

形性者,有无之相生也;事理者,难易之相成也。不知其然,是称天道也。

**是以圣人执道虚静微妙,以成其德。**

谓执无名之道,乃成大德。

**故有道即有德,有德即有功,有功即有名,有名即复归于道,忘济世之名,复无为之道。**

**功名长久,终身无咎。**

无功之功,故可久;忘名之名,亦何咎也?

**王公有功名,孤寡无功名,故曰:圣人自谓孤寡,归其本也。**

夫有强济之功、光大之名,莫不由谦损之故。然则孤寡为王公之称者,盖以谦为本耳。

**功成而不有,故有功以为利,无名以为用。**

济物之功,假群生以为利,无名之道寄大人之成用也。
**古者民童蒙,不知西东,**
淳朴之至。
**貌不离情,**
形与神合。
**言不出行,**
言与行一。
**行步无容,**
去饰。
**言而不文。**
任质。
**其衣致煖而无彩,**
御寒而已。
**其兵钝而无刃,**
未知巧害也。
**行蹎蹎,**
猖狂之貌。
**视瞑瞑,**
不瞑之貌。
**立井而饮,耕田而食,**
无妄外之求。
**不布施,不求得,**
各足。
**高下不相倾,长短不相形。**
无是非之心也。

**风齐于俗可随也,**

言风俗齐同可随矣。

**事周于能易为也。**

言事业堪能易为矣。

**矜伪以惑世,轷行以迷众,圣人不以为民俗。**

夫人君矜尚伪述以乱政教,轘轷常行以迷庶类,则俗分齐化,事不周能,是以圣人不用此以为治本者也。

## 通玄真经卷之二

宋宣义郎试大理寺主薄兼括州缙云县令朱弁正仪注

### 精诚篇

精者研几至性,诚者全素至明。济此二名,则可感于物,通于道也。

**老子曰:天致其高,地致其厚,日月照,星辰朗,阴阳和,非有为焉,**

斯至精之感也,亦不知其所以然,如有真宰存焉。

**正其道而物自然。**

万物各有天然之道,但能成顺于彼而不犯之,则物得其性,皆自治矣。

**阴阳四时,非生万物也,雨露时降,非养草木也,**

天之恒德,物之常生,不知所生,各自生耳。

**神明接,阴阳和,万物生矣。**

神交则机感,气合则形生。欲妙其原,而精诚可察也。

**夫道者藏精于内,**

绝欲之故。
**栖神于心，**
去累之故。
**静漠恬淡，悦穆胸中，**
和而无怀也。
**廓然无形，寂然无声。**
体乎道者，则有无迹之化，不言之教。
**官府若无事，朝廷若无人，**
各治故无事，无为故无人。
**无隐士，无逸民，**
治与道合，何所隐逸？
**无劳役，无冤刑，**
无为无私，岂至冤役？
**天下莫不仰上之德，像主之旨，**
圣人在上，天下皆服其清静之德，效其无欲之旨也。
**绝国殊俗，莫不重译而至，非家至而人见之也，**
德以顺成，故远迩皆化也。
**推其诚心，施之天下而已。**
心诚则物应也。人君推诚，罔有不应。
**故赏善罚暴者，政令也，其所以能行者，精诚也。**
诚信素著，则政令将行；赏罚无私，故百姓知劝。
**令虽明不能独行，必待精诚也，故总道以被民弗从者，精诚不包也。**
精者必良，诚者必应。
**老子曰：天设日月，列星辰，张四时，调阴阳，**

三光四气,未始相待,禀乎自然,皆独化耳。

**日以暴之,夜以息之,风以干之,雨露以濡之。其生物也,莫见其所养而万物长;**

物禀自生,无所养者。

**其杀物也,莫见其所丧而万物亡。**

物禀自化,无所杀也。

**此谓神明也。**

不测其由之谓神,变化必然之谓明。

**是故圣人象之,其起福也,不见其所以而福起;**

天下之福,在乎圣人之道行也。德与时合,安有迹哉?

**其除祸也,不见其所由而祸除。**

将存道行之福,理有蒙否之祸,及圣功养政,亦无得而见焉。

**稽之不得,察之不虚。**

考无除起之由,察有祸福之实。

**日计不足,岁计有余。**

近计其功,则日不足征。终济其事,若岁之成德。

**寂然无声,**

潜感而已。

**一言而大动天下,**

谓精诚也。

**是以天心动化者也。**

无心能感之。

**精诚内形气,动于天,景星见,黄龙下,凤凰至,醴泉出,嘉谷生,河不满溢,海不波涌;**

诚至于明,故有此应。

**逆天暴物,即日月薄蚀,五星失行,四时相乘,**
谓气过节。
**昼冥宵光,山崩川涸,冬雷夏霜,**
诊气上蒸,故有此变。
**天之与人有以相通。**
灾瑞因所感也。
**故国之沮亡也,天文变,世惑乱,虹蜺见,万物有以相连,精气有以相薄。**
形之牵连,气之侵薄,皆失位之象也。
**故神明之事,不可以智巧为也,不可以强力致也。**
至精至诚,方可为治。
**故大人者与天地合其德,与日月合其明,与鬼神合灵,与四时合信。怀天心,**
无其私心。
**抱地气,**
顺静为气。
**执冲含和,**
执冲以定万机,含和以御群有。
**不下堂而行四海,**
德泽之远。
**变易习俗,民化迁善,若生诸己,能以神化者也。**
致之在我,非以神化,孰可任哉?
**老子曰:夫人道者全性保真,不亏其身,**
斯人之常道也。
**遭急迫难,精通于天。**

夫上玄之鉴，无私孔明，至诚感之，复无不应，则遭争迫难，莫不以诚而通。虽未全乎自然，斯亦一时之得耳。

**若乃未始出其宗者，何为而不成？**

谓以精诚为宗，则无不成也。

**死生同域，不可胁陵。**

能齐生死者，不可以死胁也。

**又况官天地，怀万物，反造化，含至和而已，未尝死者乎？**

夫知死生同域，尚不至轻惧，而况体道之士，包总天地，复化合和，与造物者为人，而有不亡寿者矣。

**精诚形乎内，而外谕于人心，此不传之道。**

精诚内著，外合人心，斯乃发自深衷，固非言传所及耳。

**圣人在上，位怀道而不言，泽及万民，故不言之教茫乎大哉！**

夫中虚则物顺，身正则民效，日用之化，不其茫乎？

**君臣乖心，倍谲见乎天，神气相应微矣，**

君为治化之道，臣为代终之者，损益同事，休戚同运，而异心滋诈，使戾气上蒸，则神化之道，固无相应者也。

**此谓不言之辩，不道之道也。**

上谓不言之教，下谓不道之道。

**夫召远者，使无为焉，亲近者，言无事焉，**

政教多方，赋役多事，则近者不安所务之业，远者不怀所务之心。故天道无为，不呼而自应；圣人无事，不就而自亲也。

**唯夜行者能有之，**

默用之与阴，德最近于道。

**故却走马以粪，**

夫嗜欲奔流，亦走马之谓。粪者，可以肥养萌芽也。故明君外却戎马之走以肥农圃,内除奔流之欲以养道德也。

**车轨不接于远方之外,是谓坐驰陆沈。**

端拱坐治而化驰远方,默用无迹是居陆能沈也。

**天道无私就也,无私去也。**

无亲疏私,故不涉去就也。

**能者有余,拙者不足,顺之者利,逆之者凶。**

能顺自然之理,则动有余利;在乎智虑之表,则无能而凶也。

**是故以智为治者,难以持国,唯同乎大和,而持目然应者,为能有之。**

天道之心时理俱协,斯大和之谓也。人君绝智巧以同和,持无私以应物,则可任乎守天下也。

**老子曰:夫道之与德,若韦之与革,远之即近,近之即疏,稽之不得,察之不虚。**

夫道德者,用寄于有无;韦革者,声之于虚实。感则自应,求乃无方。固心智之莫量,况耳目之能及也。

**是故圣人若镜,不将不迎,应而不藏,万物不伤,**

无私任物,理化将迎。因彼应之,故不伤也。

**其得之也乃失之也,**

存所得于胸中,则失其妙用矣。

**其失之也乃得之也。**

至虚乃鉴。

**故通于大和者,暗若醇醉而甘卧以游其中,若未始出其宗,是谓大通。**

夫甘醉醇酎,尚全安息之分,冥顺中外,固通天地之和。若放心于自得之宗,游神于混茫之际,虽迹与物接,复何碍哉?

**此假不用而能成其用者也。**

世以恩情,智为不用,今假此不用,以偶千变万化之用也。

**老子曰:昔黄帝之治天下,调日月之行,治阴阳之气,节四时之度,正律历之数,别男女,明上下,**

斯制作礼法也。昔黄帝之代,民丧真淳,情伪攸生,智力将在,遂至仰观俛察,治变无为,诚乃利于当时,莫知万世之弊矣。

**使强不掩弱,众不暴寡,民保命而不夭,岁时熟而不凶,百官正而无私,上下调而无尤,法令明而不暗,辅佐公而不阿,田者让畔,道不拾遗,市不豫贾。**

然而所治之功著也。

**当于此时,日月星辰不失其行,风雨时节,五谷丰昌,凤凰翔于庭,麒麟游于郊。**

然而有为之德应也。

**虙戏氏之王天下也,枕方寝绳,杀秋约冬,**

夫玄圣动用不越天网,故籍寝皆方绳也。秋物成实,冬物伏藏,则反本耳。是以圣人因二时之杀,约成全孝,复本之德耳。

**负方洲,抱圜天,**

道周天地。

**阴阳所拥。沈不通者,窍理之。**

德合大和,气自治矣。

**逆气戾物、伤民厚积者,绝止之。**

天地既泰,灾自灭矣。

**其民童蒙,不知西东,行蹎蹎,视瞑瞑,侗然自得,莫知其所由生,**

已见《道原》篇。

**浮游泛然不知所本,罔养不知所往。**

未亲其亲,故寄物为本。寄即寄,故本无所往。浮游罔养者,皆泛然无系之貌。

**当此之时,禽兽虫蛇无不怀其爪牙,藏其螫毒,**
未知相任。

**功揆天地。**
无为之功,故比天地。

**至黄帝要缪乎太祖之下,然而不彰其功,不扬其名,**
不彰其功,功已彰矣。不扬其名,名已扬矣。且黄帝伐蚩尤于涿鹿之野,虽除害物,归乎太祖,而恭让之迹已著于将来。要缪,卑小之貌。

**隐真人之道,以从天地之固然。**
天尊地卑,春生秋杀,盖自然之理也。而黄帝法像尊卑以垂衣裳,揆度时序以行杀伐,明真人之道,而已隐丧圣人之德,日新于世矣。

**何则?道德上通而智故消灭也。**
若同德于天,则智巧之类自为弃物也。

**老子曰:天不定,日月无所载;地不定,草木无所立;身不宁,是非无所形。**
唯身之安静,方能自正,是非之理也。

**是故有真人然后有真知。**
去俗之妄知,而真知见也。

**其所持者不明,何知吾所谓知之非不知与?**
夫持世俗之妄知以明真知者,难矣。所谓真知者,无是非之知也。则世人是非之知,何能真知?是不知哉!

**积慧重货,使民忻忻,人乐其生者,仁也。**

俭用则重货,厚泽则积惠耳。

**举大功,显令名,礼君臣,正上下,明亲疏,存危阙,继绝世,立无后者,义也。**

此皆裁断以合其宜。

**闭九窍,藏志意,弃聪明,反无识,**

夫若是者,乃尽摄生保性之理。

**芒然彷徉乎尘垢之外,逍遥乎无事之业,**

芒然无知,在乎名利之外,随遇而适,得丧不能累也。

**含阴吐阳而与万物玄同者,德也。**

顺阴阳之太常,与物性而同得,乃德也。

**是故道散而为德,德溢而为仁义,**

溢犹失也。

**仁义立而道德废矣。**

夫体离真淳,而使物得道散,为德之谓也。故出自然,方有太上之位矣。夫德之将立,则所依之迹著矣。著而保之,使不溢者,未之有也。是以过由仁义焉。夫由仁义以治物,则诱慕之教大县于世,而自然之道,无得之德,斯不亏乎?

**老子曰:神越者言华,德荡者行伪,**

夫神以鉴物,德以全行。故神之忽越,则言之失实;德之流荡,则行之亏真也。

**至精亡乎中,而言行观乎外,此不免以身役物矣。**

一至越荡,则中无情实,而观乎外物,发言成行也。若然者,故为物役,不能自全耳。又曰,中无精诚而言行居所观之地,则蔽伪百姓,使彼循无行之政,效苟利之法。贤者以多讳而避迹,愚者以日习而成性,斯乃有位者之不恒而以身役于物也。

**精有愁尽而行无穷极，所守者不定而外淫于世俗之风。**

愁犹耗也。役于物故有耗尽之时矣。且举措皆行，何可穷极？以不全之精应触类之行，本且未定，宁免淫于俗哉？

**是故圣人内修道术，而不外饰其仁义，知九窍四肢之宜，而游乎精神之和，此圣人之游也。**

夫体道以成心术者，则仁义之功外自著矣。保精而以神遇者，则形骸之宜内自安矣。且一物将间，未可称游。今内外俱顺，斯圣人之游也哉！

**老子曰：若夫真人之游也，即动乎至虚，**

不知所碍。

**游心乎大无，**

不知所有。

**驰于方外，**

不知所累。

**行于无门，**

不知所由。

**听于无声，视于无形，**

惟寂惟默，游之真者。

**不拘于世，不系于俗。**

物系者乃非游。

**故圣人之所以动天下者，真人不过也，**

济世化民，有为之迹。归德迁善，岂非动哉？故体真之士不过至于是矣。

**贤人之所以矫世俗者，圣人不观也。**

高行清节，情性外饰，上诱下慕，得非矫哉？故大化之圣不窥观于是矣。

**夫人之拘于世俗,必形系而神泄,故不免于累。**

形系者,礼法所拘也。神泄者,智虑所散也。泄而不已,神将丧也。系而不已,质将困也。既困且丧,宁非累于生之大本哉?

**使我可拘系者,必其命有在乎外者矣。**

信然也。若使我定为礼法所拘,则天命之分全属于外物也。

**老子曰:人主之思,神不驰于胸中,智不出于四域,**

恬神自化,知则民诈。

**怀其仁诚之心,甘雨以时,五谷蕃植,春生夏长,秋收冬藏,月省时考,终岁献贡。**

君能诚动于天,仁泽于下,故天为之应,民为之顺,百官不旷有司之职,九州岁致任土之贡者也。

**养民以公,**

无为乃尔。

**威厉不诚,**

不严而肃。

**法省不烦,教化如神,法宽刑缓,囹圄空虚,天下一俗,莫怀奸心,**

夫适于民性,安于俗业,则奸何由而起也?

**此圣人之恩也。**

圣人治民,盖尽于此。

**夫上好取而无量,即下贪功而无让,**

君欲无极,则臣下叨窃其功名者也。

**民贫苦而分争生,**

税敛多端,民贫苦也。困迫,固分争矣。

**事力劳而无功,**

作无用之器物也。

**知诈萌生,盗贼滋彰,**

知诈所以萌生,上好利之故也。求利无止,欲不盗不能济矣。

**上下相怨,号令不行。夫水浊者鱼喻喁,政苛者即民乱,**

水尘浊,鱼不能游乐,故憪喁以求息。政烦苛,民不复安业,故苟生以成乱也。

**上多欲即下多诈,**

遂设诈以奉上欲。

**上烦扰即下不定,上多求即下交争,不治其本而救之于末,无以异于凿渠而止水,抱薪而救火。**

不以道德为治,而以刑法为政,斯增乱之术者也。

**故圣人事省而治,求寡而赡,**

简则易从,故可治也。少则常得,故皆赡也。

**不施而仁,**

静则各全。

**不言而信,**

顺则自应。

**不求而得,**

足则无争。

**不为而成,**

任则皆成。

**怀自然,保至真,抱道推诚,天下从之,如响之应声,影之像形,所修者本也。**

修身则民正,内诚则外应。

**老子曰:精神越于外,智虑荡于内,不能治形。**

人以形气为生也。形以藏精,气以安神。若动为物役,则反害精神,以资智虑而形亏,生理固亦宜焉。

**神之所用者远,即所遗者近矣。**

自远越其神,则近遗其形。

**故不出于户以知天下,不窥于牖以知天道,**

言其神全者也。夫以气听,万物之情可知;以神观,万化之理可验。三才之内,精诚感通,宁假户牖之所窥观也?

**其出尔远者,其知弥少。**

役动不已,弥丧真知。

**此言精诚发于内,神气动于天下也。**

**老子曰:冬日之阳,夏日之阴,万物归之而莫之使亟,自然至精之感,弗召而来,不去而往,**

亟,数也。冬阳夏阴,物性归之,而四节数迁,未尝不尔,尽自然相感之道也。

**窈窈冥冥,不知所为者而功自成。**

夫可得其由者,非窈冥也,谓阴阳之功日新莫测也。

**待目而照见,待言而使命,其于为治难矣。皋陶暗而为大理,天下无虐刑,有贵乎言也。师旷瞽而为太宰,晋国无乱政,有贵乎见者。**

斯不待目而照见也。

**不言之令,不视之见,圣人所以为师。**

推诚者不召而应,任能者不察而明。圣人御天下,宗师于是矣。

**民之化上,不从其言,从其所行。**

行者诚之表,故奉化于上。言者实之华,故未信于下也。

**故人君好勇,弗使斗争而国家多难,其渐必有劫杀之乱矣。人君好色,弗使风议而国多昏乱,其积至于淫佚之难矣。**

上化于下,理之然也。

**故圣人精诚别于内,**

以其内著,故称别也。

**好憎明乎外,出言以副情,发号以明指。是故刑罚不足以移风,杀戮不足以禁奸,**

内无精诚,法令不能行于外也。

**唯神化为贵。**

贵乎无迹而化。

**精至为神,精之所动,若春气之生,秋气之杀也。**

精之为感,物莫不顺。无德无怨,若二气之行焉。

**故君子者,其犹射也,于此豪末,于彼寻丈矣。**

发矢有豪末之差,至的则为寻丈之失也。言精诚有织芥之难,其于感也不亦远乎?

**故治人者慎所以感之。**

**老子曰:县法设赏而不能移风易俗者,诚心不抱也。**

夫人君推诚于外,则物信而无犯,恃智为治,则民诈而苟免。虽复县法以禁暴,设赏以劝善,亦未足变于浇风薄俗也。

**故听音则知其风,**

情动则声发,成文则善著。然听音取声,察声见志。志有怨畅,而国风可知也。

**观其乐则知其俗,**

乐之为体,和民导政,宫徵不杂,以敛事物。然有治乱之所感,气候之所宜,则方俗因可知矣。

**见其俗则知其化。**

百姓所好尚,直由君之化耳。

**夫抱真效诚者,感动天地,神逾方外,令行禁止,**

抱至真,效丹诚,则天地随感而动,况于人乎?是能化备八方之外,法在心施之地也。

**诚通其道而达其意,虽无一言,天下万民、禽兽鬼神与之变化,**

诚能通达是道,虽幽暗异类,孰能不与之相感哉?

**故太上神化,其下赏贤而罚暴。**

顺物无迹,化之上也。民不忍欺,治之得也。一至诛劝,政之末也。

**老子曰:大道无为,**

体寂漠也。

**无为即无有,**

体亦无形。

**无有者弗居也,**

无定方所。

**弗居者即处无形,**

无所不在。

**无形者即不动,**

虚故不造。

**不动者无言,**

理绝名迹。

**无言者即静而无声无形,**

名迹既无,影响何有?

**无声无形者,视之不见,听之不闻,**

耳目者,唯止于形声之上。

**是谓微妙,**

体则幽微,用成玄妙。

**是谓至神,**

为能善贷生成,而特不得其朕,斯神之至者。

**绵绵若存,是谓天地之根。**

道体虚寂,生化无方,绵绵不穷,故为大块之本也。

**道无形无声,故圣人强为之形,以一句为名。**

夫道本无质,声何立哉?盖圣人强取途路之形,以字无名之体。一以指归万象,一以通贯性命,虽一句胜言,而形声辄具,天下所适,莫不由之。

**天地之道,大以小为本,多以少为始。**

天地至大,以微为本。象物至多,以一为始。

**天子以天地为品,以万物为资,功德至大,势名至贵,**

上天降圣子临庶类,因天地以定尊卑之位,假万物聿成贵贱之资,则可以至德。圣人功济区宇,盛名威势,肃服寰海也。

**二德之美,与天地配。**

且而与天地为品,万物为资,成斯贵大之二德,自可比配两仪矣。然其子于天,莫非立德之地,而称此位为德者,亦所宜焉。

**故不可不轨大道以为天下母。**

既德位配乎天地,即动用侔于造化,安可不轨法大道,处无为之中,使夫天下日用而不知也?

**老子曰:振穷补急,即名生利起,除害即功成。**

夫功名生于动作者也。振恤穷困,补救急难,固不免有仁惠之浮名,义济之小利。

**世无灾害,虽圣无所施其德。**

向使天下各得,则圣人之德何所施为也?

**上下和睦,虽贤无所立其功。**

君臣父子各当其分,则贤人之功成立无所也。

**故至人之治,含德抱道,推诚施无穷之知,寝说而不言,天下莫之知贵其不言者。**

夫有立德之迹,非含德也。循道而往,非抱道也。以其至乃称至人。盖推诚于中,任之自正者耳。虽知鉴无穷,而寝言玄默,故尸居环堵之室,而百姓自化。岂天下碌碌能贵其玄默之道哉?

**故道可道,非常道也,名可名,非常名也。**

可物之道者,非自然之常道也;可命之名者,非静体之常名也。故至人不处。

**著于竹帛,镂于金石,可传于人,皆其粗也。**

功名书于竹帛,典法刊于金石,皆有迹之功,非无为之道。较而论之,信粗矣。

**三皇五帝三王,殊事而同心,异路而同归。**

同济治之心,异政化之路。

**末世之学者,不知道之所体一,德之所总要,取成事之迹,跪坐而言之,**

教其迹者,固不周物,徒敬其遗言耳。

**虽博学多闻不免于乱。**

多闻礼义者,适足感时,非致治之要也。

**老子曰:心之精者,可以神化而不可说道,**

精之为用,无迹而物化,非名言所及也。

**圣人不降席而匡天下,情甚于謑呼也。**

任乎精诚,其化如响,故端天下正矣。

**故同言而信,信在言前,**
同立言而独见信者,此以其诚信素著也。

**同令而行,诚在令外也。**
同出令而独施行者,由其诚副于令,民皆从之。

**圣人在上,民化如神,情以先之也。**
以其信在言前,诚在令外,故其化如神之速矣。

**动于上,不应于下者,情令殊也。**
情犹诚也。

**三月婴儿未知利害,而慈母爱之逾笃者,情也。**
婴儿岂知亲疏之利害也,然其慈爱弥厚,则交感之道明矣。故百姓无知,圣人无名,但相感而顺也。

**故言之用者变,变乎小哉;**
言教之化,不能变俗。

**不言之用者变,变乎大哉。**
精诚之感,天下皆化。

**信君子之言,忠君子之意,**
由信傃智,莫不顺其言。以诚至明,莫不副其意也。

**忠信形于内,感动应乎外,贤圣之化也。**
夫感道内著,化功外应也。贤谓君子,圣谓圣人,此所以同举成章者,圣人抱君子之能,君子阐圣人之化耳。

**老子曰:子之死父,臣之死君,非出死以求名也,恩心藏于中,而不违其难也。**
夫为臣子者,岂钓忠孝之名以赴君亲之难?然恩义感中,则自有忘生徇节之事矣。

**君子之憯怛,非正为也,自中出者也,亦察其所行。**

君子怀仁,憯恒于世,非苟尚之,直自中出,然不察其俗而教导之,则失于政矣。

**夜行圣人不惭于影,故君子慎其独也,**

圣人无私,君子居政,故虽处幽暗,而未尝憎惧,且不负物,宁愧影哉?

**舍近期远塞矣。**

自得为近,物应为远,舍其自得,远岂通哉?

**故圣人在上,即民乐其治,在下即民慕其意,志不忘乎欲利人也。**

圣无私属而以当济为志,以济之无极,是称志焉。然亦非立志之志也。故其在位居方,百姓莫不安其德教,慕其诚素也。

**老子曰:勇士一呼,三军皆辟,其出之诚。**

勇者,气也,气出乎诚,而三军众心为之僻易。向非义勇之气,感激之分,虽临敌执兵,然未能卫一身也。

**唱而不和,意而不载,中必有不合者。**

中谓内外感会之际也。夫我唱彼不和,我意彼不载,由其精诚未相接也。

**不降席而匡天下者,求诸己也。**

心诚则物应,形正则物傲。

**故说之所勿至者,容貌至焉,**

夫言说之教所不及者,则正形之化而可及矣。

**容貌所不至者,感忽至焉,**

正形之化所不及者,精诚之感而必及矣。

**感乎心发而成形,**

内全而外自化。

**形精之至者可以形接,而不可以照期。**

形谓容貌,精谓情感。二化之道,期可接乎形类,而不可县解而自期也。若然者,则中有所待,则何精之能纯,形之未正耳?非其形正而能感化于物者,未之有也。

**老子曰:言有宗,事有本,**

言有立教之宗,事有制作之本。

**失其宗本,伎能虽多,不若寡言。**

既丧宗本,则旁衍为害,固不及保其静也。

**害众者任而使断其指,以明大巧之不可为也。**

班倕之巧,有为也,则名著而指断。造化之巧,无为也,是以用成而体全也。

**故匠人知为闭也,能以时闭不知闭也,故必杜而后开。**

顺于变化,与时成功,任乎知巧,必资终败也。

**老子曰:圣人之从事也,所由异路而同归,**

事异所顺,化同所归。

**其存亡定倾,若一志不忘乎欲利人也。**

处此四异之际,不忘乎利人之忘也。

**故秦楚燕魏之歌,异传而皆乐,九夷八狄之哭,异声而皆哀。**

哀乐者主于中,固非殊俗所能异也。

**夫歌者乐之征也,哭者哀之效也,精于中,应于外,故所在以感之矣。**

歌哭者,得丧之验也。夫治化之道,顺其生则皆乐,抑其性则皆哀,而群物怨畅之由,莫非君上之所感也。

**圣人之心,日夜不忘乎欲利人,其泽之所及亦远矣。**

故华夷皆化也。

老子曰:人无为而治。

性静而安。

有为者,即伤无为而治者。

加知以事,故伤性本。

为无为者,不能无为也。

将有所存,斯有为矣。

不能无为者,不能有为也。

既失己之静性,安能治于物哉?

人无言而神,

神,精神也。虚寂乃全用耳。

有言也,即伤无言之神者,

言以辩物神理而系之,故伤也。

载无言即伤有神之神者。

存无于胸中,乃心之不能虚也。以是而碍,则精神不无伤也。

文子曰:名可强立,功可强成。昔南荣畴耻圣道独亡于己,南见老子,受教一言,精神晓灵,屯闵条达,

屯难闵疾。

勤苦十日不食,如享太牢。

味道而饱德也。

是以明照海内,名立后代,智略天地,察分秋豪,称誉华语,至今不休,所谓名可强立者也。

事具《亢仓子》。

故田者不强,困仓不满;官御不励,诚心不精;将相不强,功烈不成;王侯懈怠,没世无名。

此篇玄旨,尽以精诚为宗。文子恐世人但欲存诚而忘强学,故

历举以为诫也。

**至人潜行,譬犹雷霆之下藏,**
其迹不见。
**随时而举事,因资而立功,进退无难,无所不通。**
适于时变,合于物理。
**夫至人精诚内形,德流四方,见天下有利也,喜而不忘,天下有害也,怵若有丧。**
性与理冥,且无得而无丧;形与物顺,故哀乐之若是也。
**夫忧民之忧者,民亦忧其忧,乐民之乐者,民亦乐其乐。**
以我之同物,物亦不我异矣。
**故乐以天下,忧以天下,然而不王者,未之有也。**
唯无心以冥天下者,故可为天下牢。
**至人之法始于不可见,终于不可及,**
感以内诚,故始不可见;绝其陈迹,故终不可及。
**处于不倾之地,**
以安静为本。
**积于不尽之仓,**
以厚德为宗。
**载于不竭之府,**
以自足为资。
**出令如流水之原,**
利物而常顺。
**使民于不争之官,**
虚柔而治之。
**开必得之门,**

由易故不失也。

**不为不可成,**

不易物材而为也。

**不求不可得,**

不企所无之分也。

**不处不可久,**

去乎骄盈。

**不行不可复。**

离乎执繁。

大人行可说之政,而人莫不顺其命。命顺时从,小而致大。命逆即以善为害,以成为败。

大人政简,莫不悦以化行,理自光大,而烦苛之政,反此宜焉。

夫所谓大丈夫者,内强而外明,内强如天地,外明如日月,天地无所不覆载,日月无所不照明。大人以善示民,不变其故,不易其常,天下听令,如草从风。

任道立德,则善之可示也;因时顺性,则令之可行。

政失于春,岁星盈缩,不居其常;政失于夏,荧惑逆行;政失于秋,太白不当,出入无常;政失于冬,辰星不效其乡;四时失政,镇星摇荡,日月见谪,五星悖乱,彗星出。

唯修德者无之。

**春政不失禾黍滋,**

天时人事合也,故顺和生之气,故得五稼滋茂也。

**夏政不失雨降时,**

则降雨以时也。

**秋政不失民殷昌,**

谷果成实,民自殷之。

**冬政不失,国家宁康。**

冬阴安静,政以顺之,故宁康也。

## 通玄真经卷之三

宋宣义郎试大理寺主簿兼括州缙云县令朱弁正仪注

### 九守篇

守者专一于志,而九备于数极,则物无不在其域,事无不与其成。此篇自《守朴》已上,至于《守虚》,凡有十章。各标守字,唯一章各隐,九数之中,文著于一篇之内,今称九守者,盖在用九之义也。

**老子曰:天地未形,窈窈冥冥,混而为一,**

混同元气。

**寂然清澄,重浊为地,精微为天,**

一至清澄,则自有轻重之比。

**离而为四时,分而为阴阳,**

气有滞躁,故生阴阳。数有终始,故为四时。

**精气为人,烦气为虫,**

是以人得最灵之名,虫为庶类之数也矣。

**刚柔相成,万物乃生。**

刚阳之性也,柔阴之体也。二气推接,乃资生矣。

**精神本乎天,**

禀轻清以虚通。

**骨骸根于地,**

禀重浊而系滞。

**精神入其门,骨骸反其根,我尚何存。**

夫有生化,天理之常。故其生也,则欻尔为形为神。其化也,则寂然反本归根。来非所尚,去非在我,则我尚之见,冯何立哉?门者,复化之蹊也。

**故圣人法天顺地,不拘于俗,不诱于人,**

不敢我尚,推彼自然。

**以天为父,以地为母,**

宗顺于神形之极,法则于覆载之德。

**阴阳为纲,四时为纪。**

不持此以为纲纪,则无以同乎大顺也矣。

**天静以清,地定以宁,万物逆者死,顺者生。**

天地尚以安静而成其德,况夫所生之物,欲躁动而可求存者乎?

**故静漠者神明之宅也,虚无者道之所居也。**

精神营定,安乎天之静漠;大道宗体,在乎心之虚无。

**夫精神者所受于天,骸骨者所禀于地也。**

所谓贵神以存形耳。

**故曰:道生一,**

夫道无所生,一无所立。今观肇有之前,强名曰道,数方混,故谓之一也。

**一生二,**

启泮为阴阳二气也。

**二生三,**

阳清上为天,阴凝下为地,二气交和,中为人也。

**三生万物。**

三才既立,万化能生,故品类日新矣。

**万物负阴而抱阳,冲气以为和。**

背阴面阳,物之顺生也。冲之为和,生气之本也。

**老子曰:人受天地变化而生,**

受气以变化,而生此形神。

**一月而膏,**

结聚之始,貌如脂膏。

**二月而脉,**

血气通而成脉也。

**三月而胚,**

内未坚,但有胚段也。

**四月而胎,**

微有状貌。

**五月而筋,**

全生十月,五得其半。筋者,坚肉柔骨,处刚柔半,故此时成也。夫精血之变,以成骨肉,而骨坚肉滞,则生气不通,故肉藏其脉,骨连其筋,以通洩生气,连缀支节也。

**六月而骨,**

精凝结,变之为骨也。

**七月而成,**

内全五藏,外具九窍。

**八月而动,**

动于支体。

**九月而躁,**

动之数也。

**十月而生,形骸已成,五藏乃形。**

中外各正。

**肝主目,肾主耳,脾主舌,肺主鼻,胆主口。**

此之所主,或与诸说不同。虽五藏七窍定有所主,而勾带开通,无所不应。故此独不言心者,以其众藏之灵者,故外之一窍,主所不及也。

**外为表,中为里,**

四支九窍之表,五藏六府之里。

**头之圜以法天,足之方以象地。**

天圆而地方,故其上下各以类也。

**天有四时五行九解三百六十六日,**

九解者,天之九宫门也。

**人有四支五藏九窍三百六十骨节。**

皆法象于上也。

**天有风雨寒暑,人有取与喜怒。**

风散之,雨施之,此取与也。寒主杀,暑主和,此喜怒也。

**胆为云,**

勇威之象。

**肺为气,**

皓素之象。

**脾为风,**

礱动之象。

**肾为雨,**

阴泽之象。

**肝为雷,**

震怒之象。

**人与天地相椑类,而心为之主。**

心为感变之主,亦类乎造亢之机本也。其余支藏,皆有所应,则天人之际相椑类矣。然心者,本主于舌之一窍,不受外裹,将无所牵,故为众主耳。

**耳目者,日月也;血气者,风雨也。**

目象日,耳象月,气象风,血象雨。

**日月失行,薄蚀无光,风雨非时,毁折生灾。**

夫日月差度,则至薄蚀;风雨不时,毁折五谷。施之于身,断可知耳。

**五星失行,州国受其殃。**

五星所镇,各有分野。天时人事,交感而生。故诸侯之国,方伯之州,一至失德,则象变于上,下受其灾。是知人与天地相裨矣。耳目,日月也;血气,风雨也。气悖则风飘,血沉则雨滞,耳目不节,则日月差度,盖其然矣。

**天地之道,至闳以大,尚犹节其章光,爱其神明,人之耳目,何能久视听而不息,精神何能驰聘而不乏?**

夫天地广大,不可际极。日月章耀,未尝不临。尚以亏蚀之损,节其全功,寒暑为恒,爱其神明,况乎居分剂之人而能用之无节者也。

**是故圣人守内而不失外。**

善守其内者,不为外之所失也。

**夫血气者,人之华,**

华犹颜色。

**五藏者,人之精也,**

肝藏魂,肺藏魄,心藏神,脾藏意与智,肾藏精与志,皆内藏为精,外用为神者也。

**血气专乎内而不外越,则胸腹充而嗜欲省,**

凡喜怒见于颜色,勇怯变乎喘息,皆血气外越之候也。夫如是,损之与益,自可明矣。故血不逆于中,则肌骨充实;气不游乎外,则情欲寡省。藏气不足,乃有偏嗜和而调者,何有嗜欲哉?

**嗜欲省,即耳目清而听视聪达,**

嗜欲之来,多在耳目。故其寡省即自清矣。清则耳听不惑,目达不眩也。

**听视聪达谓之明。五藏能属于心而无离,即气意胜而行不僻,精神盛而气不散,**

五藏皆有所象,神气各异,唯心为百神五藏之主。夫能使有所属,不闻不应,则神全气专矣。然其胆勇脾骄,动成越悖,非心所制,岂可正哉?

**以听无不闻,以视无不见,以为无不成,**

心之全功,能用皆可。

**患祸无由入,邪气不能袭。**

夫邪气犯中,由其无主;患祸生外,以其昧机。故气正者邪不能袭,神全者福至著也。

**故所求多者所得少,所见大者所知小。**

唯宁心则治,五藏自见,乃知天下也。

**夫孔窍者精神之户牖也,**

假是以通明,借之以出入。

**气意者五藏之使候也。**

意气为使,则五藏可候也。

**故耳目淫于声色，即五藏动摇而不定，**
应之有司。
**血气滔荡而不休，即精神驰骋而不守，**
神以形累。
**祸福之至虽如丘山，无由识之矣。**
静则鉴微，乱则迷著也。
**圣人爱而弗越，**
爱守于形神，不越于声色。
**圣人诚使耳目精明玄达，无所诱慕，**
所谓物诱于前，心慕于后。
**意气无失清静，而少嗜欲，五藏便宁。精神内守形骸而不越，即观往世之外，来事之内，祸福之门，何足见也。**
诚能备前之德，则玄鉴无溷。而况祸福已形，无不见也。夫辩类以相名，明数以相生者，事可观矣。缮性以符本，极神以冥远，则往也可原矣。外者迹之前也，内者兆之间也。往者有迹，过迹以至，外来者未形，当兆以称内。盖明机迭之衰，可得而知。祸福之门，何足称者？
**故其出弥远，其知弥少，以言精神之不可使外淫也。**
外淫则推荡在佗，不能鉴之自我也。
**故五色乱目，使不明，**
色视乃眩。
**五音入耳，使不聪，**
听杂乃惑。
**五味乱口，使口厉爽，**
遂失正味。

**趋舍滑心，使行飞扬，**
中有所乱，自无恒业。
**故嗜欲使人之气淫，好憎使人之精劳，弗疾去之者，即忘气日耗。**
以是而往，其能久乎？
**夫人所以不能终其天年者，以其生生之厚也。**
皆随其所嗜好，厚养以伤生也。
**夫唯无以生为者，即所以得长生也。**
忘欢故乐足，遗生故身存。
**天地运而相通，万物总而为一，**
二气交运，所以相通。万物大生，其原一也。
**能知一，即无一之不知也，**
知其一原之道，则天地万物之情可知也。
**不能知一，即无一之能知也。**
不由道本，触类皆昧。
**吾处天下，亦为一物，而物亦物也，**
同生天地之间，则吾身当万物之一数也。
**物之与物，何以相物。**
唯其同者，不至相与彼此。
**欲生不可事也，**
时之自生，不能使生。
**憎死不可辞也，**
时之将死，不能恶死也。
**贱之不可憎也，贵之不可喜也。**
非悦贵而得贵，恶贱而去贱，直自然耳。
**因其资而宁之，弗敢极也，弗敢极，即至乐极矣。**

任物我之自安,乃极其分。制而极之,固非极也。夫放任所极,非乐极而何也?

## 守　虚

以不惑其累为虚也。

**老子曰:所谓圣人者,因时而安其位,当世而乐其业。**

因所遇之时,安所处之位,遭世治乱而不患其隐见,斯可谓乐天之业也。

**夫哀乐者德之邪也,**

不得道之正用。

**好憎者心之累也,**

中之不虚忘,而所系为累。

**喜怒者道之过也。**

过越中和之道。

**故其生也天行,其死也物化,**

天道常生,处无为者,时然则然。

**静则与阴合德,动则与阳同波,故心者形之主也,神者心之宝也。**

妙用之神,圣人所贵。

**形劳而不休即蹶,精用而不已即竭,是故圣人遵之,弗敢越也。以无应有,必究其理,**

心之无私,乃能穷彼所有之理。

**以虚受实,必穷其节,**

唯其虚也,能尽于彼,所来之限也。

**恬愉虚静,以终其命。**

任此四德,而乘化以终也。

**无所疏,无所亲,**

过之一也。

**抱德炀和,以顺于天,**

抱安静之德,炀和生之气,以顺乎自然。

**与道为际,与德为邻,**

涉虚以应者,际极皆道也。御有以顺者,左右皆德也。

**不为福始,不为祸先,**

夫福非福也,而安以为福。祸非祸也,而躁以为祸。能安于祸,则宁异其福;不安所福,则福在于祸。祸福之体,不在穷达,而宗于躁静者也。且先始之义主于动作,言凶生乎妄动,倚伏在于动时。是以圣人无为无作,无祸无福,倏然而往,倏然而来,祸福之迹外彰,而屯泰之情不入也。

**死生无变于己。**

冥顺变化者,无时而不恒,此己之未尝生死也

**故曰至神。神即以求无不得也,以为无不成也。**

用之无方。

# 守　无

游万物而不物,则无我无物矣。

**老子曰:轻天下即神无累,**

夫旷然神平,无累于灵府,以轻脱世荣故。

**细万物即心不惑,**

心存物外,则以太山如秋毫,安小大之域,遗巨细于彼,夫何惑哉?

**齐死生即意不慑,**

夫觉以梦尽,梦以觉知。死生动息,各在其分,齐于是道,保所惧焉也。

**同变化即明不眩。**

我亦物也,同乎变化,能知此者,不眩天理之明。

**夫至人以不挠之柱,行无关之途,**

德主而不替,道行而常通。

**禀不竭之府,学不死之师,**

用备天下,未尝劳神,宗极道原,未尝丧体。

**无往而不遂,无之而不通,屈伸俯仰,抱命不惑而宛转祸福,利害不足以患之。**

委抱天命,宛转随时,遭乎祸福,不足以为内患也。

**夫为义者,可迫以仁,而不可劫以兵也,**

受命之巨,心盛之士,虽蹈白刃,守节不移。唯示之以仁,不可迫其行也。

**可正以义,而不可县以利也,**

可以义正之,而不可以利诱之。义在素利也。

**君子死义,不可以富贵留也,**

伯夷、叔齐之类是也。

**为义,不可以死亡恐也。**

齐大夫陈不占之类是也。

**又况于无为者乎?**

能守一义,犹至亡身,浩然无为,宁以形累?

**无为者无累,无累之人,以天下为影柱。**

影柱者,立之而不碍也。至人不宣于天下,则万物居然自立矣。无累于适,则天下洞然皆通耳。

**上观至人之伦,深原道德之意,下考世俗之行,乃足著也。**

因可明之。

**夫无以天下为者,学之建鼓也。**

凡学者,本欲复其性耳。能无以天下为者,常学所未及也。若建鼓求子,足明子已先往,求之不及也。

## 守 平

去其所为,道自夷矣。

**老子曰:尊势厚利,人之所贪也,比之身即贱。**

夫身也者,以清畅保安为贵耳。众人徒知势以举身,利以资我,而莫知居此者,不全安畅之分。是以贱彼所奉,而固其本也。

**故圣人食足以充虚接气,衣足以盖形御寒,适情辞余,**

果腹则安,周身则足,自此之余,为性命患,故圣人外之也。

**不贪得,不多积,**

理然自得,非贪所得。物势自积,非多所积。

**清目不视,静耳不听,**

不主声色,自然清静。

**闭口不言,委心不虑,**

不妄胜口,迫而后应。不先企虑,应而后定。

**弃聪明,反太素,**

不由耳目之前,而归形质之始。

**休精神,去知故,**

故,事也。休谓外而不驰,去谓中而不惑也。

**无好无憎,是谓大通。**

平施于物故通。

**除秽去累,莫若未始出其宗,何为而不成。**

若存乎此,得道之宗,即心秽其除,心累斯去,而平和耳。

**故知养生之和者,即不可县以利,**

利在于和善,养者知之也。县依则往,丧生者之利也。

**通外内之符者,不可诱以势。**

符,合也。且我有理然之道以徇彼,则彼有物然之理固在我,而以合之,何外势以能诱耳?

**无外之外至大,无内之内至贵。**

夫出入无间,玄同物我,是无外之大,无内之贵也。贵且大,不可偏,由而已。

**能知大贵,何往不遂。**

## 守 易

得自任之理,则易也。

**老子曰:古之为道者,理情性,治心术,**

夫欲不遇节,则能尽情性之生理;不妄喜怒,则能正心术之杂乱也。

**养以和,持以适,**

和以养生,适以任情。

**乐道而忘贱,安德而忘贫。**

道以胜,故自责;德以充,故自富。

**性有弗欲,无欲而弗得,**

自足者,常得也。

**心有弗乐,无乐而弗为。**

不乐一境,故能为天下之乐也。

**无益于性者,不以累德,**
欲非性益,德以静成耳。
**不便于生者,不以滑和,**
静则便生,和因欲乱。
**纵身肆意,而度制可以为天下仪。**
夫德之大者,举指不逾闲也,则纵身肆意,皆可以为哀仪。
**量腹而食,制形而衣,容身而居,适情而行,**
斯圣人之守简易也。
**余天下而弗有,委万物而弗利,岂为贫富贵贱失其性命哉!**
物之自有,未知自全。
**若然者,可谓能体道矣。**

## 守　清

清而不挠,可鉴嗜欲之妄。

**老子曰:人受气于天者,耳目之于声色也,口鼻之于香臭也,肌肤之于寒温也,其性一也。或以死,或以生,或为君子,或为小人,其所以为制者异也。**

夫生之情也,六事同适耳。若外不过当,内不犯和,则毕命自天,全行归物。若声色以荡志,冰炭以加身,自然与死为徒,与妄为迹。岂非天受人丧,所制异宜者哉?

**神者智之渊也,**
以万神深静,所以智用无竭也。
**神清即智明,**
但不为物浊,则举事明审。
**智者心之符也,**

心有所至,智则舍而辩之。

**智公即心平。**

心能使,智能谋,虚应当,则可见心之正矣。

**人莫鉴于流水,而鉴于澄水者,以其清且静也。**

不外受故清,不中挠故静,鉴照之者自然而明。

**故神清意平,乃能形物之情,**

形其情者,唯心之静也。且好为则有遗,劳扰则无鉴。清平如水,即物至自形矣。

**故用者,心假之于弗用也。**

役之以至劳,用之无用也。澄之以成鉴,不用之用也。

**夫鉴明者,尘垢弗污也,**

鉴镜。

**神清者,嗜欲弗误也。**

神清则智明,智明则不失常性,故无累耳。

**故心有所至,神即溦然在之,**

心者直至,神者妙用。夫意行则神往,意止则神住,可不澄定乎?

**反之于虚,即消燥灭息矣。**

虚者神之宅也,反则刳心而任神,忘欲而能鉴矣。是以阴阳水火不复牵变于己也。

**此圣人之游也。**

神与化游。

**故治天下者,必达于性命之情而后可也。**

夫有生之域,唯性与命。情所同保,类所异者,非神而不可达,非大顺而不可治也。

## 守 真

适形而安,则安而无佗;适性而往,则所至非妄。然大名大饰,亦自此而生。

**老子曰:夫所谓圣人者,适情而已,量腹而食,度形而衣,节乎己,而贪污之心无由生也。**

生之不得已者,衣食也。周身量腹,余为佗物矣。但内外无污,谓之圣人也。

**故能有天下者,必无以天下为者也,**

圣人不以天下奉己之嗜欲,而忘天下者也。故有能治之,名寄于天下也。

**能有名誉者,必不以越行求者也。**

大名誉所求,不饰于妄,而区区之行皆妄。

**诚达乎性命之情,仁义乃因附也。**

通性命者,举措自成仁义之行。

**若夫神无所掩,心无所载,通同条达,淡然无事,**

内无累,为虚通。

**势利不能诱也,**

无贪。

**声色不能淫也,**

无染。

**辩者不能说也,**

无惑。

**智者不能动也,**

无易。

**勇者不能恐也,**

无惧。

**此真人之道也。**

淳粹之至。

**夫生生者不死,化化者不化。**

夫道常存,能化于物,故顺天不可见,同道不可穷也。

**不达此道者,虽智统天地,明照日月,辩解连环,**

《庄子》云:惠施之辩,连环可解也。

**辞润金石,犹无益于治天下。**

夫冥顺于天,玄同于物,则变化之机可验,性命之理可通。然后在家在邦,未尝不达。若以智谋明察,辩说德泽,盖一曲之功,非全治之道也。

**故圣人不失所守。**

谓守生化之原,不用明察为治,故天下咸若,百姓谓我自然也。

## 守　静

圣人安此,以为生根德本也。

**老子曰:静漠恬淡,所以养生也,**

尽其生分,始可为养。

**和愉虚无,所以据德也。**

受物以虚,接事以和,德居此而为成。

**外不乱内,即性得其宜,**

声色俱为弃物,性乃全也。

**内不动和,即德安其位,**

不以爱累亏接物之和,故德有所宁于位。

**养生以经世，抱德以终年，可谓能体道矣。**

夫性之未全，为欲所牵也，不可经纶世也。德之将败，为物所累者，不可终天年也。而外有物，伤中唯性变，虽欲勿困，其可得哉？故静漠保生，乃堪涉动，和愉然后保终。体道之人，此之谓矣。

**若然者，血脉无郁滞，五藏无积气，**

形和性静，此患何施？夫血脉郁滞，在乎厚养。五藏积气，由之喜怒也。

**祸福不能矫滑，非誉不能尘埃，**

挠性乱和，沽名求福者，伤生之士也。

**非有其世，孰能济焉。**

此圣人与道之辞也。夫静圣之道，与治相符，与乱相反，故无明王，则自全之道未之能保矣。

**有其才不遇其时，身犹不能脱，又况无道乎？**

此圣人劝道之辞也。且有堪任之才，未适权变之用，则多事之世未能脱离，况非守静而践危机哉？

**夫目察秋豪之末者，耳不闻雷霆之声，耳调玉石之音者，目不见太山之形，故小有所志者，大有所忘。**

一淫声色，失性之远。

**今万物之来，擢拔吾生，攓取吾精，若泉原也，**

声色之类，左右不可尽，故至天生竭精也。

**虽欲勿禀，其可得乎？**

以在耳目之前。

**今盆水若清之，经日乃能见眉睫，浊之不过一挠，即不能见方圆。**

澄心之鉴唯有，静者能之。故一至嗜欲，虽祸如丘山，亦未之见。

**人之精神，难清而易浊，犹盆水也。**

## 守 法

法之上者,在乎法天。法天之法,未有无所法,而同乎大顺者也。

**老子曰:上圣法天,**

上古圣君法象天道,不教而自化,弃智而成功。盛德日新,故无得而称,玄功莫眹,是以不知帝力也。

**其次上贤,**

以贤德之道为上也。

**其下任臣。任臣者,危亡之道也,**

谓独任致危也。

**上贤者,痴惑之原也,**

上贤则争,争为乱本。

**法天者,治天地之道也。**

法自然之道,则二仪通治。

**虚静为主,**

天之体也。

**虚无不受,静无不持,**

持,犹制万物之纷挠。

**知虚静之道,乃能终始。**

未尝抑物,付之自极,如四时相谢无尽也。

**故圣人以静为治,以动为乱。**

静则各正性命。

**故曰:勿挠勿缨,万物将自清,勿惊勿骇,万物将自理,天道然也。**

缨谓多方,骇谓设苛政也。

## 守 弱

居众所不敌之地,故成其大胜之道。

**老子曰:天子公侯,以天下一国为家,以万物为畜,怀天下之大,有万物之多,即气逸而志骄。**

所谓贵不与骄,期而骄自至。

**大者用兵侵小,**

晋灭虞,楚伐隋之类。

**小者倨傲陵下。**

曹共公、卫献公之类。

**用心奢广,譬犹飘风暴雨,不可长久。**

夫强盛之气,天地尚不能久,而况奢僭之君?

**是以圣人以道镇之,**

非虚柔之道,孰能安?

**执一无为,以损冲气,**

冲中。

**见小守柔,退而勿有,**

见小自成其大,守柔能制其刚。

**法于江海,江海不为,故功名自化。**

夫处下众归,体谏物与,故不求而名遂,不争而功成。

**弗强,故能成其王。**

德归者宁,力制者叛。

**为天下牝,故能神不死。**

牝者,柔之谓也。圣人法之以存神。

**自爱,故能成其贵。**

将欲贵位,在乎爱身。故以道自胜,则身可长保,身存者,贵其亡乎?

**万乘之势,以万物为功名,**

功名小大,随位而立。

**权任至重,不可以自轻,**

《庄子》曰:轻用吾身而亡吾国也。

**自轻则功名不成。**

未有身不治而国治者也。

**夫道大以小成,多以少生,**

大之资者,一豪耳。多之要者,一算耳。

**故圣人以道涖天下,柔弱微妙者,见小也,俭啬损缺者,见少也,见小故能成其大,见少故能成其美。**

道以微妙为大,德以损缺为美。

**天之道,抑高举下,损有余,奉不足,**

其犹张弓乎?势之均也。

**江海处地之不足,故天下归之奉之。故圣人卑谦守静辞让者,见下也,虚心无有者,见不足也。**

法江海之故也。

**见下故能致其高,见不足故能致其贤。**

心之常下,德之弥高;身之常退,行之弥进也。

**矜者不立,奢者不长,强梁者死,满溢者亡。飘风骤雨不终日,小谷不能须臾盈。**

小谷褊狭,若注之须臾,则至乎盈溢。

**飘风骤雨行强梁之气,故不能久而灭,小谷处强梁之地,故不得不夺。**

夺其归,奉之德。

**是以圣人执雌牝,去骄奢,不敢行强梁之气。**

遵天地之戒也。

**执雌牝,故能立其雄牡。不敢奢泰,故能长久。**

唯能雌者,故能有立健之德也。

**老子曰:天道极即反,盈即损,日月是也。**

日中则昃,月盈则亏。

**故圣人日损,而冲气不敢自满,日进以牝,功德不衰,天道然也。**

日进以牝者,推柔以御物也。天道亏盈益谦,圣人能法,故盛德日新而无所替。

**人之情性,皆好高而恶下,好得而恶亡,好利而恶病,好尊而恶卑,好贵而恶贱,众人为之,故弗能成,执之,故弗能得。**

夫物宜更变,理势大均,果且而有成,果且而无得。设使居其位者,亦素定分,岂好恶偏执而能得之者哉?

**是以圣人法天,弗为而成,弗执而得,**

乘彼自然,则与时而成,与物而得也。

**与人同情而异道,故能长久。**

同所适之情,异所从之道,反其爱恶之私,乃成长久之德。

**故三皇五帝有戒之器,命曰侑卮,其冲则正,其盈则覆。**

事具《周典》。

**夫物盛则衰,日中而移,月满则亏,乐极而悲。是故聪明广智守以愚,**

至察无徒,匿耀守众。

**多闻博辩守以俭,**

矜能有辱,持后无失。

**武力勇毅守以畏,**

轻敌多败,虞慎保胜。

**富贵广大守以狭,**

骄盈日危,谦损日福也。

**德施天下守以让,**

自伐乃丧,推物乃全。

**此五者,先王所以守天下也。**

夫有天下者,位之极也。若以极欲而持极位,则倾覆矣。非此五德,何以守之也?

**服此道者,不欲盈,**

盖顺中为常,如彼戒器者。

**夫唯不盈,是以能弊不新成。**

以谦虚之故弊,资道德之新成。

**老子曰:圣人与阴俱闭,与阳俱开。**

所谓大顺。

**能至于无乐也,即无不乐也,**

无可无不可,则常可矣。无乐则常乐矣。

**无乐,即至乐极矣。**

言乐之所存,哀之所顺,唯忘所乐者,何待而不极焉。

**是以内乐外,不以外乐内也。**

内乐外者,我畅于物外;乐内者,物变于我,故同于失者,失亦得之矣。

**故有自乐也,即有自志,贵乎天下,**

冥然万物之上,真自贵耳。

**所以然者,因天下而为天下之要也,不在于彼,而在于我,不在于人，而在于身，身得则万物备矣。

自得者，天地万物莫不得。

**故达于心术之伦者，即嗜欲好憎外矣。**

尽为弃物。

**是故无所喜，无所怒，无所乐，无所苦，万物玄同，无非无是，**

是非之伦生于爱恶，心既无矣，物自玄同，故不知所以遗，而是非都尽矣。

**故士有一定之论，女有不易之行，**

虽未忘所存，已得自安自道也。

**不待势而尊，不须财而富，不须力而强，不利货财，不贪势名，不以贵为安，不以贱为危，**

苟定其分，何所假待？

**形神气志，各居其宜。**

四者同在，一安之道遂不至相反也。且士女节操，尚能如是，而况圣人全德者乎？

**夫形者生之舍也，**

居舍在形。

**气者生之元也，**

元本在气。

**神者生之制也，**

由制在神。

**一失其位，则三者伤矣。**

一失所养之位，则并伤之也。

**故以神为主者，形从而利，**

制之使不犯，故利也。

**以形为制者,神从而害。**

恣轻暖,充口腹则害。

**贪叨多欲之人,颠冥乎势利,诱慕乎名位,几以过人之智位高于世,即精神日耗以远久,淫而不还,形闭中距,即无由入矣。**

形以刚强为闭,中无和气为距。

**是以时有盲忘自失之患。**

夫外诱中募,久乃颠冥。往而不知归,资盲忘之患也。

**夫精神志气者,静而日充以壮,躁而日耗以老。**

神全则兼物,由其静也。形困则支策,在其动也。岂可失盛衰之节哉?

**是故圣人持养其神,和弱其气,平夷其形,而与道浮沉,**

虽物之往来,莫不顺道也。

**如此即万物之化,无不偶也,百事之变,无不应也。**

与所化而合,与所变而通。

## 守　朴

不加欲于性命之分,而浑乎变化之根,谓之朴也。

**老子曰:所谓真人者,性合乎道也。**

不自动用,与造化者为人。

**故有而若无,实而若虚,**

虽事物皆实,而真性不知所存也。

**治其内不治其外,**

未有内治而外欲者。

**明白太素,无为而复朴,**

夫无为之为亦朴矣,则体真之士,静动亦出乎虚白之域。

**体本抱神,以游天地之根,**
体元气之本,抱变化之神,居物象之先也。
**芒然彷徉尘垢之外,逍遥乎无事之业,**
性离所污,直以无事为常。
**机械智巧,弗载于心,审于无瑕,不与物迁,**
审犹委也。不载于心,复何瑕哉?则物之自迁,奚与同往耳?尝试论之,曰:且夫物也者,一时之所也。向非今也,理不至迁矣。而评世之士,定论之人,尚正彼形,不复随妄。况乎性与道合,牵之遂流者哉?
**见事之化,而守其宗,**
不与物迁之谓。
**心意专于内,通达偶于一,**
专气无杂,通而不异。
**居不知所为,行不知所之,**
无为无故。
**弗学而知,弗视而见,**
与物同和,与物自见。
**弗为而成,弗治而辨。**
顺天下而自成,随品类而自辨。
**感而应,迫而动,不得已而往,**
未尝先始。
**如光之耀,如影之效,**
纯粹之体,清而能照,虚而能应也。
**以道为循,有待而然,**
循之则如待也,此寄言耳。

**廓然而虚,清静而无,**
是其真体。
**以千生为一化,以万异为一宗,**
居原者,同之也。
**有精而弗使,有神而弗用,**
不使而同,可谓至精。不行而通,可谓至神也。
**守大浑之朴,立至精之中。其寝不梦,**
无所想象。
**其智不萌,**
不先其物,
**其动无形,**
玄应之迹不可见也。
**其静无体。**
非有依而立静。
**存而若亡,生而若死,**
不自存生,非无神妙之用。
**出入无间,**
不碍金石。
**役使鬼神,**
无心合虚故耳。
**精神之所以能登假于道者也。**
有上之德,乃能登至道乎?
**使精神畅达,而不失于元,**
谓得所受之本。
**日夜无隙,而与物为春,**

和气接物而无间息。

**即是合而生时于心者也。**

心不自生,合时而生。

**故形有靡而神未尝化,**

形同于物故化,神同于道故存。

**以不化应化,千变万转,而未始有极,**

夫水火之功,不能自制其类,故化者不能化物,不化者方能化耳。以不化之体化无穷之物,故不可极也。

**化者复归于无形也,**

物之生也,各归其根。

**不化者与天地俱生也。**

道在象先。

**故生生者未尝死,其所生者即死,化物者未尝化,其所化者即化。**

义已见上。

**此真人之游也,纯粹之道也。**

## 通玄真经卷之四

宋宣义郎试大理寺主薄兼括州缙云县令朱弁正仪注

### 符言篇

符者,契也。言者,理也。故因言契理之微,悟道忘言之妙,可谓与矣。

**老子曰:道至高无上,至深无下,**

上乎无上,下乎无下,故能高能深,能上能下也。

**平乎准,直乎绳,**

非衡能平,无处不夷。非绳能直,无处不正。

**圆乎规,方乎矩,**

非圆能圆而无圆,非方能方而无方。

**包裹天地,而无表里,**

其大无外,其细无内。

**洞同覆盖,而无所碍。**

大圆无涯,大通无滞。

**是故体道者,不怒不喜,其坐无虑,寝而不梦,见物而名,事至而应。**

前已解。

**老子曰:欲尸名者必生事,事生即舍公而就私,**

尸主求名者必有事,事生即不和,故令去名而就公。

**倍道而任己,见誉而为善,立名而为贤,**

倍,背也。背道祈誉,非善之善。趋俗求名,非贤之贤也。

**即治不顺理,而事不顺时。治不顺理则多责,事不顺时即无功,**

顺理则用心寡,而成事大。逆时则用力多,而见功鲜。

**妄为要中,功成不足以塞责,事败足以灭身。**

要誉立效,求合时君者,功未济物,败以及身也。

**老子曰:无为名尸,无为谋府,无为事任,无为智主,藏于无形,行于无怠,不为福先,不为祸始,**

动不为主则无形,无形故无将迎之福。唱而方应则无怠,无怠故无未来之祸也。

**始于无形,动于不得已,欲福先无祸,欲利先远害。**

治未兆之事则为福,绝非常之利则无害也。

**故无为而宁者,失其所宁即危,无为而治者,失其所治则乱。**

失所宁者,谓舍内宁而外求宁,则固矣。失所治者,谓遗身而求治人,则惑矣。

**故不欲碌碌如玉,落落如石。**

谓玉石分而争夺生。

**其文好者皮必剥,其角美者身必杀,甘泉必竭,直木必伐。**

物有美而见害,人晞名而召祸。

**华荣之言后为愆,**

先聘华词,后招身祸。

**石有玉伤其山,**

山不藏宝必见鉴,人不慎言必招祸。

**默首之患固在言前。黎民所以蒙祸,其妄议国家典法之言故也。**

且君子攸戒,尚亦三缄,小人腾口,得不招祸也?

**老子曰:时之行,动以从,不知道者福为祸。时之从,动以行,不知道者以福亡。**

夫圣人治道,先知存亡,县料得失,故舒卷扉定,宠辱不惊,方获终吉以保其身。至于昧者,多承福而作威,故福极而祸生。非祸福相倾,乃动用之乖分耳。

**天为盖,地为轸,善用道者,终无尽。地为轸,天为盖,善用道者,终无害。**

以天为盖覆,无涯而皆善,以地为轸运,无穷而莫害。

**陈彼五行,必有胜,**

金火相攻,衰王递作。

**天之所覆,无不称。**

天道包弘各称。

**故知不知,上;不知知,病也。**

知无知者善,不知强知者病也。

**老子曰:山生金,石生玉,反相剥,木生虫,还自食,人生事,还自贼。**

名显道丧,事起害生。

**夫好事者未尝不中,争利者未尝不穷。**

未有涉水不濡其足,蒙尘不垢其身。

**善游者溺,善骑者堕,各以所好,反自为祸。**

矜其能,丧厥功。骋其伎,丧厥身也。

**得在时,不在争,治在道,不在圣。**

时会自得,不假力争。道在自尊,何烦矜圣?

**土处下不争高,故安而不危,水流下不争疾,故去而不迟。**

道之所贵,德之所尚,不争而高,不疾而速。

**是以圣人无执故无失,无为故无败。**

道无形状,不可把握,故执之则失。又非形体,难以雕刻,故为之则败也。

**老子曰:一言不可穷也,二言天下宗也,三言诸侯雄也,四言天下双也。贞信则不可穷,道德则天下宗,举贤德,诸侯雄,恶少爱众,天下双。**

兼得四句者,上为皇为帝。偏得一言,则下为霸为佐也。

**老子曰:人有三死,非命亡焉。**

言非命,人自取之也。

**饮食不节,简贱其身,病共杀之;乐得无已,好求不止,刑共杀之;以寡犯众,以弱陵强,兵共杀之。**

故死生在我,祸福无门。匪降自天,职竟由人也。

**老子曰:其施厚者其报美,其怨大者其祸深。薄施而厚望,畜**

怨而无患者,未之有也。察其所以往者,即知其所以来矣。

功高则报厚,怨深则患大。随其轻重,遗之恩怨也。

老子曰:原天命,治心术,理好憎,适情性,即治道通矣。原天命,即不惑祸福;治心术,即不妄喜怒;理好憎,即不贪无用;适情性,即欲不过节。不惑祸福,即动静顺理;不妄喜怒,即赏罚不阿;不贪无用,即不以欲害性;欲不过节,即养生知足。凡此四者,不求于外,不假于人,反己而得矣。

明此四者,可谓大通。不因于人,省己而已。

老子曰:不求可非之行,不憎人之非己,

无谲诈之行,人何非我?怀仁恕之情,我无尤人也。

修足誉之德,不求人之誉己,

自修己德,不求人誉。

不能使祸无至,信己之不迎也,不能使福必来,信己之不让也。

不能防不测之祸,信命不遗。不能要必至之福,来者当受也。

祸之至,非己之所生,故穷而不忧,福之来,非己之所成,故通而不矜。

祸生非己,虽祸而何忧?福至非我,虽福而何恃也?

**是故闲居而心乐,无为而治。**

恬泊优游而已。

老子曰:道者守其所已有,不求其所未得。求其所未得,即所有者止,循其所有,即所欲者至。

已有者一身之精神,未有者多方之伎术。今废已有之精神,祈未得之方术,未得者夫至,所得者已忘。不保得一之由,难追两失之悔。故至人守其本,不寻其末;贵得于内,不制于外也。

**治未固于不乱,而事为治者必危;行未免于无非,而急于名者**

必挫。

本固邦宁,周行不辱。

**故福莫大于无祸,利莫大于不丧。**

无祸之福,福之厚矣。无丧之利,利之大矣。

**故物或益之而损,损之而益。**

唯无祸福,则无损益。

**夫道不可劝就利者,而可以安神避害。**

道者不可诱以利,无利则无害。故神自安,道自来也。

**故尝无祸不尝有福,尝无罪不尝有功。**

无祸无福,无罪无功,是谓大通。

**道曰芒芒昧昧,从天之威,与天同气,无思虑也,无设储也。**

道曰,道君也。芒昧谓道窈冥不可得见。今但法天以虚,为身以无,为心不虑而成,不劳而物积也。

**来者不迎,去者不将,**

任其自得。

**人虽东西南北,独立中央,**

身应物而无穷,道居中而独运。

**故处众枉不失其直,**

曲全故大。

**与天下并流不离其域,**

至气流转,真精常存。

**不为善,不避丑,遵天之道,不为始,不专己,循天之理,不豫谋,不弃时,与天为期,不求得,不辞福,从天之则。**

天无心,不言而万物生;人无为,不谋而百事遂。

**内无奇福,外无奇祸,故祸福不生,焉有人贼。**

凡有福即有祸,今祸福已冥,孰为人贼害。

故至德,言同路,事同福,上下一心,无歧道,旁见者进退章之于邪,开道之于善,而民向方矣。

偏见不足以化俗,正道而可以诱民。

老子曰:为善即劝,为不善即观,劝即生责,观即生患。

劝,勉也。观,察也。夫人为善,当日自勉之。有不善者,察见己过,则向方矣,是不勉其为善矣。若以己为善,察求人之不善而责之者,则有患矣。故劝为善而不善矣。

故道不可以进而求名,可以退而修身。故圣人不以行求名,不以知见求誉,治随自然,己无所与。

进不饰智以求名,退而修身以自治,推之自然,岂晞人誉也?

为者有不成,求者有不得,人有穷而道无通。

人有求而不得,道无为而自周。

有智而无为,与无智同功,有能而无事,与无能同功,有智若无智,有能若无能,道理达而人才灭矣。

夫志德内充,人才外灭者,故有若无,实若虚也。

人与道不两明,人爱名即不用道,道胜人则名息,道息人名章,即危亡。

道须一致,事不两全。

老子曰:使信士分财,不如定分而探筹。何则?有心者之于平,不如无心者,使廉士守财,不如闭户而全封,以为有欲者之于廉,不如无欲者也。

探筹绝疑于无心,廉士见猜于有欲。

人举其疵则怨,鉴见其丑即自喜。

贤者举过而思改,愚者自媒而为善。

**人能接物而不与己,即免于累矣。**

先人后己,终身无咎。

**老子曰:凡事人者,非以宝弊,必以卑辞,弊单而欲不厌。**

君子不重宝,币服以谦敬,人能行之,久而无厌也。

**卑体免辞论,说而交不结。约束誓盟,约定而反先日。**

君子之交,不假结约,一言而定,终身不易。小人之交,要以誓盟,未盈旬时,以违旧要也。

**是以君子不外饰仁义而内修道术,**

内秉真淳,外无虚饰。

**修其境内之事,尽其地方之广,厉其民死,坚其城郭,上下一心,与之守社稷。即为名者不伐无罪,为利者不攻难得,此必全之道,必利之理。**

与民同利,民乐死之。与民同心,民共守之。求名者不贪滥,为利者不垂分。此必全之道,即社稷共守、郊境同固也。

**老子曰:圣人不胜其心,众人不胜其欲。**

心胜则道全,欲胜则身危。

**君子行正气,小人行邪气,内便于性,外合于义,循理而动,不系于物者,正气也。推于滋味,淫于声色,发于喜怒,不顾后患者,邪气也。邪与正相伤,欲与性相害,不可两立,一起一废,故圣人损欲而从性。目好色,耳好声,鼻好香,口好味,合而说之,不离利害嗜欲也。耳目鼻口,不知所欲,皆心为之制,各得其所。由此观之,欲不可胜亦明矣。**

六情所欲,一心为制。气正于中,则欲不害性。心衰于外,则伪己惑真。故知衰正在我,与夺因心。且一心自正,群物何累也?

**老子曰:治身养性者,节寝处,适饮食,和喜怒,便动静,内在己**

者得,

言不外求。

**而邪气无由入。饰其外伤其内,扶其情者害其神,见其文者蔽其真。夫须臾忘为贤者,必困其性,**

言人贤不可暂忘,若须臾离之,必受困辱。

**百步之中忘其为容者,必累其形。**

夫辅身御性,必宜节饮全和,使必气内平而神明可保。君子慎微,不在于远,虽十步之内,必虑朽株之患;须臾之间,卒过非意之事。安可怠哉?

**故羽翼美者,伤其骸骨,枝叶茂者,害其根菱,能两美者,天下无之。**

翡翠以文彩见害,春华以芳菲见折。物有双美,事能兼济,未之有也。

**老子曰:天有明,不忧民之晦也,地有财,不忧民之贫也。**

天之道,明照大闳,至幽能察;地之利,有于万物,广济无边也。

**至德道者若丘山块然不动,行者以为期,直己而足物,不为人赐,用之者亦不受其德,故安而能久。天地无与也,故无夺也,无德也,故无怨也。**

至人者,势名不能动,欲害不能倾,块然独处,归然山峙,以其常足,不受赐与,脱其所取,辄亦无让。故与之不得,夺之无怨,故能长久也。

**善怒者必多怨,善与者必善夺,唯随天地之自然而能胜理。**

超喜怒之域,忘与夺之情,任之自得,以全天理也。

**故誉见即毁随之,善见即恶从之。利为害始,福为祸先,不求利即无害,不求福即无祸,身以全为常,富贵其寄也。**

誉者，人之所美善者，人之所慕。但不欲显，显则有毁有怨。非待绝善，誉将无怨。若不矜不伐，自然无祸无福，道德自全。全身为常，富贵若寄也。

**老子曰：圣人无屈奇之服，诡异之行，服不杂，行不观，**
服下惊众，行不异人。

**通而不华，穷而不慑，荣而不显，隐而不穷，异而不乖，**
穷通，命也，故不华不慑。荣隐，时也，故不显不辱。虽异于人，何足怪也？

**同用无以名之，是谓大通。**
用无则无滞，是为大通也。

**老子曰：道者直己而待命，时之至，不可迎而返也，时之去，不可追而援也，故圣人不进而求，不退而让。**
正身俟命，直道从时，不将不迎也。

**随时三年，时去我走，去时三年，时在我后，无去无就，中立其所。**
此言先之大过，后之不及，唯迎之无前，随之无后，独立其中，而安其所也。

**天道无亲，唯德是与。福之至，非己之所求，故不伐其功，祸之来，非己之所生，故不悔其行。**
前已释也。

**中心其恬，不累其德，**
非誉不能垢，宠辱不能惊。

**狗吠不惊，自信其情，诚无非分。**
自明无非，故不惊惧。

**故通道者不惑，知命者不忧。**
知道知命，何忧何惧？

**帝王之崩,藏骸于野,其祭也祀之于明堂,神贵于形也,**

言古帝王归骸于野,不封不树,示民有终,祀神明堂,不谄不滥,示民知严也。

**故神制形则从,形胜神则穷,聪明虽用,必反诸神,谓之大通。**

依神形全,纵欲神逝,自非明达,莫能保之。

**老子曰:古之存己者,乐德而忘贱,故名不动志,乐道而忘贫,故利不动心,是以谦而能乐,静而能淡。**

道德备身,贫贱无耻,心志不亏,名利不惑。故能谦之乐矣,静而淡然也。

**以数集之寿,忧天下之乱,犹忧河水之涸,泣而益之也。故不忧天下之乱,而乐其身治者,可与言道矣。**

谕人不忧寿之将尽,而忧天下之不治,是犹泣数滴之泪,欲增洪河之流,无益之谓也。唯忘治人而治其身,可与言乎道。

**老子曰:人有三怨,爵高者人妒之,官大者主恶之,禄厚者人怨之。**

高而能卑,厚而能散,自保元吉也。

**夫爵益高者意益下,官益大者心益小,禄益厚者施益博,修此三者,怨不作。故贵以贱为本,高以下为基。**

三者不修,殃及己身。

**老子曰:言者所以通己于人也,闻者所以通人于己也。**

言己情以达人情,得人意以通己意。

**既暗且聋,人道不通,故有暗聋之病者,莫知事通,岂独形骸有暗聋哉?心亦有之塞也。**

目不睹太山,耳不闻雷霆,此形骸之暗聋。有鉴疑鹿马,智昏菽麦,此人之暗聋也。即事不辩,况大道哉?

莫知所通,此暗聋之类也。夫道之为宗也,有形者皆生焉,其为亲也亦戚矣,飨谷食气者皆寿焉,其为君也亦惠矣,诸智者学焉,其为师也亦明矣。

生以道为亲,无形而形焉,其为亲也大矣。谷与气为君,非寿而寿焉,其为惠也厚矣。智以学为师,非师而师焉,其明至矣。

**人皆以无用害有用,**

勤无用之事,伤有涯之情。

**故知不博而日不足,**

君子常以所知未远,渴日不足以自勉励也。

**以博奕之日问道,闻见深矣。**

移博奕之功,而专道德,可致深妙矣。

**问与不问,犹暗聋之比于人也。**

不闻不问,是谓暗聋之人也。

**老子曰:人之情,必服于德,不服于力,**

可以德制,不可以力争也。

**德在与不在来。**

德施于人,不望来报。

**是以圣人之欲贵于人者,先贵人,欲尊于人者,先尊人,欲胜人者先自胜,卑人者先自卑,故贵贱尊卑,道以制之。夫古之圣王,以其言下人,以其身后人,即天下乐推而不厌,戴而不重,此德重有余而气顺也。故知与之为取,后之为先,即几于道矣。**

尊人者非尊其人而取尊,先人者非先其人而取先,是气顺于道,德归诸己,故推而不厌,戴而不重也。

**老子曰:德少而宠多者讥,才下而位高者危,无大功而有厚禄者微,故物或益之而损,或损之而益。**

才藏不称讥危,必至损益相随,祸福斯验者也。

**众人皆知利利,而不知病病,唯圣人知病之为利,利之为病。**

众人知利为利,不知以利为病。圣人知利是病,以不病为利也。

**故再实之木,其根必伤,掘藏之家,后必有殃。夫大利者反为害,天之道也。**

木之再成者必伤其根,家藏宝货者必殃其身。谓非意而得者,先利后害,天之道也。

**老子曰:小人从事曰苟得,君子曰苟义。为善者非求名者也,而名从之,名不与利期,而利归之,所求者同,所极者异。**

小人从事,以苟得为利,利从而害之。君子直道,不以利为期而名归之。故受利同而遇害异也。

**故动有益则损随之。言无常是,得无常宜者,小人也。**

不恒其德,或承之羞。

**察于一事,通于一能,中人也。**

所见不周,拘于一域。

**兼覆而并有之,技能而才使之者,圣人也。**

默奸去衰,任贤使能,此圣人也。

**老子曰:生所假也,死所归也,故世治即以义卫身,世乱即以身卫义,死之日,行之终也。**

世治即以义保身,世乱即以身死义。故君子有益于人,虽杀身不恨。故视死若归,犹生之年也。

**故君子慎一用之而已矣。**

依道而行,动不乖正。

**故生受于天也,命遭于时也,有其才不遇其世,天也,求之有道,得之在命。**

遇时也,不遇天也,得之不喜,失之不怨也。

**君子能为善,不必得其福,不忍而为非,未必免于祸。**

君子为善未必要福,去非未能远祸,终不舍义以求福。易行而脱祸,何则?如是性不可草,心苟无二故也。

**故君子逢时即进,得之以义,何幸之有;不时即退,让之以礼,何不幸之有。故虽处贫贱而犹不悔者,得其所贵也。**

君子进不以为幸,义得之也。不遇不以为耻,悔何有焉?所存道义,岂苦贫贱哉?

**老子曰:人有顺逆之气,顺逆之气生于心,心治则气顺,心乱则气逆,心之治乱在于道德。得道则心治,失道即心乱。心治即交让,心乱即交争。让即有德,争即生贼。有德即气顺,贼生即气逆。**

一其心则顺而正,二其气即逆而邪。正则道隆,邪则害生。道存则神清,清则和治,贼生则气浊,浊则争乱。既浊且乱,亡无日矣。

**气顺则自损以奉人,气逆则损人以自奉。二气者可以道而制也。**

难以事消,可以道制。

**天之道其犹响之报声也,德积则福至,祸积则怨至。**

人能行之,天能鉴之,善恶心臻,有如影响。

**官败于官茂,孝衰于妻子,患生于忧解,病甚于且愈,故慎终如始,即无败事也。**

官败失于正法,孝衰匿于私房。忧虽暂解,犹虑患生,病虽且愈,仍宜节欲。故慎终如始,则无败事也。

**老子曰:举枉与直,如何不得,举直与枉,勿与遂往,所谓同污而异泥者。**

知人不易,举人必明。今举枉为直,以愚为贤,岂有同污而异泥也?

老子曰：圣人同死生，愚人亦同死生。圣人之同死生，明于分理，愚人之同死生，不知利害之所在。

圣人一死生，不利彼此，故无死生。愚人异死生，利在得失，故沦死生。

道县天，物布地，和在人。人主不和，即天气不下，地气不上，阴阳不调，风雨不时，人民疾饥。

道系于天，物产于地，中和在人。人者，天之精也，地之灵。故为人之主，必和洽其气，安抚万物，则风雨不愆，灾害不作也。

老子曰：得万人之兵，不如闻一言之当，得隋侯之珠，不如得事之所由，得和氏之璧，不如得事之所适。

一言有益，万兵非贵。一事可尊，和璧非宝。

天下虽大，好用兵者亡，国虽安，忘战者危。故小国寡民，虽有什伯之器而勿用。

大国莫若修德，小国莫若事人，则征伐不兴，上下安泰也。

老子曰：能成霸王者，必胜者也；

非道不御。

能胜敌者，必德者也；

非德不胜。

能用人力者，必得人心者也；

用贤者之力，得众人之心也。

能得人心者，必自得者也。自得者，必柔弱者也。能胜不如己者，至于若己者而格，柔胜出于若己者，其事不可度，故能以众不胜成大胜者，唯圣人能之。

唯保谦柔众不能胜，故能成其胜也。

## 通玄真经卷之五

宋宣义郎试大理寺主簿兼括州缙云县令朱弁正仪注

### 道德篇

夫道也者,通自分之常理也;德也者,备所得之总名也。且《文子》总有一十二篇之目各异,唯《道德》再举者,何也?夫道德之道也,即可物之道也,由可道而成德者,亦可据之德也,但非至道与玄德尔。所以首篇《道原》,后篇《上德》,原称道本,上乃德极,唯原上之用兹一篇。唯道德之体,各归本自然。人间之世,行道立德,修身核名,生且有伦,死而不朽者,莫若此篇耳。

**文子问道。**

夫道绝学,至理无问,斯所问者,盖触类之道也。

**老子曰:学问不精,即听道不深。**

人之学者,欲复其性也。因好问而成待间,假修学以至无学。若不精于此,何穷深旨矣?

**凡听者将以达智,**

达圣哲之智。

**将以成行也,**

成仁义之行。

**将以致功名也,**

致同佐之功。

**不精不明,不深不达。**

精则明,深则达。

**故上学以神听,中学以心听,下学以耳听。**

上学体道以达智，中学好道以成行，下学游道以至名也。

以耳听者，学在皮肤；以心听者，学在肌肉；以神听者，学在骨髓。

浅深，比也。

故听之不深，即知之不明；知之不明，即不能尽其精；不能尽其精，即行之不诚。

听彼不深，则无今知之明，斯未造其极者也。夫未明于中，行诚于外者，未之闻也。

凡听之理，虚心清静，损气无盛，

谓损其气以处道。

无思无虑，目无妄视，耳无苟听，

内外各息所能事，奉彼之旨也。

专精积蓄，内意盈并，既以得之，必固守之，必长久之。

专一所得，意无分想，则明纳理本，尽其精妙自然，物不能迁，与时俱精矣。

夫道者原产有始，

肇生有形。

始于柔弱，成于刚强，

始夫道母，气皆柔弱；成乎形质，性乃刚强。

始于寡短，成于众长。

生生故不寡，是以众也。资生故不短，是以长也。

十围之木始于把，百仞之台始于下，此天之道也，圣人法之。

夫道以包小为大，天以配下为高，察始察成，可尚微本，故圣人法之也。

卑者所以自下也，

礼下之卑。

**退者所以自后也,**
持后之退。
**俭者所以自小也,**
小足之俭。
**损者所以自少也。**
少欲之损。
**卑即尊,**
亲下故尊。
**退即先,**
不犯故先。
**俭即广,**
是用故广。
**损即大,**
成德故大。
**此天道所成也。**
天道亏盈益谦,圣人则之,自然成其众利。
**夫道者,德之先,**
因乎道体,方成德用。
**大之根,**
两仪宗本。
**福之门,**
安静之由。
**万物待之而生,待之而成,待之而宁。**
皆假无以为耳。
**夫道无为无形,**

不为事先,不为物迹。

**内以修身,外以治人,功成事立,与天为邻,**

夫用道者,内可以修身,外可以治人,而所济无迹,皆若自然,则与天之功未始相远也。

**无为而无不为,**

此义已见道原篇,

**莫知其精,其精甚真,其中有信。**

随感而至,得非信乎?

**天子有道,即天下服,长有社稷;**

道也者,随位分而各通也。故尧舜有之,则至德可傅,汤武有之,则神功不朽。可道之道,斯非谓欤?

**诸侯有道,即人民和睦,不失其国;**

古者诸侯有国。

**士庶有道,即全其身,保其亲;强大有道,不战而克;**

夫晋楚之类,有道者霸,非在料敌而克。

**小弱有道,不争而得;**

曹卫之类,有道者附,亦非率先而得也。

**举事有道,功成得福。**

顺于时者功必见,修于正者福必应。

**君臣有道即忠惠,**

君惠臣忠。

**父子有道即慈孝,**

父慈子孝。

**士庶有道即相爱。**

无相夺伦,理自容爱。

**故有道即和,无道即苛。**

夫各正性命,则异俗可和。苟逾位分,则骨肉自虐。而有家有国不本道者,不其殆哉?

**由是观之,道之于人,无所不宜也。**

小大之用皆可。

**夫道者,小行之小德福,大行之大德福,尽行之天下服,服即怀之。**

随器而受酌焉不竭。夫能尽是道者,天下孰不归之也。

**故帝者,天下适之也,王者,天下往之也。**

适往一也,皆归德之辞。然适者通谓性命之所安,往者不得已就耳。取其会理,优劣乃殊。

**天下不适不往,不可谓帝王。**

有位而无德,非此宜也。

**故帝王者不得人不能成,得人失道,亦不能守。**

既因兆人以成其位,则独任于己,其可守乎?

**夫失道者,奢泰骄佚,慢倨矜傲,见余自显,执雄坚强,作难结怨,为兵主,为辞旨。**

此举失道之状。

**小人行之,身受大殃,**

以至于刑戮耳。

**大人行之,家国灭亡,**

侯伯失国,卿大夫即亡家也。

**浅及其身,深及子孙。故罪莫大于无道,怨莫深于无德,天道然也。**

无道者逆于天,无德者暴于物,理为罪怨之首耳。

**老子曰:夫行道者,使人虽勇,刺之不入,虽巧,击之不中。**
夫能制彼气敌,善应机端,道者之中,盖有此小术之用。
**夫刺之不入,击之不中,而犹辱也。**
虽不我伤,而能攻辱,亦皆已显矣。
**未若使人虽勇不敢刺,虽巧不敢击。**
谦柔自守,则勇所未陵。出处无机,则巧者不及。
**夫不敢者,非无其意也,**
未能使彼之无意。
**未若使人本无其意。**
将无屈奇之服,诡异之行,浩然无得,与彼同波,则天下之人何意加此也。
**夫无其意者,未有爱利之心也。**
未能使彼之心,而反爱利于我。
**不若使天下丈夫女子,莫不欢然,皆欲爱利之,**
夫道者之功极,则天下攸归,物得而利。故虽县解外患,亦未足称。为以反同众流,游杂庶类,以我为利爱之主,待我于性命之场,我无所存,将自化妙,可言其至矣。
**若然者,无地而为君,无官而为长,天下莫不愿安利之。**
自昆虫已上,莫非愿就利者,故不待位地而可君长天下。
**故勇于敢即杀,勇于不敢即活也。**
勇于击刺者,心杀于彼。勇于柔弱者,道活于物矣。
**文子问德,老子曰:畜之养之,遂之长之,兼利无择,与天地合,此谓之德。**
夫人之生也,形与物接,心与事交,固不可暂无损益于外矣。唯内忘爱恶,迹绝利害,则能御华物而不抑,涉万方而成化。苟非此道,利不兼焉。能使乎物,得以宜夫。加暴则各失全性之惠,岂合德于一仪也。

**何谓仁?曰:为上不矜其功,为下不羞其病,**

未能退。

**于大不矜,于小不偷,兼爱无私,久而不衰,此之谓仁。**

非夫至性,安可久而不衰?故贤圣难之以称五教之首也。

**何谓义?曰:为上即辅弱,为下即守节,达不肆意,穷不易操,一度顺理,不私枉挠,此之谓义。**

理,正也。一,常也。顺正以为常度,不容私挠,乃可存终矣。

**何谓礼?曰:为上即恭严,为下即卑敬,退让守柔,为天下雌,立于不敢,设于不能,此之为礼。**

所谓内和外饰,非止揖让登降也。

**故修其德即下从令,修其仁即下不争,修其义即下平正,修其礼即下尊敬,四者即修,国家安定。故物生者道也,长者德也,爱者仁也,正者义也,敬者礼也。不畜不养,不能遂长,不慈不爱,不能成遂,不正不匡,不能久长,不敬不宠,不能贵重。故德者民之所贵也,**

德能安之,天下莫不贵其安全者也。

**仁者民之所怀也,**

物情莫不归其惠爱耳。

**义者民之所畏也,**

方割无私,莫不畏正。

**礼者民之所敬也。**

威仪叙列,莫不敬奉。

**此四者文之顺也,圣人之所以御万物也。**

若非正顺于人文,则万情多端,不可驱御矣。

**君子无德即下怨,**

以抑其性故怨。

**无仁即下争,**

以无所惠故争。

**无义即下暴,**

以逾我分故暴。

**无礼即下乱。**

以失常叙故乱。

**四经不立,谓之无道。不亡者,未之有也。**

**老子曰:至德之世,贾便其市,农乐其野,大夫安其职处,士修其道,民人乐其业。是以风雨不毁折,草木不夭死,**

德被于物,故阴阳和合,动植各遂其生。

**河出图,洛出书。及世之衰也,赋敛无度,杀戮无止,刑谏者,杀贤士,是以山崩川涸,蠕动不息,野无百蔬。**

毒流蒸人,下结烦怨之气,气能逆天戾常,故生灾馑之变。

**故世治即愚者不得独乱,世乱即贤者不能独治。**

贤愚之功未能加于时也。

**故圣人和愉宁静,生也;**

未尝忧躁,以亏性分。

**志得道行,命也。**

以能知命,故穷达皆安。

**故生遭命而后能行,命得时而后能明,**

命遇道行,时宜则功著。

**必有其世,而后有其人。**

时无明王,则圣贤无措其乎足。故《九守》篇曰:非有其世,孰能济焉？

**文子问圣智，老子曰：闻而知之，圣也；见而知之，智也。**

心见者圣，目见者智。

**故圣人常闻祸福所生，而择其道；**

择平静之道而守之，则无因以为朕兆。

**智者常见祸福成形，而择其行。**

择正慎之行而修之，则能预杜萌渐。

**圣人知天道吉凶，故知祸福所生；**

圣人知不足者吉，有余者凶，皆祸福之所由矣。故平静以守之，不为先始也。

**智者先见成形，故知祸福之门。**

智者不惑于萌盛，故免乎奄忽而至。

**闻未生，圣也，先见成形，智也，无闻见者愚也。**

**老子曰：君好知，即信时而任己，弃数而用思。**

谓信所愚之时，因以为己知；弃必然之数，而用思所及者也。

**物博智浅，以浅赡博，未之有也。独任其智，失必多矣。**

物宜多端，智有涯极，故不能赡，以至多失。

**好知，穷术也，好勇，危亡之道也。**

必穷之术，必亡之道。

**好与即无定分，**

以其好，故不定。

**上之分不定，即下之望无止。**

君上赐赉无度，臣下希冀无已。

**若多敛即与民为雠，**

重赋敛则反乐推之道，故怨之始雠。

**少取而多与,其数无有。**

十一而税,则不给无恒之用。

**故好与,来怨之道也。**

不均于土,则庶官怨;重赋于民,则卒士怨。

**由是观之,财不足任,道术可因明矣。**

**文子问曰:古之王者,以道莅天下,为之奈何?**

**老子曰:执一无为,因天地与之变化。**

执一者,谓无所执也。无为者,言不敢为也。夫如是,则循彼性而治之,得非因天地之所宜,而与万物同变化。

**天下大器也,不可执也,不可为也,为者败之,执者失之。**

能为一事,必败于万物之事;能执一性,必失于万类之性也。

**执一者见小也,**

不载纤芥之能,岂非谦小?

**见小故能成其大。**

且无所载,因彼而成则无之,不通反成大治。

**无为者守静也,**

不先动之谓也。

**守静故能为天下正。**

夫好动者,伤物性也。故大顺天下,与化推移,则物有所宜,各性自正矣。

**处大满而无溢,居高贵而无骄。**

见小守静,故无骄溢。

**处大不溢,盈而不亏,居上不骄,高而不危。**

夫道然也。

**盈而不亏,所以长守富也;高而不危,所以长守贵也。富贵不**

**离其身,禄及子孙,古之王道,期于此矣。**

唯上此道,可立天下也。

**老子曰:民有道所同行,有法所同守,**

皆慕义道而惧典法。

**义不能相固,威不能相必,故立君以一之。**

民不能永固所义,专必所畏,故立君以齐一之也。

**君执一即治,无常即乱。**

乱生于无恒之政也。

**君道者,非所以有为也,所以无为也。**

治道贵静,岂先物为?因民为而化之,亦非以为也。

**智者不以德为事,**

以政治之德为己之能事者,非君上之智也。

**勇者不以力为暴,**

以威势之力而为暴雷者,非人君之勇也。

**仁者不以位为惠,**

以露天日之位而为己惠者,非王者之仁也。

**可谓一矣。**

备此三者,乃谓执一。

**一也者,无适之道也,万物之本也。**

清静守一,动而不知。万物宗本,不出于是。

**君数易法,国数易君,**

数易法度,民不堪命。国之无本,君能久乎?

**人以其位,达其好憎,下之径衢,不可胜理。**

天子恃尊以位,不约所欲,任达好憎之性,因成取舍之私,法令滋彰,下多歧路,不可胜理也。

**故君失一,其乱甚于无君,**

夫无君之时,犹义以相扶,咸以相服。以其不能固,乃立主之。今君反为乱阶,则不如无君矣。

**君必执一,而后能群矣。**

**文子问曰:王道有几？老子曰:一而已矣。**

得一而已。

**文子曰:古有以道王者,有以兵王者,何其一也？曰:以道王者,德也;以兵王者,亦德也。**

上以道得,下以义得。

**用兵有五:有义兵,有应兵,有忿兵,有贪兵,有骄兵。诛暴拯弱,谓之义;敌来加己,不得已而用之,谓之应;争小故,**

故事。

**不胜其心,谓之忿;利人土地,欲人财货,谓之贪;恃其国家之大,矜其人民之众,欲见贤于敌国者,谓之骄。义兵王,**

合天下心故王。

**应兵胜,**

以其后动故胜。

**忿兵败,**

小不胜忍故败。

**贪兵死,**

不能自守故死。

**骄兵灭,**

盈反天道故灭。

**此天道然也。**

**老子曰:释道而任智者危,弃数而用才者困。**

释,舍也。数,天之常数也。凡舍道任智,则靡日可安。弃数用才,则劣而莫济矣。

**故守分循理,失之不忧,得之不喜,成者非所为也,得者非所求也。**

夫守自道之分,循必然之理者,适委天命,静安所遇,虽成之与得,付在偶然。故无忧喜,关其内也。

**入者有受而无取,出者有授而无与。**

怀道以容万类,则虽有受,非贪取也。抱德以施华品,则虽有授,非私与也。

**因春而生,因秋而杀,所生不得,所杀不怨,即几于道矣。**

忘情于中,顺时行令,岂容德怨于中间哉?

文子问曰:王天下得其欢心,为之奈何?老子曰:若江海是已,谦而不溢,容而不择,可谓归万物之道,尽群下之心也。

**淡兮无味,用之不既,**

虚静淡泊,而应之无尽也。

**先小而后大。**

先以善下之小,后成深广之大。

**夫欲上人者,必以其言下之;欲先人者,必以其身后之。天下必效其欢爱,**

凡由下致上,持后取先,盖顺天而成。物之所与,则欢爱之道自得彼之诚也。

**进其仁义,而无苛气。居上而民不重,居前而众不害,天下乐推而不厌,虽绝国殊俗,蚑飞蠕动,莫不亲爱。**

夫理顺于正,物就其爱,然以仁爱义正,则殊俗异类,知有所亲,欣戴乐推而无猒也。

**无之而不通,无往而不遂,故为天下贵。**
执此道者,有前无括,旁通皆可,得非天下之贵乎?
**老子曰:执一世之法籍,以非传代之俗,譬犹胶柱而调瑟也。**
五音合变以成文,百代合宜而制法。调之在变,不可胶柱,治之在宜,不可执法。
**圣人者应时偶变,见形施宜,**
斯不胶执之谓。
**世异即事变,时移即俗易,论世而立法,随时而举事。**
兆庶情伪,风俗不一;帝王质文,世有损益。立事与时,非圣者孰能尽哉?
**上古之王,法度不同,非故相反也,时务异也。是故不法其已成之法,而法其所以为法,所以为法者,与化推移也。**
已成之法,如已祭天祝地,一时之用,奚可格哉?唯因化推移以为法者,不可不法也。
**圣人之法可观也,其所以作法,不可原也。**
法施于外,则可观睹。权在于内,不可原究也。
**其言可听也,其所以言,不可形也。**
法度之言则可传听,而立意之由,固难显著矣。
**三皇、五帝轻天下,细万物,齐死生,同变化,**
遗位而忘怀,一遇而大顺。
**抱道推诚,以镜万物之情,**
道法诚明,故可通鉴。
**上与道为友,下与化为人。**
往复皆道,道友己也。动静在化,化治于人也。
**今欲学其道,不得其清明。**

末俗清变,不复清明之道。

**玄圣守其法籍,行其宪令,必不能以为治矣。**

向使玄古圣君处于今世,犹施古法,固不能治也。且夫执古御今,不合时变;以今学古,不得清明。盖取随时以为光大者矣。

**文子问为政,老子曰:御之以道,养之以德,**

以道御之,民得所适。以德养之,民知所归也。

**无示以贤,无加以力,**

国君尚贤,则争名于朝;加以威力,则结怨于一。

**损而执一,**

消损贤力,秉执道德矣。

**无处可利,无见可欲,**

处可利者必遗博爱之义,见可欲者必乱恒政之心也。

**方而不割,廉而不刿,**

方不因割,廉不因削,皆使自全其性。

**无矜无伐。**

无矜能,无伐功。

**御之以道即民附,**

亲附。

**养之以德即民服,**

怀服。

**无示以贤即民足,**

各足。

**无加以力即民朴。**

莫知所怨,民自全矣。

**无示以贤者,俭也,无加以力者,不敢也。**

君俭用则天下无不足矣,君不敢则万物全自然矣。

**下以聚之,赂以取之,俭以自全,不敢自安。**

得亲下之道,聚而能和。全给养之资,归之以利。夫俭足则无欲,是能全德。不敢自安则无怨,故可自安也。

**不下即离散,不养即背叛,示以贤即民争,加以力即民怨。离散即国势衰,民背叛即上无威,民争即轻为非,下怨其上即位危。四者诚修,正道几矣。**

君能成修众德,绝此四患,虽曰德政之道,斯亦近于淳古之风也。

**老子曰:上言者下用也,下言者上用也;**

纳下言,从谏如流;奉上言,其出如纶。

**上言者常用也,下言者权也。**

立教由君,是以常用。谏而必纳,所贵知权。

**唯圣人为能知权,言而必信,期而必当。**

言信者终而有征,期当者反而必合。

**天下之高行,直而证父,信而死女,孰能贵之?**

父攘子证之直躬,期女溺身之存信,若此高行,谁当见哀矣。

**故圣人论事之曲直,与之屈伸,无常仪表,**

圣人因事之宜,用为表式,动在利物,宁系滞于一时?

**祝即名君,溺即捽祖卒反。父,势使然也。**

捽,提发也。夫以君父之尊,处祝溺之际,不名其君则非敬,不捽其父则非孝。势在反常,以济其可矣。

**夫权者,圣人所独见。**

机权至微,凡情莫及。

**夫先迕而后合者谓之权,先合而后迕者谓之不知权,不知权者善反丑矣。**

尝试论之曰：体夫权者，庭乎机变之两间。虑变之前，动机之后，变在于事，机在于心。唯权可以内发于机，外制其变，反经合义而扶正教之功，后顺先违乃尽曲成之道。君有体理，动有损益，使民谓之自然，而不知其所以然。是以《易》赞重巽，《诗》美棠华，非夫圣智，孰能独见？且机事不密，与身为害，权事不中，以善为丑，可不慎哉？

**文子问曰：夫子之言，非道德无以治天下也。上世之王，继嗣因业，亦有无道，各役其世而无祸败者，何道以然？**

所谓坠祖宗之功德，而尽一世无祸败者，以其前代有此之类。故不得不发斯问，以政后代疑道之君矣。

**老子曰：自天子以下，至于庶人，各自生活，然其活有薄厚，天下时有亡国破家，无道德之故也。**

言虽有没世，无祸败者，但命数之厚耳。然其亡国破家，莫不因无道而失者。

**夙夜不懈，战战兢兢，常恐危亡。**

有家国者，诚慎若此，故曰：子临先人，若朽索之御六马也。

**纵欲恣情，其亡无时。**

直不可保存耳。

**使桀纣修道行德，汤武虽贤，无所建其功也。**

夏殷之末，非独桀纣之无道也。然其或没世而无败当时以致灭，诚有薄厚之异，同为覆亡之资。向使二主依道据德，则成汤、周武何因建其功业矣？盖为失道丧德而有幸免者，未有居道立德而延祸败者也。

**夫道德者，所以相生养也，所以相畜长也，所以相亲爱也，所以相敬贵也。**

道德之养，敬爱之美，乃由此立。

**夫聋虫虽愚，不害其所爱，诚使天下之民，皆怀仁爱之心，祸突何由生乎？**

天下聋愚，岂非蠢动之类？尚能避害向利以从自宜，则百姓之情，断可知矣。诚能道化德被，感彼亲爱之心，祸灾之端无由生也。

**夫无道而无祸败者，仁未绝义未灭也。**

以其未绝相爱之仁，未灭相扶之义，虽危而未覆。

**仁虽未绝，义虽未灭，诸侯已轻其上矣。诸侯轻上，则朝廷不恭，纵令不顺。**

凡恭顺之至直，在乎中感者也。

**仁绝义灭，诸侯背叛，众人力攻，强者陵弱，大者侵小，民人以攻击为业，灾害生，祸乱作，其亡无日，何期无祸也？**

夫无道则据德，失德则依仁，仁绝则义扶，义灭而亡国。其所由来者渐，通为祸败之资。故当其无道失德之时，则有轻上违命之弊。乘彼绝仁灭义之后，则有亡国辱身之忧。但身有命分之薄厚，国有危覆之运数，厚者居危以终世，薄者当覆以陷时。将立本以观之，莫不由失道之故也。

**老子曰：法烦刑峻，则民生诈，上多事，则下多态。**

必多端态以承其事。

**求多即得寡，禁多即胜少。**

以其失多故寡得，以其犯多故少胜。

**以事生事，又以事止事，譬犹扬火而欲使无焚也；**

夫无事止事，事则止矣。以事止事，事止复生矣。止彼所生之事，生此所止之事，则如扬火欲求无焚而更焚也。

**以智生患，**

谓上智生下患。

**又以智备之,譬犹挠水而欲求其清也。**

上弃智巧,下民全性也。除患之本,止乎多端,既因智以患生,复设智以防患,不挠自清之道,由此远哉!

**老子曰:人主好仁,即无功者赏,有罪者释;好刑,即有功者废,无罪者及。**

夫仁以慈济为功,刑以加罪为用,苟有所好,则赏愆刑滥,不可君御于兆人矣。尝试论之曰:道也者,莫非万品之贵也。事也者,莫不用好而成也。然而立好以求道,则好存于胸府,道背于所求,而反以迕其理。又云:不失德者是以无德。且道之与德,犹不可专好而成,而况乎偏尚余事而至当于天下者也。

**无好憎者,诛而无怨,施而不德。**

如天之春秋,物何得怨耳?

**放准循绳,身无与事,若天若地,何不覆载。**

任乎常度而无心者,能与二仪合德也。

**合而和之者,君也;**

合众和义,在乎一人。

**别而殊之者,法也。**

犯者自有轻重之殊,是国之常法也。

**民以受诛,怨无所藏,**

君无容情,清县天下,则抵罪者甘蹈汤地,而无所尤怨焉。

**谓之道德。**

然后国有太平之道,君有无私之德。

**老子曰:天下是非无所定,世各是其所善,而非其所恶。**

彼亦非尔所善,而是尔所恶,直非公当,故不可定也。

**夫求是者，非求道理也，**

推道之理，则万物玄同无非是。

**求合于己者也，非去邪也，去逆于心者也。**

直有所合，则偏系于物，岂得谓之去邪哉？但自去所恶耳。

**今吾欲择是而居之，择非而去之，不知世之所谓是非者也。**

夫求是者，不能是也。去非者，不能无也。今欲择是而居，择非而去，则何知世人不自执所是而谓我之非哉？若然者，合己之是未出于邪，此明是非之治，未可为天下王也。

**故治大国者若烹小鲜，曰勿挠而已。**

小鱼挠之则糜碎，兆人烦之则溃乱。故其设法令以相是非者，不能治之也。

**夫趋合者，即言中而益亲，身疏而谋，当即见疑。**

世之常情，莫有公是，唯合私为是耳。故言佞而中，则益亲身疏，而忠则见疑。

**今吾虽欲正身而待物，何知世之所从规我者乎？**

将欲自正其身以待于物，岂无世人以不合之故，反持彼正而规我也。

**吾若与俗遽走，犹逃雨也无之而不濡。**

若我之正世，亦世之规我，遽走争正，莫能去衰。譬犹逃雨，随其所适，皆濡湿也。

**欲在于虚即不能虚，**

以其心有所存，乃不虚耳。犹乎正取，则动未尝正也。

**若夫不为虚而自虚者，此所欲而无不致也。**

夫泛物乘理，不恶于有，则不存虚而自虚矣。因世寄安，不非于彼，则不争正而自正矣。今以无劳而得虚，无择而常正，岂非向者所欲，皆坐而致之也。

　　故通于道者，如车轴不运于己，而与毂致于千里，转于无穷之原也。

　　处中不动者，则与物偕往，无格于远近。且万化周轮，未尝有极，而我之体应，无所不穷焉。

　　故圣人体道反至，不化以待化，动而无为也。

　　夫体道者，其常存而不可变也。以不变化能御千变万化，而此妙用，岂涉有为者哉？

　　老子曰：夫亟战胜者，则国必亡。

　　亟数战也。

　　亟战则民罢，数胜则主骄，以骄主使罢民，而国不亡者，寡矣。主骄则恣，恣则极物，民罢则怨，怨则极虑，

　　物极则反，事极则变。

　　上下俱极而不亡者，未之有也。故功遂身退，天之道也。

　　缺文。

## 通玄真经卷之六

宋宣义郎试大理寺主薄兼括州缙云县令朱弁正仪注

### 上德篇

　　彼物无宰，由道有常，用与佗伦，玄功自积。故柔服天下，我未始有，知和合生灵，彼无不理得者也。然上德之体，无所不得，故此一篇之内，杂而冲之。

　　老子曰：主者国之心也，

　　为存亡定倾之所由。

**心治即百节皆安,心扰即百节皆乱。**

身之百节,如国之百司耳。

**故其身治者,支体相遗也;其国治者,君臣相忘也。**

支体各安,则自得也。故遗其所恃,君臣各伦,则无事也,故忘其所从。

**老子:学于常枞,**

老子之师。

**见舌而守柔,**

齿刚舌柔,刚者先毙,则柔之为利,实所宜守也。

**仰视屋树,退而目川,**

树柔条则居高屋,弱材则处上,因以举耳目之前,遂为谦小之龟镜也。

**观影而知持后。**

夫后动者未尝失宜,如影在形后,不穷俛仰,以物之不与争,故恒处尔也。

**故圣人虚无因循,常后而不先,譬若积薪,后者处上。**

此谓因其德而成其功也。

**老子曰:鸣铎以声自毁,膏烛以明自煎,虎豹之文来射,猨狖之捷来格,故勇武以强梁死,辩士以智能困,**

此皆以所长而自害。

**能以智知,而未能以智不知也。**

但有智知之能,而莫知不智之用也。

**故勇于一能,察于一辞,可与曲说,未可与广应也。**

唯不载于智,不敢于能,乃可与应千变万化。而一曲之士,将何任是说乎?

**老子曰：道以无有为体，视之不见其形，听之不闻其声，谓之幽冥。幽冥者所以谕道，而非道也。**

妙本以无有入于无间，未尝须臾离万物也。体即幽昧，用乃显著。故虽强名，亦无所主及耳。

**夫道者，内视而自反，**

遣欲反素，则冥然自得，自得则天下莫非得也。

**故人不小觉，不大迷，不小慧，不大愚，**

唯执其知觉者，未能反于不知之大也。

**莫鉴于流潦，而鉴于止水，以其保之止而不外荡也。**

夫初不以物荡心者，然后可以照应群物矣。

**月望日夺光，**

言对躁立静，静体不全，唯无敌对者当自静矣。

**阴不可以乘阳，**

卑不犯尊，乃可保其恒位。

**日出星不见，不能与之争光。**

大德居世，小德自掩。

**末不可以强于本，枝不可以大于干，上重下轻，其覆必易。**

凡欲胜于心，则动生颠沛也。

**一渊不两蛟，一雌不两雄，一则定，两即争。**

夫是非不可同穴，唯战胜者定矣。

**玉在山而草木润，珠生渊而岸不枯。**

道居中而形自治矣。

**蚯蚓无筋骨之强，爪牙之利，上食晞堁，下饮黄泉，用心一也。**

晞堁，干土块也。夫形无所恃则心无所待，且无所待则全水土，亦可以保生也。

**清之为明,杯水可见眸子,浊之为害,河水不见太山。**

苟澄方寸则能极鉴于物,非假形器之大小也。

**兰茞不为莫服而不芳;舟浮江海,不为莫乘而沉;君子行道,不为莫知而止,性有之也。**

夫草之与木,果有天然之性也。而行道则日损,小人非可比者,必尔称性者,则天下又可学哉?此圣人之意,举其习以成性,亦侔天性,则安可付之定分而不进修者也?

**以清入浊,必困辱,以浊入清,必覆倾。**

非其世而仕,贤者必困。非其才而进,愚者必覆。

**天二气即成虹,**

阴反在上,战而不和,遂虹霓也。

**地二气即泄藏,**

阳及在下,施不同德,必洩藏蛰也。

**人二气即生病。**

喜怒交于胸中,故病。

**阴阳不能常,且冬且夏。月不知昼,日不知夜。**

夫阴阳日月以无杂二,乃成化育之功,定晦明之德。言君臣之位,男女之节,固不可配其伦也。或曰:形气之大者,莫大乎阴阳日月,而尚不能全德,况于众物乎?唯道之为用,行而能常,故可称至耳。

**川广者鱼大,山高者木修,地广者德厚也。**

苟非立本,末不茂也。

**故鱼不可以无饵钓也,兽不可以空器召也。**

欲济其事,先备其资。

**山有猛兽,林木为之不斩;园有螫虫,葵藿为之不采;国有贤**

臣,折冲千里。

越不敢伐吴之类也。

**通于道者若车轴转于毂之中,不运于己,与之致于千里,终而复始,转于无穷之原也。**

夫万物昼夜自运,终莫之究。唯虚无而不动者,乃能与之偕能耳。岂若昧道之士,劳而不能致远哉?

**故举枉与直,何如不得,举直与枉,勿与遂往。**

此义以见《符言篇》。

**有鸟将来,张罗而待之,得鸟者罗之一目也。今为一目之罗,即无时得鸟。**

圣人设教,非有多门,以物性殊宜,遂张众目。然入真门者,斯至于一妙也。将治家国,取纳华才,亦做此耳。

**故事或不可前规,物或不可豫虑,故圣人畜道待时也。**

所谓畜备应之道,待机感之时。

**欲致鱼者先通谷,欲来鸟者先树木,水积而鱼聚,木茂而鸟集。**

但识彼性而钓之,虽异类亦不会合也。

**为鱼德者,非挚而入渊也,为暖德者,非负而上木也,纵之所利而已。**

德施物者,不苟全彼自然,非贵设法以检其性,故曰纵所为而已。

**足所践者浅,**

浅少。

**然待所不践而后能行,心所者者褊,然待所不知而后能明。**

拟足于未至,方得致远。进心于未知,方可明道。

**川竭而谷虚,丘夷而渊塞,脣亡而齿寒,河水深,而壤在山。**

凡牵累有处,则我性莫能自全。

**水静即清,清即平,平即易,易即见物之形,形不能并,故可以为正。**

唯内保清静,则自然通鉴,应之大常也。

**使叶落者,风摇之也,使水浊者,物挠之也。**

所谓欲能害性。

**璧瑗之成器,监诸之功也,镆铘之断割,砥砺之力也。**

不琢不成器,不磨不利,用论强学进道也。

**䗝与骥致千里而不飞,无裹粮之资而不饥。**

凡得所附而能委质无佗,则名实不求而皆遂。

**狡兔得而猎犬烹,高鸟尽而良弓藏,名成功遂身退,天道然也。**

且开国建功,身死名辱,古多此类,不复胜举。故能知天道者,善始终耳。

**怒出于不怒,为出于不为,**

明见事本,固当不贵其末。故圣人处无为以贯之此义,非因昔所不怒,使物慢易,而至于怒昔所不为,使事废旷,而至于为者也。

**视于无有,即得所见,听于无声,即得所闻。**

视所见者常眩,听所闻者常惑。岂可谓得闻见哉?唯反此乃闻见之全用。

**飞鸟反乡,兔走归窟,狐死守丘,寒螿得木,各依其生也。**

所谓物之终极,莫不归根复本。

**水火相憎,鼎鬲在其间,五味以和;骨肉相爱也,谗人间之,则父子相危。**

善用其术,则异类可为和资;苟害其道,虽天性亦可浸变也。

**犬豕不择器而食,俞肥其体,故近死。**

夫仕不择地,虽禄富其家,转危其身。

**凤凰翔于千仞,莫之能致,**

危邦不入,乱邦不居,孰有矰缴之害?

**椎固百枘而不能自椓,目见百步之外而不能见其眦。**

世之从事,皆远取于物,而不能近鉴于身。

**因高为山,即安而不危,因下为池,即渊深而鱼鳖归焉。**

居所尊之位而积之以德,则高不可倾也。处不可争之地而加之以谦,则物之所与也。

**沟池涝即溢,旱即枯,江海之原,渊流而不竭。**

夫未得其原,即变荡由物,故江海有原,乃能自全其常矣。

**聋无耳而目不可以蔽,精于明也,瞽无目而耳不可以蔽,精于聪也。**

用有所宜,不相妨夺,亦谓精之不分,乃精于一用耳。

**混混之水浊,可以濯吾足乎,**

世昏昧可隐身遁迹。

**泠泠之水清,可以濯吾缨乎。**

世昭明可沐浴登仕。

**丝之为缟也,或为冠,或为絑。冠即戴枝之,絑即足履之。**

同一缟所制,辄尔有上下之异;同一气所生,亦俱然贵贱之殊。推此察之,复何企怨?

**金之势胜木,一刃不能残一林;土之势胜水,一栖不能塞江河;水之势胜火,一酌不能救一车之薪。**

夫虽执可制之具,而德力未赡者,仅若无益于事矣。

**冬有雷,夏有雹,寒暑不变其节,霜雪麃麃,日出而流。**

冬至之前,阳下复成雷;夏至之前,阴上结成雹。虽在大寒大暑之月,亦未绝变也。若施之于霜雪,则见日而自清沛矣。此所谓中有必然,外不能制,时有必制,物不能然。唯明哲之士,辨此以为宜耳。

**倾易覆也,倚易附也,几易助也,湿易雨也。**

故贤人因而成之,乃称其业易简也。

**兰茝以芳,不得见霜,**

以有芳香之能,故中道夭于采掇,而才者可不慎也?

**蟾蠩辟兵,寿在五月之望。**

以五月半取而灰之,能辟兵伤之毒,此乃以才见害耳。岂不谓能神于物而不能自神于身?斯亦白龟见梦于宋元君之类,可不哀哉?

**精泄者中易残,**

动为外邪所害。

**华非其时者不可食。**

但非正气所资,设使有其英润,亦能反我之常性也。

**舌之与齿,孰先弊,绳之与矢,孰先直。**

齿刚先弊,矢直先折。柔而婉者,乃全刚直之德者也。

**使影曲者形也,使向浊者声也。**

当慎其本。

**与死者同病,难为良医,与亡国同道,不可为忠谋。**

是知君上当可受药石之谏也。尝试论曰:凡称难者,犹可严戒精释以涉之,不可正者,容可合权适变以佐之。物无弃材,理无弃事,取旨会意,或在斯焉。则所谓君御臣,臣事君,各宜慎其所以者。

**使倡吹竽,使工摄窍,虽中节不可使决,君刑亡焉。**

决,定也。不可使定音律矣。如君臣乱伦,代司致业,则刑法虽当，不足施立。若因位考法，可谓君刑双得也。

**聋者不歌无以自乐，盲者不观无以接物。**

心有所期则形声自至，故静其心者，外无物也。

**步于林者，不得直道，行于险者，不得履绳。**

婴物不可免乱，犯难不可免害，而步以之林，行以从险，则安能涉弃逝之夷路，游至直之通衢也？

**海内其所出，故能大，**

言含德之所致也。夫不杜耳目而包声色，不扃真性而一夷险，如斯之道，方与大海同其容，应出纳之德耳。

**日不并出，狐不二雄，神龙不匹，猛兽不群，鸷鸟不双。**

夫一君之德，一用之材，尚无俦匹，而况圣人大化之道，独运之功也？

**盖非橑不能蔽日，轮非辐不能追疾，然橑辐未足恃也。**

凡有能及于物者，莫作相假，考验由实，未足恃功。故圣人济世利用，推能于物，乘势因人，成事而作其功也。

**张弓而射，非弦不能发，矢之命中，十分之一。**

夫射本在中，不中何射？百发一中，功过不补。而天下建功从事，莫不然矣。既忘其屡败，独宰其一成，岂不谬于处实行权矣？

**饥马在厩，漠然无声，投刍其旁，争心乃生。**

血气之类，未尝无欲。故不见可欲，则心不争乱也。

**三寸之管无当，天下不能满，十石而有塞，百竹而足。**

小人狭志，以无厌不满；君子器宇雅大，当分而足矣。

**循绳而断即不过，县衡而量即不差。**

直奉于道，即不过于是非；平施以德，即不差于厚薄。

**县古法以类，有时而遂，杖格之属，有时而施。**

治今执古，法格异宜，虽绳衡同，亦未足定世，唯审时知变者可。

**是而行之谓之断，非而行之谓之乱。**

法顺于时则定，法背于时则废。

**农夫劳而君子养，**

劬劳稼穑以奉上禄，是知苟修其道，则无贱役之弊。

**愚者言而智者择。**

博采与颂，择善而行。苟有其智，则能因彼成立也。

**见之明白，处之如玉石，**

夫见理历然者，如玉之在石，明白可取也。

**见之黯暗，必留其谋。**

见犹昏昧，必不能行也。

**百星之明，不如一月之光，十牖毕开，不若一户之明，**

积小智自以为明者，未能通鉴于万类也。

**蝮蛇不可为足，虎不可为翼。**

天道亏盈，宁肆凶毒，则天下为物害者，可不畏之而诫哉？

**今有六尺之广，**

古之六尺，今之一步。

**卧而越之，下才不难，**

既在一步之内，又处人下，将欲过，岂难跨越？才与材同用也。

**立而逾之，上才不易，**

取向者六尺之度，随卓立之将逾，上材即不易其得也。

**势施异也。**

同此六尺之材，而异所施之势，即难易将隔，上下县殊，是以君子恶居下流，自强不息也。

**助祭者得尝，救斗者得伤，**

且辅相善恶,犹利害以及身,则自为之效,足可明矣。
**蔽于不祥之木,为雷霆所朴。**
苟失所依,虽不遇刑诛,亦未免所累,故君子择处其地也。
**日月欲明,浮云盖之;河水欲清,沙土秽之;丛兰欲修,秋风败之;人性欲平,嗜欲害之。**
当慎所好恶也。
**蒙尘而欲无眯,不可得洁。**
未闻犯声色而性全者也。
**黄金龟钿,贤者以为佩,土壤布在地,能者以为富。故与弱者金玉,不如与之尺素。**
物无贵贱,唯合宜当用为贵耳。夫不能佩,不能富者,自可谓失治地之宜,旷进德之道也。
**毂虚而中立三十辐,各尽其力,使一辐独入,众辐皆弃,何近远之所能至。**
凡人君虚心延士,则仁者为之处,义者与之立,各尽其力矣。将任一材,固不可驱御天下也。
**橘柚有乡,萑苇有丛,兽同足者相从游,鸟同翼者相从翔。**
方以类聚,物以群分。虽杂糅无穷,唯同之者可治也。
**欲观九州之地,足无千里之行,无政教之原,而欲为万民上者,难矣。**
君能度时布政,因情设教,而兆民自戴于己,亦何难之有哉?
**凶凶者获,提提者射。**
谓其有勇有捷,来彼擒射。
**故太白若辱,广德若不足。**
至素者,容忍常德可不溢。

君子有酒，小人鞭缶，虽不可好，亦不可丑。

君子有酒以成礼，小人击缶亦为乐。虽节奏非度，世之不传，而适欢和志，自合乐本。然则礼乐天性，备适贤愚，未可丑小人，独美君子也。

人之性便衣丝帛，或入射之即被甲，为所不便，以得其便也。

既而有所贵者，当在乎时，则知常所贱，未可定弃也。

三十辐共一毂，各直一凿，不得相入，犹人臣各守其职也。

能列材以定位，则任力以致远也。

善用人者，若蚈之足，众而不相害，若舌之与齿，坚柔相磨而不相败。

善用臣下者，百官虽众，近无夺伦，文武虽异，亲而成业也。

石生而坚，芷生而芳，少而有之，长而愈明。

夫万物之其宜者，治之则遂。抑背其性，劳而无功矣。

扶之与提，谢之与让，得之与失，诺之与己，相去千里。

同用异宜，至近而远，世多此类。故圣人历示以为诫也。

再生者不获莘，而叶太早者不须霜而落。

贵适中也。先之则失常，后之即亏分。

污其准，粉其颡，腐鼠在阼，烧熏于堂，入水而憎濡，怀臭而求芳，虽善者不能为工。

夫设法不当本，虽善用其法者，亦无以巧取成济也。

冬冰可折，夏木可结，时难得而易失。

天下事理，无难无易，有得时失时之难易，是以重之过于尺璧也。

木方盛，终日采之而复生，秋风下霜，一夕而零。

顺于天者，将易其功；任于己者，徒劳其力。

质的张而矢射集，林木茂而斧斤入，非或召之也，形势之所致也。

行标于世,必来众妒。禄丰于家,莫不倾夺。

**乳犬之噬虎,伏鸡之搏貍,恩之所加,不量其力。**

世莫有量其力分守所爱者,唯信情骋欲,以至于自害耳。

**夫待利而登溺者,亦必将以利溺人矣。**

赏彼登溺,待之以利,则天下莫不愿溺而拯拔矣。如简子利于放鸠,反多捕者,是以为治之本不贵当功,而在绝其原。

**舟能浮,石能沈,愚者不知之焉。**

圣人知沉浮之理定矣,故不妄动也。

**骥驱之不进,引之不止,人君不以求道里。**

贤俊虽有才而忠不奉上,则不可为治也。

**水虽平必有波,衡虽正必有差,尺寸虽齐必有危。**

虽法教齐平,执而用者未免失当。

**非规矩不能定方圆,非准绳无以正曲直,用规矩者,亦有规矩之心。**

夫内怀精诚,外无法教,则民之伦叙日知所由。然其法教大张,精诚不副者,斯亦不信于民,不得于世矣。故能用规矩者,直在规矩之心。是以《精诚篇》云:同言为信,信在言前;同令而行,诚在令外。岂不谓素有诚信,乃能施用法教也?

**太山之高,倍而不见,秋毫之末,视之可察。**

物无巨细,但反之则迷,审之则明也。

**竹木有火,不钻不熏,土中有水,不掘不出。**

虽性之有道,唯精研乃可得也。

**矢之疾不过二里,跬步不休,跛鳖千里。累世不止,丘山从成。**

将欲致远,在乎久而不在动也。故绵绵者用之无尽,若愚公之类,而山可移焉。

**临河欲鱼,不若归而织网。**

术其本者,乃可自期也。

**弓先调而后求劲,马先顺而后求良,人先信而后求能。**

志素求饬,不能饬矣。保质遗华,文自生矣。

**巧冶不能销木,良匠不能琢冰,物有不可,如之何君子不留意。**

勿致意于不能之外。

**使人无渡河,可;使河无波,不可。**

无所涉去,则彼我自宁。涉之欲求不溺,不可无也。

**无日不辜,甄终不堕井矣。**

将无犯涉之罪,则纵彼以波起。如甄之在灶,无由堕井者也。

**刺我行者欲与我交,岂我货者欲与我市。**

未知其本,不可定怨于物。而本之难知,故其忽直可者耳。

**行一棋不足以见智,弹一弦不足以为悲。**

遽责于物,难尽其能。

**今有一炭然,掇之烂指,相近万石俱熏,去之十步而不死,同气而异积。**

夫气类虽同,积德之异者,固不可辄偕其动用耳。

**有荣华者,必有愁悴。**

若素安其实,即能一味于世。

**上有罗纨,下必有麻绋。**

夫主饬其贵,必民苦于贱。下苦于贱,上难保其贵矣。

**木大者根瞿,山高者基扶。**

贵立本也。

**老子曰:鼓不藏声,故能有声;镜不役形,故能有形。**

怀而存之,固不能常保。虚而静之,则自然备应也。

**金石有声,不动不鸣;管箫有音,不吹无声。是以圣人内藏,不为物唱,事来而制,物至而应。**

圣人含应而不唱,如彼金石也。

**天行不已,终而复始,故能长久。轮复其转,故能致远。天行不差,而无过矣。**

常居自然之运,故在不替之德。

**天气下,地气上,阴阳交通,万物齐同。**

齐受和气,同一生成。

**君子用事,小人消亡,天地之道也。**

天地交泰,故君子辅相以成功。

**天气不下,地气不上,阴阳不通,万物不昌,**

谓物不蕃息也。

**小人得势,君子消亡。**

否则反常,故君子俭德以避难。

**五谷不植,道德内藏。**

内藏即不昌,消亡之义也。

**天之道,损盈而益寡;地之道,损高而益下;**

归于均也。

**鬼神之道,骄溢与下;**

害盈益谦。

**人之道,多者不与;**

恶盈好谦。

**圣人之道,卑而莫能上也。**

由谦以致上,则天下不能得上。

**天明日明,而后能照四方,君明臣明,域中乃安,有四明,乃能**

久长。明

君臣之明,非贵相察,谓其不昧治化之道,斯与天日同功比德,天下乃宁,四时而安也。然君臣未正,则虽天日之明域中,未免昏乱。人法天者,乃长久也。

**其施明者,明其化也。**

所施之明,直能化下。

**天道为文,地道为理,**

星纬之文,川渎之理。

**一为之和,时为之使,以成万物,命之曰道。**

一气以和生,四时以信长。推变万类,名昊天之道也。

**大道坦坦,去身不远,**

身者,天地之一物,岂非道乎哉?

**修之身,其德乃真,**

唯顺安命不知其他,则冥符真体自然成德也。

**修之物,其德不绝。**

由接物恢弘精,顺理本动,而因万物之无穷,故德之莫能御也。

**天覆万物,施其德而养之,与而不取,故精神归焉。**

夫养物之生,莫非天德也。然无状系物,岂外取哉?精神者,初禀轻清之朗廓,故天有不德之德,所以上也;精神有虚通之能,所以贵也。以贵归上,理从其类耳。

**与而不取者上德也,是以有德。**

无迹而成功,不德而居上。

**高莫高于天也,下莫下于泽也,天高泽下,圣人法之,尊卑有叙,天下定矣。**

泽当如地。圣人法天地以叙尊卑,故君臣父子各正其所,古今不易,是称大定。

**地泽万物而长之,与而取之,故骨骸归焉。**

天有长物之形,地有资与之德,然在方系物矣,安取其功哉?骨肉者初禀重浊,终委块壤,故地有执德之迹,所以下也。骨肉有滞碍之患,所以贱也。以贱归下,理亦然者耳。

**与而取者下德也,下德不失德,是以无德。**

全乎有述之功,固非上德之位,是以圣人玄德同于天也,立德同于地也。

**地承天,故定宁,地定宁,万物形,**

形犹生成。

**地广厚,万物聚,**

聚载其上。

**定宁无不载,广厚无不容。地势深厚,水原入聚,地道广方,故能长久。**

广有大林,方有大德。

**圣人法之,德无不容。**

卑则物归,宁则自得。

**阴难阳,万物昌;**

阴为阳所制,则万物昌盛,谓四月节前也。

**阳消阴,万物湛。**

阳为阴所消,则万物湛息,谓十月节前也。

**物昌无不赡也,物湛无不乐也,物乐则无不治者矣。**

气生于形,故赡也。无劳于生,故乐也。处其静者,将自治矣。

**阴害物,阳自屈,阴进阳退,小人得势,君子避害,天道然也。**

动静有时,故违天,必有大咎也。

**阳气动,万物缓而得其所,是以圣人顺阳道。**
所谓顺时而行,乃能得欲举,无违事也。
**夫顺物者物亦顺之,逆物者物亦逆之,**
化周彼者,物无异也;物异我者,化未周也。
**故不失物之情陛。污泽盈,万物无节成;**
物也者,所宜为性,时宜为情。布政设教,不失二宜,则万物全其润泽,成有信而成熟。
**污泽枯,万物无节叶。**
英华及节而不生矣。
**故雨泽不行,天下荒亡,**
山无法道,抑否失时,则蒸人不粒,荒乱流亡也。
**阳上而复下,故为万物主。**
位高而德谦也。高则物奉,谦则物亲,故可为之主矣。
**弗长有,故能终而复始,**
其道消息,故不穷绝。
**终而复始,故能长久,故为天下母。**
母天下者,非有是德,如何也?
**阳气蓄而后能施,阴气积而后能化,未有不蓄积而能化者也。**
夫自体未全,不能立事,况胜任万物,非乎蓄积之大哉?
**故圣人慎所积。**
唯积德合和,堪化天下矣。
**阳灭阴,万物肥;阴灭阳,万物衰。故王公尚阳道则万民昌,**
谓和气洽民矣。
**尚阴道即天下亡。**
谓杀气灭国耳。

**阳不下阴,万物不成,**

阴体卑静,故阳德不降,则不能成化。

**君不下臣,德化不行,**

臣道代终,故君恩不施,则不能行政。

**故君下臣即听明,**

得天下耳目视听耳。

**不下臣即暗聋。**

一人闻见,不可胜用。

**日出于地,万物蕃息,王公居民上,以明道德;**

大人居上位,则道洽德被于民,如日出地,蕃息万物。

**日入于地,万物休息,小人居民上,万物逃匿。**

小人居上位,则无方御下,使之离散,如日入地,万物当废息乎?

**雷之动也,万物启;雨之润也,万物解。大人施行,有似于此。**

动以启蛰,润以发生。人君行令,若天作雷雨,未有不从其令也。

**阴阳之动有常节,大人之动不极物。**

法天应时,所以动而无失。亢极于物者,则抑性而有绝也。

**雷动地,万物缓;风播树,草木散。大人去恶就善,**

天地布德除秽,大人革弊施政耳。

**民弗远徙,故民之有去就也,去尤甚,就尤愈。**

民皆乐土,不愿移徙,唯苛政之甚,不得不去。惠泽少及,不得不就,非谓性分之所易也。

**风不动,火不出,大人不言,小人无述。**

火因风出,民由上教。

**火之出也,必待薪,火人之言,必有信。有信而真,何往不成?**

夫火之依薪,言之在信,所以炎炽。若能法教有恒,真而不渝,所往皆遂也。

**河水深,坏在山,丘陵高,下入渊,**

义已见上。

**阳气盛,变为阴,阴气盛,变为阳,故欲不可盈,乐不可极。**

盈则覆,极则反。

**忿无恶言,怒无作色,是谓计得。**

能审报复之道,而不先犯以招其咎,是谓保安之计得也。

**火上炎,水下流,圣人之道,以类相求。**

虽舛错万类,而同其方者,莫不得之。

**圣人依阳天下和同,依阴天下溺沉。**

阳道生畅,阴道肃杀。若然流布德泽,则民和洽;全用荆楚,则民垫溺也。

**老子曰:积薄成厚,积卑成高,**

高行厚德在乎积修,首辱重变在乎积犯。

**君子日汲汲以成辉,小人日快快以至辱。**

汲汲自强,日以成德;快快从欲,以至身辱,所积之异。

**其消息也,虽未能见,**

言君子之心,亦未能消息。倚伏之道,但慕善直,前自成辉耳。

**故见善如弗及,依不善如不祥。**

见彼善事,欲速循进;处不善事,如在灾祸也。

**苟向善虽,过无怨;**

且有向道之者,虽为物所咎,亦无加怨于物。以明君子之道自有常行之矣。

**苟不向善,虽忠来恶。**

素无向善之心,虽有物忠顺于己,而必有不忠之时;虽来其恶,遂生怨于彼者也。然物与我期,理难常顺,责彼以恒,固未之可。乃知怨之所起,直在自无恒德也。

**故怨人不知自怨,**

怨由自作,奈何非物。

**勉求诸人,不如求诸己。**

自得即物无不得,岂非不假求佗人?

**故声自召也,类自求也,名自命也,人自官也,无非己者。**

已上四者,皆由己得也。自官,谓贤愚所赡之位耳。

**操锐以刺,操刃以击,何怨于人?**

害物物报,怨可自怨。

**故君子慎其微。**

慎机发之微也。

**万物负阴而抱阳,冲气以为和,**

夫二气交盛,乃曰和也。万物之形,虽背阴向阳,而虚灵之气则禀和也。

**和居中央,是以木实生于心,草实生于英,**

英亦草心。

**卵胎生于中央,**

皆和居中央,而生其草木胎卵。虽情性殊别,然其禀气受类,莫非以和居中之故也。

**不卵不胎,生而须时。**

自湿自燥而化生者,须伺春秋湿燥之节以感生也。斯亦与和俱生耳。

**地平即水不流,轻重均即衡不倾,物之生化也,有感以然。**

阳盛即生,阴盛即死。如彼衢水,随感倾波,得乎中和,平而正也。

**老子曰：山致其高，而云雨起焉，水致其深，而蛟龙生焉。君子致其道，而德泽流焉。**

道之高深，固能流德。

**夫有阴德者，而有阳报，有隐行者，必有昭名。**

夫阴德无机，乃德之真者。隐行无求，乃行之实者。既真且实，虽欲报之不明，名之不显，亦未之得矣。

**树黍者不获稷，树怨者无报德。**

种黍得黍，树怨得怨。

## 通玄真经卷之七

宋宣义郎试大理寺主薄兼括州缙云县令朱弁正仪注

### 微明篇

道周象外谓之微，德隐宜中谓之明。是知非微无以究真宗，非明无以契玄旨，微明之义，体用两然。

**老子曰：道可以弱，可以强，可以柔，可以刚，可以阴，可以阳，可以幽，可以明，可以包裹天地，可以应待无方。**

此与《道原篇》意同也。

**知之浅，不知之深，知之外，不知之内，知之粗，不知之精，知之乃不知，不知乃知之，孰知知之为不知，不知之为知乎？夫道不可闻，闻而非也；道不可见，见而非也；道不可言，言而非也。孰知形之不形者乎？故天下皆知善之为善也，斯不善矣。知者不言，言者不知。**

夫道绝形声，非闻见能辩；德非藻饰，岂善恶能明？故知者不言,言者不知,其至已矣。

文子问曰:人可与微言乎?老子曰:何为不可。唯知言之谓乎?夫知言之谓者,不可言言也。

微言,谓至妙言。唯忘其言,可与言也。

争鱼者濡,逐兽者趋,非乐之也。故至言去言,至为去为,浅知之人,所争者末矣。夫言有宗,事有君。夫为无知,是以不吾知。

道者无名之妙,言者至理之宗,达妙者无言,明宗者不竞。是言至而无言为至,而无为而知自知尔,执云吾知。

文子问曰;为国亦有法乎?老子曰:今夫挽车者,前呼邪轷,音乎。

后亦应之,此挽车劝力之歌也。虽郑、卫、胡、楚之音,不若此之义也。治国有礼,不在文辩。法令滋彰,盗贼多有。

夫所用者有宜,各当其要,犹挽车劝力,不当奏以咸池之乐。治国宁民,务崇朴素,何烦藻丽之说也?

**老子曰:道无正而可以为正,譬若山林而可以为材,材不及山林,山林不及云雨,云雨不及阴阳,阴阳不及和,和不及道。道者所谓无状之状、无物之象也,无达其意,天地之间,可陶冶而变化也。**

夫道无正,正出于道,犹山林非材,而材出于山林。自云雨已下,言不及道者,以其无状无象,故能包罗万有,总括群方。唯体道者,知变化无穷也。

**老子曰:圣人立教施政,必察其终始,见其造恩。**

造恩,谓制法立教也。

**故民知书即德衰,知数而仁衰,知券契而信衰,知机械而实衰。**

斯数者皆由大道而后兴,随时而立制。制之逾谨,违之逾切,是知实信衰而机械设,机械设而奸滥甚矣。

瑟不鸣,而二十五弦各以其声应;轴不运于己,而三十辐各以其力旋。弦有缓急,然后能成曲;车有劳佚,然后能致远。使有声者乃无声,使有转者乃无转也。

瑟无声,声在于弦;轴不转,转在于轮。是无声而能有声,无转而能有转,故无声之声而曲即成,无转之转乃能致远也。

上下异道,易治即乱,位高而道大者从,事大而道小者凶。

冠不可践于足,臣不可尊于君。上下乖乱,亡无日矣。

小德害义,小善害道,小辩害治,苛悄伤德。

矜小惠而蔽大道,纵小忿而伤至德。

大政不险,故民易道,至德优游,故下不贼。至忠复素,故民无伪匿。

上有平正,下无险诐;上有清简,下无巧伪。

老子曰:相坐之法立,即百姓怨,减爵之令张,即功臣叛。

狱讼相引,无辜者受其怨;爵位减黜,有功者怀其叛。

故察于刀笔之迹者,不知治乱之本,习于行阵之事者,不知庙战之权。

治乱者,谓垂拱无为之化,非督责之吏所知。庙战者,谓决胜之术在方寸之地,非一卒之能晓。

圣人见福于重关之内,虑患于冥冥之外。

重关之内,冥冥之外,谓出祸福之场,绝思虑之境,自非圣人,安能玄鉴也?

愚者惑于小利,而忘大害,故事有利于小而害于大,得于此而忘于彼。

小见忘大,得利忘害,迷倒之甚,弄愚若何?

故仁莫大于爱人,智莫大于知人,爱人即无怨刑,知人即无乱政。

爱人犹己,则刑不滥;知人尽诚,即政无乱。

**老子曰:江河之大,溢不过三日,飘风暴雨日中不出须臾上。**

言人为暴,不久而亡,由飘风横厉,不日而止也。

**德无所积而不忧者,亡其及也。夫忧者所以昌也,喜者所以亡也。故善者以弱为强,转祸为福。道冲而用之,又不满也。**

愚者执迷而不返,以忧为喜,则速亡;善者守道以全朴,转祸为福,则必昌。

**老子曰:清静恬和,人之性也。仪表规矩,事之制也。知人之性,即自养不悖,知事之制,则其举措不乱。**

恬和者,率性之本也。规矩者,制欲之过也。牵于欲利,虽静而常悖;明其法度,虽动而不乱。

**发一号,散无竞,总一管,谓之心。见本而知末,执一而应万,谓之术。**

发号,谓使心不竞。使心不竞,即混百节而归根,应万物而冥一谓之术。

**居知所为,行知所之,事知所乘,动知所止,谓之道。**

至人者,行藏有时,吉凶县料,若其不然,何以为道也?

**使人高贤称誉己者,心之力也;使人卑下诽谤己者,心之过也。**

言出于口,不可禁于人,行发于近,不可禁于远。

**善恶由己,谤誉因人,众口所称,莫之能禁。一行有亏,无远不至。**

**事者难成易败,名者难立易废,凡人皆轻小害,易微事,以至于大患。夫祸之至也,人自生之,福之来也,人自成之,祸与福同门,利与害同邻,自非至精,莫之能分,是故智虑者祸福之门户也,动静者利害之枢机也,不可不慎察也。**

夫至人所为必谋，始克料于终。且名利之所起，即祸福之生门，故杜名利之原，闭祸福之门，即智虑自通，而动静无变也。

老子曰：人皆知治乱之机，而莫知全生之具，故圣人论世而为之事，权事而为之谋。圣人能阴能阳，能柔能刚，能弱能强，随时动静，因资而立功，睹物往而知其反，事一而察其变，化即为之象，运则为之应，是以终身行之无所困。

人皆能机于治乱之道，而不能全身于治乱之间，故圣人论世权事，应变无穷，相时而为，终身不辱也。

故事或可言而不可行者，或可行而不可言者，或难成而易败者。所谓可行而不可言者，取舍也；可言而不可行者，伪诈也；易为而难成者，事也；难成而易败者，名也。此四者，圣人之所留心也，明者之所独见也。

审行藏之势，察成败之由，其唯圣明方能独见也。

老子曰：道者敬小微，动不失时，百射重戒，祸乃不滋。计福勿及，虑祸过之。同日被霜，蔽者不伤，愚者有备，兴智者同功。

贤者无虑为愚，愚者有备为贤。

夫积爱成福，积憎成祸，人皆知救患，莫知使患无生。夫使患无生易，施于救患难。今人不务使患无生，而施救患难，虽神人不能为谋。患祸之所由来，万万无方。圣人深居以避患，静默以待时。小人不知祸福之门，动而陷于刑，虽曲为之备，不足以全身。故上士先避患而后就利，先远辱而后求名。故圣人常从事于无形之外，而不留心于已成之内，是以祸患无由至，非誉不能尘垢。

夫陷于利害由爱憎，爱憎不生，毁誉安在？君子见未形则易治，小人曲备而终祸。救于已形，成则难脱也。

老子曰：凡人之道，心欲小，志欲大，智欲圆，行欲方，能欲多，事欲少。所谓心小者,虑患于未生,戒祸慎微,不敢纵其欲也。志大者,兼包万国,一齐殊俗,是非辐辏,中为之毂也。知圆者,终始无端,方<sub>音旁</sub>。流四远,渊泉而不竭也。行方者,直立而不挠,素白而不污,穷不易操,达不肆志也。能多者,文武备具,动静中仪,举动废置,曲得其宜也。事少者,秉要以偶众,执约以治广,处静以持躁也。故心小者禁于微也,志大者无不怀也,智圆者无不知也,行方者有不为也,能多者无不治也,事少者约所持也。

凡此数者,非夫至圣高真,莫能兼也。

故圣人之于善也,无小而不行,其于过也,无微而不改,行不用巫觋,而鬼神不敢先,可谓至贵矣。然而战战栗栗,日慎一日,是以无为而有成也。

外不负物,内不惭心,何须巫觋?宁惧鬼神?由怀兢惕然可保终也。

愚人之智,固已少,而所为之事多,故动必穷,故以正教化,易而必成;以邪教化,其势难而必败。舍其易而必成,从事于难而必败,愚惑之所致。

不量得失,坐致危亡。事繁难治,虽劳将败。物简易从,必成而不为者,愚之至也。

**老子曰:**福之起也绵绵,祸之生也纷纷,祸福之数,微而不可见。圣人见其始终,故不可不察。

福如鸿毛,圣人独见;祸若太山,愚者莫睹。

明主之赏罚,非以为己,以为国。适于己而无功于国者,不施赏焉;逆于己而便于国者,不加罚焉。

明主赏罚在于公正。益于国,便于人,则行;利于己,不利于人,则止也。

**故义载乎宜,谓之君子,遗义之宜,谓之小人。**

君子小人,岂有定分?举措合宜,即为君子;动用乖分,即为小人。

**通智得而不劳,**

上士县解。

**其次劳而不病,**

中人勉力不倦。

**其下病而不劳。**

下士心眼昏滞,精神迷倒,故劳逾甚,病逾笃也。

**古之人,味而不舍也,今之人,舍而不味也。**

不舍,不居也。味,道味也。古人味道而不居,今人无道而自伐也。

**纣为象箸,**

箸以象牙为之。

**而箕子欷,**

欷其华侈。

**鲁以偶人葬,**

偶人,刻木似人,为盟器之类也。

**而孔子叹。**

叹其非礼。

**见其所始,即知其所终。**

小人见象箸、偶人,以为其生也荣,其死也盛;君子观之,其道也衰,其德也亡。

**老子曰:仁者,人之所慕也;义者,人之所高也。为人所慕,为人所高,或身死国亡者,不周于时也。故知义而不知世权者,不达**

于道也。

徒高仁义之风,不识机权之变,无救败亡,岂为周达者也?

**五帝贵德,**

无为而治。

**三王用义,**

诛暴宁民。

**五伯任力。**

任知力也。

**今取帝王之道施五伯之世,非其道也。故善不同,非誉在俗,趋行等,逆顺在左右。**

言时代既异,治化不同。当五伯之时,行太古之道,犹胶柱调瑟,疗渴以鸩,实亦难矣。

**知天之所为,知人之所行,即有以经于世矣。**

经治常也。

**知天而不知人,即无以与俗交,知人而不知天,无以与道游。**

知天和人,知俗知时,可以治世,可与道游也。

**直志适情,即坚强者贼之,以身役物,即阴阳食之。**

适我志即乖彼心,必为强坚者所忤。徇于物即劳其体,犹冰炭之相攻。阴阳谓躁静也。

**得道之人,外化而内不化,外化所以知人也,内不化所以全身也。故内有一定之操,而外能屈伸,与物推移,万举而不陷,所贵乎道者,贵其龙变也。**

**得道之人,其动也天,其静也地。动静适时,卷舒在我。故俗莫得而害,世莫得而羁。故尼父见老君,其犹龙乎?变化无方也。**

**守一节,推一行,虽以成满,犹不易,拘于小好,而塞于大道。**

既滞一方,宁论大道?

**道者寂寞以虚无,非有为而于物也,不以有为于己也。**

物我之间,居然已泯;寂寞之际,自然而神。

**是故举事而顺道者,非道者之所为,道之所施也。**

道本无为,今云顺道,即是有为。有为即事起,事起即患生。且道无常容,事无常顺,为事逆之,则是非纷然,祸患斯作,故云非道者所为也。施者,设也。言外设程科,是道仪表,非其真实,不可执之。执者失之,为者败之,理可明也。

**天地之所覆载,日月之所照明,阴阳之所煦,雨露之所润,道德之所扶,皆说一和也。是故能戴大圆者履大方,**

谓人戴天履地。

**镜太清者视大明,**

谓睹日见月也。

**立太平者处大堂,**

谓在宇宙之间。

**能游于冥冥者,与日月同光,无形而生于有形,是故真人托期于灵台,而归初。**

反未生也。

**视于冥冥,听于无声,冥冥之中,独有晓焉,寂寞之中,独有照焉。**

言真人在天地之间,睹日月之光,游乎太平,则何往不适?居乎大堂,而无不容于冥冥之中,晓乎无声,而众声应寂寞之内,照乎无形,而群形见,则与天地相保,日月同明,寄托灵台,含藏至精,谓之真人也。

**其用之乃不用,不用而后能用之也;其知也乃不知,不知而后知也。**

前已释。

道者物之所道也,德者生之所扶也,仁者积恩之证也,义者比于心而合于众适者也。

四者所用以处世修身,不可失也。

道灭而德兴,德衰而仁义生。故上世道而不德,中世守德而不怀,下世绳绳而恐失仁义。故君子非义无以生,失义即失其所以生;小人非利无以活,失利则失其所以活。故君子惧失义,小人惧失利,观其所惧,祸福异矣。

道丧德衰,仁绝义薄。君子无义,无以全其道,小人无利,无以活其身。君子惧失义以为祸,小人欲利以为福也。

老子曰:或欲利之,适足以害之,或欲害之,乃足以利之。夫病湿而强餐之热,病渴而强饮之寒,此众人之所养也,而良医所以为病也。快于目,悦于心,愚者之所利,有道者之所避。圣人者,先迕而后合,众人先合而后迕,故祸福之门,利害之反,不可不察也。

夫病渴饮之以水,良医以为祸。贪者取财于不义,君子以为害。先迕而后合,愚者之所犯;先合而后迕,圣人之所恶。夫利害相反,祸福相倾,不可不察也。

老子曰:有功离仁义者即见疑,有罪有仁义者必见信。故仁义者,事之常顺也,天下之尊爵也。

言虽功名已立,而仁义不可舍也。舍之则罪累斯及,顺之则爵禄可尊。

虽谋得计当,虑患解,图国存,其事有离仁义者,其功必不遂也。言虽无中于策,其计无益于国,而心周于君,合于仁义者,身必存。故曰:百言百计常不当者,不若舍趋而审仁义也。

为人臣,图国之难,骄主尊己,而功不成者,去仁义故也。或有良谋不用,奇计不行,戴君尽力,虽不见察,终保仁义,不敢暂忘,而身亦无害也。

**老子曰:教本乎君子,小人被其泽,利本乎小人,君子享其功。使君子小人各得其宜,即通功易食而道达矣。**

德泽被乎下,禄利奉于上,则无官而自治,不令而自行,各安其所,道之达也。

**人多欲即伤义,多忧即害智。**

欲生义夺,忧积智昏。

**故治国乐所以存,**

守其道也。

**虐国乐所以亡。**

纵其欲也。

**水下流而广大,君下臣而聪明,君不与臣争而治道通,故君根本也,臣枝叶也,根本不美而枝叶茂者,未之有也。**

圣人之治者,明四目,达四聪,屏邪慝,任贤能,则上垂拱无为自化,则下尽心而奉职。岂有交争之理?即根本日固,枝叶繁盛也。

**老子曰:慈父之爱子者,非求其报,不可内解于心。圣主之养民,非为己用也,性不能已也,及恃其力,赖其功勋,而必穷有以为,即恩不接矣。**

父之爱子,君之牧民,岂求所报?自然之分,天道也。或有君父恃其功力,骄其臣子者,恩惠不接也。

**故用众人之所爱,即得众人之力,举众人之所喜,即得众人之心。故见其所始,即知其所终。**

兼爱天下,天下虽大,俱为一家之人;不爱天下,则匹夫虽微,犹万方之敌。以此而观,则终始可知,存亡可察也。

**老子曰**：人以义爱，党以群强，是故德之所施者博，即威之所行者远，义之所加者薄，即武之所制者小。

此谓德泽无私，所附者众，弃义用武，即所存者寡也。

**老子曰**：以不义而得之，又不布施，患及其身，不能为人，又无以自为，可谓愚人，无以异于枭爱其子。

取之不义，积而不散，所谓养虎自龁，育枭自毙之也。

**故持而备之，不如其已，揣而锐之，不可长保。**

然局固箱箧，终为大盗之资，安得长有也？

**德之中有道，道之中有德，其化不可极。**

有道者必有德，有德者必有道。道德充备，与变化无极也。

**阳中有阴，阴中有阳，万事尽然，不可胜明。福至祥存，祸至祥先，见祥而为不善，即福不来，见不祥而行善，即祸不至。利与害同门，祸与福同邻，非神圣莫之能分。故曰：祸兮福所倚，福兮祸所伏，孰知其极。**

阳中有阴，阴中有阳，言祸中有福，福中有祸。夫见福而为祥，则知福为祸始；见祸而遽为善，则知祸为福先。祸福之来，有如纠缠，自非至圣，莫知其极也。

**人之将疾也，必先甘鱼肉之味；国之将亡也，必先恶忠臣之语。**

人病者，甘其口，美其味，必死之征。国乱者，恶忠言，信邪说，必亡之兆。

**故疾之将死者，不可为良医，国之将亡者，不可为忠谋。**

人将死者，医虽良而莫救；国将亡者，忠虽尽而难存。唯良医忠臣，审必死而不救，察可存而为谋也。

**修之身，然后可以治民；居家理治，然后可移宫长。故曰：修之身，其德乃真；修之家，其德乃有余；修之国，其德乃丰。**

以身观彼,自家刑国,其要修身,在于全德。

**民之所以生活,衣与食也。事周于衣食则有功,不周于衣食则无功,事无功,德不长。**

衣食者,庶民之命;庶民者,君臣之本。衣食既周于身,君臣长保于国也。

**故随时而不成,无更其刑,顺时而不成,无更而理,时将复起,是谓道纪。**

时有兴废,运有休否。不可以前时之繁政为今世之要理,言刑不可废,理不可易,能知于此,道之纪纲也。

**帝王富其民,**

敦其本也。

**霸王富其地,**

务其广也。

**危国富其吏,**

重敛则困。

**治国若不足,**

治乱也不足,将乱之征也。

**亡国困仓虚。**

费用无度,仓廪日虚,君荒民罢,不亡何待?

**故曰上无事而民自富,上无为而民自化。**

安其居,乐其业。

**起师十万,日费千金,师旅之后,必有凶年。故兵者不祥之器也,非君子之宝也。**

兵革兴之于前,凶荒随之于后,国费万金,民罢烦役。故知凶器非圣人之所宝。

**和大怨必有余怨,奈何其为不善也。**

夫和怨者,谓主不明。黜有功之臣,削有土之君,不忍一朝之忿,以为之患。君赫怒于上,臣愤骄于下,奈何其为不善以积余怨?

**古者亲近不以言,来远不以言使,近者说,远者来。**

近说远来者,在德不在言。

**与民同欲即和,与民同守即固,与民同念即知,得民力者富,得民誉者显。行有召寇,言有致祸,无先人言,后人已,附耳之言,**

附传也。先言后传之于耳。

**流闻千里。言者祸也,舌者机也,出言不当,驷马不追。**

寇有所爱者利,祸有所起者言。然言者无足而走,无翼而飞,白圭之玷,驷马何追?言祸之疾也。

**昔者中黄子曰:天有五方,**

四方中央。

**地有五行,**

金、木、水、火、土也。

**声有五音,**

宫、商、角、徵、羽也。

**物有五味,**

甘、苦、辛、酸、咸也。

**色有五章,**

青、黄、赤、白、黑也。

**人有五位,**

五脏也。

**故天地之间有二十五人也。**

二十五等人品,类各差也。

**上五有神人、真人、道人、至人、圣人，**

变化不测曰神，纯素不杂曰真，通达无碍曰道，心洞玄微曰至，智周万物曰圣。

**次五有德人、贤人、智人、善人、辩人，**

含畜曰德，人爱曰贤，明慧曰智，通恕曰善，文辞曰辩。

**中五有公人、忠人、信人、义人、礼人，**

无私曰公，奉君曰忠，不忒曰信，合宜曰义，恭柔曰礼。

**次五有士人、工人、虞人、农人、商人，**

事上曰士，监器曰工，掌山泽曰虞，治田曰农，通货曰商。

**下五有众人、奴人、愚人、肉人、小人。**

庶类曰众，伏役曰奴，昏昧曰愚，无慧曰肉，无识曰小人也。

**上五之与下五，犹人之与牛马也。**

言贤愚有差，天地县隔也。

**圣人者，以目视，以耳听，以口言，以足行。**

在世圣人，六情滞隔，犹有因假。

**真人者，不视而明，不听而聪，不行而从，不言而公。**

出世圣人，方寸已虚，触涂无隔。

**故圣人所以动天下者，真人未尝过焉；贤人所以矫世俗者，圣人未尝观焉。**

治世存真，各尽其分，故唐尧圣德以配天，仲武高亢以矫俗也。

**所谓道者，无前无后，无左无右，万物玄同，无是无非。**

迎之无前，随之无后，孰能于左？谁知其右？泯然玄同，强名为道。

# 通玄真经缵义

## 文　子

文子,姓辛,名䤘,一名计然,葵丘濮上人也。师事老子。楚平王问曰:闻子得道于老聃,可得闻乎？对曰:道德匡邪以为正,振乱以为治。醇德复生,天下安宁,要在一人。故积德成王,积怨成亡。尧舜以是昌,桀纣以是殃。王曰:敬闻命矣。后南游吴越,范蠡师之。越欲伐吴,蠡谏曰:臣闻之师曰:兵,凶器。战,逆德。争者,事之末也。阴谋逆德,好用凶器,试身于所末,不可。勾践不听。败于夫椒。后位以上大夫,弗就,隐吴兴余英禺山。相传以为登云而升。按《寰宇记》《吴兴志》俱载:余英东南三十里,有计筹山,越大夫计然尝登此山,筹度地形,因名焉。今山阳白石顶通玄观,乃故隐处也。其紫云关升元观,即古常清观,宋乾道间改赐今额。山之半有曰登云石者在。著《文子》十二篇,唐封通玄真人,书为《通玄真经》。

### 通玄真经缵义序

《文子》者,《道德经》之传也。老子本《易》而著书,文子法老而立言,所以发明皇帝王伯之道。欲为君者,必羲轩之君；为民者,皆大庭、葛天之民。其垂意于世亦深矣。后人莫究,或相诋訾。今南谷杜高士探易老之赜,合儒老之说,每以著书立言为心。其行于世者,有《道德原旨》若干卷。初居吴兴计筹山,授奇访古,得文子故居之地,创白石通玄观,复得《文子全书》。遂为析篇章,分句读,缵义附说，使学者目击道存。予尝谓乾坤开辟之后，天道自北而南，圣朝肇基，朔方元运。一转六合为家，洪荒之世复见。今日南谷应运著书以昭皇道，将措斯世于华胥氏之域。山林士不忘致君泽民之心，诚可尚也。吾教有人，喜而序其端云，至大三年六月旦日，玄教嗣师吴全节敬书。

古之士用人家国，必有世外隐者为之师，磨礲淬厉，受其书，尽其道，然后功成而名立。越有上将军范蠡，其师为计然。计然亲见圣人于衰周，怀至宝而不耀，尝究观天道、人事、强弱、兴废、自然之理，著书十有二篇，蠡用之平吴而霸越，又以其绪余全身肥家，三积三散，保其令名。观蠡之始终以信其师之道，观蠡屡对勾践之言，皆其师之言也。其书与诸子为道家。柳子厚芟除冗驳，掇取精微，自为一书，颇发其意，惜不传。南谷先生按图以得计然旧居之山，踞高峰之峻峙，俯具区之渺弥。既为之筑室肖象，复取《文子》作缵义，融会贯通，削睑就夷，发舒皇帝、王伯之蕴，与所著《玄经原旨》并行于代。先生有道者，其清勤俭素，不争而善胜，深得柱下宗旨。立言立事，见于荐绅韦布之所论著，固已勒坚石而镂华梓矣。抑太史公之论陶朱，谓其苦身戮力，与越深谋，又谓苦身戮力，致产数千万，复言之不厌。先生于此，事异而同其功，名高而不享其富，则其所以得于计然之书者，岂在文字章句之末？去之千载，真有若合符契者焉。独恨名卿大夫知先生者多，登门问道不少，乃未能尽用其说，如古人之谋国，岂信道之未笃欤？山林之士不忘斯世，肉食其忘之欤？不然，所以尊吾老子之道者，何所为而然也？余故表记范师友之所从，受于篇端，以俟至大。庚戌仲夏，庐山道士寓南真馆黄石翁序。

古之君天下者，太上无为，其次有为。是故皇以道化，帝以德教，王以功劝，伯以力率。四者之治，若四时焉。天道流行，固非人力之能强，然则时有可行，道无终否。冬变而春存乎岁，伯变而皇存乎君。此文子作而皇道昭矣。文子，晋之公孙，姓辛氏，名钘，字计然，文子其号。家睢之葵丘，属宋地，一称宋钘。师老子学，早闻大道。著书十有二篇，曰《文子》。归本老子之言，历陈天人之道，时变之宜，萃万古于一编，诚经世之枢要也。楚平王聘而问道，范蠡从而师之，勾践位以大夫。佐越平吴，功成不有，退隐封禺之地，登云仙去。吴兴计筹之阳，乃其故处。唐玄宗时征士徐灵府隐修衡岳，注文子之书上进，遂封通玄真人，号其书为《通玄真经》。仆生江左，身老吴邦，访文子之遗踪，建白石通玄观，因获《文子》故编，暇日分章缵义，参赞玄风。若夫化教劝率、道德功力之辩，则不无望于世之大贤云尔。后学当涂南谷子杜道坚谨序。

## 通玄真经缵义卷之一

南谷子杜道坚[1]纂

《文子》于章首多称老子曰者，尊师也。此盖当时记习老子之言，故不敢自有其名。书十有二篇，凡一百八十八章。道坚不揆浅陋，随义析之，增八十一章，章别其旨，题曰《缵义》，以便观览云。

### 道原篇

老子曰：有物混成，先天地生，惟象无形，窈窈冥冥，寂寥淡泊，不闻其声，吾强为之名，字之曰道。夫道者，高不可极，深不可测，苞裹天地，禀受无形，源流泏泏，冲而不盈，浊以静之徐清，施之无穷，无所朝夕，表之不盈一握，约而能张，幽而能明，柔而能刚，含阴

---

[1] 杜道坚，字处逸，宋代道士。

吐阳,而章三光。山以之高,渊以之深,兽以之走,鸟以之飞,鳞以之游,凤以之翔,星历以之行。以亡取存,以卑取尊,以退取先。

道原于天,万物斯长。道且强名,何名非强?是故生天地,育万物,变化有无,不测其妙者,道也;安天下,抚兆民,进退存亡,不失其正者,圣人也。惟知道,则亡可存,卑可尊,退可先矣。

古者三皇得道之统,立于中央,神与化游,以抚四方,是故能天运地滞,轮转而无废,水流而不止,与物终始,风兴云蒸,雷声雨降,并应无穷。已雕已琢,还复于朴。无为为之而合乎生死,无为言之而通乎道德,恬愉无矜而得乎和,有万不同而便乎生。和阴阳,节四时,调五行,润乎草木,浸乎金石,禽兽硕大,毫毛润泽,鸟卵不败,兽胎不殰,父无丧子之忧,兄无哭弟之哀,童子不孤,妇人不孀,虹霓不见,盗贼不行,含德之所致也。

上古之君,法天道为治本,与造化以同游。故道纯德全,民康物阜,靡不各遂生成之性。道不悖,则物无伤焉。

大常之道,生物而不有,成化而不宰。万物恃之而生,莫之知德;恃之而死,莫之能怨。收藏畜积而不加富,布施禀受而不益贫。忽兮恍兮不可为象兮,恍兮忽兮用不诎兮,窈兮冥兮应化无形兮,遂兮通兮不虚动兮,与刚柔卷舒兮,与阴阳俛仰兮。

能生生而不自生,能化化而不自化,夫是之谓大常之道。圣人则之,君天下而子庶民。化行道合,盛德之世也。

老子曰:大丈夫恬然无思,淡然无虑,以天为盖,以地为车,以四时为马,以阴阳为御。行乎无路,游乎无怠,出乎无门。以天为盖,则无所不覆也;以地为车,则无所不载也;四时为马,则无所不使也;阴阳为御,则无所不備。是故疾而不摇,远而不劳,四支不动,聪明不损,而照见天下者,执道之要,观无穷之地也。故天下之事不可为也,因其自然而推之;万物之变不可究也,秉其要而归之。是以圣人内修其本而不外饰其末,厉其精神,偃其知见,故漠然无为而无不为,无治而无不治也,所谓无为者不先物为也,无治者不易自然也,无不治者,因物之相然。

道在吾身,与天为一。夫国之有臣佐,犹天之有岁时也。大丈夫出佐明君,为民司命,察天时,明物理,循自然之道,行无为之化,则吾之身修,而政无不治矣。

老子曰:执道以御民者,事来而循之,物动而因之,万物之化,无不应也,百事之变,无不耦也。故道者,虚无、平易、清静、柔弱、纯粹素朴,此五者,道之形象也。虚无者道之舍也,平易者道之素也,清静者道之鉴也,柔弱者道之用也,反者道之常也,柔者道之刚也,弱者道之强也,纯粹素朴者道之干也。

大道无形,太平无象,而曰虚无。平易清静,柔弱纯粹,素朴为道。形象者,其形岂其形,其象岂其象哉?惟不以形象执而造虚玄之用者,乃可与言御民之道也。

虚者中无载也,平者心无虑也,嗜欲不载虚之至也,无所好憎平之至也,一而不变静之至也,不与物杂粹之至也,不忧不乐德之至也。

太极中虚,神明与俱,人能心虚而道自居。一有所载,则嗜欲窒,好憎生,神将去矣。神去道丧,形有不亡者乎?惟至德之人不与物杂,一而不变,心虚气平,忧乐何有哉?

夫至人之治也,弃其聪明,灭其文章,依道废智,与民同出乎公,约其所守,寡其所求,去其诱慕,除其嗜欲,损其思虑。约其所守即察,寡其所求即得。故以中制外,百事不废,中能得之,则外能牧之。中之得也,五藏宁,思虑平,筋骨劲强,耳目聪明。大道坦坦,去身不远,求之远者,往而复返。

文灭质,博溺心,外重则内轻,是以大丈夫处其实,不居其华。至人之治无他,恭默无为而已。返身而求道,岂远乎哉?

老子曰:圣人忘乎治人,而在乎自理,贵忘乎势位,而在乎自得,自得即天下得我矣。乐忘乎富贵而在乎和,知大己而小天下,几于道矣。故曰:致虚极也,守静笃也,万物并作,吾以观其复。

圣人无名,未忘其功;神人无功,未忘乎己。至人无己,非无吾身也,大己而小天下也。唯有所待而后行,故圣人之大宝曰位。

夫道者陶冶万类,终始无形,寂然不动,大通混冥,深宏广大不可为外,析豪剖芒不可为内,无环堵之宇,而生有无之总名也。真人体之以虚无、平易、清静、柔弱、纯粹素朴,不与物杂,至得天地之道,故谓之真人。

道无形,故能陶冶万物;道无名,故能总括诸有。真人体道,虚心静神,则天地之道得矣。

真人者,大己而小天下,贵治身而贱治人,不以物滑和,不以欲乱情,隐其名姓,有道则隐,无道则见,为无为,事无事,知不知也。怀大道,包天心,嘘吸阴阳,吐故纳新,与阴俱闭,与阳俱开,与刚柔卷舒,与阴阳俛仰,与天同心,与道同体。无所乐,无所苦,无所喜,无所怒,万物玄同,无非无是。夫形伤乎寒暑燥湿之虐者,形究而神杜;神伤于喜怒思虑之患者,神尽而形有余。故真人用心复性,依神相扶,而得终始,是以其寝不梦,觉而无忧。

外曲者,人之道也;内直者,天之道也。内直外曲,天人相应,未有不济者矣。是以真人隐其姓名,有道则隐,不夺人之功也;无道则见,将救时之弊也。惟能与天同心,与道同体,故能复性依神,相扶而得终始矣。

孔子问道,老子曰:正汝形,一汝视,天和将至;摄汝知,正汝度,神将来舍。德将为汝容,道将为汝居。瞳兮若新生之犊,而无求其故。形若枯木,心若死灰,真其实知而不以曲。故自持恢恢,无心可谋,明白四达,能无知乎?

道有体用,圣无二心。玄圣素王,体用二而道则一也。孔子天纵之圣,岂不知道?而乃问于老子,必有得于言外之意者,故有犹龙之叹。

**老子曰**:夫事生者应变而动,变生于时,知时者无常之行。故道可道,非常道;名可名,非常名。书者言之所生也,言出于智,智者不知,非常道也。名可名,非藏书者也。多言数穷,不如守中,绝学无忧,绝圣弃智,民利百倍。

书载言,言载道,贵书所以贵道也。是故知时者,事生而变,应变而动;知书者,言出于智,智者不知。惟不泥于书而滞于事,绝其学,弃其智,始可与言应变之权。

**人生而静,天之性也;感物而动,性之欲也;物至而应,智之动也。**智与物接,而好憎生焉,好憎成形而智出于外,不能反己而天理灭矣。是故圣人不以人易天,外与物化而内不失情,故通于道者,反于清静,究于物者,终于无为。以恬养智,以漠合神,即乎无门。循天者与道游也,随人者与俗交也,故圣人不以事滑天,不以欲乱情,不谋而当,不言而信,不虑而得,不为而成,是以处上而民不重,居前而人不害,天下归之,奸邪畏之,以其无争于万物也,故莫敢与之争。

天性本静,物欲滑之。静者动,则天性凿矣。惟圣人外与物化,心与天游,物我玄同,何争之有?

**老子曰**:夫人从欲失性,动未尝正也,以治国则乱,以治身则秽。故不闻道者,无以反其性,不通物者,不能清静。原人之性无邪秽,久湛于物即易,易而忘其本,即合于其若性。水之性欲清,沙石秽之;人之性欲平,嗜欲害之,唯圣人能遗物反己。是故圣人不以智役物,不以欲滑和,其于乐不忻忻,其于忧不惋惋。是以高而不危,安而不倾,故听善言便计,虽愚者知说之,称圣德高行,虽不肖者知慕之。说之者众而用之者寡,慕之者多而行之者少,所以然者,牵于物而系于俗。故曰:我无为而民自化,我无事而民自富,我好静而民自正,我无欲而民自朴。

　　心静则明,水静则清,理也。学术不正,习与性成,则静者动,明者昏矣。遇贤师而闻善言,心有所悟,则可复其性。初之天合于大道,以之修身则身修,以之治国则国治。是以圣人之道,上无为民自化,上无事民自富,上好静民自正,上无欲民自朴。

　　**清静者德之至也,柔弱者道之用也。虚无恬愉者,万物之祖也,三者行则沦于无形,无形者一之谓也。一者无心合于天下也。**布德不溉,用之不勤,视之不见,听之不闻。无形而有形生焉,无声而五音鸣焉,无味而五味形焉,无色而五色成焉,故有生于无,实生于虚。音之数不过五,五音之变不可胜听也;味之数不过五,五味之变不可胜尝也;色之数不过五,五色之变不可胜观也。音者宫立而五音形矣,味者甘立而五味定矣,色者白立而五色成矣,道者一立而万物生矣。故一之理施于四海,一之嘏察于天地,其全也敦兮其若朴,其散也浑兮其若浊。浊而徐清,冲而徐盈,淡然若大海,氾兮若浮云,若无而有,若亡而存。

　　道无形而生有形,始乎无始,终乎无终。一元之炁,肇于太易。太易其万物之祖乎?一生二而阴阳分,五炁布而万化兴。圣人之心合于太易,清静虚无,德被四海,万物归焉而不为主,道大无形,与天为一。若夫耳之于声,目之于色,口之于味,则是与人同者也。

圣人何容心哉？

老子曰：万物之总，皆阅一孔，百事之根，皆出一门。故圣人一度循轨，不变其故，不易其常，放准循绳，曲因其常。夫喜怒者道之邪也，忧悲者德之失也，好憎者心之过也，嗜欲者生之累也。人大怒破阴，大喜坠阳，薄气发喑，惊怖为狂，忧悲焦心，疾乃成积，人能除此五者，即合于神明。神明者得之内也，得其内者五藏宁，思虑平，耳目聪明，筋骨劲直。疏达而不悖，坚强而不匮，无所太过，无所不逮。

包众妙，总万物者，其道乎？神而明之，感而通之，显幽阐微，无乎不在。是故物得之而昌，民得之而康，时君得之则可以体皇极而御四方。

天下莫柔弱于水，水之道也，广不可极，深不可测，长极无穷，远沦无涯，息耗减益，过于不訾。上天为雨露，下地为润泽，万物不得不生，百事不得不成，大包群生而无私好，泽及蚑蟯而不求报，富赡天下而不既，德施百姓而不费，行不可得而穷极，微不可得而把握，系之不创，刺之不伤，斩之不断，灼之不熏，淖约流循而不可靡散，利贯金石强沦天下，有余不足任天下取与，禀受万物而无所先后，无私无公与天地洪同，是谓至德。夫水所以能成其至德者，以其淖约润滑也。故曰：天下之至柔，驰骋天下之至坚，无有入于无间。

天一生水，善利万物，功至博也。天不得水不运，地不得水不载，物不得水不生，民不得水不活。雨露四时，润泽群品，淖约流行，处下不争，禹德似之，故能顺水之性，而地平天成。

夫无形者物之太祖，无音者类之太宗。真人者通于灵府，与造化者为人，执玄德于心，而化驰如神。是故不道之道，芒乎大哉。未发号施令而移风易俗，其惟心行也。万物有所生而独知其根，百事有所出而独守其门,故能穷无穷,极无极,照物而不眩,响应而不知。

道无定形,随物赋形,变化见矣。德无常师,主善为师,体用得矣。故真人者,蕴乎道德,通于神明。物有所生,独知其根。事有所出,独守其门。无穷无极,而与造化者为人。

老子曰:夫得道者志弱而事强,心虚而应当。志弱者柔毳安静,藏于不敢,行于不能,淡然无为,动不失时,故贵必以贱为本,高必以下为基,托小以包大,在中以制外,行柔而刚,力无不胜,敌无不陵,应化揆时,莫能害之。欲刚者必以柔守之,欲强者必以弱保之,积柔即刚,积弱即强,观其所积,以知存亡。强胜不若于己者,至于若己者而格;柔胜出于己者,其力不可量。故兵强即灭,木强即折,革强即裂。齿坚于舌而先毙,故柔弱者生之干也,坚强者死之徒也。

物备于我,道存乎心。知我之天,知人之天,而物之天者,得矣。水至柔也,载舟则刚,民至弱也,戴主则强。善用道者,可以守柔弱而胜刚强。

先唱者穷之路,后动者达之原。夫执道以耦变,先亦制后,后亦制先,何则?不失所以制人,人亦不能制也。所谓后者调其数而合其时,时之变则间不容息,先之则大过,后之则不及,日回月周,时不与人游。故圣人不贵尺之璧,而贵寸之阴。时难得而易失,故圣人随时而举事,因资而立功,守清道,拘雌节,因循而应变,常后而不先,柔弱以静,安徐以定,功大靡坚,莫能与之争也。

事至而应,道贵得中。过与不及,皆能害事。惟先后不失其时,则中道得而凡事济矣。是以圣人出处以时,先后有度。夫我不失于制人,则人亦不能制我也。

老子曰:机械之心藏于中,即纯白之不粹。神德不全于身者,不知何远之能怀。欲害之心忘乎中者,即饥虎可尾也,而况于人乎？体道者佚而不穷，任数者劳而无功。夫法刻刑诛者，非帝王之业也；棰策繁用者，非致远之御也。好憎繁多，祸乃相随，故先王之法非所作也，所因也，其禁诛非所为也，所守也。故能因即大，作即细，能守即固，为即败。

执机械，逐饥虎，几不免虎口之患。惟我无机心，虎亦无伤焉。是故体道者佚，任数者劳。天下之理有不难见，易则易知，简则易从。夫法无刑诛之刻，则易于治；御无棰策之繁，则能致远。是以先王之法，因而不作，禁非止恶，守而不为，故可以成久大之业也。

夫任耳目以听视者，劳心而不明，以智虑而为理者，苦心而无功。任一人之材，难以致治，一人之能，不足以治三亩之宅。循道理之数，因天地自然，即六合不足均也。听失于非誉，目淫于采色，礼亶不足以防爱，诚心可以怀远。故兵莫憯于志，而镆铘为下；寇莫大于阴阳，而枹鼓为细。所谓大寇伏尸不言节，中寇藏于山，小寇藏于民间。故曰民多智能，奇物滋起，法令滋章，盗贼多有，去彼取此，夭殃不起。故以智治国，国之贼；不以智治国，国之德。

视听劳则心不明，智虑重则事不理。任一人之材而求为治也，难矣。志诚心可以怀远，众力可以成功，即六合不足，均也。夫病乎身者，阴阳冠之；贼乎国者，奸宄冠之。不以智为治，乃为国之福。

夫无形大，有形细；无形多，有形少；无形强，有形弱；无形实，有形虚。有形者遂事也，无形者作始也，遂事者成器也，作始者朴也。有形则有声，无形则无声，有形产于无形，故无形者有形之始也。广厚有名，有名者贵全也；俭薄无名，无名者贱轻也。殷富有名，有名者尊宠也；贫寡无名，无名者卑辱也。雄牡有名，有名者章德也；雌牝无名，无名者隐约也。有余者有名，有名者高贤也；不足者无名，无名者任下也。有功即有名，无功即无名。有名产于无名，无名者有名之母也。夫道，有无相生也，难易相成也。是以圣人执道虚静微妙，以成其德。故有道即有德，有德即有功，有功即有名，有名即复归于道，功名长久，终身无咎。

天下之物，无生有，有生无，故无形为有形之始。道无名，物有名，而无名乃有名之母也。知名与身孰亲，身与货孰多，则名不必高，货不必厚。是以圣人执道以成其德，功成身退，自古及今，其名不去。

王公有功名，孤寡无功名，故曰：圣人自谓孤寡，归其根本，功成而不有。故有功以为利，无名以为用。古者民童蒙，不知西东，貌不离情，言不出行，行出无容，言而不文。其衣致煖而无采，其兵钝而无刃，行蹎蹎，视瞑瞑，凿井而饮，耕田而食，不布施，不求德，高下不相倾，长短不相形。风齐于俗可随也，事周于能易为也。矜伪以惑世，轲行以迷众，圣人不以为民俗。

古者，民童蒙不知西东，言无文，衣无彩，耕食凿饮，不施不求，各足于己。是故王公大人自称孤寡，而有道者不以名杀身，不以政事杀民，不以货财杀子孙，不以学术杀天下。后世不以功名利禄累其心，孰肯以矜伪惑世，轲行迷众者哉？

## 通玄真经缵义卷之二

南谷子杜道坚纂

### 精诚篇

**老子曰**：天致其高，地致其厚，日月照，列星朗，阴阳和，非有为焉。正其道而物自然，阴阳四时，非生万物也，雨露时降，非养草木也，神明接，阴阳和，万物生矣。夫道者藏精于内，栖神于心，静漠恬淡，悦穆胸中，廓然无形，寂然无声。官府若无事，朝廷若无人，无隐士,无逸民,无劳役,无冤刑,天下莫不仰上之德,象主之旨,绝国殊俗,莫不重译而至,非家至而人见之也,推其诚心,施之天下而已。故赏善罚暴者,致令也,其所以能行者,精诚也。令虽明不能独行,必待精诚。故总道以被民而民弗从者,精诚弗至也。

古之圣人官天地,府万物,藏精存诚,无形无声,正其道,而任物之自然。当是时也,朝无幸臣,野无遗逸,国无游民,干戈不起,劳役不兴,四民乐业,故不待家至人晓,而坐致隆平。

**老子曰**:天设日月,列星辰,张四时,调阴阳,日以暴之,夜以息之,风以干之,雨露以濡之。其生物也,莫见其所养而万物长;其杀物也,莫见其所丧而万物亡。此谓神明,是故圣人象之。其起福也,不见其所以而福起;其除祸也,不见其所由而祸除。稽之不得,察之不虚。日计不足,岁计有余。寂然无声,一言而大动天下,是以天心动化者也。故精诚内形气,动于天,景星见,黄龙下,凤凰至,醴泉出,嘉谷生,河不满溢,海不波涌。

日月星辰,天之神。水火土石,地之神。雨、风、露、雷、暑、寒、昼、夜,皆神也。人性最灵,是又神于物者矣。天之生物,不见所养,日见其长。圣人养民,除害兴利亦如之。皆由精诚内著,气感于天,阴阳顺之,神明佑之,而嘉祥至矣。

**逆天暴物**,即日月薄蚀,五星失行,四时相乘,昼冥宵光,山崩川涸,冬雷夏霜,天之与人有以相通。故国之殂亡也,天文变,世俗乱,虹霓见,万物有以相连,精气有以相薄。故神明之事,不可以智巧为也,不可强力致也。故大人与天地合德,与日月合明,与鬼神合灵,与四时合信。怀天心,抱地气,执冲含和,不下堂而行四海,变易习俗,民化迁善,若出诸己,能以神化者也。

天人一气,隐显相通。和气致祥,渗气致殃,未有不由人主者也。故夫逆天暴物，悖道败德，皇天震怒，祸亦随之。有如成王悔过，偃禾返风；宋君一言，火星退舍，是皆精诚格天，转祸为祥之征。

老子曰：夫人道者，全性保真，不亏其身，遭急迫难，精通乎天。若乃未始出其宗者，何为而不成，死生同域，不可胁凌。又况官天地，府万物，返造化，含至和而已，未尝死者也。精诚形乎内，而外谕于人心，此不传之道也。

人之生也，受命于天者同。故性无不善，全性保真，不亏其身，精通于天，何为不成？至若返造化，含至和，而未尝死者，夫是之谓真人。

圣人在上，怀道而不言，泽及万民，故不言之教芒乎大哉。君臣乖心，倍谲见乎天，神气相应征矣，此谓不言之辩，不道之道也。夫召远者，使无为焉，亲近者，言无事焉，唯夜行者能有之，故却走马以粪，车轨不接于远方之外，是谓坐驰陆沉。天道无私就也，无私去也，能者有余，拙者不足，顺之者利，逆之者凶。是故以智为治者，难以持国，唯同乎大和，而持自然应者，为能有之。

圣人怀道泽及民，祥可见也。君臣乖心见乎天，殃可见也。远者无为，近者无事，神气应征，有不待召而至矣。无私就，无私去，有余不足，同乎大和。不言之教，自然而已。

老子曰：夫道之与德，若韦之与革，远之即近，近之即疏，稽之不得，察之不虚。是故圣人若镜，不将不迎，应而不藏，万物不伤，其得之也乃失之也，其失之也乃得之也。故通于大和者，暗若醇醉而甘卧以游其中，若未始出其宗，是谓大通。此假不用能成其用也。

道尊德贵，异名同出，存乎吾心，不从外得。生之畜之，不无不有。圣人之心，有如明镜，物来则应，物去则静。含乎精诚，纯乎道德，不为何败？不执何失？若未始出其宗，则鬼神不能识。

老子曰：昔黄帝之治天下，调日月之行，治阴阳之气，节四时之度，正律历之数，别男女，明上下，使强不掩弱，众不暴寡，民保命而不夭，岁时熟而不凶，百官正而无私，上下调而无尤，法令明而不暗，辅佐公而不阿，田者让畔，道不拾遗，市不预贾，故于此时日月星辰不失其行，风雨时节，五谷丰昌，凤凰翔于庭，麒麟游于郊。

观天之道，执天之行，黄帝得之而天下治。异时退捐天下，趋空同，礼下风，见广成子，问治身奈何而可以长久。广成子曰：至道之精，窈窈冥冥。至道之极，昏昏默默。无视无听，抱神以静。形将自正，必静必清。无劳汝形，无摇汝精，乃可以长生。

虙牺氏之王天下也，枕石寝绳，杀秋约冬，负方洲，抱圆天，阴阳所拥。沉滞不通者，窍理之逆气戾物、伤民厚积者绝止之。其民童蒙，不知西东，视瞑瞑，行蹎蹎，侗然自得，莫知其所由浮游，泛然不知所本，自养不知所如往。当此之时，禽兽虫蛇无不怀其爪牙，藏其螫毒，功揆天地。至黄帝要缪乎太祖之下，然而不章其功，不扬其名，隐真人之道，以从天地之固然，何则？道德上通而智故消灭也。

六纪将终，二皇不作，而后太昊氏出。当此之时，大朴散而人事萌，天下始有为矣。观象制器，结绳为网以伏牺牲。是谓伏牺，冶金为釜，庖生为熟，一号庖牺。当是时也，禽兽虫蛇，怀其爪牙，而不伤人焉。至若造书契，正人伦，功揆天地而不以为功，尊曰太昊，不亦宜乎？

老子曰：天不定，日月无所载，地不定，草木无所立，身不宁，是非无所形。是故有真人而后有真知，其所持者不明，何知吾所谓知之非不知与？积惠重货，使民忻忻，人乐其生者，仁也。举大功，显令名，礼君臣，正上下，明亲疏，存危国，继绝世，立无后者，义也。闭九窍，藏志意，弃聪明，反无识，芒然彷徉乎尘垢之外，逍遥乎无事之际，含阴吐阳而与万物同和者，德也。是故道散而为德，德溢而为仁义，仁义立而道德废矣。

道德之于五常，阴阳之于五行，一也。知日月代明，四时错行，而后岁成，则知人之道。道德五常可相有，不可相无。然则老子曰：绝圣弃智，绝仁弃义。何哉？所恶假其名而行之耳。使真有绝弃之心，则《道》《德》二篇不言圣人，不言仁义矣。是故有真人而后有真知。

老子曰：神越者言华，德荡者行伪，至精芒乎中，而言行观乎外，此不免以身役物也。精有愁尽而行无穷极，所守不定而外淫于世俗之风。是故圣人内修道德，而不外饰仁义，知九窍四支之宜，而游乎精神之和，此圣人之游也。

道德五常之祖有祖，而无子孙，不可也。有子孙而不知有祖，可乎？五常，五神也。道德存乎中，则神不越乎外。一失所守，神越言华，德荡行伪，鲜不丧于物役矣。惟圣人知九窍四支之宜，游乎精神之和，祖者存，子孙其有不存乎？

老子曰：若夫圣人之游也，即动乎至虚，游心乎太无，驰于方外，行于无门，听于无声，视于无形，不拘于世，不系于俗。故圣人所以动天下者，真人不过，贤人所以矫世俗者，圣人不观。夫人拘于世俗，必形系而神泄，故不免于累。使我可拘系者，必其命有在乎外者矣。

身不系于俗，则人不厌我。心不拘于世，则我无厌人。夫是之谓与造物者游。是以动天下者真人不过，矫世俗者圣人不观。志役于物，形系而神泄，贤人有不免，况众人乎？

老子曰：人主之思，神不见于胸中，智不出于四域，怀其仁诚之心，甘雨以时，五谷蕃植，春生、夏长、秋收、冬藏，月省时考，终岁献贡。养民以公，威厉不诚，法省不烦，教化如神，法宽刑缓，囹圄空虚,天下一俗,莫怀奸心,此圣人之恩也。夫上好取而无量,即下贪功而无让,民贫苦而分争生事,力劳而无功,智诈萌生,盗贼滋彰,上下相怨,号令不行。

车同轨,书同文,天下一俗。赏不僭,刑不滥,四海一心。能如是,则人主之思不出四域,而教化如神。上好取而无度,下贪功而不让。智诈起而民力残,上下相怨,天地不交,而万物不通矣。

**夫水浊者鱼喁,政苛者民乱,上多欲即下多诈,上烦扰即下不定,上多求即下交争,不治其本而救之于末,无以异于凿渠而止水,抱薪而救火。圣人事省而求治寡而赡,不施而仁,不言而信,不求而得,不为而成,怀自然,保至真,抱道推诚,天下从之,如响之应声,影之象形,所修者本也。**

天垂象,示吉凶,人皆见之。君布令,明赏罚,民皆信之。君其天矣乎? 水浊鱼喁,政苛民乱,理所必然。是故上多欲,则民兴诈;上好静,则民不争。圣人抱道推诚,天下从之,可谓知本矣。

**老子曰**:精神越于外,智虑荡于内者不能治。形神之所用者远,则所遗者近。故不出于户以知天下,不窥于牖以知天道,其出弥远,其知弥少,此言精诚发于内,神气动于天也。

天地交而万物通,圣人作而万物睹,自然孚感之道也。人心与天通者,盖由赋形受命,元自天来。是故精诚发于内,则神气动于天。人心虚明,天光发辉,如镜鉴形,妍丑自见,心其可不慎乎?

**老子曰**:冬日之阳,夏日之阴,万物归之而莫之所极,自然至精之感,弗召而来,不去而往,窈窈冥冥,不知所为者而功自成。待目而照见,待言而使命,其于治难矣。皋陶喑而为大理,天下无虐刑,何贵乎言者也。师旷瞽而为大宰,晋国无乱政,何贵乎见者也。不言之令,不视之见,圣人所以为师也。

阳燧召火,非日不燄;方诸召水,非月不流。是故有其道,无其位,则事不立;有其位,无其道,则功不成。若唐虞之君臣道合,化成教行,百官正,万民服,圣人所以为百世之师。

民之化上,不从其言,从其所行。故人君好勇,弗使斗争而国家多难,其渐必有劫杀之乱矣。人君好色,弗使风议而国家昏乱,其积至于淫泆之难矣。故圣人精诚别于内,好憎明于外,出言以副情,发号以明指。是故刑罚不足以移风,杀戮不足以禁奸,唯神化为贵,精至为神,精之所动,若春气之生,秋气之杀。故君子者,犹射者也,于此毫末,于彼寻丈矣。故理人者慎其所以感之。

表正景直,源清流长,本末相资之道也。知心为身本,则知君为民本,是故人君之好,不可不正。好勇则劫杀之乱生,好色则淫泆之难起,惟好德者精神别于内,好憎明于外。刑罚不用,而奸邪服,本根既固,国家自宁。

老子曰:县法设赏而不能移风易俗者,诚心不抱也。故听其音则知其风,观其乐即知其俗,见其俗即知其化。夫抱真效诚者,感动天地,神逾方外,令行禁止,诚通其道而达其意,虽无一言,天下万民,禽兽鬼神与之变化,故太上神化,其次使不得为非,其下赏贤而罚暴。

石蕴玉而山辉,水含珠而渊媚,有诸内形诸外也。水石无言,人自信之。国家怀其仁诚,推其信实,罚不以怨,赏不以私,有不待县法设赏,而民将化之。故闻伯夷之风者,顽夫廉,懦夫有立志,伯夷何言哉?身化之也。言而不行,民弗从矣。

老子曰:大道无为,无为即无有,无有者不居也。不居者即处无形,无形者不动,不动者无言也。无言者即静而无声无形,无声者,视之不见,听之不闻,是谓微妙,是谓至神,绵绵若存,是谓天地之根。道无形无声，故圣人强为之形，以一字为名天地之道。大以小为本，多以少为始。天子以天地为品，以万物为资，功德至大，势名至贵，二德之美，与天地配，故不可不轨，大道以为天下母。

道、天、地、王，域中之四大。道无为故悠久，天无言故高明，地无声故博厚。兼而有之，王也。王乃天之子，地之主，民之父母，惟其爱养万物，不以为恩，故功德至大，势名至贵，无得而逾焉。

老子曰：赈穷补急，则名生起利，除害即功成。世无灾害，虽圣无所施其德，上下和睦，虽贤无所立其功。故至人之治，含德抱道，推诚乐施，无穷之智，寝说而不言，天下莫之知贵其不言者。故道可道，非常道也，名可名，非常名也。著于竹帛，镂于金石，可传于人者，皆其粗也。三皇五帝三王，殊事而同心，异路而同归。末世之学也，不知道之所体一，德之所总要，取成事之迹，跪坐而言之，虽博学多闻不免于乱。

含道抱德，推诚乐施，处上之道也。赈穷补急，起利除害，处中之道也。自得胜求，不取胜与，处下之道也。达其时宜，通其变故，不拘仕隐，异事同功，有不假竹帛金石，而可与古为徒。

老子曰：心之精者，可以神化而不可说道，圣人不降席而匡天下，情甚于謤呼。故同言而信，信在言前也，同令而行，诚在令外也。圣人在上，民化如神，情以先之。动于上，不应于下者，情令殊也。三月婴儿未知利害，而慈母爱之愈笃者，情也。故言之用者变，变乎小哉；不言之用者变，变乎大哉。信君子之言，忠君子之意，忠信形于内，感动应乎外，贤圣之化也。

《黄帝书》曰：天性人也，人心机也。君者天地之心乎？心乃神明之府，情动乎中，言发乎外。善则千里之外应之，不善则千里之外违之。是以圣人在上，其化如神，不降席而匡天下。

老子曰：子之死父，臣之死君，非出死以求名也，恩心藏于中，而不违其难也。君子之愵怛，非正为也，自中出者也，亦察其所行。圣人不惭于景，君子慎其独也，舍近期远塞矣。故圣人在上，则民乐其治，在下则民慕其意，志不忘乎欲利人也。

士见危授命，临大节而不可夺者，忠孝使然也。若苌弘之死于君，申生之死于父，恩心藏于中，而不违其难，曾何以出死求名为哉？圣人在上，民乐其治，二帝三王也。圣人在下，民慕其意，玄圣素王也。

老子曰：勇士一呼，三军皆辟，其出之诚也。倡而不和，意而不载，中必有不合者也。不下席而匡天下者，求诸己也。故说之所不至者，容貌至焉，容貌所不至者，感忽至焉，感乎心发而成形，精之至者可以形接，不可以照期。

言出乎口，行发乎心，诚之动也。言出乎迩，行发乎远，诚之应也。勇士一呼，其出之诚，三军其有不避乎？若孙子之教战，勇出于诚也。斩王爱姬，则是吴王言出不诚，祸及下也。有国家者，言行其可不诚乎？

老子曰：言有宗，事有本，失其宗本，技能虽多，不如寡言。害众者倕而使断其指，以明大巧之不可为也。故匠人智为不以能以时闭不知闭也，故必杜而后开。

多言多事，圣人所戒。惟宗道本德，教行不言，故无败也。事处无为，故无害也。末俗之流，技能虽多，为巧所役，希不伤手？夫大匠之事，不以智能，故无关楗而不可开。杜而后开者，扃镭虽固，盗至则发，宗本何在哉？

老子曰：圣人之从事也，所由异路而同归，存亡定倾若一，志不忘乎欲利人也。故秦楚燕魏之歌，异声而皆乐，九夷八狄之哭，异声而皆哀。夫歌者乐之征,哭者哀之效也。惛于中发于外,故在所以感之矣。圣人之心,日夜不忘乎欲利人,其泽之所及亦远矣。

圣人非无欲,因其利而利之;圣人非无事,当其为而为之。异路同归,存亡一致,损己利人,不忘天下。虽殊方异域,俗变风移,语音不同,性情则一。惛于中,发于外,乐则歌,哀则哭,随感而发,皆吾民也,而可忘乎?若周公之夜以继日,坐以待旦,则是昼夜不忘者也,泽及远矣。

老子曰:人无为而治,有为也,即伤无为而治者,为无为。为者不能无为也,不能无为者,不能有为也。人无言而神有言也,即伤无言而神者,载无言则伤有神之神者。

身有形,神无形。有则有言,无则无言。知有无之相生,则无不害有,有不害无。是以圣人无为而治者,身不伤神,神不伤身也。夫知不神,所以神,故两不相伤矣。

文子曰:名可强立,功可强成。昔南荣趎耻圣道而独亡于己,南见老子,受教一言,精神晓灵,屯闭条达辛苦,十日不食,如享太牢。是以明照海内,名立后世,智络天地,察分秋毫,称誉华语,至今不休,此谓名可强立也。故田者不强,囷仓不满;官御不厉,诚心不精;将相不强,功烈不成;王侯懈怠,后世无名。至人潜行,譬犹雷霆之藏也,随时而举事,因资而立功,进退无难,无所不通。

困知强行,成功则一,若南荣趎,斯亦学知利行者乎?趎耻圣道而独亡乎己,于是托业于庚桑楚之门。异时南见老子,得闻卫生之经,明照海内,名立后世,则是名可强立,功可强成。圣人潜行,随时举事,因资立功,进退何难哉?

夫至人精诚内形,德流四方,见天下有利也,喜而不忘天下有害也,怵若有丧。夫忧民之忧者,民亦忧其忧,乐民之乐者,民亦乐其乐,故忧以天下,乐以天下,然而不王者,未之有也。圣人之法始于不可见,终于不可及,处于不倾之地,积于不尽之仓,载于不竭之府,出令如流水之源,使民于不争之官,开必得之门。不为不可成,不求不可得,不处不可久,不行不可复。大人行可说之政,而人莫不顺其命,命顺则从小而致大,命逆则以善为害,以成为败。

至人、圣人、大人宜有别矣。夫至人视民犹己,同乎利害,人乐亦乐,人忧亦忧,未有不王者也。圣人之法始不可见,终不可及,令出如流。大人行可说之政,顺时而出命,顺则人从,逆则民伤。

夫所谓大丈夫者,内强而外明,内强如天地,外明如日月,天地无不覆载,日月不照明。大人以善示人,不变其故,不易其常,天下听令如草从风。政失于春,岁星盈缩,不居其常;政失于夏,荧惑逆行;政失于秋,太白不当,出入无常;政失于冬,辰星不效其乡;四时失政,镇星摇荡,日月见谪,五星悖乱,彗星出。春政不失禾黍滋,夏政不失雨降时,秋政不失民殷昌,冬政不失国家康宁。

人禀天地之灵,心乃神明之府。大人者则又灵于人者也,一念之动,若善若恶,天必鉴之。是故政有得失,见于灾祥,随事而应,罔有差忒。《书》曰:慢神虐民,皇天弗保。有官守者,不可慎欤!

## 通玄真经缵义卷之三

南谷子杜道坚纂

### 九守篇

老子曰:天地未形,窈窈冥冥,混而为一,寂然清澄,重浊为地,精微为天,离而为四时,分而为阴阳,精气为人,粗气为虫,刚柔相成,万物乃生。精神本乎天,骨骸根于地,精神入其门,骨骸反其根,我尚何存。故圣人法天顺地,不拘于俗,不诱于人,以天为父,以地为母,阴阳为纲,四时为纪,天静以清,地定以宁,万物逆之者死,顺之者生。故静漠者神明之宅,虚无者道之所居。夫精神者所受于天地,骨骸者所禀于地也。道生一,一生二,二生三,三生万物。万物负阴而抱阳,冲气以为和。

一者形之始,九乃数之成。九,究也。圣人究于九而守乎一,道在我矣。一即心,心即天,天即人,人即物,物即道,道即我,我即始。能知古始,是谓道纪。

老子曰:人受天地变化而生,一月而膏,二月而血脉,三月而胚,四月而胎,五月而筋,六月而骨,七月而成形,八月而动,九月而躁,十月而生,形骸已成,五藏乃分。肝主目,肺主鼻,脾主舌,肾主耳,胆主口。外为表,中为里,头圆法天,足方象地。天有四时五行九曜三百六十日,人有四支五藏九窍三百六十节;天有风雨寒暑,人有取与喜怒。胆为云,肺为气,脾为风,肾为雨,肝为雷,人与天地相类,而心为之主。耳目者日月也,血气者风雨也。日月失行,薄蚀无光,风雨非时,毁折生灾。五星失行,州国受其殃。

物之所始,一之所起,变而化之,万物生焉。父天母地,阴阳交感,胚胎孕育。杂糅之气为物,纯粹之气为人,是故天地万物备于吾身。夫翕张与夺,天之道也。逆之则死,顺之则生。

天地之道,至闳以大,尚犹节其章光,爱其神明,人之耳目,何能久熏而不息,精神何能驰骋而不乏。是故圣人守内而不失外。夫血气者,人之华也,五藏者,人之精也。血气专乎内而不外越,则胸腹充而嗜欲寡,嗜欲寡,则耳目清而听视聪达,听视聪达谓之明。五藏能属于心而无离,则气意胜而行不僻,精神盛而气不散,以听无不闻,以视无不见,以为无不成,患祸无由入,邪气不能袭。故所求多者所得少,所见大者所知小。

天之生物,不动则植。动者横行,植者直立。人兼动植之用,故灵于万物。四支百体,精神血气,可不自爱?胡可以多求?王公大人,受天下之寄,则又兼乎人,兼乎物,爱之畜之,不异其身,然后为尽道。

夫孔窍者精神之户牖,血气者五藏之使候,故耳目淫于声色,即五藏动摇而不定,血气滔荡而不休,精神驰骋而不守,祸福之至,虽如丘山,无由识之矣。故圣人爱而不越。圣人诚使耳目精神玄达,无所诱慕,意气无失清静,而少嗜欲,五藏便宁。精神内守形骸而不越,即观乎往世之外,来事之内,祸福之间,可足见也。故其出弥远者,其知弥少,以言精神不可使外淫也,故五色乱目,使目不明,五音入耳,使耳不聪,五味乱口,使口生创,趋舍滑心,使行飞扬,故嗜欲使人气淫,好憎使人精劳,不疾去之,则志气日耗。

河水虽广,风日耗之。精神虽王,物欲滑之。未有不消灭者也。圣人玄达,无所诱慕,精神内固,形体外便,心室空虚,神明来舍。往世之外,来事之前,靡不洞烛,心虚故也。养生之道无他,术如养马焉,去其害马者而已。

夫人所以不能终其天年者,以其生生之厚。夫唯无以生为者,即所以得长生。天地运而相通,万物总而为一,能知一,即无一之不知也,不能知一,即无一之能知也。吾处天下,亦为一物,而物亦物也,物之与物,何以相物。欲生不可事也,憎死不可辞也,贱之不可憎也,贵之不可喜也。因其资而宁之,弗敢极也。弗敢极,即至乐极矣。

物有不待使而生,求而养,天也。必待使而生,求而养,则人矣。人或过,有使之求之之心,则揠苗助长,反致伤生失养之害,不能全其天年。圣人,天地相通,与物为一。不益生,不外死,贱而不憎,贵而不喜,因其资而宁之。弗敢极,则至乐极矣。

## 守虚一

老子曰:所谓圣人者,因时而安其位,当世而乐其业。夫哀乐者德之邪也,好憎者心之累也,喜怒者道之过也,故其生也天行,其死也物化,静即与阴合德,动即与阳同波,故心者形之主也,神者心之宝也。形劳而不休即蹶,精用而不已则竭,是以圣人遵之,不敢越也。以无应有,必究其理,以虚受实,必穷其节,恬愉虚静,以终其命。无所疏,无所亲,抱德炀和,以顺于天,与道为际,与德为邻,不为福始,不为祸先,死生无变于己,故曰至神。神则以求无不得也,以为无不成也。

圣人虚己以游世,顺大而行,因时而作。不以利害动其心,不以死生变于己。以虚受实,抱德炀和,祸不为先,福不为始。事至而应,响答如神,应己则静,是谓守虚。

## 守无二

老子曰:轻天下即神无累,细万物则心不惑,齐生死则意不慑,同变化则名不眩。夫至人倚不挠之柱,行无关之途,禀不竭之府,学不死之师,无往而不遂,无之而不通,屈伸俛仰,抱命不惑而宛转祸福,利害不足以患心。夫为义者,可迫以仁,而不可劫以兵,可正以义,不可县以利,君子死义,不可以富贵留也,为义,不可以死亡恐也,又况于无为者乎?无为者无累,无累之人,以天下为影柱。上观至人之伦,深原道德之意,下考世俗之行,乃足以羞也。夫无以天下为者,学之建鼓也。

无不生无而生有，有丧则复归于无。有不可以无无，无无则有，不能以自有。知有乃无之利，无乃有之用，则知无不无无，不无无即道；有不常有，不常有即物。是以圣人富不以有，贫不以无。齐物我，一死生，而不累于神，自有不亡者，在是谓守无。

## 守平三

**老子曰**：尊势厚利，人之所贪，比之身则贱，故圣人食足以充虚接气，衣足以盖形御寒，适情辞余，不贪得，不多积，清目不视，静耳不听，闭口不言，委心不虑，弃聪明，反太素，休精神，去知故，无好无憎，是谓大通。除秽去累，莫若未始出其宗，何为而不成。知养生之和者，即不可县以利，通内外之符者，不可诱以势。无外之外至大，无内之内至贵，能知大贵，何往不遂。

道贵乎守，有守则成；心贵乎平，平则不倾。世之尊势厚利，人所共贪。贪则不平之心生，非可守之道也。故圣人食取充腹，衣适被体，无厚积之贪。是以心平气定，神不外驰，合乎大常之道，是谓守平。

## 守易四

**老子曰**：古之为道者，理情性，治心术，养以和，持以适，乐道而忘贱，安德而忘贫。性有不欲，无欲而不得；心有不乐，无乐而不为。无益于性者，不以累德，不便于生者，不以滑和，不纵身肆意，而制度可以为天下仪。量腹而食，制形而衣，容身而居，适情而行，余天下而不有，委万物而不利，岂为贫富贵贱失其性命哉！夫若然者，可谓能体道矣。

多易必多难，此以事言也。以道言则不然。夫古之为道者，治心理性,易其身而后动,定其意而后举,乐道安常,不为难能之事。故制度有法,容止可观,安而行之,是谓守易。

## 守清五

**老子曰**:人受气于天者,耳目之于声色也,鼻口之于香臭也,饥肤之于寒温也,其情一也。或以死,或以生,或为君子,或为小人,所以为制者异也。神者智之渊也,神清则智明,智者心之府也,智公则心平。人莫鉴于流潦,而鉴于澄水,以其清且静也。故神清意平,乃能形物之情,故用之者,必假于不用也。夫鉴明者,则尘垢不污也,神清者,嗜欲不误也。故心有所至,神即溉然在之,反之于虚,则消躁藏息矣,此圣人之游也。故治天下者,必达性命之情而后可也。

水清则鉴物,神清则见道。人之受气于天者,固若同然。吾之见道于心者,夫何独异,心清故也。圣人之心,明如止水,物来则见,物去则静,曾何滞于吾心哉?澄鉴不挠,是谓守清。

## 守真六

**老子曰**:夫所谓圣人者,适情而已,量腹而食,度形而衣,节乎己,而贪污之心无由生也。故能有天下者,必无以天下为也,能有名誉者,必不以越行求之。诚达性命之情,仁义乃因附也。若夫神无所掩,心无所载,通洞条达,淡然无事,势利不能诱,声色不能淫,辩者不能说,智者不能动,勇者不能恐,引真人之游也。夫生生者不生,化化者不化。不达此道者,虽智统天地,明照日月,辩解连环,辞润金石,犹无益于治天下也。故圣人不失所守。

夫圣人者,循自然,守至真,顺其时宜,达其众心,惟不逆万物之情,故能心凝形释,纯一不已,是谓守真。

## 守静七

**老子曰**:静漠恬淡,所以养生也,和愉虚无,所以据德也。外不乱内,即性得其宜,静不动和,即德安其位,养生以经世,抱德以终年,可谓能体道矣。若然者,血脉无郁滞,五藏无积气,祸福不能矫滑,非誉不能尘垢,非有其世,孰能济焉。有其才不遇其时,身犹不能脱,又况无道乎?夫目察秋毫之末者,耳不闻雷霆之声,耳调金玉之音者,目不见太山之形,故小有所志,则大有所忘。今万物之来,擢拔吾性,攓取吾精,若泉源也,虽欲勿禀,其可得乎?今盆水若清之,经日乃见眉睫,浊之不过一挠,即不能见方圆。人之精神,难清而易浊,犹盆水也。

天地之道静,故物不使而自长;圣人之治静,则民不教而自能。一有喜功生事之心,挠其自然,乱其天常,则静者失,动者惑矣。惟不事奇变,是谓守静。

## 守法八

**老子曰**:上圣法天,其次尚贤,其下任臣。任臣者,危亡之道也,尚贤者,痴惑之原也,法天者,治天地之道也。虚静为主,虚无不受,静无不持,知虚静之道,乃能终始,故圣人以静为治,以动为乱,故曰:勿挠勿撄,万物将自清,勿惊勿骇,万物将自理,是谓天道。

上圣法天,百骸理,万化安。其次尚贤,法由己出,惑之原也。其下任臣,法出众口,危亡之征矣。修身无法,则事惑而精神丧;治国无法,则政乱而民人伤。惟体道为主,是谓守法。

## 守弱九

**老子曰**：天子公侯，以天下一国为家，以万物为畜，怀天下之大，有万物之多，即气实而志骄，大者用兵侵小，小者倨傲凌上，用心奢广，譬犹飘风暴雨，不可长久。是以圣人以道镇之，执一无为，而不损冲气，见小守柔，退而勿有，法于江海，江海不为，故功名自化。弗强，故能成其王，为天下牝，故能神不死，自爱，故能成其贵。万乘之势，以万物为功名，权任至重，不可自轻，自轻则功名不成。夫道大以小而成，多以少为主，故圣人以道莅天下。柔弱微妙者，见小也，俭啬损缺者，见少也，见小故能成其大，见少故能成其美。

弱者道之用，非怯也，守其冲和而已。天子以天下为家，公侯以国为家。视民犹己，不以势位自强，不以兵甲暴众。远人不服，则修文德以来之。大资小而成众，戴寡为主，往而不害，安平泰，是谓守弱。

天之道，抑高举下，损有余，补不足，江海处地之不足，故天下归之奉之。故圣人卑谦清静辞让者，见下也，虚心无有者，见不足也。见下故能致其高，见不足故能成其贤。矜者不立，奢者不长，强梁者死，满溢者亡。飘风暴雨不终日，小谷不能须臾盈。飘风骤雨行强梁之气，故不能久而灭，小谷处强梁之地，故不得不夺。是以圣人执雌牝，去骄奢，不敢行强梁之气。执雌牝，故能立其雄牡，不敢骄奢，故能长久。

天之道，损有余补不足，恶盈好谦也。以力者霸，以德者王，弱胜强矣。人之苛政虐民，天之暴风折木，元气怒泄，强不可久。是故圣人谦卑，惟弱是守。

**老子曰**：天道极即反，盈即损，日月是也。故圣人日损，而冲气不敢自满,日进以牝,功德不衰,天道然也。人之情性,皆好高而恶下,好得而恶亡,好利而恶病,好尊而恶卑,好贵而恶贱。众人为之,故不能成,执之,故不能得。是以圣人法天,弗为而成,弗执而得,与人同情而异道,故能长久。故三皇五帝有戒之器,命曰侑卮,其中则正,其满则覆。夫物盛则衰,日中则移,月满则亏,乐终而悲。是故聪明广智守以愚,多闻博辩守以俭,武力勇毅守以畏,富贵广大守以狭,德施天下守以让,此五者,先王所以守天下也。服此道者,不欲盈,是以能弊不新成。

道极则反,物盛则衰,理之常也;卮满则倾,刃刚则折,物之常也。人能观乎物理之常,不以势力暴众自强,则无颠蹶之害。柔弱保身,可以长久。

老子曰:圣人与阴俱闭,与阳俱开,能至于无乐也,即无不乐也,无不乐,即至极乐矣。是以内乐外,不以外乐内,故有自乐也。即有至,贵乎天下,所以然者,因天下而为天下之要也,不在于彼,而在于我,不在于人,而在于身,身得则万物备矣。故达于心术之论者,即嗜欲好憎外矣,是故无所喜,无所怒,无所乐,无所苦,万物玄同,无是无非,故士有一定之论,女有不易之行,不待势而尊,不须财而富,不须力而强,不利货财,不贪世名,不以贵为安,不以贱为危,形神气志,各居其宜。

天将雨,础先润;时将春,冻先解;人将死,舌先强,岂使之然也。柔弱者生之徒,坚强死之徒。强梁而不得其死者,则又强梁之尤者也。惟气形和弱,与物玄同,并育而不害者,其殆庶几。

夫形者生之舍也,气者生之元也,神者生之制也,一失其位,即三者伤矣。故以神为主者,形从而利,以形为主者,神从而害。贪饕多欲之人,颠冥乎势利,诱慕乎名位,几以过人之知位高于世,即精神日耗以远,久淫而不还,形闭中拒,即无由入矣,是以时有盲忘自失之患。夫精神志气者,静而日充以壮,躁而日耗以老。是故圣人持养其神,和弱其气,平夷其形,而与道浮沉,如此则万物之化,无不偶也,百事之变,无不应也。

神依形生,精依气盈。交相养而不失其和者,养生之主也。若夫虚嚣恃气,与物为斗,则将精耗神毙,时有盲忘之失,近死之征矣。是故圣人弱其形,和其气,韬其神,而得九守之道。圣人岂欺我哉?希圣亦圣,希贤亦贤。

## 守 朴

老子曰:所谓真人者,性合乎道也。故有而若无,实而若虚,治其内不治其外,明白太素,无为而复朴,体本抱神,以游天地之根,芒然彷徉尘垢之外,逍遥乎无事之业,机械智巧,不载于心,审于无假,不与物迁,见事之化,而守其宗,心意专于内,通达祸福于一,居不知所为,行不知所之,不学而知,弗视而见,弗为而成,弗治而辩。感而应,迫而动,不得已而往,如光之耀,如影之效,以道为循,有待而然,廓然而虚,清静而无,以千生为一化,以万异为一宗,有精而不使,有神而不用,守大浑之朴,立至精之中,其寝不梦,其智不萌,其动无形,其静无体,存而若亡,生而若死,出入无间,役使鬼神,精神之所以能登假于道者也,使精神畅达,而不失于无,日夜无隙,而与物为春,即是合而生时于心者也。故形有靡而神未尝化,以不化应化,千变万转,而未始有极。化者复归于无形也,不化者与天地俱生也。故生生者未尝生,其所生者即生化,化者未尝化,其所化者即化。此真人之游也,纯粹之道也。

真人守大浑之朴,游天地之根,同乎大通,廓然无眹。惟不有我，故不无物。人笑亦笑，人哭亦哭，千变万化而未始有夫极也。化者复归于无形，而有化不化。不化者，与天地俱生，而有生不生。前之九守，后之守朴，则是一变为九，而十复为一。夫是之谓与造物者游。

## 通玄真经缵义卷之四

南谷子杜道坚纂

### 符言篇

老子曰：道至高无上，至深无下，平乎准，直乎绳，圆乎规，方乎矩，包裹天地，而无表里，洞同覆盖，而无所碍，是故体道者，不怒不喜，其坐无虑，寝而不梦，见物而名，事至而应。

符以示信，言以达诚。世有谓符命、符玺、金符、玉符者，以能示信达诚，此感彼应，故曰符言。夫道高下无极，遐迩贯通，无形无名，有情有信。圣人体道，不私喜怒，见物而名，事至而应。不言之言，可以符信。

老子曰：欲尸名者必生事，事生即舍公而就私，倍道而任己，见誉而为善，立名而为贤，即治不顺理，而事不顺时。治不顺理则多责，事不顺时即无功，妄为要中，功成不足塞责，事败足以灭身。

名者杀身之具，圣人所戒。夫欲尸名者，必违天悖道，舍公就私，要誉立名，生事害众。故治不顺理，功不掩责，事败灭身，信不诬矣。

老子曰：无为名尸，无为谋府，无为事任，无为智主，藏于无形，行于无怠，不为福先，不为祸始，始于无形，动于不得已，欲福先无祸，欲利先远害。故夫为而宁者，失其所宁即危，夫为治者，失其所治则乱。故不欲碌碌如玉，落落如石。其文好者皮必剥，其角美者身必杀。甘泉必竭，直木必伐。华荣之言后为愆，石有玉伤其山，黔首之患固在言前。

善恶之报，如影随形。作善降祥，不善降殃。恶不可作，名可尸乎？夫求为宁者，宁失即危。求为治者，治失则乱。皮文好而剥，身角美而杀，未有不由自召而至。

老子曰：时之行，动以从，不知道者福为祸。天为盖，地为轸，善用道者终无尽，地为轸，天为盖，善用道者终无害。陈彼五行，必有胜，天之所覆无不称，故知不知，上，不知知，病也。

天为盖无不覆，地为轸无不载。天地之于人，恩大无极。圣人法之，因时而行，有动必从。如彼五行，相生相胜。善用道者，知不言知上也，不知言知病矣。

老子曰：山生金，石生玉，反相剥，木生虫，还自食，人生事，还自贼。夫好事者未尝不中，争利者未尝不穷，善游者溺，善骑者堕，各以所好，反自为祸。得在时，不在争，治在道，不在圣。土处下不争高，故安而不危，水流下不争疾，故去而不迟。是以圣人无执故无失，无为故无败。

天地人物更相盗而为养，盗得宜则安，盗失宜则害。是故食能养人，亦能害人，民能戴主，亦能悖主。夫士之立法创事以盗民力，初若利之，至于末流，未有不自贼者也。知得在时不在争，治在道不在圣，则无相盗之失矣。

老子曰：一言不可穷也，二言天下宗也，三言诸侯雄也，四言天下双也。贞信则不可穷，道德则天下宗，举贤德，诸侯雄，恶少爱众，天下双。

言寡尤，行寡悔，在行不在言。执大象，天下往，在德不在险。

惟口出好兴戎,言可不慎乎?

老子曰:人有三死,非命亡焉。饮食不节,简贱其身,病共杀之;乐得无已,好求不止,刑共杀之;以寡犯众,以弱凌强,兵共杀之。

生必有死,人孰免焉?非命而亡,良可哀也。嗜欲死病,利欲死刑,强梁死兵。夫三者所死不同,非命则一。

老子曰:其施厚者其报美,其怨大者其祸深。薄施而厚望,畜怨而无患者,未之有也。察其所以往者,即知其所以来矣。

施报之理,种瓜得瓜,种果得果。恩怨之报,理一如之。

老子曰:原天命,治心术,理好憎,适情性,即治道通矣。原天命,即不惑祸福,治心术,即不妄喜怒,理好憎,即不贪无用,适情性,即欲不过节,不惑祸福,即动静顺理,不妄喜怒,即赏罚不阿,不贪无用,即不以欲害性,欲不过节,即养生知足。凡此四者,不求于外,不假于人,反己而得矣。

天命、心术、好憎、情性,四者相通,如月在水,亏盈圆缺,随象现影。心术邪正,祸福随之。

老子曰:不求可非之行,不憎人之非己,修足誉之德,不求人之誉己,不能使祸无至,信己之不迎也,不能使福必来,信己之不让也。祸之至,非己之所生,故穷而不忧,福之来,非己之所成,故通而不矜。是故闲居而乐,无为而治。

信己何求?非己何憎?德行由己,非誉由人。是故誉不加劝,毁不加沮,居闲而乐,治不以为。

老子曰:道者守其所已有,不求其所未得。求其所未得,即所有者亡,循其所已有,即所欲者至。治未固于不乱,而事为治者必危;行未免于无非,而急求名者必挫。故福莫大于无祸,利莫大于不丧。故物或益之而损,损之而益。夫道不可以劝就利者,而可以安神避害。故常无祸,不常有福,常无罪,不常有功。道曰芒芒昧昧,从天之威,与天同气,无思虑也,无设储也,来者不迎,去者不将。人虽东西南北,独立中央,故处众枉不失其直,与天下并流不离其域,不为善,不避丑,遵天之道,不为始,不专己,循天之理,不豫谋,不弃时,与天为期,不求得,不辞福,从天之则。内无奇福,外无奇祸,故祸福不生,焉有人贼。故至德,言同路,事同福,上下一心,无歧道,旁见者遣退之于袤,开道之于善,而民向方矣。

贪得忘失,众所同病。无欲故静,斯谓至人。理之在天下,有不可必。夫守其已有,则未得或至;求其未得,则所有或亡。是以有道者,内无奇福,外无奇祸,与天为徒,人岂能贼之哉?

老子曰:为善即劝,为不善即观,劝即生贵,观即生患。故道不可以进而求名,可以退而修身。故圣人不以行求名,不以知求誉,治随自然,己无所与。为者有不成,求者有不得,人有穷而道不通。有智而无为,与无智同功,有能而无事,与无能同德。有智若无智,有能若无能,道理达而人才灭矣。人与道不两明,人爱名即不用道,道胜人则名息,道息而名章,即危亡。

为善不求福而福至,为恶不求祸而祸生。遗臭万世,流芳千古,宜有间然。是故爱名重,则心不用道;造道深,则身不求名。此天人之所以分。

老子曰:使信士分财,不如定分而探筹?何则,有心者之于平,不如无心者也。使廉士守财,不如闭户而全封,以为有欲者之于廉,不如无欲者也。人举其疵则怨,监见其丑即自善,人能接物而不与己,即免于累矣。

分财探筹,有心不如无心之平;守财闭户,有欲不若无欲之廉。举疵则怨,在彼则不爱;鉴丑自善,在我则爱之。惟物接而无与于己者，我无是心，人亦无疵焉。

老子曰：凡事人者，非其实币，必以卑辞，币单而欲不厌。卑体免辞，论说而交不结。约束誓盟，约定而反先日，是以君子不外饰仁义而内修道德，修其境内之事，尽其地方之广，劝民守死，坚其城郭，上下一心，与之守社稷。即为民者不伐无罪，为利者不攻难得，此必全之道，必利之理。

事人以宝币者，币单而欲不厌。结交以卑辞者，辞穷而约反先。惟内修道德，上下一心，则可以守社稷，保民人，其道全矣。

老子曰：圣人不胜其心，众人不胜其欲。君子行正气，小人行邪气。内便于性，外合于义，循理而动，不系于物者，正气也。推于滋味，淫于声色，发于喜怒，不顾后患者，衺气也。衺与正相伤，欲与性相害，不可两立，一起一废，故圣人损欲以从性。目好色，耳好声，鼻好香，口好味，合而说之，不离利害嗜欲也。耳目鼻口，不知所欲皆心为之制，各得其所。由此观之，欲不可胜亦明矣。

道心人心，天理人欲之分也。理胜则所为皆天，欲胜则所为皆人，此又君子小人之分矣。理欲相胜，邪正相伤，君子不为，况圣人乎？

老子曰：治身养性者，节寝处，适饮食，和喜怒，便动静。内在己者得，而衺气无由入。饰其外伤其内，扶其情者害其神，见其文者蔽其真。夫须臾无忘其为贤者，必困其性，百步之中无忘其为容者，必累其形。故羽翼美者，伤其骸骨，枝叶茂者，害其根荄，能两美者，天下无之。

真道养神，人道养形。在内者得，在外者轻。远声色，薄滋味，养形之道也。绝思虑，守精气，养神之道也。治身养性，内外兼得，岂可以声音笑貌为哉？

老子曰：天有明，不忧民之晦也，地有财，不忧民之贫也。至得道者若丘山块然不动，行者以为期，直己而足物，不为人赐，用之者亦不受其德，故安而能久。天地无与也，故无夺也，无德也，故无怨也。善怒者必多怨，善与者必善夺，唯随天地之自然而能胜理，故誉见即毁随之，善见即恶从之。利为害始，福为祸先，不求利即无害，不求福即无祸，身以全为常，富贵其寄也。

圣人明照海内而民不昏，富藏天下而民不贫。顺天地之自然，任万物之自生，不私与故无公取，不轻赏故无重刑。视富贵如浮云，乃可以全其真。

老子曰：圣人无屈奇之服，诡异之行，服不杂，行不观，通而不华，穷而不慑，荣而不显，隐而不辱，异而不怪，同用无以名之，是谓大通。

素隐行怪，君子不为。屈奇之服，诡异之行，岂圣人之事哉？光而不耀，廉而不刿，与民同用而已。夫是之谓大通。

老子曰：道者直己而待命，时之至，不可迎而返也，时之去，不可追而援也，故圣人不进而求，不退而让。随时三年，时去我走，去时三年，时在我后，无去无就，中立其所。天道无亲，唯德是与。福之至，非己之所求，故不伐其功，祸之来，非己之所生，故不悔其行。中心其恬，不累于德，狗吠不惊，自信其情，诚无非分。故通道者不惑，知命者不忧。帝王之崩，藏骸于野，其祭也祀之于明堂，神贵于形也。故神制形则从，形胜神则穷，聪明虽用，必反诸神，谓之大通。

道乃天下之所共由。圣人直己待命，时来时去，不将不迎。立乎中央，以制四方。不伐功，不悔行，其心恬然，通道知命，聪明虽用，必反诸神。

老子曰：古之存己者，乐德而忘贱，故名不动志，乐道而忘贫，故利不动心,是以谦而能乐,静而能淡。以数算之寿,忧天下之乱,犹忧河水之涸,泣而益之也。故不忧天下之乱,而乐其身治者,可与言道矣。

道尊德贵,悦诸心而存诸己也。故不以贫贱动其心志,身治则天下不足忧矣。其肯以不百年之身,过为天下忧乎?

老子曰:人有三怨,爵高者人妒之,官大者主恶之,禄厚者人怨之。夫爵益高者意益下,官益大者心益小,禄益厚者施益博,修此三者,怨不作。故贵以贱为本,高以下为基。

爵高志骄,人必妒之。官大气豪,主必恶之。禄厚不施,人必怨之。高下相倾之道也。惟谦卑好施,贵不忘贱,高不忘下,故无怨尤。

老子曰:言者所以通己于人也,闻者所以通人于己也。即暗且聋,人道不通,故有暗聋之病者,莫知事通,岂独形骸有暗聋哉?心亦有之塞也。莫知所通,此间聋之类也。夫道之为宗也,有形者皆生也,其为亲也亦戚矣,飨谷食气者皆寿焉,其为君也亦惠矣,诸智者学焉,其为师也亦明矣。人皆以无用害有用,故知不博而日不足,以博弈之日问道,闻见深矣。不闻不问,犹暗聋之比于人也。

受形而生,亲之恩也。飨谷而寿,君之惠也。由学而明,师之德也。长而成人,身亦贵矣。言乃心之声,通己于人,非言不达,通人于己,非言不闻,言其神矣乎?能不以私言废公言,无用害有用,则闻道深而不孤上之人矣。

老子曰:人之情,心服于德,不服于力,德在与不在求。是以圣人之欲贵于人者,先贵于人,欲尊于人者,先尊于人,欲胜人者先自胜,欲卑人者先自卑,故贵贱尊卑,道以制之。夫古之圣王,以其言下人,以其身后人,即天下乐推而不厌,戴而不重,此德有余而气顺也。故知与之为取,后之为先,即几于道矣。

礼贵乎先,言贵乎后,此人之情,故可服以德,不服以力,是以圣人进退有度,先后有节,故天下乐推而戴之。

**老子曰:** 德少而宠多者讥,才下而位高者危,无大功而有厚禄者微,故物或益之而损,或损之而益。众人皆知利利,而不知病病,唯圣人知病之为利,利之为病。故再实之木,其根必伤,多藏之家,其后必殃。夫大利者反为害,天之道也。

德不厌广,分不可逾。水浅而舟大则胶,树大而根浅则拔。人之德薄才浅,怀不仁而据高位,鲜不拔矣。惟知利病反覆,无其爱多藏,得义利之和,又何病焉?

**老子曰:** 小人从事曰苟得,君子曰苟义。为善者非求名者也,而名从之,名不与利期,而利归之,所求者同,所极者异。故动有益则损随之。言无常是,行无常宜者,小人也。察于一事,通于一能者,中人也。兼覆而并有之,技能而才使者,圣人也。

圆颅方趾,含齿戴发,均是人也。禀气有异,智愚分焉。小人苟得,才胜德也;君子苟义,德胜才也。可上可下,则为中人,天纵多能,其圣人乎?

**老子曰:** 生所假也,死所归也,故世治即以义卫身,世乱即以身卫义,死之日,行之终也。故君子慎一用之而已矣。故生所受于天也,命所遭于时也,有其才不遇其世,天也。求之有道,得之在命。君子能为善,不能必得其福,不忍为非,而未必免于祸。故君子逢时即进,得之以义,何幸之有;不时而退,让之以礼,何不幸之有。故虽处贫贱而犹不悔者,得其所贵也。

受命于天,赋形为人。生有所假,死有所归,所遭于时,或穷或通,何莫非命?有其才而不遇,天也。是以君子为善,福无必得;不为非,祸无必免。故得其时则驾,不得其时,则蓬累而行,贵在我矣。

老子曰：人有顺逆之气生于心，心治则气顺，心乱则气逆，心之治乱在于道。得道则心治，失道即心乱。心治即交让，心乱即交争，让即有德，争即生贼。有德即气顺，贼生即气逆。气顺则自损以奉人，气逆则损人以自奉。夫气者可以道而制也。天之道其犹响之报声也，德积则福至，祸积则怨至。学败于官茂，孝衰于妻子，患生于忧解，病甚于且愈，故慎终如始，则无败事。

《阴符》曰：五贼在心，施行于天。气顺则治，气逆则乱，治即交让，乱即交争。气逆乎心，则贼于其身。气逆乎时，则贼于其国。惟以道制气，则能损己奉人。虽官茂不能败吾之学，妻子不能衰吾之孝，曷有忧解之患，且愈之病哉？能慎厥终，罔有所失。

老子曰：举枉与直，如何不得，举直与枉，勿与遂往，所谓同污而异泥者。

不曰举枉措直，而曰举枉与直，何哉？举枉与直，是拔小人而归于君子，何不得乎？举直与枉，则是推君子而纳诸小人之域，君子不往矣。同污异泥，处小人之道，和而不流。

老子曰：圣人同死生，愚人亦同死生。圣人之同死生，明于分理，愚人之同死生，不知利害之所在。道县天，物布地，和在人，人主不和，即天气不下，地气不上，阴阳不调，风雨不时，人民疾饥。

和之用至矣。天得之万象明，地得之万物生，人得之万事成。人主之心，和其可失乎？失则天地不交，人民疾饥。夫圣愚同一死生，其不同者，义与利之间耳。利者义之和，圣人明于理，分利亦义也。愚人不知利害之所在，义亦利焉。

老子曰：得万人之兵，不如闻一言之当，得随侯之珠，不如得事之所由，得和氏之璧，不如得事之所适。天下虽大，好用兵者亡，国虽安，好战者危。故小国寡民虽有什伯之器而勿用。

禹拜昌言：班师振旅，而苗民格。闻一言之当，胜万兵也。得随珠和璧，不如得事之所由适。是以圣人贵道不贵宝，尚德不尚功。肯以兵自危哉？

老子曰：能成霸王者，必德胜者也；能胜敌者，必强者也；能强者，必用人力者也；能用人力者，必得人心者也；能得人心者，必自得者也；自得者，必柔弱者也。能胜不如己者，至于若己者而格，柔胜出于若己者，其事不可度，故能以众不胜成大胜者，唯圣人能之。

德胜者霸，得人心也。胜敌者强，得人力也。然非得人之心，未有能用人之力也。敌何由胜？强何由霸哉？德，自得也。自得则柔弱胜刚强。故能胜不若己者，至于若己者而格，是德相若也。柔胜出于若己者，其事不可度，则德又胜我矣。故能以众不胜成大胜者，惟圣人能之。

## 通玄真经缵义卷之五

南谷子杜道坚纂

### 道德篇

文子问道，老子曰：学问不精，听道不深。凡听者将以达智也，将以成行也，将以致功名也。不精不明，不深不达，故上学以神听，中学以心听，下学以耳听。以耳听者，学在皮肤；以心听者，学在肌肉；以神听者，学在骨髓。故听之不深，即知之不明；知之不明，即不能尽其精；不能尽其精，即行之不成。凡听之理，虚心清静，损气无盛，无思无虑，目无妄视，耳无苟听。专精积蓄，内意盈并，既已得之，必固守之，必长久之。

天性即道，性善即德，道德之在我者也。故圣人不学而知，率之谓道，修之谓教，则是以在于我者，施于人矣。中人以上，中人以下，皆得而学之，听乎耳，悦乎心，如镜得磨，光明内发。岂非吾心之固有乎？因其学而明之，以之修身则道德著，以之治国则事业成。此以见学问之精而吾心之明。

夫道者原产有始，始于柔弱，成于刚强，始于短寡，成于众长。十围之木始于杞，百仞之台始于下。此天之道也。圣人法之，卑者所以自下也，退者所以自后也，俭者所以自小也，损者所以自少也。卑则尊，退则先，俭则广，损则大，此天道所以成也。

气形道德之体用乎？气乃无形之物，物乃有形之炁。炁无形故柔弱，物有形故刚强，则知炁者形之始也。道生德畜，由微至著。圣人法之，体立用行，天道成矣。

夫道者德之元，天之根，福之门，万物待之而生，待之而成，待之而宁。夫道无为无形，内以修身，外以治人，功成事立。与天为邻，无为而无不为，莫知其情，莫知其真，其中有信。天子有道，则天下服，长有社稷；公侯有道，则人民和睦，不失其国；士庶有道，则全其身，保其亲；强大有道，不战而克；小弱有道，不争而得；举事有道，功成得福。君臣有道即忠惠，父子有道即慈孝，士庶有道即相爱，故有道即和，无道即苛。由是观之，道之于人，无所不宜也。

道德根于心，精神著乎外。功成事立，与天为邻。自天子至于庶人，有道则亨，无道则屯。

夫道者，小行之小得福，大行之大得福，尽行之天下服，服则怀之。故帝者，天下之适也，王者，天下之往也，天下不适不往，不可谓帝王。故帝王不得人不能成，得人失道，亦不能守。夫失道者，奢泰骄佚，慢倨矜傲，见余自显，自明执雄，坚强作难，结怨为兵，主为乱首。小人行之，身受大殃，大人行之，国家灭亡，浅及其身，深及子孙。故罪莫大于无道,怨莫深于无德,天道然也。

身之本在德,德之本在道。无小无大,行则得之,天下服之,服则怀之。帝适也,王往也,天下适往,是谓帝王。然得人则成,有道则守,无为兵主,无为乱首。失道则乱,失德则怨,天道然耳。

老子曰:夫行道者,使人虽勇,刺之不入;虽巧,击之不中。夫刺之不入,击之不中,而犹辱也,未若使人虽勇不敢刺,虽巧不敢击。夫不敢者,非无其意也,未若使人无其意。夫无其意者,未有爱利之心也。若使天下丈夫女子,莫不惧然皆欲爱利之,若然者,无地而为君,无官而为长,天下莫不愿安利之。

道非有心于应物,而物自应之。夫刺击不伤,未若欢然皆有爱利之心,虽无地而人君之,无官而人长之,天下莫不愿安利之。古之人有庚桑子者,其德似之。

文子问德,老子曰:畜之养之,遂之长之,兼利无择,与天地合,此之谓德。何谓仁?曰:为上不矜其功,为下不羞其病,于大不矜,于小不偷,兼爱无私,久而不衰,此之谓仁也。何谓义?曰:为上即辅弱,为下即守节,达不肆意,穷不易操,一度顺理,不私枉挠,此之谓义也。何谓礼?曰:为上即恭严,为下即卑敬,退让守柔,为天下雌,立于不敢,设于不能,此之谓礼也。故修其德则下从令,修其仁则下不争,修其义即下平正,修其礼则下尊敬,四者既修,国家安宁。故物生者道也,长者德也,爱者仁也,正者义也,敬者礼也。不畜不养,不能遂长,不慈不爱,不能成遂,不正不匡,不能久长,不敬不宠,不能贵重。故德者民之所贵也,仁者民之所怀也,义者民之所畏也,礼者民之所敬也。此四者文之顺也,圣人之所以御万物也。君子无德即下怨,无仁即下争,无义即下暴,无礼即下乱。四经不立,谓之无道。无道不亡者,未之有也。

德者，五常之总名。有德之人，五常备焉。仁则慈，义则宜，礼则敬，知则明，信则实。有之是谓五常，一曰五德。君子未有无德而能为国家者矣。文子之问，为天下后世发也，其德博哉！

**老子曰**：至德之世，贾便于市，农乐于野，大夫安其职处，士修其道，人民乐其业。是以风雨不毁折，草木不夭死，河出图，洛出书。及世之衰也，赋敛无度，杀戮无止，刑谏者，杀贤士，是以山崩川涸，蝡动不息，野无百蔬。故世治则愚者不得独乱，世乱则贤者不能独治。故圣人和愉宁静，生也；志得道行，命也。故生遭命而后能行，命得时而后能明，必有其世，而后有其人。

天之视人，犹父之视子，其爱均也。君者，天之元子，民，天之赤子。上不恤下，天必示儆。夫至德之世，爱均合天，万物遂长，民乐其业。世之衰也，苛政干和，天怒震发，地见其灾，国家多难，流毒民人。惟圣人和愉宁静，志得道行，民物遂生，是之谓有其世而后有其人。

文子问圣智，老子曰：闻而知之，圣也；见而知之，智也。故圣人常闻祸福所生，而择其道，智者常见祸福成形，而择其行。圣人知天道吉凶，故知祸福所生；智者先见成形，故知祸福之门。闻未生，圣也，先见成形，智也，无闻见者愚迷也。

圣不曰生知而曰闻知，何哉？生知道在我者也，闻知事在外者也。圣人闻于未然，祸福先知。智则必待事成而后见，愚则溺于闻见，终不自知，迷亦甚矣。

**老子曰**：君好知，即信时而任己，弃数而用惠。物博智浅，以浅赡博，未之有也。独任其智，失必多矣。好智，穷术也；好勇，危亡之道也。好与则无定分，上之分不定，即下之望无止，若多敛即与民为雠，少取而多与，其数无有，故好与，来怨之道也。由是观之，财不足任,道术可因明矣。

智者不为其所不能为,强所不能,则非智矣。然则智可好乎? 好智则术易穷,好与则分不定。多敛民雠,来怨之媒也。

文子问曰:古之王者以道莅天下,为之奈何? 老子曰:执一无为,因天地与之变化。天下大器,不可执也,不可为也,为者败之,执者失之。执一者见小也,见小故能成大也。无为者守静也,守静故能为天下正。处大满而不溢,居高贵而无骄。处大不溢,盈而不亏,居上不骄,高而不危。盈而不亏,所以长守富也;高而不危,所以长守贵也。富贵不离其身,禄及子孙,古之王道,期于此矣。

以道莅天下,曰执一无为,何哉? 一则定矣。是以古之王者,因天地之变化,无为而治,见小不弃,守静不为,大器安而天下正矣。是故处大不溢,居上不骄,富贵可守,子孙可久。

老子曰:民有道所同行,有法所同守,义不能相固,威不能相必,故立君以一之。君执一即治,无常即乱。君道者,非所以有为也,所以无为也。智者不以德为事,勇者不以力为暴,仁者不以位为惠,可谓一矣。一也者,无适之道也,万物之本也。君数易法,国数易君,人以其位,达其好憎,下之任惧,不可胜理。故君失一,基乱甚于无君也。君必执一,而后能群矣。

天下虽大,君以一之。君一则道不待为,民所同行;法不待变,民所同守。智不以德,勇不以力,仁不以惠,合而一之,君之道也。若夫君数易法,国数易君,则甚于无君也矣。

文子问曰:王道有几? 老子曰:一而已矣。文子曰:古有以道王者,有以兵王者,何其不一也? 曰:以道王者,德也;以兵王者,亦德也。用兵有五:有义兵,有应兵,有忿兵,有贪兵,有骄兵。诛暴救弱,谓之义;敌来加己,不得已而用之,谓之应;争小故不胜其心,谓之忿；利人土地，欲人财货，谓之贪；恃其国家之大，矜其人民之众，欲见贤于敌国者，谓之骄。义兵王，应兵胜，忿兵败，贪兵死，骄兵灭，此天之道也。

道为治本，君以道王。本丧乱生，兵革兴焉。然则古者有以道王，有以兵王，虽若不同而同归于有德。故五兵之用，唯义兵可王，是虽兵，亦道也。故曰一而已矣。其应兵胜，忿兵败，贪兵死，骄兵灭，此战国之事，非王者之兵也。

老子曰：释道而任智者危，弃数而用才者困。故守分循理，失之不忧，得之不喜，成者非所为也，得者非所求也。入者有受而无取，出者有授而无与。因春而生，因秋而杀，所生不德，所杀不怨，即几于道矣。

道在乎治，数关于时。任智释道，用才弃数，危困之阶也。惟守分循理，得不喜成，失不忧退。物之入者，有受无取；物之出者，有授无与。因时而行，生不为德，杀不为怨，则近乎道矣。

文子问曰：王者得其惧心，为之奈何？老子曰：若江海即是也，淡兮无味，用之不既，先小而后大。夫欲上人者，必以其言下之，欲先人者，必以其身后之，天下必效其惧爱，进其仁义，而无苛气，居上而民不重，居前而众不害，天下乐推而不厌，虽绝国殊俗，蜎飞蝡动，莫不亲爱，无之而不通，无往而不遂，故为天下贵。

江海善下而有容，故百川归之。王者法之以为治，容民畜众，故得百姓之惧心，乐共推戴，天下归往矣。草木昆虫，亦将欣服，其贵可知。

老子曰：执一世之法籍，以非传代之俗，譬犹胶柱调瑟。圣人者应时权变，见形施宜，世异则事变，时移则俗易，论世立法，随时举事。上古之王，法度不同，非故相反也，时务异也。是故不法其已成之法，而法其所以为法者，与化推移。圣人法之可观也，其所以作法，不可原也，其言可听也，其所以言，不可形也。三皇、五帝轻天下，细万物，齐死生，同变化，抱道推诚，以镜万物之情，上与道为友，下以化为人。今欲学其道，不得其清明玄圣，守其法籍，行其宪令，必不能以为治矣。

一炁运行，四时更变，有不容不尔者，天道然也。皇帝、王伯之治不同者，若出人为，实由天运。故不可执一世之法籍而为传代之治，惟随时而举事，随事而应变，则可以论世立法。如冬不可葛，夏不可裘，知天道者能之。

文子问政，老子曰：御之以道，养之以德，无示以贤，无加以力，损而执一，无处可利，无见可欲，方而不割，廉而不刿，无矜无伐。御之以道则民附，养之以德则民服，无示以贤则民足，无加以力则民朴。无示以贤者，敛也，无加以力，不敢也。下以聚之，赇以取之，俭以自全，不敢自安。不下即离散，弗养即背叛，示以贤即民争，加以力即民怨。民离散即国势衰，民背叛即上无威，人争则轻为非，下怨其上即位危。四者诚修，正道几矣。

古人以道德为政，后世以功力为政。以道德则民服而风俗淳，以功力则民怨而战争起。故御之以道，养之以德，无示以贤，无加以力，则无为而天下治矣。

老子曰：上言者下用也，下言者上用也，上言者常用也，下言者权用也。唯圣人为能知权，言而必信，期而必当。天下之高行，直而证父，信而死女，孰能贵之？故圣人论事之曲直，与之屈伸，无常仪表，祝即名君，溺即捽父，势使然也。夫权者圣人所以独见，夫先迕而后合者之谓权，先合而后迕者不知权，不知权者善反丑矣。

上言下用，经者，权之体也。下言上用，权者，经之用也。经权相济，事无不宜。唯圣人知权，言而必信，期而必当，与之屈伸而审其连合。若夫执中无权，则不能随时而适变。胶柱鼓瑟，善反丑矣。

文子问曰：夫子之言，非道德无以治天下也。上世之王，继嗣因业，亦有无道各没其世而无祸败者，何道以然？老子曰：自天子至于庶人，各自生活，然其活有厚薄。天下时有亡国破家，无道德之故也。有道德，则夙夜不懈，战战兢兢，常恐危亡；无道德，则纵欲怠惰，其亡无时。使桀纣修道行德，汤武虽贤，无所建其功也。夫道德者，所以相生养也，所以相畜长也，所以相亲爱也，所以相敬贵也。夫聋虫虽愚，不害其所爱，诚使天下之民，皆怀仁爱之心，祸突何由生乎？夫无道而无祸害者，仁未绝义未灭也。仁虽未绝，义虽未灭，诸侯已轻其上矣。诸侯轻上，则朝廷不恭，纵令不顺。仁绝义灭，诸侯背叛，众人力政，强者陵弱，大者侵小，民人以攻击为业，灾害生，祸乱作，其亡无日，何期无祸也？

古之治天下者，道德衰而仁义次之，仁义衰则祸乱作，战争兴焉。上世嗣王，如桀纣之主，国未云亡，诸侯已有轻上之心，则道德丧而仁义衰矣。故汤武起而夏商绝，若周之幽、厉视桀纣，才一间耳。故不免大戎之杀，骊山之死，诸侯力政，强陵弱，大侵小，六国纵衡，与周俱亡，可不鉴乎？

老子曰：法烦刑峻，即民生诈，上多事则下多态，求多即得寡，禁多则胜少。以事生事，又以事止事，譬犹扬火而欲使无焚也；以智生患，又以智备之，譬犹挠水而欲求其清也。

法本以求，治烦则生乱；刑本以禁，奸峻则兴诈。夫上多事而欲民无事者，是犹强之饮而责其醉也，则是罔民也矣。安可云治乎？

老子曰：人主好仁，即无功者赏，有罪者释；好刑，即有功者废，无罪者及；无好憎者，诛而无怨，施而不德。放准循绳，身无与事，若天若地，何不覆载？合而和之，君也；别而诛之，法也。民以受诛，无所怨憾，谓之道德。

好仁而不知为政，赏及无功，释及有罪，犹能害政。好刑而不知为法，废及有功，诛及无罪，其害深矣。惟至公不偏，合于道德，赏不致滥，刑不致酷，则百官尽职，万民服业，天下隆平。

老子曰：天下是非无所定，世各是其所喜，而非其所恶。夫求是者，非求道理也，求合于己者也，去非者，非去衺也，去逆于心者也。今吾欲择是而居之，择非而去之，不知世之所谓是非者也。故治大国若烹小鲜，曰勿挠而已。夫趣合者，即言中而益亲，身疏而谋，当即见疑。今吾欲正身而待物，何知世之所从规我者乎？吾若与俗遽走，犹逃雨也无之而不濡。欲在于虚则不能虚，若夫不为虚而自虚者，此所欲而无不致也。故通于道者，如车轴不运于己，而与毂致于千里，转于无穷之原也。故圣人体道反至，不化以待化，动而无为也。

名分法理，辩是非，别善恶之道也。不求公道而自取己见，以是为非，以恶为善，而望名分正，法理明，难矣。惟正身待物，不废公道，犹车行陆，舟行水，无往而不通，恶有陷于不平者哉？

老子曰：夫亟战而数胜者，则国必亡。亟战则民罢，数胜则主骄，以骄主使罢民，而国不亡者，寡矣。主骄则恣，恣则极物，民罢则怨，怨则极虑，上下俱极而不亡者，未之有也。故功遂身退，天之道也。

兵不常胜，败亦随之，反覆之道也，恶可亟战而求数胜哉？主胜而骄，民罢而战，伐国之斧矣。兵犹火也，不戢将自焚。其是之谓欤？

平王问文子曰：吾闻子得道于老聃，今贤人虽有道，而遭淫乱之世，以一人之权，而欲化久乱之民，其庸能乎？文子曰：夫道德者，匡邪以为正，振乱以为治，化淫败以为朴，醇德复生，天下安宁，要在一人。人主者，民之师也，上者，下之仪也。上美之则下食之，上有道德，即下有仁义，下有仁义，即无淫乱之世矣。积德成王，积怨成亡，积石成山，积水成海，不积而能成者，未之有也。积道德者，天与之，地助之，鬼神辅之，凤鸟翔其庭，麒麟游其郊，蛟龙宿其沼。故以道莅天下，天下之德也；无道莅天下，天下之贼也。以一人与天下为雠，虽欲长久不可得也。尧舜以是昌，桀纣以是亡。平王曰：寡人敬闻命矣。

文子家睢，与亳为邻，久师老子，闻道故博。平王聘而问道，文子对以积德成王，积怨成亡，尧舜以是昌，桀纣以是亡。平王曰：寡人敬闻命矣。以是观之，平王若有志于为治者也，何不能修德释怨，而乃信谗怀疑，辄诛伍氏？此文子所以去楚而适越也。子胥劝吴伐楚，遂致鞭尸之辱，甚矣。有国者，怨其可不释乎？

## 通玄真经缵义卷之六

南谷子杜道坚纂

### 上德篇

**老子曰：主者国之心也，心治即百节皆安，心扰即百节皆乱。故其身治者，支体相遗也；其国治者，君臣相忘也。**

德一也，有二焉，长养万物，天之德，爱养百姓，君之德。夫君者国之心，君有德则心广体胖，气不乱而身自治。治国犹治身，君臣相安，国其有不治者乎？故曰上德不德，则是有德，而不自恃以为德，是以有德。

**老子曰：学于常枞，见舌而守柔，仰视屋树，退而目川，观影而知持后，故圣人虚无因循，常后而不先，譬若积薪，燎后者处上。**

常枞,古之圣人也。老子学于常枞,犹孔子学于老子。目击道存,精神冥契,故能见舌而守柔,观影而知持后,是以圣人因循虚无,不争强,不敢先,夫是之谓上德。

老子曰:鸣铎以声自毁,膏烛以明自煎,虎豹之文来射,猨狖之捷来格,故勇武以强梁死,辩士以智能困。以智知,而未能以智不知。故勇于一能,察于一辞,可与曲说,未可与广应。

人贵有德,不贵多智。智多则出乎己,而反乎己,鲜不自害。虎豹之文来射,猨狖之捷来格,士之勇死于强,智困于辩宜矣。惟不以智知,而以智不知者,则不局于一,而所应者广。

老子曰:道以无有为体,视之不见其形,听之不闻其声,谓之幽冥。幽冥者所以论道,而非道也。夫道者,内视而自反,故人不小觉,不大迷,不小慧,不大愚,莫鉴于流潦,而鉴于止水,以其内保之止而不外荡。月望日夺光,阴不可以承阳,日出星不见,不能与之争光。末不可以强于本,枝不可以大于干,上重下轻,其覆必易。一渊不两蛟,一雌不二雄,一即定,两即争。玉在山而草木润,珠生渊而岸不枯。蚯蚓无筋骨之强,爪牙之利,上食晞堁,下饮黄泉,用心一也。

道以无有为体,故可并行;物以有形为用,故不两立。无有为体,一则定矣。有形为用,两则争矣。然小大有间,君臣有分,人君怀道抱德,曾不我有,此道之所以大,德之所以久也。天下孰敢以争强为哉?

清之为明,杯水可见眸子,浊之为害,河水不见太山。兰芷不为莫服而不芳;舟浮江海,不为莫乘而沉;君子行道,不为莫知而止,性之有也。以清入浊,必困辱,以浊入清,必覆倾。天二气即成虹,地二气即泄藏,人二气即生病。阴阳不能常,且冬且夏,月不知昼,日不知夜。川广者鱼大,山高者木修,地广者德厚。故鱼不可以无饵钓,兽不可以空器召。山有猛兽,林木为之不斩;园有螫虫,葵藿为之不采;国有贤臣,折冲千里。通于道者若车轴转于毂中,不运于己,与之致于千里,终而复始,转于无穷之原也。故举枉与直,何如不得,举直与枉,勿与遂往。

水清鉴影,心清鉴物,明之故也,浊则昏矣。君子小人,势不两立。冬寒夏暑,时不并行。时并行则灾疠生,势两立则祸患作。虽然,为君子者,岂以小人在位,道不可行,而终不出乎？

有鸟将来,张罗而待之,得鸟者罗之一目。今为一目之罗,则无时得鸟。故事或不可前规,物或不可预虑,故圣人畜道待时也。欲致鱼者先通谷,欲来鸟者先树木,水积而鱼聚,木茂而鸟集。为鱼得者,非挈而入渊也,为猨得者,非负而上木也,纵之所利而已。足所践者浅,然待所不践而后能行,心所知者褊,然待所不知而后能明。川竭而谷虚,丘夷而渊塞,唇亡而齿寒,河水深,而壤在山。水静则清,清则平,平即易,易即见物之形,形不可并,故可以为正。

知有用之用,不知无用之用,不可与言政。治国者,要在一人,非众人则不能治。欲得贤而不先养士,可乎？是以圣人畜道待时,得人则兴,未有不为我用者也。

**使叶落者**,风摇之也,使水浊者,物挠之也。璧瑗之器,礛䃴之功也,镆铘之断割,砥砺之力也。螶与骥致千里而不飞,无裹粮之资而不饥。狡兔得而猎犬烹,高鸟尽而良弓藏,名成功遂身退,天道然也。怒出于不怒,为出于不为,视于无有,则得所见,听于无声,即得所闻。飞鸟反乡,兔走归窟,狐死首丘,寒螀得木,各依其所生也。

道可独行,事不可以独擅。人健走,日不百里而罢;得良马,则千里可致。怒出于不怒,文武所以安天下之民;为出于不为,尧舜所以成垂衣之治。为国家而善用人者，民孰不知归乎？

水火相憎，鼎鬲在其间，五味以和，骨肉相爱也。谗人间之，父子相危。犬豕不择器而食，愈肥其体，故近死。凤凰翔于千仞莫之能致，椎固于柄而不能自椓，目见百步之外而不能见其眦。因高为山，即安而不危，因下为渊，则鱼鳖归焉。沟池潦即溢，旱即枯，河海之源，渊深而不竭。聋无耳而目不可以蔽，精于明也，瞽无目而耳不可以蔽，精于听也。混混之水浊，可以濯吾足乎，泠泠之水清，可以濯吾缨乎。絭之为缟也，或为冠，或为絉。冠即戴枝之，絉即足蹑之。

人无常是，物无常非。气顺则合，气逆则离。火炎上，水润下，鼎鬲和之，即既济之功成。父王慈，子主孝，谗人间之，即参商之怨起。犬豕体肥近于死，凤凰高飞莫能致。清斯濯缨，浊斯濯足，不能洁己，而为物污者，可不审诸？

金之势胜木，一刃不能残一林；土之势胜水，一匊不能塞江河；水之势胜火，一酌不能救一车之薪。冬有雷，夏有雹，寒暑不变其即，霜雪麠麠，日出而流。倾易覆也，倚易𫐓也，几易助也，湿易雨也。兰芷以芳，不得见霜，蟾蜍辟兵，寿在五月之望。精泄者中易残，华非其时者不可食。

生克制伏，固有定分。力小任大，未有不返受其制者。木胜金，水胜土，火胜水，终非其性。夫冬雷夏雹，终非其时，曾不朝夕之久，人其可不自量乎？

舌之于齿，孰先弊焉，绳之与矢，孰先折焉。使影曲者形也，使响浊者声也。与死同病者，难为良医，与亡国同道者，不可为忠谋。使倡吹竽，使工捻窍，虽中节不可使决，君形亡焉。聋者不歌无以自乐，盲者不观无以接物，步于林者不得直道，行于险者，不得履绳。海内其所出，故能大。

处非其地，依非其人，难矣哉。齿刚先缺，矢劲先折。与死同病，难于为良医。与亡国同道，不可为忠谋。君不用道，而臣强之，谋出二心，功可成乎？

日不并出，狐不二雄，神龙不匹，猛兽不群，惊鸟不双。盖非橑不蔽日，轮非轴不追疾，橑轮未足恃也。张弓而射，非弦不能发，发矢之为射十分之一。饥马在厩，漠然无声，投刍其旁，争心乃生。三寸之管无当，天下不能满，十石而有塞，百斗而足。循绳而断即不过，县衡而量即不差。县古法以类，有时而遂，杖格之属，有时而施，是而行之谓之断，非而行之谓之乱。

日不并出，神龙不匹，猛兽不群，况于人乎？橑以张盖，轴以转轮，君臣相资之道也。饥马争刍，赏不可滥，循绳而断，法无过差，古法杖格，用之以时，在乎行之者耳。

农夫劳而君子养，愚者言而智者择。见之明白，处之如玉石，见之黯黮，必留其谋。百星之明，不如一月之光，十牖毕开，不如一户之明。螣蛇不可为足，虎不可为翼。今有六尺之席，卧而越之，下才不难，立而逾之，上才不易，势施异也。助祭者得尝，救斗者得伤，蔽于不祥之木，为雷霆所扑。日月欲明，浮云蔽之；河水欲清，沙土秽之；丛兰欲修，秋风败之；人性欲平，嗜欲害之。蒙尘而欲无眯，不可得洁。黄金龟纽，贤者以为佩；土壤布地，能者以为富。故与弱者金玉，不如与之尺素。

农夫不劳，君子无以养。君子不治，农夫其能安乎？蛇无足，虎无翼，不可两得。浮云盖日，失不在己。嗜欲害性，病不在人。

毂虚而中立三十辐，各尽其力，使一辐独入，众辐皆弃，何近远之能至。橘柚有乡，萑苇有丛，兽同足者相从游，鸟同翼者相从翔。

欲观九州之地,足无千里之行,无政教之源,而欲为万民上者,难矣。凶凶者获,提提者射。故大白若辱,广德若不足。君子有酒,小人鞭缶,虽不可好,亦可以丑。

皇极居中,资八辅而后建。车毂虚中,籍众辐而后行。天子中天下而立,位万民之上,而无政教之源,是犹无千里之足,欲观九州之地,其何以行之?惟正位端居,百官分职,不下堂而天下治矣。

人之性便衣县帛,或射之即被甲,为所不便,以得其便也。三十辐共一毂,各直一凿,不得相入,犹人臣各守其职也。善用人者,若蚿之足,众而不相害,若舌之与齿,坚柔相磨而不相败。石生而坚,芷生而芳,少而有之,长而逾明。扶之与提,谢之与让,得之与失,诺之与己,相去千里。

作事有法,事无不成。用人有方,人无不济。车毂之各直一凿,明官事之各有守也。蚿足众而不相害,由用得其宜矣。石坚芷芳,随其材而用之,则贤者明,愚者力,成功一也。

再生者不获,华太早者不须霜而落。污其准,粉其颡,腐鼠在阵,烧熏于堂,入水而憎濡,怀臭而求芳,虽善者不能为工。冬冰可拆,夏木可结,时难得而易失。木方盛,终日采之而复生,秋风下霜,一夕而零。质的张而矢射集,林木茂而斧斤入,非或召之也,形势之所致。乳犬之噬虎,伏鸡之搏貍,恩之所加,不量其力。夫待利而登溺者,必将以利溺之矣。舟能浮能沉,愚者不知足焉。骥驱之不进,引之不止,人君不以求道里。

时难得而易失,民易困而难苏。故物再生者实不逮获,华太早者落不待霜,时不顺也。的张而矢集,林茂而斧入,势之所致。乳犬噬虎,伏鸡搏貍,情之所使。舟腐而载则沉,骥疲而驱则毙。民其可重困乎?

水虽平必有波,衡虽正必有差,尺虽齐必有危。非规矩不能定方圆,非准绳无以正曲直。用规矩者,亦有规矩之心。太山之高,倍而不见,秋毫之末,视之可察。竹木有火,不钻不熏;土中有水,不掘不出。矢之疾不过二里,跬步不休,跛鳖千里。累土不止,丘山从成。临河欲鱼,不若归而织网。弓先调而后求劲,马先顺而后求良,人先信而后求能。巧冶不能消木,良匠不能斫冰,物有不可,如之何君子不留意。使人无渡河,可,使河无波,不可。无曰不辜,甑终不堕井矣。

水平不能无波,衡正不能无差,心其可不慎诸?君子之礼义廉耻,犹匠石之规矩准绳也。弓先调而后求劲,马先顺而后求良。人不先之以信,能者其可致乎?故君子为其所可为,而不为其所无奈何。

刺我行者欲我交,呰我货者欲我市。行一棋不足以见知,弹一弦不足以为悲。今有一炭然,掇之烂指,相近也,万石俱熏,去之十步而不死,同气而异积也。有荣华者,必有愁悴。上有罗纨,下必有麻绋。木大者根瞿,山高者基扶。

苦语利行,苦药利病。刺我行者欲我交,君子循义也。呰我货者欲我市,小人徇利也。人之福不可过,服不必侈。木大者根瞿,山高者基扶,民富则国昌矣。

**老子曰**:鼓不藏声,故能有声;镜不没形,故能有形。金石有声,不动不鸣;管箫有音,不吹无声。是以圣人内藏,不为物唱,事来而制,物至而应。天行不已,终有复始,故能长久。轮得其所转,故能致远。天行一不差,故无过矣。天气下,地气上,阴阳交通,万物齐同。君子用事,小人消亡,天地之道也。天气不下,地气不上,阴阳不通,万物不昌,小人得势,君子消亡,五谷不植,道德内藏。天之道,裒多益寡,地之道,损高益下,鬼神之道,骄溢与下,人之道,多者不与,圣人之道,卑而莫能上也。

心不藏物故能应物,鼓不藏声故能应声,不扣而鸣,则为怪矣。是以圣人内藏,不为物唱,应之而已。天地交通,万物齐同,此明良会遇,而君子用事之时也。一或反此,则是小人得势之日矣。惟圣人居高听卑,而不自满,无以上之。

天明日明,而后能照四方,君明臣明,域中乃安,域有四明,乃能长久。明其施明者,明其化也。天道为文,地道为理,一为之和,时为之使,以成万物,命之曰道。大道坦坦,去身不远,修之于身,其德乃真,修之于物,其德不绝。天覆万物,施其德而养之,与而不取,故精神归焉。与而不取者上德也,是以有德。高莫高于天也,下莫下于泽也,天高泽下,圣人法之,尊卑有叙,天下定矣。地载万物而长之,与而取之,故骨骸归焉。与而取者下德也,下德不失德,是以无德。地承天,故定宁,地定宁,万物形,地广厚,万物聚,定宁无不载,广厚无不容。地势深厚,水泉入聚,地道方广,故能久长,圣人法之,德无不容。

君天道,臣地道。天尊地卑,君臣之分定矣。君明臣明,照于四方,岂非尧之光宅天下,百姓昭明者乎?故法天效地,以成万物者,道也。养之与之而不取者,上德也。与而取之,德斯下矣。

阴难阳,万物昌;阳服阴,万物湛。物昌无不赡也,物湛无不乐也,物乐则无不治矣。阴害物,阳自屈,阴进阳退,小人得势,君子避害,天道然也。阳气动,万物缓而得其所,是以圣人顺阳道。夫顺物者物亦顺之,逆物者物亦逆之,故不失物之情性。污泽盈,万物节成;污泽枯,万物节荂。故雨泽不行,天下荒亡。阳上而复下,故为万物主。不长有,故能终而复始,终而复始,故能长久,能长久,故为天下母。阳气蓄而后能施,阴气积而后能化,未有不蓄积而后能化者也。故圣人慎所积。阳灭阴，万物肥；阴灭阳，万物衰。故王公尚阳道则万物昌，尚阴道则天下亡。阳不下阴，万物不成，君不下臣，德化不行，故君下臣则聪明，不下臣则暗聋。

　　阳生阴杀，故君子好生，小人好杀也。王公尚阳道，则万物昌；尚阴道，则天下亡。阳贵下阴，故君下臣，则聪明而国理；不下臣，则暗聋而德化不行。

　　日出于地，万物蕃息，王公居民上，以明道德；日入于地，万物休息，小人居民上，万物逃匿。雷之动也，万物启，雨之润也，万物解，大人施行，有似于此。阴阳之动有常节，大人之动不极物。雷动地，万物缓；风摇树，草木败。大人去恶就善，民不远徙，故民有去就也，去尤甚，就少愈。风不动，火不出，大人不言，小人无述。火之出也，必待薪，大人之言，必有信。有信而真，何往不成？河水深，壤在山，丘陵高，下入渊，阳气盛，变为阴，阴气盛，变为阳，故欲不可盈，乐不可极。忿无恶言，怒无作色，是谓计得。火上炎，水下流，圣人之道，以类相求，圣人偯阳天下和同，偯阴天下溺沉。

　　天之日其人之君乎？日出于地，王公居民上，万物蕃息。日入于地，小人居民上，万物逃匿。阴阳之动有常节，故岁不乱时，大人之动不极物，故民不远徙。物极则变，欲不可盈。阴阳天也，治乱则关乎人。

　　老子曰：积薄成厚，积卑成高，君子日汲汲以成辉，小人日快快以至辱。其消息也，虽未能见，故见善如不及，宿不善如不祥。苟向善，虽过无怨；苟不向善，虽忠来恶。故怨人不如自怨，勉求诸人，不如求诸己。声自召也，类自求也，名自命也，人自官也，无非己者。操锐以刺，操刃以击，何怨于人？故君子慎其微。万物负阴而抱阳，冲气以为和，和居中央，是以木实生于心，草实生于荚，卵胎生于中央，不卵不胎，生而须时。地平则水不流，轻重均则衡不倾，物之生化也，有感以然。

阴阳感而成中和。故万物生，君臣合，而得中道，故万姓宁。是以君子和其心志，日汲汲以成辉。小人汩其天和，日怏怏以至辱。故君子慎微，正诸心而自求诸己。我不怨人，人亦无怨焉。

老子曰：山致其高，而云雨起焉，水致其深，而蛟龙生焉。君子致其道，而德泽流焉。夫有阴德者，必有阳报，有隐行者，必有昭名。树黍者不获稷，树怨者无报德。

为善而人不知，谓之至善。为恶而人不知，谓之至恶。山藏云而成雨露，泽藏水而生蛟龙，君子怀其道，而泽流于世俗。有阴德者，必有阳报，天佑之也。有隐行者，必有昭名，人推之也。惟有天德者知之。

## 通玄真经缵义卷之七

南谷子杜道坚纂

## 微明篇

老子曰：道可以弱，可以强，可以柔，可以刚，可以阴，可以阳，可以幽，可以明，可以包裹天地，可以应待无方。知之浅，不知之深，知之外，不知之内，知之粗，不知之精，知之乃不知，不知乃知之，孰知知之为不知，不知之为知乎？夫道不可闻，闻而非也；道不可见，见而非也；道不可言，言而非也。孰知形之不形者乎？故天下皆知善之为善也，斯不善矣。知者不言，言者不知。

微明者其道乎？视不以目，听不以耳，得之天而著之心，故能包裹天地，应待无方，不可以智知力求。惟知不知，为不为，言不言,则得之矣。

　　文子问曰:人可以微言乎？老子曰:何为不可。唯知言之谓乎？夫知言之谓者,不以言言也。争鱼者濡,逐兽者趋,非乐之也。故至言去言,至为去为,浅知之人,所争者末矣。言有宗,事有君。夫唯无知,是以不吾知。

　　道不可言,可言即物。言固非道,非言不明。文子问人可以微言乎,老子语以唯知言为可,则是言而不言,不言而言者矣。争鱼逐兽,是不知言者,执于言而著于物,则所争者末矣。安得去言去为之人,而与之言哉？

　　文子问曰:为国亦有法乎？老子曰:今夫挽车者,前呼邪轷,后亦应之,此挽车劝力之歌也。虽郑、卫、胡、楚之音,不若此之义也。治国有礼,不在文辩。法令滋章,盗贼多有。

　　有国家者犹天地也。天不言而四时行,地不语而百物生。文子问为国之法,老子语以挽车之歌,前呼后应,亦犹圣人先天弗违,后天奉时之意。治国有礼,初不在于文华之辩,不知治体,而滋章其法令者,适以为盗法贼民之资。

　　老子曰:道无正而可以为正,譬若山林而可以为材,材不及山林,山林不及云雨,云雨不及阴阳,阴阳不及和,和不及道。道者所谓无状之状,无物之象也。无达其意,天地之间,可陶冶而变化也。

　　道无正形,物随而形。观山林变而至于云雨阴阳之和,则知凡天地间之无形无象者,皆可陶冶而变化。道其神矣夫！

　　老子曰:圣人立教施政,必察其终始,见其造恩。故民知书即德衰,知数而仁衰,知券契而信衰,知机械而实衰。瑟不鸣,而二十五弦各以其声应,轴不运于己,而三十辐各以其力旋。弦有缓急,然后能成曲,车有劳佚,然后能致远。使有声者,乃无声也,使有转者,乃无转也。上下异道,易治即乱,位高而道大者从,事大而道小者凶。小德害义,小善害道,小辩害治,苛悄伤德。大正不险,故民易道,至治优游,故下不贼。至忠复素,故民无伪匿。

圣人立教施政,弗获已也,必察其始终,行其所无事而已。知书数券契机械,则是有心于事,德仁信实衰矣。君借臣以为治,犹瑟之有声,辐之致远,执要用大,则无不治之世矣。

老子曰:相坐之法立,即百姓怨,减爵之令张,即功臣叛。故察于刀笔之迹者,不知治乱之本;习于行阵之事者,不知庙战之权。圣人见福于重关之内,虑患于冥冥之外。愚者惑于小利,而忘大害,故事有利于小而害于大,得于此而忘于彼。故仁莫大于爱人,智莫大于知人,爱人即无怨刑,知人即无乱政。

治不可以多事,法不可以数变。事多变数,则百姓怨,功臣叛,上有以召之矣。治乱之本,庙战之权,圣人玄鉴于无形之表,是必有先见之明也。

老子曰:江河之大,溢不过三日,飘风暴雨日中不出须臾止。德无所积而不忧者,亡其及也。夫忧者所以昌也,喜者所以亡也,故善者以弱为强,转祸为福,道冲而用之,又不满也。

国之苛政横出,犹江河之大溢,风雨之暴作,曾不少久,亡其及矣。惟忧无德而知变者,尚可转祸为福,以弱为强,其不可自满也明矣。

老子曰:清静恬和,人之性也。仪表规矩,事之制也。知人之性,即自养不悖,知事之制,则其举措不乱。发一号,散无竟,总一管,谓之心。见本而知末,执一而应万,谓之术。居知所以,行知所之,事知所乘,动知所止,谓之道。使人高贤称誉己者,心之力也,使人卑下诽谤己者,心之过也。言出于口,不可禁于人,行发于近,不可禁于远。事者难成易败,名者难立易废,凡人皆轻小害,易微事,以至于大患。夫祸之至也,人自生之,福之来也,人自成之。祸与福同门,利与害同邻,自非至精,莫之能分,是故智虑者祸福之门户也,动静者利害之枢机也,不可不慎察也。

天理人欲同乎一心,君子小人由乎一己,亦同出而异名者耶?执一而应万谓之术,见动而知止谓之道。言出乎口,行发乎心,夫祸福利害,有如影响,自非至精,孰能分之?可不察诸己,而慎诸心乎?

老子曰:人皆知治乱之机,而莫知全生之具,故圣人论世而为之事,推事而为之谋。圣人能阴能阳,能柔能刚,能弱能强,随时动静,因资而立功,睹物往而知其反,事一而察其变,化即为之象,运则为之应,是以终身行之无所困。故事或可言而不可行者,或可行而不可言者,或易为而难成者,或难成而易败者。所谓可行而不可言者,取舍也;可言而不可行者,伪诈也;易为而难成者,事也;难成而易败者,名也。此四者,圣人之所留心也,明者之所独见也。

时有治乱,政存乎人。知治乱之机,而莫知全生之具者,失在人而不在时也。圣人随时动静,察其所变,终身行之而无所困。当时而秉政者,恶可自惰,而不知全生之具耶?

老子曰:道者敬小微,动不失时,百射重戒,祸乃不滋。计福不及,虑祸过之。同日被霜,蔽者不伤,愚者有备,与智者同功。夫积爱成福,积憎成祸,人皆知救患,莫知使患无生。夫使患无生易,施于救患难。今人不务使患无生,而务施救于患,虽神人不能为谋。患祸之所由来,万万无方。圣人深居以避患,静默以待时。小人不知祸福之门,动而陷于刑,虽曲为之备,不足以全身。故上士先避患而后就利,先远辱而后求名。故圣人常从事于无形之外,而不留心于已成之内,是以祸患无由至,非誉不能尘垢。

夫道者敬小微,动不失时,谨初也。愚者有备,与智者同功,人之祸患,不能弭于前,而求救于后者,虽神人不能为谋。故上士以避患远辱为先,而名之与利,则置之后而毋必。祸患何从而至,非誉何从而尘垢之哉?

老子曰:凡人之道心欲小,志欲大,智欲圆,行欲方,能欲多,事欲少。所谓心小者,虑患未生,戒祸慎微,不敢纵其欲也。志大者,兼包万国,一齐殊俗,是非辐辏,中为之毂也。智圆者,终始无端,方流四远,渊而不竭也。行方者,立直而不挠,素白而不污,穷不易操,达不肆志也。能多者,文武备具,动静中仪,举措废置,曲得其宜也。事少者,秉要以偶众,执约以治广,处静以持躁也。故心小者禁于微也,志大者无不怀也,智圆者无不知也,行方者有不为也,能多者无不治也,事少者约所持也。故圣人之于善也,无小而不行,其于过也,无微而不改,行不用巫觋,而鬼神不敢先,可谓至贵矣。然而战战栗栗,日慎一日,是以无为而一之诚也。愚人之智,固已少矣,而所为之事又多,故动必穷,故以正教化,其势易而必成,以邪教化,其势难而必败。舍其易而必成,从事于难而必败,愚惑之所致。

志欲大而心欲小,智欲圆而行欲方,能欲多而事欲少。斯六者,凡人之不可不勉也。志大则物无不容,心小则几微必戒,智圆则事无不通,行方则直而不挠,能多则为无不成,事少则约而有守。夫圣人之行不用巫觋,而鬼神不敢先,一之以诚而已。

老子曰:福之起也县县,祸之生也纷纷,祸福之数,微而不可见。圣人见其始终,故不可不察。明主之赏罚,非以为己,以为国也。适于己而无功于国者,不施赏焉;逆于己而便于国者,不加罚焉。故义载乎宜,谓之君子,遗义之宜,谓之小人。通智得而不劳,其次劳而不病,其下病而益劳。古之人,味而不舍也,今之人,舍而不味也。纣为象箸,而箕子啼,鲁以偶人葬,而孔子叹。见其所始,即知其所终。

祸福之机,有开必先,可不察欤?赏罚,人主之大柄,非以为己,以为国也。君子小人,有义利之间。治而不劳,政之上也;劳而不病,政之次也;病而益劳,政斯下矣。夫箕子之泣象箸,孔子之叹偶人,国有不待终而知其亡。

老子曰:仁者,人之所慕也,义者,人之所高也。为人所慕,为人所高,或身死国亡者,不周于时也。故知仁义而不知世权者,不达于道也。五帝贵德,三王用义,五伯任力,今取帝王之道施五伯之世,非其道也。故善否同,非誉在俗,趋行等,逆顺在时,知天之所为,知人之所行,即有以经于世矣。知天而不知人,即无以与俗交,知人而不知天,无以与道游。直志适情,即坚强贼之,以身役物,即阴阳食之。

道之不行也,我知之矣,时异故也。五帝贵德,三王用义,五伯任力。当五伯之世,而施帝王之道者,不知于时也。不知时,则是不知天,不知人矣。何以经于世哉?

得道之人,外化而内不化,外化所以知人也,内不化所以全身也。故内有定一之操,而外能屈伸,与物推移,万举而不陷,所贵乎道者,贵其龙变也。守一节,推一行,虽以成满,犹不易,拘于小好,而塞于大道。道者寂寞以虚无,非有为于物也,不以有为于己也。是故举事而顺道者,非道者之所为,道之所施也。

龙虎变化,大人之道也。得道之人,与物推移而不陷,是故老子有犹龙之称。夫体道虚无,外不有于物,内不有于己,道无不施,天下化矣。

天地之所覆载，日月之所照明，阴阳之所煦，雨露之所润，道德之所扶，皆同一和也。是故能戴大圆者履大方，镜太清者视大明，立太平者处大堂，能游于冥冥者，与日月同光。无形而生于有形，是故真人托期于灵台，而归居于物之初。视于冥冥，听于无声，冥冥之中，独有晓焉，寂寞之中，独有照焉。其用之乃不用，不用而后能用之也；其知之乃不知，不知而后能知之也。

和也者天下之达道也。天之覆，地之载，同乎一和而已。王者戴圆履方，处大堂而立太平者，和其可失乎？真人归居于物之初，必有独见于冥冥之中。是故用有不用，而后能用。知有不知，而后能知。夫是之谓大和。

道者物之所道也，德者生之所扶也，仁者积恩之证也，义者比于心而合于众适者也。道灭而德兴，德衰而仁义生。故上世道而不德，中世守德而不怀，下世绳绳而恐失仁义。故君子非义无以生，失义即失其所以生；小人非利无以活，失利则失其所以活。故君子惧失义，小人惧失利，观其所惧，祸福异矣。

道德仁义裂，而皇帝王伯分，世变使之然也。道以导之，德以生之，仁以恩之，义以宜之。四代之治，固若不同，而其君臣有分则一焉。夫道而不德者皇，德而不怀者帝，恐失仁义者王。义失其宜，智诈兴矣。

老子曰：事或欲利之，适足以害之，或欲害之，乃足以利之。夫病温而强餐之热，病渴而强饮之寒，此众人之所养也，而良医所以为病也。快于目，说于心，愚者之所利，有道者之所避。圣人者，先迕而后合众，人先合而后迕，故祸福之门，利害之反，不可不察也。

事有欲利而害，欲害而利，非人力之所可必者，物或使之也。是故先迕而后合者，圣人之道；先合而后迕者，众人之道。祸福倚伏,利害相反,其不可不察也如此。

老子曰:有功离仁义者即见疑,有罪有仁义者必见信。故仁义者,事之常顺也,天下之尊爵也。虽谋得计当,虑患解图,国存,其事有离仁义者,其功必不遂也。言虽无中于策,其计无益于国,而心周于君,合于仁义者,身必存。故曰:百言百计常不当者,不若舍趋而审仁义也。

仁义者道之孙,德之子欤?四者若不相及,而未尝相离。故仁义天下之尊爵也。贵以身为天下者,可不舍趋而审诸仁义乎?

老子曰:教本乎君子,小人被其泽,利本乎小人,君子享其功。使君子小人各得其宜,即通功易食而道达矣。人多欲即伤义,多忧即害智,故治国乐所以存,虐国乐所以亡。水下流而广大,君下臣而聪明,君不与臣争而治道通,故君根本也,臣枝叶也。根本不美而枝叶茂者,未之有也。

君子小人,均是人也。为君子而教不被于小人,何德以资小人之养哉?治国乐其存,虐国乐其亡。君善下而不争,则群臣献其忠。柢固根深,而国安矣。

老子曰:慈父之爱子者,非求其报,不可内解于心。圣主之养民,非为己用也,性不能已也,及恃其力,赖其勋,而必穷有以为,即恩不接矣。故用众人之所爱,即得众人之力,举众人之所喜,即得众人之心。故见其所始,即知其所终。

父子之心天性也。父之爱子,君之养民,一有望报之心,恩其失矣。是故因其利而利之,则得众人之力;推其善而善之,则得众人之心。子其有不孝,臣其有不忠乎?

老子曰:人以义爱,党以群强,是故德之所施者博,即威之所行者远,义之所加者薄,即武之所制者小。

君以天下为心,人以义爱,则忠孝乃兴。党以群强,则奸雄遂起。安危所系,可不察而辩之?

**老子曰:**以不义而得之,又不布施,患及其身,不能为人,又无以自为,可谓愚人,无以异于枭爱其子。故持而盈之,不如其已,揣而锐之,不可长保。德之中有道,道之中有德,其化不可极。阳中有阴,阴中有阳,万事尽然,不可胜明。福至祥存,祸至祥先,见祥而不为善,即福不来,见不祥而行善,即祸不至。利与害同门,祸与福同邻,非神圣莫之能分。故曰:祸兮福所倚,福兮祸所伏,孰知其极。

祸福倚伏,如影随形。货倍而入,必倍而出。善积而不善用,如畜枭为子,寡不自害。利害之机,反兮覆兮,非神圣莫之能知。

人之将疾也,必先甘鱼肉之味;国之将亡也,必先恶忠臣之语。故疾之将死者,不可为良医,国之将亡者,不可为忠谋。修之身,然后可以治民,居家理,然后可移于官长。故曰:修之身,其德乃真;修之家,其德乃余;修之国,其德乃丰。民之所以生活,衣与食也,事周于衣食则有功,不周于衣食则无功,事无功,德不长。故随时而不成,无更其刑,顺时而不成,无更其理,时将复起,是谓道纪。

国非民不立,民非食不生,不易之理也。是故民足于衣食则可活,不足于衣食则罔功。功不立则德不长矣。

**帝王富其民**,霸王富其地,危国富其吏,治国若不足,亡国困仓虚。故曰上无事而民自富,上无为而民自化。起师十万,日费千金,师旅之后,必有凶年。故兵者不祥之器也,非君子之宝也。和大怨必有余怨,奈何其为不善也。古者亲近不以言说,来远不以言使,近者悦,远者来。与民同欲即和,与民同守即固,与民同念者知。得民力者富,得民誉者显。行有召寇,言有致祸,无先人言,后人而已。附耳之语,流闻千里。言者祸也,舌者机也,出言不当,驷马不追。

无古今治乱,而不易者土宇也。古之今之,或治或乱,而不一者君民也。帝王富其民,霸王富其地,危国富其吏,治国若不足,亡国囷仓虚。是故唐、虞之代天下往,战国之世无富民。

昔者中黄子曰:天有五方,地有五行,声有五音,物有五味,色有五章,人有五位,故天地之间有二十五人也。上五有神人、真人、道人、至人、圣人,次五有德人、贤人、智人、善人、辩人,中五有公人、忠人、信人、义人、礼人,次五有士人、工人、虞人、农人、商人,下五有众人、奴人、愚人、肉人、小人。上五之与下五,犹人之与牛马也。圣人者,以目视,以耳听,以口言,以足行。真人者,不视而明,不听而聪,不行而从,不言而公。故圣人所以动天下者,真人未尝过焉;贤人所以矫世俗者,圣人未尝观焉。所谓道者,无前无后,无左无右,万物玄同,无是无非。

中黄子者,古之真人欤? 其言曰:人有五位,位各五等,合之凡二十有五焉。最上者神人,最下者小人,所谓上五之与下五,犹人之与牛马,谓小人违道悖德,若马牛而襟裾耳。圣人不及真人,贤人不及圣人,惟其造道有浅深,故品亦随之。

## 通玄真经缵义卷之八

南谷子杜道坚纂

### 自然篇

老子曰:清虚者,天之明也;无为者,治之常也。去恩惠,舍圣智,外贤能,废仁义,灭事故,弃佞辩,禁奸伪,即贤不肖者齐于道矣。静即同,虚即通,至德无为,万物皆容。虚静之道,天长地久,神微周盈,于物无宰。

自然者天理,不自然者人欲。夫清虚而明,天之自然;无为而治,人之自然也。自然,贤不肖者齐于道矣。是以圣人神而明之,光宅天下,而物无宰焉。

十二月运行,周而复始。金木水火土,其势相害,其道相待。故至寒伤物,无寒不可;至暑伤物,无暑不可,故可与不可皆可。是以大道无所不可,可在其理,见可不趋,见不可不去,可与不可相为左右,相为表里。凡事之要,必从一始,时为之纪,自古及今,未尝变易,谓之天理。上执大明,下用其光,道生万物,理于阴阳,化为四时,分为五行,各得其所。与时往来,法度有常,下及无能,上道不倾,群臣一意,天地之道,无为而备,无求而得,是以知其无为而有益也。

宇宙之间,造化流行而不息者,气而已。有神焉,莫可得而识也。一为之始,时为之纪,古今不忒,是谓天理。道生万物,法度有常,有物主之,莫知或使,是以道之尊而德之贵。

**老子曰**:朴至大者无形状,道至大者无度量,故天圜不中规,地方不中矩。往古来今谓之宙,四方上下谓之宇。道在其中而莫知其所。故见不远者不可与言大,知不博者不可与论至。夫禀道与物通者无以相非,故三皇五帝法籍殊方,其得民心一也。若夫规矩勾绳,巧之具也,而非所以为巧也。故无弦虽师文不能成其曲,徒弦即不能独悲,故弦,悲之具也,非所以为悲也。至于神和游于心手之间,放意写神,论变而形于弦者,父不能以教子,子亦不能受之于父,此不传之道也。故肃者,形之君也,而寂寞者,音之主也。

朴大无形,道大无量。天圆地方,道在其中。故三皇五帝,法籍殊方,其得民心一也。若夫规矩勾绳,则是为巧之具,非所以为巧矣。师文之琴，有类乎是。

老子曰：天地之道，以德为主，道为之命，物以自正。至微甚内，不以事贵。故不待功而立，不以位为尊，不待名而显，不须礼而庄，不用兵而强。故道立而不教，明照而不察。道立而不教者，不夺人能也，明照而不察者，不害其事也。

古人质朴，其俗同，故不待教。后人浇漓，其俗异，故圣人忧道之不明而教立天。天地之道，以德为主，而道为之命，物各自正，自然而已。圣人何庸心哉？

夫教道者，逆于德，害于物，故阴阳四时，金木水火土同道而异理。万物同情而异形，知者不相教，能者不相受，故圣人立法以导民之心，各使自然。故生者无德也，死者无怨也。天地不仁以万物为刍狗，圣人不仁以百姓为刍狗。夫慈爱仁义者，近狭之道也。狭者，入大而迷；近者，行远而惑。圣人之道，入大不迷，行远不惑，常虚自守，可以为极，是谓天德。

古之教者以道，今之教者以利，此道之所以不行也。夫圣人立法导民心，使各安其自然之分，生者自生，死者自死，德怨何有哉？

老子曰：圣人天覆地载，日月照临，阴阳和，四时化，怀万物而不同，无故无新，无疏无亲，故能法天也。天不一时，地不一财，人不一事。故绪业多端，趋行多方。故用兵者或轻或重，或贪或廉，四者相反，不可一也。轻者欲发，重者欲止，贪者欲取，廉者不利，非其有也。故勇者可令进斗，不可令持坚；重者可令固守，不可令陵敌；贪者可令攻取，不可令分财；廉者可令守分，不可令进取；信者可令持约，不可令应变。五者圣人兼用而材使之。夫天地不怀一物，阴阳不产一类。故海不让水潦以成其大，山林不让枉挠以成其崇，圣人不辞负薪之言以广其名。夫守一隅而遗万方，取一物而弃其余,即所得者寡,而所治者浅矣。

天之命者一,气感不同,性随质异,变有万殊,不可率而齐也。圣人宪天法道,不以殊方异俗为之间,而覆之载之,养之育之,一而已矣。

老子曰:天之所覆,地之所载,日月之所照,形殊性异,各有所安。乐所以为乐者,乃所以为悲也。安所以为安者,乃所以为危也。故圣人养牧民也,使各便其性,安其居,处其宜,为其所能,周其所适,施其所宜,如此则万物一齐,无由相遇。天下之物无贵无贱,因其所贵而贵之,物无不贵。因其所贱而贱之,物无不贱。故不尚贤者,言不放鱼于木,不沉鸟于渊。

善牧民者,不一其法,形殊性异,各有所安。反而置之,则生道失矣。然则庄周之谓《齐物论》者,岂齐物哉?齐物理也。天之生物,各因其材而笃之。

昔尧之治天下也,舜为司徒,契为司马,禹为司空,后稷为田畴,奚仲为工师。其导民也,水处者渔,林处者采,谷处者牧,陆处者田。地宜其事,事宜其械,械宜其材。皋泽织网,陵阪耕田,如是则民得以所有易所无,以所工易所拙,是以离叛者寡,听从者众,若风之过萧,忽然而感之。各以清浊应,物莫不就其所利,避其所害。是以邻国相望,鸡狗之音相闻,而足迹不接于诸侯之境,车轨不结于千里之外,皆安其居也。故乱国若盛,治国若虚,亡国若不足,存国若有余。虚者非无人也,各守其职也;盛者非多人也,皆徼于末也;有余者非多财也,欲节而事寡也;不足者非无货也,民鲜而费多也。故先王之法非所作也,所因也,其禁诛非所为也,所守也,上德之道也。

古之君天下者,君逸臣劳,无为而治。尧之时,舜为司徒,契为司马,禹为司空,百官分职,各以其能。惟官得其人,则民安其处,功成事遂,百姓皆谓我自然。

**老子曰**:以道治天下非易人性也,因其所有而条畅之,故因即大,作即小。古之渎水者因水之流也,生稼者因地之宜也,征伐者因民之欲也,能因则无敌于天下矣。物必有自然而后人事有治也。故先王之制法,因人之性而为之节文,无其性不可使顺教,有其性无其资不可使遵道。人之性有仁义之资,其非圣人为之,法度不可使向方,因其所恶以禁奸,故刑罚不用,威行如神。因其性即天下听从,拂其性即法度张而不用。

圣人因人性而设教,观风俗以为治。民之所好,好之;民之所恶,恶之。是以民心归往而无敌于天下矣。

道德者功名之本也,民之所怀也,民怀之则功名立。古之善为君者法江海,江海无为以成其大,窊下以成其广,故能长久为天下谿谷,其德乃足。无为,故能取百川,不求故能得,不行故能至,是以取天下。而无事不自贵故富,不自见故明,不自矜故长,处不有之地,故为天下王,不争故莫能与之争,终不为大,故能成其大。江海近于道,故能长久,与天地相保。王公修道,功成不有,不有即强固,强固而不以暴人。道深即德深,德深即功名遂成,此谓玄德,深矣远矣,其与物反矣。

道德非钓名之具,而名随之。古之善为君者,守无为之德,处不争之地,功成不有,故能与天地相为长久。

天下有始,莫知其理,唯圣人能知所以,非雄非雌,非牝非牡,生而不死。天地以成,阴阳以形,万物以生。故阴之与阳,有圆有方,有短有长,有存有亡,道为之命。幽沉而无事,于心甚微,于道甚当,死生同理,万物变化合于一道,简生忘死,何往不寿?去事与言，顺无为也。守道周密，于物不宰，至微无形。天地之始，万物周于道而殊于形，至微无物，故能周恤；至大无外，故为万物。盖至细无内，故为万物贵。道以存生，德以安形，至道之度，去好去恶，无有知故，易意和心，无与道迕。夫天地专而为一，分而为二，反而合之，上下不失，专而为一，分而为五，反而合之，必中规矩。夫道至亲不可疏，至近不可远，求之远者，往而复反。

能知古始，是谓道纪。道其天下之始乎？无形而大，不言而信，变化无方，莫知其理，唯圣人知之。是以日应万机，无与道迕，反而合之，为道之纪。

老子曰：帝者有名，莫知其情。帝者贵其德，王者尚其义，霸者通于理。圣人之道于物无有，通狭然后任智，德薄然后任刑，明浅然后任察。任智者心中乱，任刑者上下怨，任察者不求善以事上即弊。是以圣人因天地以变化其德，乃天覆而地载，道之以时，其养乃厚，厚养即治。虽有神圣，夫何以易之？去心知，省刑罚，反清静，物将自正。

开物之初，帝者为谁？太古三皇，民如婴儿，呼吸太和，无思无为。上古三皇，民如孩提，含哺鼓腹，为无所为。下古三皇，民童时，朴散道行，为所以为，庖生粒食，天下亲之。五帝贵德，天下誉之。三王尚义，天下畏之。五伯失理，天下侮之。玄圣不作，素王述之，立言垂教，为万世师，圣人复起，无以易之。

道之为君，如尸俨然玄默而天下受其福，一人被之不褒，万人被之不褊。是故重为惠，重为暴，即道迕矣。为惠者布施也，无功而厚赏，无劳而高爵，即守职者懈于官，而游居者亟于进矣。夫暴者妄诛，无罪而死亡，行道者而被刑，即修身者不劝善而为邪行者轻犯上矣。故为惠者即生奸，为暴者即生乱，奸乱之俗，亡国之风也。故国有诛者而主无怒也,朝有赏者而君无与也。诛者不怨,君罪之当也,赏者不德,上功之至也。民知诛赏之来,皆生于身,故务功修业不受赐于人,是以朝廷芜而无迹,田垄辟而无秽。故太上下知有之。

春生秋杀,天之道也。人主法天行道,为臣子者,知所惩劝。刑赏之来,皆由自己,莫不务功修业,无侥幸之心。朝廷正而田野辟,太上之风宜可复矣。

王道者处无为之事,行不言之教,清静而不动,一定而不摇,因循任下,责成而不劳,谋无失策,举无过事,言无文章,行无仪表,进退应时,动静循理,美丑不好憎,赏罚不喜怒,名各自命,类各自以,事由自然,莫出于己。若欲狭之,乃是离之,若欲饰之,乃是贼之。天气为魂,地气为魄,反之玄妙,各处其宅,守之勿失,上通太一,太一之精,通合于天。天道默默,无容无则,大不可极,深不可测,常与人化,智不能得,运转无端,化遂如神,虚无因循,常后而不先。其听治也,虚心弱志,清明而不暗,是故群臣辐凑并进。无愚智贤不肖,莫不尽其能,君得所以制臣,臣得所以事君,即治国之所以明矣。

有天下者,不患不治,患不得人。得人则王者无为乎上,守而勿失,上通太一,运转无端,化遂如神。群臣并进,各尽其能,是知国之治乱系乎人。

老子曰:知而好问者圣,勇而好问者胜。乘众人之智者即无不任也,用众人之力者即无不胜也,用众人之力者乌获不足恃也,乘众人之势者天下不足用也。无权不可为之势,而不循道理之数。虽神圣人不能以成功。故圣人举事,未尝不因其资而用之也。有一功者处一位,有一能者服一事,力胜其任即举者不重也,能称其事即为者不难也。圣人兼而用之,故人无弃人,物无弃材。

知仁勇，天下之达德也，好问则裕。合众人之智，用众人之力，而天下无敌矣。有一功者处一位，有一能者服一事，圣人兼而用之，故无弃人，无弃材。

老子曰：所谓无为者，非谓其引之不来，推之不去，迫而不应，感而不动，坚滞而不流，卷握而不散。谓其私志不入公道，嗜欲不挂正术，循理而举事，因资而立功，推自然之势，曲故不得容。事成而身不伐，功成而名不有，若夫水用舟，沙用䣚，泥用輴，山用樏。夏渎冬陂，因高为山，因下为池，非吾所为也。圣人不耻身之贱，恶道之不行也；不忧命之短，忧百姓之穷也。故常虚而无为，抱素见朴，不与物杂。

无为者，非木石其心而不动也。圣人应物不先物，因其自然之势，曲成万物，夫何为焉？

老子曰：古之立帝王者，非以奉养其欲也，圣人践位者，非以逸乐其身也，为天下之民，强凌弱，众暴寡，诈者欺愚，勇者侵怯，又为其怀智不以相教，积财不以相分，故立天子以齐一之。为一人之明，不能遍照海内，故立三公九卿以辅翼之，为绝国殊俗不得被泽，故立诸侯以教诲之，是以天地四时无不应也。官无隐事，国无遗利，所以衣寒食饥，养老弱，息劳倦，无不以也。

帝王者天地之心乎？土地之广，人民之众，无君以主之，则强凌弱，众暴寡，智诈欺愚，民不安处。故立天子，设三公，作民父母，抚之育之。《易》曰：后以财成天地之道，辅相天地之宜，以左右民，则天地之心可见矣。

神农形悴，尧瘦臞，舜黧黑，禹胼胝，伊尹负鼎而干汤，吕望鼓刀而入周，百里奚传卖，管仲束缚，孔子无黔突，墨子无煖席，非以贪禄慕位，将欲起天下之利，除万民之害也。自天子至于庶人，四体不勤,思虑不困,于事求赡者,未之闻也。

古之圣人,耳目口鼻与人同,饥餐渴饮与人同,其所不同者心也。为天下万世生民立极。凡在圣人之列者,鲜不劳其心志而后成其功,功成复不自有其功,此所以为圣也。

**老子曰**:所谓天子者,有天道以立天下也。立天下之道,执一以为保,反本无为,虚静无有,忽悦无际,远无所止,视之无形,听之无声,是谓大道之经。

天地者,人之大父母也。凡有血气者,皆天之所子而君为之长,代天作子焉,故称天子。天子视民犹赤子,不废所与养,则天视天听,此感彼应,夫是之谓大道之经。

**老子曰**:夫道者,体圆而法方,背阴而抱阳,左柔而右刚,履幽而戴明,变化无常,得之一原以应无方,是谓神明。天圆而无端,故不得观其形,地方而无涯,故莫能窥其门。天化遂无形状,地生长无计量。夫物有胜,唯道无胜,所以无胜者,以其无常形势也。轮转无穷,象日月之运行,若春秋之代谢,日月之昼夜,终而复始,明而复晦,制形而无形,故功可成,物物而不物,故胜而不屈。

道生天地,天地生人,犹祖生父而父生子。气神感化,形万殊而道一焉。道无形,身有形,夫制形者无形,役物者不物,其神矣夫!

**庙战者帝,神化者王**,庙战者法天道,神化者明四时,修正于境内,而远方怀德,制胜于未战,而诸侯宾服也。古之得道者静而法天地,动而顺日月,喜怒法四时,号令比雷霆,音气不戾八风,诎申不变五度。因民之欲,乘民之力,为之去残除害。夫同利者相死,同情者相成,同行者相助。循己而动,天下为斗。故善用兵者用其自为用,不能用兵者用其为己用。用其自为用,天下莫不可用,其为己用,无一人之可用也。

日月夺明则蚀，阴阳失和则战，战则物必伤焉。庙战者，帝垂衣裳而天下治也。神化者，王班师振旅而苗民格也。使桀受修德，则牧野鸣条，何得因民之欲，用民之力，而故其主哉？惟民有皆亡之心，故不曰弑君而曰去残除害也，悲夫！

## 通玄真经缵义卷之九

南谷子杜道坚纂

### 下德篇

老子曰：治身，太上养神，其次养形。神清意平，百节皆宁，养生之本也。肥肌肤，充腹肠，开嗜欲，养生之末也。治国，太上养化，其次正法。民交让，争处卑，财利争受少，事力争就劳，日化上而迁善，不知其所以然，治之本也。利赏而劝善，畏刑而不敢为非，法令正于上，百姓服于下，治之末也。上世养本，而下世事末。

下德，执德也。太上养神，治身之本也。其次养形，治身之末也。太上养化，治国之本也。其次正法，治国之末也。降此而下，则又下德之下者焉。

老子曰：欲治之主不世出，可与治之臣不万一，以不世出求不万一，此至治所以千岁不一也。霸王之功，不世立也。顺其善意，防其邪心，与民同出一道，则民可善，风俗可美。所贵圣人者，非贵其随罪而作刑也，贵其知乱之所生也。若开其锐端，而从之放僻淫泆，而弃之以法，随之以刑，虽残贼天下，不能禁其奸矣。

明良会合，千载一逢。夫明君不世出，良臣不万一，以不世之君，得万一之臣，唐虞而下，若成汤之于伊尹，文王之于吕望，世不多见；如齐桓之管仲，亦不世出。是以治日少，而乱日多，抑由君子少而小人多欤?

老子曰:身处江湖之上,心在魏阙之下,即重生。重生即轻利矣。犹不能自胜,即从之,神无所害也。不能自胜而强不从,是谓重伤。重伤之人无寿类矣。故曰:知和曰常,知常曰明,益生曰祥,心使气曰强,是谓玄同。用其光,复归其明。

人有仕隐,道无屈伸。夫身江湖而心魏阙,畎亩不忘也。是故有道之士,隐以此道,任以此道,时止则止,时行则行。夫是之谓玄同。

老子曰:天下莫易于为善,莫难于为不善。所谓为善易者,静而无为,适情辞余,无所诱惑,循性保真,无变于己,故曰为善易也。所谓为不善难者,篡弑骄淫,躁而多欲,非人之性也,故曰为不善难也。今之以为大患者,由无常厌度量生也。故利害之地,祸福之际,不可不察。圣人无欲也,无避也。事或欲之,适足以失之;事或避之,适足以就之。志有所欲,即忘其所为矣。是以圣人审动静之变,适授与之度,理好憎之情,和喜怒之节。夫动静得,即患不侵也;授与适,即罪不累也;理好憎,即忧不近也;和喜怒,即怨不犯矣。

善恶异迹,同出于心。天下莫易于为善,莫难于为不善。祸福之阶,事不可必,欲得而反失之,欲避而反就之。是以圣人审动静之变,和喜怒之节,事无不善,何忧怨之有?

体道之人,不苟得,不让祸,其有不弃,非其有不制,恒满而不溢,常虚而易赡。故自当以道术度量,即食充虚,衣圉寒,足温饱七尺之形。无道术度量,而以自要尊贵,即万乘之势,不足以为快;天下之富,不足以为乐。故圣人心平志易,精神内守,物不能惑。

修身有道,处世有术。夫体道之人,守其天常,安其命义,食止充虚,衣止御寒,不苟所得,不弃所有,祸不幸免,福不妄就,达不自骄,穷不易操,乐乎天真,与道同久。

老子曰:胜人者有力,自胜者强。能强者,必用人力者也;能用人力者,必得人心者也;能得人心者,必自得者也。未有得己而失人者也,未有失己而得人者也。故为治之本,务在安民;安民之本,在于足用;足用之本,在于不夺时;不夺时之本,在于省事;省事之本,在于节用;节用之本,在于去骄;去骄之本,在于虚无。故达生之情者,不务生之所无以为;达命之情者,不务知之所无奈何。目说五色,口惟滋味,耳淫五声,七窍交争,以害一性。日引邪欲,竭其天和,身且不能治,奈治天下何?

将胜乎人,先胜乎己。未有己不胜,而能胜人者也。胜人者有力,欲胜理也;自胜者强,理胜欲也。理胜则得人之心,人将自用其力;欲胜则用人之力,人将先离其心。天理人欲之异,宜有间然。

所谓得天下者,非谓其履势位,称尊号,言其运天下心,得天下力也。有南面之名,无一人之誉,此失天下也。故桀纣不为王,汤武不为放。故天子得道,守在四夷;天子失道,守在诸侯。诸侯得道,守在四境;诸侯失道,守在左右。故曰:无恃其不吾夺也,恃吾不可夺也。行可夺之道而非篡弑之行,无益于持天下矣。

抚我则后,虐我则雠。圣人运天下心,得天下力,而天下治。若夫桀纣之为君,有南面之名,无一人之誉,此汤武之所以不为之臣,天下失道,诸侯为守,谁之过欤?

老子曰:善治国者,不变其故,不易其常。夫怒者,逆德也,兵者,凶器也。争者,人之所乱也。阴谋逆德,好用凶器,治人之乱逆之至也。非祸人不能成祸,不如判其锐,解其纷,和其光,同其尘。人之性情,皆愿贤己而疾不及人。愿贤己,则争心生;疾不及人,则怨争生。怨争生,则心乱而气逆。故古之圣王退争怨,争怨不生,则心治而气顺。故曰：不尚贤，使民不争。

争之不足，让之有余，人己两全之道也。夫怒逆德，兵凶器，争者，人之所乱。阴谋逆德，好用凶器，治人之乱逆之至也。文子以其言而授之范蠡。越欲伐吴，蠡引以为谏，勾践不听，败于夫椒。则知欲祸人者，乃所以自祸也。贤者肯如是乎？

老子曰：治物者，不以物以和；治和者，不以和以人；治人者，不以人以君；治君者，不以君以欲；治欲者，不以欲以性；治性者，不以性以德；治德者，不以德以道。以道本人之性，无邪秽，久湛于物，即忘其本而合于若性。衣食礼俗者，非人之性也，所受于外也。故人性欲平，嗜欲害之。唯有道者，能遗物反己。有以自鉴，则不失物之情；无以自鉴，即动而惑营。夫纵欲失性，动未尝正，以治生即失身，以治国即乱人。故不闻道者，无以反性。

性与欲固有间矣。人皆然，君惟甚。夫治物不以物以和者，先明己之性，而后明物之性。明物之性，则可以赞化育参天地矣。

古者圣人能得诸己，故令行禁止。凡举事者，必先平意清神。神清意平，物乃可正。听失于非誉，目淫于彩色，而欲得事正，即难矣，是以贵虚。故水激而波起，气乱则志昏，昏智不可以为正，波水不可以为平。故圣王执一以理物之情性。夫一者至贵，无敌于天下，圣王托于无适，故为天下命。

古之学者为己，为己之道立，而后为人之道行。圣人得诸己，故清明在躬，无远弗烛；得万物之情，而命令行于天下矣。

老子曰：阴阳陶冶万物，皆乘一气而生。上下离心，气乃上蒸；君臣不和，五谷不登。春肃秋荣，冬雷夏霜，皆贼气之所生也。天地之间，一人之身也；六合之内，一人之形也。故明于性者，天地不能胁也；审于符者，怪物不能惑也。圣人由近知远，以万异为一同。

气蒸乎天地,礼义廉耻不设,万民不相侵暴虐,由在乎混冥之中也。廉耻陵迟及至世之衰,用多而财寡,事力劳而养不足,民贫苦而忿争生,是以贵仁。人鄙不齐,比周朋党,各推其与,怀机械巧诈之心,是以贵义。男女群居,杂而无别,是以贵礼。性命之情,淫而相迫于不得已,即不和,是以贵乐。故仁义礼乐者,所以救残也,非通治之道也。

天地一身,天下一气,阳变阴化,陶冶万物,皆乘一气而生。圣人爱养万民,视为一家,故天下和平也。若乃用多而财寡,事力劳而养不足,则民贫苦而忿争生,非通治之道矣。

诚能使神明定于天下,而心反其初,即民性善。民性善,即天下阴阳从而包之,是以财足而人赡,贪鄙忿争之心不得生焉。仁义不用,而道德定于天下,而民不淫于彩色。故德衰然后饰仁义,和失然后调声,礼淫然后饰容。故知道德,然后知仁义不足行也;知仁义,然后知礼乐不足修也。

圣人诚而明之,反其性初,民复于善。民性善,则天地阴阳从而包之,财足人赡,贪鄙不生,忿争乃息,仁义不用,而道德定于天下矣。

老子曰:清静之治者,和顺以寂寞,质真而素朴,闲静而不躁。在内而合乎道,出外而同乎义,其言略而循理,其行说而顺情,其心和而不伪,其事素而不饰。不谋所始,不议所终。安即留,激即行。通体乎天地,同精乎阴阳,一和乎四时,明朗乎日月,与道化者为人,机巧诈伪,莫载乎心。是以天覆以德,地载以乐,四时不失叙,风雨不为虐,日月清静而扬光,五星不失其行,此清静之所明也。

天清地静,故能长久。圣人以清静为治者,法天地也。心清则内合乎道,体静则外同乎人,是以不出户而化行。

老子曰：治世之职易守也，其事易为也，其礼易行也，其责易偿也。是以人不兼官，官不兼事，农士工商，乡别州异。故农与农言藏，士与士言行，工与工言巧，商与商言数。是以士无遗行，工无苦窳，农无废功，商无折货，各安其性。异形殊类，易事而不悖，失业而贱，得志而贵。

古人世守一官，官守一事，故治世之臣，职易守，事易为。后世兼官共事之法行，官益冗而吏益繁，政出多门，反致害治。

夫先知远见之人，才之盛也，而治世不以责于民。博文强志，口辩辞给之人，知之溢也，而明主不求于下。敖世贱物，不从流俗，士之伉行也，而治世不以为化民。故高不可及者，不以为人量；行不可逮者，不为为国俗。故人才不可专用而度量，道术可世传也。故国法可与愚守也，而军旅可以法同也。不待古之英隽而人自足者，因其所有而并用之也。末世之法，高为量而罪不及也，重为任而罚不胜也，危为难而诛不敢也。民困于三责，即饰智而诈上，犯邪而行危，虽峻法严刑，不能禁其奸。兽穷即触，鸟穷即啄，人穷即诈，此之谓也。

才不可以胜德，言不可以过行。才盛而有先知之见者，治世不以责于人；闻博而有辩口之佞者，明主不以求于下。傲世伉行，责人以重难，强人以不能者，恶免人穷之诈哉？

老子曰：雷霆之声，可以钟鼓象也；风雨之变，可以音律知也。大可睹者，可得而量也；明可见者，可得而蔽也；声可闻者，可得而调也；色可督者，可得而别也。夫至大天地不能函也，至微神明不能领也。及至建律历，别五色，异清浊，味甘苦，即朴散而为器也。立仁义，修礼乐，即德迁而为伪矣。民饰智以惊愚，设诈以攻上，天下有能持之而未能有治之者也。夫智能弥多而德滋衰，是以至人

**淳朴而不散。**

圣人剖大朴，法天地，观象以制器，若雷霆之于钟鼓，风雨之于音律，皆得象而为之。至若天地之大，神明之微，则有所不能尽究也。惟至人淳朴不散，而可以为万世之师。

老子曰：夫至人之治，虚无寂寞，不见可欲，心与神处，形与性调，静而体得，动而理通，循自然之道，缘不得已矣。漠然无为而天下和，淡然无欲而民自朴，不忿争而财足。施者不德，受者不让，德反归焉，而莫之惠。不言之辩，不道之道，若或通焉，谓之天府。取焉而不损，酌焉而不竭，莫知其所由出，谓之摇光。摇光者，资粮万物者也。

北辰，天之尊帝也。端居天心，而众星拱之。至人取法为治，心与神处，漠然无为，而天下和。摇光居北斗之杓，资粮万物，随天左旋，日转一周。斗不降禄，生民罔食。舜察璇玑以齐七政，其知天矣乎？

老子曰：天爱其精，地爱其平，人爱其情。天之精，日月星辰，雷霆风雨也。地之平，水火金木土也。人之情，思虑聪明喜怒也。故闭四关，正五道，即与道沦。神明藏于无形，精气反于真，目明而不以视，耳聪而不以听，口当而不以言，心条通而不以思虑，委而不为，知而不矜，直性命之情，而知故不可害。精存于目，即其视明；存于耳，即其听聪；留于口，即其言当；集于心，即其虑通。故闭四关，即终身无患，四支九窍莫死莫生，是谓真人。地之生财，大本不过五行，圣人节五行，即治不荒。

人有五性应天，五星应地。五行五性动，而七情出，身可不知爱乎？夫神藏于心，精藏于肾，魂藏于肝，魄藏于肺，意藏于脾，神明藏于无形，莫生莫死，是谓真人。

老子曰：衡之于左右，无私轻重，故可以为平；绳之于内外，无私曲直，故有以为正；人主之于法，无私好憎，故可以为令。德无所立，怨无所藏，是任道而合人心者也。故为治者，知不与焉。水戾破舟，木击折轴，不怨木石，而罪巧拙者，智不载也。故道有智则乱，德有心则险，心有眼则眩。夫权衡规矩，一定而不易，常一而不邪，方行而不留。一日形之，万世传之，无为之为也。

人有私心，罔不害道。人主无私，故法一而令行。是故德有心则险，心有眼则眩。知权衡规矩一定而不易，则知一者无为之为。百王用之，万世传之。

老子曰：人之言曰：国有亡主，世无亡道。人有穷而理无不通，故无为者，道之宗。得道之宗，并应无穷也。故不因道理之数，而专己之能，其穷不远也。夫人君不出户而知天下者，因物以识物，因人以知人。故积力之所举，即无不胜也。众智之所为，即无不成也。千人之众无绝粮，万人之群无废功。工无异伎，士无兼官，各守其职，不得相干，人得所宜，物得所安，是以器械不恶，职事不慢也。夫债少易偿，职寡易守也，任轻易劝也。上操约少之分，下效易为之功，是以君臣不相厌也。

天不自天，有为天者，地不自地，有为地者。为者其谁耶？国有亡主，世无亡道。伊尹五就桀而不用，是专己之能，而不知因人之道也，故伊尹不为夏而为汤矣。夏其有不亡，汤其有不兴乎？

老子曰：帝者体太一，王者法阴阳，霸者则四时，君者用六律。体太一者，明天地之情，通道德之伦，聪明照于日月，精神通于万物，动静调于阴阳，喜怒和于四时，覆露皆道，并蚑而无私，蜎飞蠕动，莫不仰德而生，德流方外，名声传于后世。法阴阳者，承天地之和，德与天地参光，明与日月并照，精神与鬼神齐灵，戴圆履方，抱表寝绳,内能治身,外得人心,发号施令,天下风从。则四时者,春生夏长,秋收冬藏,取与有节,出入有量,喜怒刚柔,不离其理,柔而不脆,刚而不壮,宽而不肆,肃而不悖,优柔委顺,以养群类,其德含愚而容不肖,无所私爱也。用六律者,生之与杀也,赏之与罚也,与之与夺也,非此无道也,伐乱禁暴,兴贤良废不肖,匡邪以为正,攘险以为平,矫枉以为直,明施舍开塞之道,乘时因势,以服役人心者也。帝者,不体阴阳即侵;王者,不法四时即削;霸者,不用六律即辱;君者,失准绳即废。故小而行大,即穷塞而不亲;大而行小,即狭隘而不容。

不曰皇,而曰帝、曰王、曰霸、曰君,何哉?尊皇也。帝者失道而后德,王者失德而后仁,霸者失仁而后义,君者失义而后礼。大者立,则小者在焉;小者立,则大者失矣。

老子曰:地广民众,不足以为强;甲坚兵利,不可以恃胜;城高池深,不足以为固;严刑峻法,不足以为威。为存政者,虽小必存;为亡政者,虽大必亡。故善守者,无与御,善战者,无与斗,乘时势因民欲,而取天下。故善为政者,积其德;善用兵者,畜其怒。德积而民可用也,怒畜而威可立也。故文之所加者深,权之所服者大,德之所施者博,威之所制者广。广则我强而敌弱。善用兵者,先弱敌而后战,故费不半而功十倍。千乘之国,行文德者王;万乘之国,好用兵者亡。王兵先胜而后战,败兵先战而后求胜,此不明于道也。

行文德者,虽小必存。好用兵者,虽大必亡。夫善为政者积其德,善用兵者畜其怒。惟知兵本以止乱,而不以为乱,则民不伤而国长存。

## 通玄真经缵义卷之十

南谷子杜道坚纂

## 上仁篇

老子曰：君子之道，静以修身，俭以养生。静则下不扰，俭则民不怨。下扰则政乱，民怨则德薄。政乱，贤者不为谋；德薄，勇者不为斗。乱主则不然，一日有天下之富，处一主之势，竭百姓之力，以养耳目之欲。志专于宫室台榭、沟池苑囿、猛兽珍怪。贫民饥饿，虎狼厌刍豢，百姓寒冻，宫室衣绮绣。故人主畜兹无用之物，而天下不安其性命矣。

上仁者静以修身，俭以养民，君子之所当为者也。下扰政乱，民怨德薄，君子不为矣。肯作无益以害有益，畜无用以蠹有用哉？

老子曰：非淡漠无以明德，非宁静无以致远，非宽大无以制断。以天下之目视，以天下之耳听，以天下之智虑，以天下之力争，故号令能下究，而臣情得上闻，百官修达，群臣辐凑。喜不以赏赐，怒不以诛罪。法令譬而不苛，耳目通而不暗，善否之情，日陈于前而不逆。故贤者尽其智，不肖者竭其力，近者安其性，远者怀其德，得用人之道也。

淡漠宁静，宽大正平，仁政之事也。夫用人之道，以天下之目视耳听，则聪明广；以天下之智虑力争，则功业大。故贤者尽智，愚者竭力，近者怀恩，远者服德。此三代之所以久，后世无以及之。

夫乘舆马者，不劳而致千里；乘舟楫者，不游而济江海。使言之而是，虽商夫刍荛，犹不可弃也；言之而非，虽在人君卿相，犹不可用也。是非之处，不可以贵贱尊卑论也。其计可用，不羞其位，其言可行，不贵其辩。暗主则不然，群臣尽诚效忠者稀，不用其身也。而亲习邪枉，贤者不能见；疏远卑贱，竭力尽忠者不能闻也。有言者，穷之以辞，有谏者，诛之以罪，如此而欲安海内，存万方，其离聪明亦以远矣。

造物假我则有，夺我则无，假之为用大矣哉！夫舆马之代步，舟楫之济涉，千里可不劳而至者，假得其力也。君假臣以为治，臣假君以行志，失假借之用，独夫而已。惟明君而后足以与此。

**老子曰**：能尊生者，虽富贵不以养伤身，虽贫贱不以利累形。今受先祖之遗爵，必重，生之所由来久矣，而轻失之，岂不惑哉？故贵以身治天下，则可以寄天下；爱以身为天下，乃可以托天下。

人莫重于生而曰尊生。尊生者，无嗜欲杀身之害也。人受父祖之泽而不自保守过，有求于所养，反至丧身倾家之祸者，惑滋甚矣。

**文子问治国之本，老子曰**：本在于治身。未尝闻身治而国乱，身乱而国治也。故曰：修之身，其德乃真。道之所以至妙者，父不能教子，子亦不能受之于父。故道可道，非常道；名可名，非常名也。

国之本在家，家之本在身。文子问治国之本，老子语以本在治身，则是身治而后家治，家治而后国治矣。身犹国也，国犹身也。诗云：执柯伐柯，其则不远。

**文子问曰**：何行而民亲其上。**老子曰**：使之以时，而敬慎之，如临深渊，如履薄冰。天地之间，善即吾畜之，不善即吾雠也。昔者商夏之臣，反雠桀纣而臣汤武；宿沙之民，自攻其君，而归神农氏。故曰：人之所畏，不可不畏也。

舜有善行，天下慕之。文子问何行而民亲其上，老子语以使之以时，而敬慎之，善即吾畜，不善即吾雠，则是君之视臣如犬马，臣之视君如寇雠矣。民能戴君，能覆君，斯可畏也。

老子曰：治大者，道不可以小；地广者，制不可以狭；位高者，事不可以烦；民众者，教不可以苛。事烦难理，法苛难行，求多难胆。寸而度之，至丈必差；铢而称之，至石必过。石称丈量，径而寡失。大较易为智，曲辩难为慧。故无益于治，有益于乱者，圣人不为也；无益于用，有益于费者，智者不行也。故功不厌约，事不厌省，求不厌寡。功约易成，事省易治，求寡易赡，任于众人则易。故小辩害义，小义破道，道小必不通，通必简。

量有宽狭，智有浅深。地广民众，非浅智狭量所能理。况任高治大，其可以丛脞猥惰为哉？小辩害义，小义害道，此小人之事也，君子不为矣。

河以逶迤故能远，山以陵迟故能高，道以优游故能化。夫通于一伎，审于一事，察于一能，可曲说，不可广应也。夫调音者，小弦急，大弦缓；立事者，贱者劳，贵者佚。道之言曰，芒芒昧昧，因天之威，与天同气者帝，同义者王，同功者霸，无一焉者亡。故不言而信，不施而仁，不怒而威，是以天心动化者也。施而仁，言而信，怒而威，是以精诚为之者也。施而不仁，言而不信，怒而不威，是以外貌为之者也。故有道以治之，法虽少，足以治；无道以治之，法虽众，足以乱。

小器易盈，必不可久；大器晚成，必得其寿。与天同气者帝，同义者王，同功者霸，无一者亡。故有道以理之，则法简而易治；无道以理之，则法烦而易乱。

老子曰：鲸鱼失水，则制于蝼蚁；人君舍其所守，而与臣争事，则制于有司。以自为持位，守职者以听从取容，臣下藏智而不用，反以事专其上。人君者不任能而好自为，则智日困而自负责。数穷于下，则不能伸理；行堕于位，则不能持制。智不足以为治，威不足以为刑，即无以与天下交矣。喜怒形于心，嗜欲见于外，即守职者离正而阿上，有司枉法而从风。赏不当功，诛不应罪，即上下乖心，君臣相怨。百官烦乱，而智不能解；非誉萌生，而明不能照。非己之失，而反自责，即人主愈劳，人臣愈佚，是代大匠斲也。夫代大匠斲者，稀有不伤其手矣。

人主失道，受制于臣，犹鲸鱼失水，为蚁所制也。夫为君之道，在乎命贤择相而已。相得其贤，百官未有不正，天下未有不治。一失所守而与臣下争能者，不待下之所制，将自困矣。

与马逐走，筋绝不能及也，上车摄辔，马使衡下。伯乐相之，王良御之，明主乘之，无御相之劳，而致千里，善乘人之资也。人君之道，无为而有就也，有立而无好也。有为即议，有好即谀；议即可夺，谀即可诱。夫以建而制于人者，不能治国。故善建者不拔，言建之无形也。唯神化者，物莫能胜。中欲不出，谓之扃；外邪不入，谓之闭。中扃外闭，何事不节？外闭中扃，何事不成？故不用之，不为之，而有用之，而有为之。不伐之言，不夺之事，循名责实，使自有司，以不知为道，以禁苛为主，如此则百官之事，各有所考。

夫与马逐走，是君与臣角力也。登车致远，是任臣以成治也。有为即议，有好即谀，唯神化者，凡用可节，私谒不行，官尽职而事有考矣。

老子曰：食者，民之本也；民者，国之基也。故人君者，上因天时，下尽地利，中用人力。是以群生遂长，万物蕃植。春伐枯槁，夏收百果，秋蓄蔬食，冬取薪蒸。以为民资，生无乏用，死无传尸。先王之法，不掩群而取夭鮲，不涸泽而渔，不焚林而猎。豺未祭兽，罝罦不得通于野；獭未祭鱼，网罟不得入于水；鹰隼未击，罗网不得张于谷；草木未落，斤斧不得入于山林；昆虫未蛰，不得以火田；育孕不杀，鷇卵不探，鱼不长尺不得取，犬豕不期年不得食。是故万物之发生，若蒸气出。先王之所以应时修备、富国利民之道也。非目见而足行之也，欲利民不忘乎心，则民自备矣。

富国者民养。民者，食基本之论也。因天时，尽地利，用人力，三才之道备，然后群生遂长，万物蕃植，民赖以食，国借以富。岂不谓生财有大道者乎？

老子曰：古者明君，取下有节，自养有度，必计岁而收，量民积聚，知有余不足之数，然后取奉。如此即得承所受于天地，而不罹于饥寒之患。憯怛于民也，国有饥者，食不重味，民有寒者，冬不被袭，与民同苦乐，则天下无哀民。暗主即不然，取民不裁其力，求下不量其积，男女不得耕织之业以供上求。力勤财尽，有旦无暮，君臣相疾。且人之为生也，一人蹠耒而耕不益十亩，中田之收，不过四石，妻子老弱，仰之而食。或时有灾害之患，无以供上求，即人主慇之矣。贪主暴君，涸渔其下，以适无极之欲，则百姓不被天和，履地德矣。

尧之为君，视民犹己，取下有节，自奉有度，故人无恶逆，比屋可封。是以明君之治，必计岁丰歉，量民虚实然后取。奉民无怨，咨天亦无谴焉。

老子曰：天地之气，莫大于和。和者，阴阳调，日夜分。故万物春分而生，秋分而成，生之与成必得和之精。故积阴不生，积阳不化，阴阳交接，乃能成和。是以圣人之道，宽而栗，严而温，柔而直，猛而仁。夫太刚则折，太柔则卷，道正在于刚柔之间。夫绳之为度也，可卷而怀之，引而伸之，可直而布之。长而不横，短而不穷，直而不刚，故圣人体之。夫恩推即僈，僈即不威；严推即猛，猛即不和;爱推即纵,纵即不令;刑推即祸,祸即无亲,是以贵和也。

气以和为主,天地和而万象明,阴阳和而百物生,君臣和而朝廷治,父子和而家道成,上下和而人事济,荣卫和而身康宁,和之义大矣哉!

老子曰:国之所以存者,得道也;所以亡者,理塞也。故圣人见化以观其征。德有昌衰,风为先萌。故得存道者,虽小必大;有亡征者,虽成必败。国之亡也,大不足恃;道之行也,小不可轻。故存在得道,不在于小;亡在失道,不在于大。故乱国之主,务于地广,而不务于仁义,务在高位,而不务于道德。是舍其所以存,而造其所以亡也。若上乱三光之明,下失万民之心,孰不能承?故审其己者,不备诸人也。

天下通行之谓道,万古不易之谓理。故道理最大。自古有国家者,得道则昌,失理则亡。夫务高位地广而不务道德仁义,犹木之无根,槁仆可俟也。

古之为君者,深行之谓之道德,浅行之谓之仁义,薄行之谓之礼智。此六者,国家之纲维也。深行之则厚得福,浅行之则薄得福,尽行之天下服。古之修道德即正天下,修仁义即正一国,修礼智即正一乡。德厚者大,德薄者小,故道不以雄武立,不以坚强胜,不以贪竞得。立在于天下推己,胜在于天下自服,得在于天下与之,不在于自取。故雌牝即立,柔弱即胜,仁义即得,不争即莫能与之争。故道之在天下也,譬犹江海也。

道德、仁义、礼智,根于心者,一夫行之有浅深,施之有厚薄,名从实立,六者分焉。虽然,同一善也,上者善则下者莫敢不善。后世不修道德,专以势力为治,而国危矣。

天之道,为者败之,执者失之。夫欲名之大,而求之争之,吾见其不得已。虽执而得之，不留也。夫名不可求而得也，在天下与之，与之者归之。天下所归者，德也。故云：上德者天下归之，上仁者海内归之，上义者一国归之，上礼者一乡归之。无此四者，民不归也。不归即用兵，用兵即危道也。故曰：兵者，不祥之器也，不得已而用之，用之杀伤人，胜而勿美。故曰：死地，荆棘生焉，以悲哀泣之，以丧礼居之。是以君子务道德，而不用重兵也。

天道自然，有为则失。名者，实之宾。名之大莫如君，君有德则名不待求而天下与之。与之者，归之也。此二帝、三王之所以优，而五霸、七雄之所以劣。不用道德而务用兵者，去天道远矣。

文子问曰：仁义礼智何以为薄于道德也。老子曰：为仁者，必以哀乐论之；为义者，必以取与明之。四海之内，哀乐不能遍，竭府库之货财，不足以赡万民。故知不如修道而行德，因天地之性，万物自正，而天下赡，仁义因附。是以大丈夫居其厚，不居其薄。夫礼者，实之文也；仁者，恩之效也。故礼因人情而制，不过其实；仁不溢恩，悲哀抱于情，送死称于仁。

文子问仁义礼何以薄于道德，老子语以为仁者，必以哀乐论之；为义者，必以取与明之。夫哀乐取与，涉于有为，海宇之民可哀者众，可乐者寡。府库之财，取之有限，与之易竭。道德无为，任万物之自正，而天下赡足。

夫养生，不强人所不能及，不绝人所不能已，度量不失其适，非誉无由生矣。故制乐足以合欢，不出于和，明于生死之分，通于侈俭之适也。末世即不然，言与行相悖，情与貌相反，礼饰以烦，乐扰以淫，风俗浊于世，非誉萃于朝，故至人废而不用也。与骥逐走，即人不胜骥；托于车上，即骥不胜人。故善用道者，乘人之资以立功，以其所能托其所不能也。主与之以时，民报之以财；主遇之以礼，民报之以死。故有危国，无安君；有忧主，无乐臣。德过其位者，尊；禄过其德者，凶。德贵无高，义取无多。不以德贵者，窃位也；不以义取者，盗财也。圣人安贫乐道，不以欲伤生，不以利累己，故不违义而妄取。

天下之生久矣，得其养则生益蕃，故贤君不强人所不能及，亦不绝人所不能已，俾民均得其养。是故安贫而乐道，不以欲伤生，不违义而取，其可多欲乎？

古者无德，不尊；无能，不官；无功，不赏；无罪，不诛。其进人也，以礼；退人也，以义。小人之世，其进人也，若土之天；其退人也，若内之渊。言古者，以疾今也。相马，失之瘦；选士，失之贫。豚肥充厨，骨骾不官。君子察实，无信谗言。君过而不谏，非忠臣也；谏而不听，君不明也。民沉溺而不忧，非贤君也。故守节死难，人臣之职也；衣寒食饥，慈父之恩也。以大事小，谓之变人；以小犯大，谓之逆天。前虽登天，后必入困。故乡里以齿，老穷不遗；朝廷以爵，尊卑有差。

选士之法，如德行、言语、政事、文学，有一于是，宜可仕也。四无一焉，则是沐猴而冠矣。古者无德不尊，无能不官，无功不贵，无罪不诛，故官不失人，人不失用。

夫崇贵者，谓其近君也；尊老者，谓其近亲也；敬长者，谓其近兄也。生而贵者骄，生而富者奢。故富贵不以明道自鉴，而能无为非者寡矣。学而不厌，所以治身也。教而不倦，所以治民也。有贤师良友，舍而为非者寡矣。知贤之谓智，爱贤之谓仁，尊贤之谓义，敬贤之谓礼，乐贤之谓乐。

父子主恩，君臣主义，知恩义而忠孝之本。立能崇贵，尊老敬长，可谓知本矣。能知贤、爱贤、尊贤、敬贤、乐贤，则求贤、养贤、用贤之道得矣。

古之善为天下者，无为而无不为也，故为天下有容。能得其容，无为而有功；不得其容，动作必凶。为天下有容者，豫兮其若冬涉川，犹兮其若畏四邻，俨兮其若客，涣兮其若冰之液，敦兮其若朴，混兮其若浊，广兮其若谷。此谓天下之容也。豫兮其若冬涉川者，不敢行也；犹兮其若畏四邻者，恐自伤也；俨兮其若客者，谨为恭敬也；涣兮其若冰之液者，不敢积藏也；敦兮其若朴者，不敢廉成也；混兮其若浊者，不敢清明也；广兮其若谷者，不敢盛盈也。进不敢行者，退而不敢先也；恐自伤者，守柔弱不敢矜也；谨于恭敬者，自卑下尊敬人也；不敢积藏者，自损弊不敢坚也；不敢廉成者，自亏缺不敢全也；不敢清明者，处浊辱而不敢新鲜也；不敢盛盈者，见不足而不敢自贤也。夫道退故能先，守柔弱故能矜，自卑下故能高人，自损弊故实坚，自亏缺故盛全，处浊辱故新鲜，见不足故能。贤道，无为而无不为也。

孔德之容，惟道是从。古之善为天下者，无为而无不为，天下之大，民物之众，无不容矣。此无为之功所以大，而天下之民所以戴之而不重也。

## 通玄真经缵义卷之十一

南谷子杜道坚纂

### 上义篇

老子曰：凡学者，能明于天人之分，通于治乱之本，澄心清意以存之，见其终始，反于虚无，可谓达矣。治之本，仁义也；其末，法度也。人之所生者，本也；其所不生者，末也。本末一体也，其两爱之性也。先本后末,谓之君子;先末后本,谓之小人。法之生也,以辅义,重法弃义,是贵其冠履,而忘其首足也。仁义者,广崇也。不益其厚而张其广者,毁;不广其基而增其高者,覆。故不大其栋,不能任重,任重莫若栋,任国莫若德。人主之有民,犹城之有基,木之有根。根深即本固,基厚即上安。故事不本于道德者,不可以为经;言不合于先王者,不可以为道。便说掇取一行一功之术,非天下通道也。

上义者明于天人之分,通于治乱之本。治有本末,知所先后,则近于道德矣。术其可以治天下乎?

老子曰:治人之道,其犹造父之御驷马也。齐辑之乎辔衔,正度之乎胸膺,内得于中心,外合乎马志,故能取道致远,气力有余,进退还<sub>音旋</sub>。曲,莫不如意,诚得其术也。今夫权势者,人主之车舆也;大臣者,人主之驷马也。身不可离车舆之安,手不可失驷马之心。故驷马不调,造父不能以取道;君臣不和,圣人不能以为治也。执道以御之,中才可尽;明分以示之,奸邪可止。物至而观其变,事来而应其化。近者不乱,即远者治矣。不用适然之教,而得自然之道,万举而不失矣。

天地一马,万物一指。圣人格物之至,而以车舆譬乎权势,驷马譬乎大臣,人主因而乘之,不烦智力,无远不服,是乃治之方也。安得执御者而与之言乎?

老子曰:凡为道者,塞邪隧,<sub>音遂。暗路。</sub>防未然。不贵其自是也,贵其不得为非也。故曰:勿使可欲,无日不求;勿使可夺,无日不争。如此则人欲释而公道行矣。有余者,止于度,逮于用,故天下可一也。夫释职事而听非誉,弃功劳而用朋党,即奇伎逃亡,守职不进,民俗乱于国,功臣争于朝。故有道以御人,无道则制于人。

良医不治已病，治未病。为道者，塞邪隧，治未然，其亦良医之谓欤？故不贵自是，贵不为非，则无可欲之求，可夺之争矣。故有道则可以御人，无道则受制于人。

老子曰：治国有常，而利民为本；政教有道，而令行为右。苟利于民，不必法古；苟周于事，不必循俗。故圣人法与时变，礼与俗化。衣服器械，各便其用；法度制令，各因其宜。故变古未可非，而循俗未足多也。诵先王之书，不若闻其言；闻其言，不若得其所以言。得其所以言者，言不能言也。故道可道，非常道也；名可名，非常名也。故圣人所由曰道，犹金石也，一调不可更事；犹琴瑟也，曲终改调。法制礼乐者，治之具也，非所以为治也。故曲士不可与言至道者，讯寙于俗而束于教也。

道乃法之体，法乃道之用。夫治国有常，而利民为本者道也。政教有道，而令行为右者法也。圣人法与时变，礼与俗化，法度制令，各因其宜。故曲士不可与论至道，为其束于教耳。

老子曰：天下几有常法哉？当于世事，得于人理，顺于天地，详于鬼神，即可以正治矣。昔者三皇，无制令而民从，五帝有制令而无刑罚，夏后氏不负言，殷人誓，周人盟。末世之衰也，忍垢而轻辱，贪得而寡羞。故法度制令者，论民俗而节缓急。器械者，因时变而制宜适。夫制于法者，不可与远举；拘礼之人，不可使应变。必有独见之明，独闻之聪，然后能擅道而行。夫知法之所由生者，即应时而变；不知治道之源者，虽循终乱。今为学者，循先袭业，握篇籍，守文法，欲以为治，犹持方枘而内圆凿也，欲得宜适亦难矣。夫存危治乱，虽智不能；道先称古，虽愚有余。故不用之法，圣人不行也；不验之言，明主不听也。

圣人立法，本为禁奸恶、平冤抑、保人民也。三皇无制令而从，五帝而下,所制法令赏罚,代各不同者,时变故也。明主其可不究乎?

文子问曰:法安所生?老子曰:法生于义,义生于众适。众适合乎人心,此治之要也。法非从天下也,非从地出也,发乎人间,反己自正。诚达其本,不乱于末。知其要,不惑于疑;有诸己,不非于人;无诸己,不责于所立。立于下者,不废于上;禁于民者,不行于身。故人主之制法也,以自为检式。故禁胜于身,即令行于民。

文子问法安所生,老子语以法生于义。义者,宜也。先王立法,务适众情,故先以身为检式,所禁于民者,不敢犯于身。是故令行而天下从之。

夫法者,天下之准绳也,人主之度量也。县法者,法不法也。法定之后,中绳者赏,缺绳者诛。虽尊贵者,不轻其赏;卑贱者,不重其刑。犯法者,虽贤必诛;中度者,虽不肖无罪。是故公道行而私欲塞。古之置有司也,所以禁民,使不得恣也;其立君也,所以制有司,使不专行也。法度道术,所以禁君,使不得横断也。人莫得恣,即道胜而理得矣。故反于无为。无为者,非谓其不动也,言其从己出也。

法者,人主示度量,为天下准绳也。法定之后,不二所施。夫犯法者,虽尊贵必诛;中度者,虽卑贱无罪。故私欲塞而公道行矣。古之置有司,立人君,制礼法,三者不废,天下无怨民,世可反朴,法令何庸哉?

老子曰:善赏者,费少而劝多;善罚者,刑省而奸禁;善与者,用约而为德;善取者,入多而无怨。故圣人因民之所喜以劝善,因民之所憎以禁奸。赏一人,而天下趋之;罚一人,而天下畏之。是以至赏不费,至刑不滥。圣人守约而治广,此之谓也。

生长杀藏，天之道也；赏罚取与，人之道也。圣人上法天道，下因民心，而为平治之本。夫有天下者，能于四者之柄，每事尽善。故赏一人，而天下趋之；罚一人，而天下畏之。

老子曰：臣道者，论是处当，为事先唱，守职明分，以立成功。故君臣异道即治，同道即乱，各得其宜，处有其当，即上下有以相使也。故枝不得大于干，末不得强于本，言轻重大小有以相制也。夫得威势者，所持甚少，所任甚大，所守甚约，所制甚广。十围之木，持千钧之屋，所得势也；五寸之关，能制开阖，所居要也。下必行之令，顺之者利，逆之者害，天下莫不听从者，顺也。发号令行禁止者，以众为势也。义者，非能尽利于天下之民也，利一人而天下从之；暴者，非能尽害于海内也，害一人而天下叛之。故举措废置，不可不审也。

君依臣而立，臣依君而行。君无为乎上，臣有为乎下。论是处当，守职明分，臣之事也。君臣各得其宜，即上下有以相使，小大有以相制。故异道即治，举措废置，有关于治乱，为君者不可不审也。

老子曰：屈寸而伸尺，小枉而大直，圣人为之。今人君之论臣也，不计其大功，总其略行，而求其小善，即失贤之道也。故人有厚德，无问其小节；人有大誉，无疵其小故。夫人情莫不有所短，成其大略是也，虽有小过，不足以为累也。成其大略非也，闾里之行，未足多也。故小谨者无成功，疵行者不容众。体大者节疏，度巨者誉远，论臣之道也。

世之全材难得，自古皆然。夫工师之求栋梁，能不拘小节，故大材可得。人主之论臣佐，知屈寸而伸尺，则大贤可得矣。盖人无十全，事无尽美，舍小取大，何功不成？舍短从长，何事不济？

老子曰：自古及今，未有能全其行者也。故君子不责备于一人。方而不割，廉而不刿，直而不肆，博达而不訾，道德文武，不责备于人。力自修以道，而不责于人，易偿也。自修以道，则无病矣。夫夏后氏之璜，不能无瑕；明月之珠，不能无秽。然天下宝之者，不以小恶妨大美。今志人之所短，忘人之所长，而欲求贤于天下，即难矣。众人之见，位卑身贱，事之洿辱而不知其大略。故论人之道，贵即观其所举，富即观其所施，穷即观其所不受，贱即观其所不为。视其所处难，以知其所勇；动以喜乐，以观其守；委以货财，以观其仁；振以恐惧，以观其节。如此，则人情可得矣。

自恕者不改过，责人者不全交。夫君子不责备于人者，知人非尧舜，不能每事尽善也。人有大材，讵可以小节而弃之乎？

老子曰：屈者，所以求伸也；枉者，所以求直也。屈寸伸尺，小枉大直，君子为之。百川并流，不注海者不为谷；趋行殊方，不归善者不为君子。善言贵乎可行，善行贵乎仁义。夫君子之过，犹日月之蚀，不害于明。故智者不妄为，勇者不妄杀，择是而为之，计礼而行之，故事成而功足恃也，身死而名足称也。虽有智能，必以仁义为本而后立。智能并行，圣人一以仁义为准绳，中绳者谓之君子，不中绳者谓之小人。君子虽死亡，其名不灭；小人虽得势，其罪不除。左手据天下之图，而右手刎其喉，虽愚者不为，身贵于天下也。死君亲之难者，视死如归，义重于身也。故天下大利也，比之身即小；身之所重也，比之仁义即轻。此以仁义为准绳者也。

屈伸相感之道，君子小枉而大直，犹龙蛇之蛰奋。善言善行，润泽群生，皆自屈身养德中来。圣人以仁义为准绳，知身重于天下，义重于身，故能死君亲之难。是以君子身死而名不亡。

老子曰：道德之伦，犹日月也，夷狄蛮貊，不能易其指。趋舍同，即非誉在俗；意行均，即穷达在时。事周于世，即功成；务合于时，即名立。是故立功名之人，简于世而谨于时，时之至也，间不容息。古之用兵者，非利土地而贪宝赂也，将以存亡平乱，为民除害也。贪叨多欲之人，残贼天下，万民骚动，莫宁其所。有圣人勃然而起，讨强暴，平乱世，为天下除害，以浊为清，以危为宁，故不得不中绝。

人之道德，天之日月也。人之五性，天之五星也。虽夷狄蛮貊，无以易之。夫趣舍在己，非誉在人，用不用关于时，行不行系乎命。是以君子得时行道，间不容息。

赤帝为火灾，故黄帝擒之。共工为水害，故颛顼诛之。教之以道，导之以德，而不听，即临之以威武。临之不从，则制之以兵革。杀无罪之民，养不义之主，害莫大焉。弹天下之财，赡一人之欲，祸莫深焉。肆一人之欲，而长海内之患，此天伦所不取也。所为立君者，以禁暴乱也。今乘万民之力，反为残贼，是以虎傅翼，何为不除？夫畜鱼者，必去其猵獭；养禽兽者，必除其豺狼。又况牧民乎？是故兵革之所为起也。

国家五运，其来久矣。赤帝火运，君失其德，火乃为灾；共工水运，君失其德，水乃为灾。以知人君失德，随运为灾，此兵革之所为起也。凡有土之君，其可失德致灾，而不知儆悟乎？

老子曰：为国之道，上无苛令，官无烦治，士无伪行，工无淫巧。其事任而不扰，其器完而不饰。乱世即不然，为行者，相揭以高；为礼者，相矜以伪。车舆极于雕琢，器用遂于刻镂。求货者，争以难得以为宝；诋文者，逐烦挠以为急。士为伪辩，久稽而不决，无益于治，有益于乱。工为奇器，历岁而后成，不周于用。夫神农之法曰：丈夫丁壮不耕，天下有受其饥者；妇人当年不织，天下有受其寒者。

故身亲耕,妻亲织,以为天下先。其导民也,不贵难得之货,不重无用之物。是故耕者不强,无以养生;织者不力,无以衣形。有余不足,各归其身。衣食饶裕,奸邪不生,安乐无事,天下和平,智者无所施其策,勇者无所措其威。

古今为国,其道不同者,俗变故也。古人淳朴,上无苛令,官无烦治,士无伪行,工无淫巧,是故人心易足,为治不难。后世俗变风移,上行下效,奢侈相尚,贪欲无厌,是以人心难足,为治不易。

老子曰:霸王之道,以谋虑之,以策图之。挟义而动,非以图存也,将以存亡也。故闻敌国之君,有暴虐其民者,即举兵而临其境,责以不义,刺以过行。兵至其郊,令军帅曰:无伐树木,无掘坟墓,无败五谷,无焚积聚,无捕民虏,无聚六畜。乃发号施令曰:其国之君,逆天地,侮鬼神,决狱不平,杀戮无罪,天之所诛,民之所雠也。兵之来也,以废不义而受其德也。有敢逆天道、乱民之贼者,身死族灭。以家听者禄以家,以里听者赏以里,以乡听者侯以乡。克其国,不及其民;废其君,易其政,尊其秀士,显其贤良,振其孤寡,恤其贫穷,出其囹圄,赏其有功。百姓开户而纳之,溃米而储之,唯患其不来也。义兵至于境,不战而止。不义之兵,至于伏尸流血,相交以前。为地战者,不能成其王;为身求者,不能立其功。举事以为人者,众助之;以自为者,众去之。众之所助,虽弱必强;众之所去,虽大必亡。

《文子》十二篇,三而四之,先皇后霸,帝王在焉。霸之世,时之秋欤?观其非以图存,将以存亡之语,则兴废继绝之风,蔼然在目,视后世不义之举远矣。

老子曰:上义者,治国家,理境内,行仁义,布德施惠,立正法,塞邪道,群臣亲附,百姓和辑,上下一心,群臣同力。诸侯服其威,四方怀其德。修政庙堂之上,折冲千里之外。发号行令,而天下响应,此其上也。地广民众,主贤将良,国富兵强,约束信,号令明,两敌相当,未交兵接刃而敌人奔亡,此其次也。知土地之宜,习险隘之利,明苛政之变,察行阵之事。白刃合,流矢接,舆死扶伤,流血千里,暴骸满野,义之下也。兵之胜败,皆在于政。政胜其民,下附其上,即兵强;民胜其政,下叛其上,即兵弱。仁义足以怀天下之民,事业足以当天下之急,选举足以得贤士之心,谋虑足以决轻之权,此上义之道也。

兵法先举者为主,应敌者为客。用兵有言,吾不敢为主而为客,谓兵不可轻举也。夫不得已而用之,则义举为上,敌奔次之,战斯下矣。

老子曰:国之所以强者,必死也。所以死者,必义也。义之所以行者,威也。是故令之以文,齐之以武,是谓必取。威义并行,是谓之强。白刃交接,矢石若雨,而士争先者,赏信而罚明也。上视下如子,下事上如父;上视下如弟,下事上如兄。视下如子,必王四海;视上如父,必正天下。上视下如弟,即不难为之死;下事上如兄,即不难为之亡。故父子兄弟之寇,不可与之斗。是故义君内修其政,以积其德;外塞于邪,以明其势。察其劳佚,以知饥饱。战期有日,视死如归,恩之加也。

治天下有道,奚以兵为哉?不得已也。强国之兵必死者,义迫之也。然则有道之主,忍以强国而置民于死地乎?上视下如子,下事上如父,是故义君修政积德,国将自强,世固有之矣。

# 通玄真经缵义卷之十二

南谷子杜道坚纂

## 上礼篇

老子曰：上古真人呼吸阴阳，而群生莫不仰其德以和顺。当此之时，莫不领理，隐密自成，纯朴未散，而万物大优。及世之衰也，至虙牺氏，昧昧懋懋，皆欲离其童蒙之心而觉悟乎？天地之间，其德烦而不一。及至神农黄帝核领天下，纪纲四时，和调阴阳，于是万民莫不竦身而思，戴视听，故治而不能和。下至夏、殷之世，嗜欲连于物，聪明诱于外，性命失其真。施及周室，浇醇散朴，离道以为伪，险德以为行，知巧萌生，狙学以拟圣，华诞以胁众，琢饰诗书，以贾名誉。各欲以行其智，伪以容于世，而失大宗之本。故世有丧性命，衰渐所由来久矣。是故至人之学也，欲反性于无，游心于虚。世俗之学，耀德擢性，内愁五藏，暴行越知，以诡名声于世，此至人所不为也。耀德自见也，擢性绝生也。若夫至人定乎生死之意，通乎荣辱之理，举世而誉之不加劝，举世而非之不加沮，得至道之要也。

上礼者，吉、凶、军、宾、嘉，五礼之谓欤？上古真人，则玄古之君也。当时群生纯朴，万物大优，虙牺氏逮于神农黄帝，施及三王，治各不同，礼亦随变，至五伯、战国，而大宗之本失矣。

老子曰：古者被发而无卷领，以王天下，其德生而不杀，与而不夺，天下不非其服，同怀其德。当此之时，阴阳和平，万物蕃息，飞鸟之巢可俛而探也，走兽可系而从。及其衰也，鸟兽虫蛇皆为人害，故铸铁锻刃以御其难。夫民迫其难即求其便，因其患即造其备，各以其智，去其所害，就其所利。常故不可循，器械不可因，故先王之法度，有变易者也。故曰：名可名，非常名也。五帝异道而德覆天下，三王殊事而名立后世，此因时而变者也。譬犹师旷之调五音也，所推移上下，无常尺寸以度，而靡不中者，故通于乐之情者，能作音。有本主于中，而知规矩钩绳之所用者，能治人。故先王之制不宜，即废之，末世之事善，即著之。故圣人之制礼乐者不制于礼乐，制物者不制于物，制法者不制于法，故曰：道可道，非常道也。

天道靡常，世变愈下。古者之君，被发而无卷领，天下不非其服者，民物蕃息，同怀其德矣。及其衰也，鸟兽虫蛇皆为人害，法度器械因时而变，由是兵革兴焉。

老子曰：昔者圣王，仰取象于天，俯取度于地，中取法于人。调阴阳之气，和四时之节，察陵、陆、水泽肥墝高下之宜，以立事生财，除饥寒之患，辟疾疢之灾。中受人事以制礼乐，行仁义之道，以治人伦；列金木水火土之性，以立父子之亲而成家；听五音清浊，六律相生之数，以立君臣之义而成国；察四时孟、仲、季之叙，以立长幼之节而成官；列地而州之，分职而治之，立大学以教之，此治之纲纪也。得道即举，失道即废。夫物未尝有张而不弛、成而不败者也，唯圣人可成而不衰。

天地一元之理，人身一生之理乎？知生之始即开物之初，则知生之前乃开物之前矣。人之幼而壮即元之会而运，壮而老即运而世也。知少化即壮，壮化即老，老化即死，则开物之后可知矣。若夫化化而不化者，其唯圣人乎？

圣人初作乐也，以归神杜淫，反其天心；至其衰也，流而不反，淫而好色，不顾正法，流及后世，至于亡国。其作书也，以领理百事，愚者不以忘，智者以记事；及其衰也，为奸伪以解有罪，以杀不辜。其作囿也，以奉宗庙之具，简士卒以戒不虞；及其衰也，驰骋弋猎以夺民时，以罢民力。其尚贤也，以平教化，正狱讼，贤者在位，能者在职，泽施于下，万民怀德；及其衰也，朋党比周，各推其所与，废公趋私，外内相举，奸人在位，贤者隐处。

文子之书，万世之龟鉴也。圣人建事之初意，乐则归神，杜淫书以领理，百事囿以成宗庙之具，尚贤以平教化，正狱讼之情。及其衰也，乐则淫色，书则奸伪，囿则弋猎，贤则朋党，奸人在位，贤者隐处，宜矣。

天地之道，极则反，益则损。故圣人治弊而改制，事终而更为，其美在和，其失在权。圣人之道曰：非修礼义，廉耻不立，民无廉耻，不可以治，不知礼义法不能正，非崇善废丑不向礼义，无法不可以为治，不知礼义不可以行法。法能杀不孝者，不能使人孝，能刑盗者，不能使人廉。圣王在上，明好恶以示人经，非誉以导之，亲贤而进之，贱不肖而退之，刑错而不用，礼义修而任贤德也。故天下之高以为三公，一州之高以为九卿，一国之高以为二十七大夫，一乡之高以为八十一元士。

天地之大，非人不立。帝王之尊，非民何戴？四方之众，非礼义廉耻不能为治。是以圣人革弊更制，必以礼义廉耻为之四维。贤者在职，礼义修而刑错不用矣。

智过万人谓之英，千人谓之隽，百人者谓之杰，十人者谓之豪。明于天地之道，通于人情之理，大足以容众，惠足以怀远，智足以知权，人英也；德足以教化，行足以隐义，信足以得众，明足以照下，人隽也；行可以为仪表，智足以决嫌疑，信可以守约，廉可以使分财，作事可法，出言可道，人杰也；守职不废，处义不比，见难不苟免，见利不苟得，人豪也。英隽豪杰各以大小之材处其位，由本流末，以重制轻,上唱下和,四海之内一心同归,背贪鄙,向仁义,其于化民,若风之靡草。今使不肖临贤,虽严刑不能禁其奸。小不能制大,弱不能使强,天地之性也。故圣人举贤以立功,不肖之主举其所与同,观其所举,治乱分矣,察其党与,贤不肖可论也。

古者选士之法,道德为上,仁义礼乐次之,书数法度又次之。英隽豪杰乃以智取之,岂战国之法欤?夫天下之理,小不足以制大,弱不足以制强。从衡捭阖之论行,虽严刑不能禁其奸矣。

老子曰:为礼者雕琢人性,矫拂其情,目虽欲之,禁其度。心虽乐之,节以礼。趋翔周旋,屈节卑拜,肉凝而不食,酒澂而不饮,外束其形,内愁其意,钳阴阳之和而迫性命之情,故终身为哀人。何则?不本其所以欲,而禁其所欲,不原其所以乐,而防其所乐,是犹圜兽不塞其垣,而禁其野心,决江河之流而雍之以手,故曰:开其兑,济其事,终身不救。夫礼者,遏情闲欲,以义自防,虽情心咽噎,形性饥渴,以不得已自强,故莫能终其天年。礼者,非能使人勿欲也,而能止之;乐者,非能使人勿乐也,而能防之。

礼者,检身之式,防邪之具,天下之通道也。如颜子之视听言动,以礼存心,则非礼者自不能入矣。夫礼之用,以和为贵。君子之心满腔,是礼诚于中,形于外,而自然之和,盎乎天地。人情以之洽,阴阳以之和,万物以之育。

夫使天下同畏刑而不敢盗窃,岂若使无有盗心哉?故知其无所用,虽贪者皆辞之,不知其无所用,廉者不能让之。夫人之所以亡社稷,身死人手,为天下笑者,未尝非欲也。知冬日之扇,夏日之裘,无用于己,则万物变为尘垢矣。故扬汤止沸,沸乃益甚,知其本者,去火而已。

盗窃之难治也,久矣。窃钩者诛,窃国者为诸侯。是盗在上而不在下。若尧之茅茨不剪,朴桷不斲,虽赏之不窃也。倾宫瑶台,琼室玉门,桀纣之过,身死人手,悲夫!

**老子曰**:循性而行谓之道,得其天性谓之德。性失然后贵仁,道失然后贵义,仁义立而道德废,纯朴散而礼乐饰,是非形而百姓眩,珠玉贵而天下争。夫礼者,所以别尊卑贵贱也;义者,所以和君臣、父子、兄弟、夫妇、人道之际也。末世之礼,恭敬而交,为义者布施而得,君臣以相非,骨肉以生怨也。故水积即生相食之虫,土积即生自肉之狩,礼乐饰即生诈伪。

事物之用,未有久而不弊者也。虽道之可循,德之可得,苟非其时,亦不能行。君臣尚义,犹不免于相非;父子主恩,或不免于生怨。是岂人心之固有哉?

末世之为治,不积于养生之具,浇天下之淳,散天下之朴,滑乱万民,以清为浊,性命飞扬,皆乱以营,贞信烂熳,人失其性,法与义相背,行与利相反,贫富之相倾,人君之与仆虏不足以论。夫有余则让,不足则争。让则礼义生,争则暴乱起,故多欲则事不省,求赡则争不止。故世治则小人守正,而利不能诱也;世乱则君子为奸,而法不能禁也。

人以食为命,一日不食则饥,三日不食则病,七日不食则死。古者,国有十年之储,故能当九年之水,七年之旱,而民不死也。末世之为治,不积养生之具,盖由人主多欲,不能省事,上不足赡,则必取于下,下不足养,则必争于时。食其重矣哉!

**老子曰**:衰世之主,钻山石、挈金玉、摘砗磲、销铜铁,而万物不滋。刳胞焚郊,覆巢毁卵,凤凰不翔,麒麟不游。构木为台,焚林而畋,竭泽而渔,积壤而丘处,掘地而井饮,濬川而为池,筑城而为固,拘兽以为畜,则阴阳缪戾,四时失叙,雷霆毁折,雹霜为害,万物焦夭,处于太半,草木夏枯,三川绝而不流。分山川溪谷,使有壤界,计人众寡,使有分数,设机械,阴阻以为备,制服色,等异贵贱,差殊贤不肖,行赏罚,则兵革起而忿争生,虐杀不辜,诛罚无罪,于是兴矣。

盈而不知止者,天地鬼神之所共谴也。夫阴阳缪戾,四时失叙,雷霆毁折,雹霜为害,万物焦夭,川绝不流,是皆亏盈、变盈、害盈之所致。不能省悠,则必有人道恶盈之祸起,是可畏也。

**老子曰**:世之将丧性命,犹阴气之所起也。主暗昧而不明,道废而不行,德灭而不扬,举事戾于天,发号令逆四时,春秋缩于和,天地除其德,人君处位而不安,大夫隐遁而不言,群臣准上意而坏常,疏骨肉而自容,袤人谄而阴谋遽,戴骄主而像其乱,人以成其事,是故君臣乖而不亲,骨肉疏而不附,田无立苗,路无缓步,金积折廉,璧袭无赢,壳龟无腹,蓍筮日施,天下不合而为一家。诸侯制法各异,习俗悖,拔其根而弃其本,凿五刑为刻削,争于锥刀之末,斩刈百姓尽其大半,举兵为难,攻城滥杀,覆高危安,大冲车,高重垒,除战队使阵。死,路犯严敌,百往一反,名声苟盛,兼国有地,伏尸数十万,老弱饥寒而死者不可胜计。自此之后,天下未尝得安其性命,乐其习俗也。

阳生阴杀,二气更迁。国运兴衰,固若有数。然则六运交终,一阴肇始,泺水示徼,九年为灾,自非有尧舜禹三圣人者出,噍类绝矣。是故兴衰有数,治乱由人。

**贤圣勃然而起**,持以道德,辅以仁义,近者进其智,远者怀其德,天下混而为一,子孙相代辅佐,黜谗佞之端,息末辩之说,除刻削之法,去烦苛之事,屏流言之迹,塞朋党之门,消智能,循大常,臝肢体,黜聪明,大通混溟,万物各复归其根。夫圣人非能生时,时至而不失也,是以不得中绝。

古人立教,三公论道,燮理阴阳,存其亡,治其乱。有圣贤者起,持以道德,辅以仁义,黜邪佞之臣,去烦苛之事,屏流言之述,塞朋党之门,混天下为一家,子孙相代而治。

**老子曰:酆水之深,十仞而不受尘垢。金石在中,形见于外,非不深且清也,鱼鳖蛟龙莫之归也。石上不生五谷,秃山不游麋鹿,无所荫庇也。故为政以苛为察,以切为明,以刻下为忠,以计多为功,如此者,譬犹广草也,大败大裂之道也。其政闷闷,其民淳淳;其政察察,其民缺缺。**

水太清者,鱼鳖不入,惧网罟之害也。山不毛者,麋鹿下游,失荫庇之安也。石上不生五谷,无著根之地也。末世之政,以苛为察,以切为明,以克下为忠,以计多为功者,明主不取焉。

**老子曰:以正治国,以奇用兵,先为不可胜之政,而后求胜于敌。以未治而攻人之乱,是犹以火应火,以水应水也。同莫足以相治,故以异为奇。奇静为躁,奇治为乱,奇饱为饥,奇逸为劳。奇正之相应,若水、火、金、木、之相伐也,何往而不胜。故德均即众者胜寡,力敌则智者制愚,智同即有数者禽无数。**

文子之书,前以皇起,后以霸终,其皇帝王霸之书也。以正治国,以奇用兵,此古今之通论。霸者则不然,用兵以奇,治国亦以奇,则是政复为奇,善复为妖矣。於戏!治国失政而以奇为务者,尚何足以多算云哉?

# 通玄真经缵义释音

## 卷一道原篇

汩音汨。流通之义。滞音垤。止也。殰音读。胎内败也。讪音屈。同义。滑音汨。湿音湿。邪音斜。湛音沉。溺也。惋音腕。惊叹也。椵音假。大也。汜音泛。訾音紫。内容不辩。蚑蛲上音岐，下音饶。小虫之类。创音疮。淖音闹。和也。毳充芮切。志柔也。亶多旱切。信也。憯音惨。毒也。枹音桴。击鼓杖也。蹎音颠。徐步而行。瞑音眠。平目而视。轲音可。志不平貌。

## 卷二精诚篇

暴音曝。谲音决。诈也。贾音价。数也。螫音释。虫毒也。缪音妙，同义。彷徉徜徉同义。囹圄上零下语。狱名也。噞鱼检切。鱼饮水也。谸呼上音叫，下去声，大呼也。景音影。形景义同。倕音垂。工输也。亡音无，同义。囷区伦切。圆廪也。

## 卷三九守篇

便宁上毗连切。安也。影柱有若无也。不为物累。建鼓实若虚也。不为声动。攓音蹇，同义。眱音睫，同义。侑卮上音宥，欹器也。登假下音遐，同义。

## 卷四符言篇

**倍**音悖。同义。**要**音邀。**天下双**双兼也。兼者霸。**屈**九勿切。屈奇也。**慑**音折。**愈**音愈。

## 卷五道德篇

**稽**聚也。蓄同义。**刺**七赐切。**贾便**上音古，下平声。**蝡**音软，蝡蝼虫也。**蜎**音渊。飞虫也。**刓**妙卫切。无伤也。**捽**存兀切。扯也。**趣**音趋。**亟**去利切。疾也。**罢**音疲。

## 卷六上德篇

**枞**七容切。**狖**余救切。猿属。**睎**音希。干也。**坲**音课。尘土也。**瑗**音院。璧也。**磋**力甘切。**砫**音诸。磨砺之石。**螀**音将。蝉属。**枘**而锐切。**斲**音卓。治木之具。**眦**疾智切。目眶也。**纺**音药。丝麻之属。**絑**音未。履属。**蹍**女展切。踏也。**麖**音瀘。盛也。**軵**音勇。推车之谓。**海内**下音纳。**鸷**音至。鹰属。**橑**音老。椽属。**黭**音暗。**黵**音昧。**蝮**孚六切。虺属。**萑**音尤。芦属。**提**音时。群聚貌。**凶**上声，恶貌。**蚲**音贤。蝾蚣也。**准**鼻头曰准。**跬**犬蕊切。半步也。**凷**音块。同义。**告**音訾。辩也。**綳**浮费切。扉同义。**袞**音抔。聚也。**湛**音沉。**荂**音孚。物不荣也。**依**音依。

## 卷七微明篇

**轷**音孚。喝车声。**苛峭**上音何，下音峭。猛急也。**称**音称，举扬也。**觋**音檄。男巫曰觋，女曰巫。**煦**吁句切。暖气育物。

## 卷八自然篇

黴音徽。同义。宎乌瓜切。地四也。褒不褒不为大也。褊不褊不为小也。亟去吏切。急也。䴏乃鸟切。推版具。輴音椿。跂与之与。㯱音嬴,肩舆之具。瘦音瘦。同义。骿胝上胼,下脂,手足皮厚也。诎音屈。

## 卷九下德篇

圉音御。同义。胁音协。同义。瘽音愈。劳也,病也。敖世上音傲。伉行上音亢,下去声。

## 卷十上仁篇

螳蚁同义。趯䠷上于倒切,下乃倒切。兽之长大者。罝罻上音噬,下音浮。兔网也。罜䍡上音网,下音古。渔网也。隼音笋,鸷鸟也。彀音寇。鸟初出卵。蹠音只。跳也,跃也。偄软同义。瘦瘦同义。骴前赐切。骨粗恶。囥渊同义。

## 卷十一上义篇

璜半璧曰璜,美玉。刎音吻。割也。遍音边。遍类同类。邃隧曰深也。诋音氐。诃也。

## 卷十二上礼篇

懋瞀同义。目不明。攓搴同义,攓取也。譊音铙。呼也。墩音境,同义,塉也。疲音赵。病也。错音措,同义。置也。圜与圈同。雍音壅。塞也。哽渠陨切。哽同义。硅音蚌,同义。除音住。开也。

亢仓子

# 洞灵真经注

## 洞灵真经卷上

何璨[①]注

### 全道篇第一

夫心冥虚极,德洞玄微,功并四时,苍生自化。

**亢仓子居羽山之颜三年,**

羽山,《尚书·禹贡》在徐州。《舜典》云:殛鲧于羽山。盖在东裔,后属鲁。颜,山之南面也。《庄子》引此章云:北居畏垒之山。即此山是也。

**俗无疵疠而仍谷熟。**

贤圣之居,天佑神助,近无疵疠而五谷丰稔。频熟曰仍也。

**其俗窃相谓曰:亢仓子始来,吾鲜然异之。**

鲜然,惊异之貌也。异其虚怀寂泊,不在近情。

**今吾日计之不足,岁计之有余,其或圣者耶?**

验其利益,故疑之为圣人。

**盍相与尸而祝之,社而稷之乎?**

盍,何不也。既蒙厚利,欲立为君,何不建置宗庙,并及社稷,

---

① 何璨,生卒年不详,《四库全书总目提要》曰:晁公武《读书志》乃作《亢仓子》二卷,何璨注。公武当南北宋之间,则何璨当在北宋以前。

尸谷祝祭,南面事之者乎?

**亢仓子闻之,色有不释。其徒鬷啜从而启之。**

鬷啜,亢仓子之门人也。欲允众心,故从而启之。

**亢仓子曰:吾闻至人尸居环堵之室,而百姓猖狂不知其所如往。**

至人冥心绝虑,有类于尸,无事萧然,独居环堵。苍生欣慕,共往归依,察其所归,非由知者也。

**今以羽俗子父窃窃焉将俎豆予,我其的之人耶?**

窃窃,私议之谓也。我本栖隐,全道任真,今乃俎豆相尊,反成人之标的也。

**吾是以不释于老聃之言。**

老聃言,我无为而民自化,我无事而民自足,我好静而民自正,今乃反此,故不释然。

**鬷啜曰:不者。**

不者,犹不然也。

**夫寻常之污,巨鱼无所还其体,而鲵、鳅 䰿 音为。之制,步仞之丘,巨兽无所隐其躯,而孽狐 䰿 之祥。**

八尺曰寻,倍寻曰常。污,池也。还,回也。鲵,小鱼而有脚。制,犹专擅也。六尺曰步,七尺曰仞。孽袄也。祥,善也。言小水不能容巨鱼,小丘不能藏大兽。喻亢仓道德既高,必须厚禄也。

**且也尊贤岂 音 事能,向善就利,自尧舜以固然,而况羽俗乎?先生其听矣。亢仓子曰:嘻! 来,**

嘻,叹声也。怪其不达己志,故发嘻叹。将欲告之远致,故呼之曰来也。

**夫二子者知乎?**

二子,尧、舜也。知乎,言岂知也。

函车之兽,介而离山,罔罟制之;吞舟之鱼,荡而失水,蝼、蚁苦之。故鸟兽居欲其高,鱼鳖居欲其深。夫全其形生之人,藏其身也,亦不厌深渺而已。

函,盈也。介,孤介也。渺,远也。

吾语若大乱之本,祖乎尧舜之间,其昳音终。存乎千代之后,千代之后必有人与人相食者矣。

若,汝也。夫事有先成后败,始吉终凶,胡可必耶?故尧舜禅让,光一时之美,述流后代,成篡弑之祸。故《庄子》云:尧、舜让而帝,之哙让而绝;汤武争而王,白公争而灭。斯其效欤?夫唯不立善名者,则事迹宜绝,无所企慕耳。

言未昳,男子荣之樗色蹵然膝席曰:樗年运而长矣,将奚以托业以岂斯言?

荣之樗,庄子所谓南荣趎也。既闻高义深欲,蹵然变色,敛膝于席,愿垂告示以敬事此言。

亢仓子曰:全汝形,抱汝生,无使汝思虑营营,若此绪年,或可以及此言。

营营,运动不息也。绪,终也。全形抱生,不运思虑,虚心冥寂,道自居之。若此终年,可及此言也。

虽然,吾才小,不足以化子,子胡不南谒吾师聃?

聃,老子之字也。

亢仓子既谢荣之樗,不释羽俗而龙已乎天下。

谢,犹遣也。不释羽俗,潜遁而游,如龙变化,与时升降。

水之性欲清,土者滑音骨之,故不得清;人之性欲寿,物者滑之,故不得寿。

滑,乱也。人性寿考,为外物所乱,故使不终天年。

物也者,所以养性也。今世之惑者,多以性养物,则不知轻重也。

衣食养性,不可一日而无。而惑者乃损性以求物,物愈积而性愈伤,殊不知性重而物轻。盖倒置者也。

**是故圣人之于声色滋味也,利于性则取之,害于性则捐之,此全性之道也。万人操弓,䎽**音共。**射一招,招无不中;万物章章,以害一生,生无不伤。**

捐,弃也。操,持也。招,射的也。章章,犹扰扰也。

**故圣人之制万物也,全其天也。**

圣人抑制万物,不使伤性以全天真。

**天全则神全矣。神全之人不虑而通,不谋而当,精照无外,志凝宇宙,德若天坠。然上为天子而不骄,下为匹夫而不慑,此之为全道之人。**

神全之人,智虑充溢,精明照于无外,志气凝乎宇宙,覆载之德同乎天地。虽贵为天子,贱为匹夫,不以穷达而回其志者也。

**心平正不为外物所诱曰清,清而能久则明,明而能久则虚,虚则道全而居之。秦佚死,亢仓子哭之。**

秦佚,古之有道者,盖老子之友也。

**其役曰:天下皆死,先生何哭䎽也?**

役,谓门人,充使伎也。死生之道,古今是常,达人体之,不哭可也。

**亢仓子曰:天下皆哭,安得不哭?**

顺物而哭,虽哭而非哭也。

**其役曰:哭者必哀,而先生未始哀,何也?**

未始,犹未尝也。世人之哭必生哀痛,今先生虽哭不见悲伤,敢问何故也?

**亢仓子曰：举天下之吾无与乐，安所取哀？**

夫有乐必有哀，人之常情也。达人大观，岂有疏亲？既不与为乐，亦无所取哀。

**蜕坠之谓水，蜕水之谓气，蜕气之谓虚，蜕虚之谓道。**

蜕者，免脱之谓也。夫脱地之谓水，脱水之谓气，脱气之谓虚，脱虚之谓道，犹至人不系情于哀乐，然后为极也。

**虚者道之体，靖者道之地，理者道之纲，识者道之目。**

言至人能虚能静有识有理者，则能契道之形体，知道之纲目。

**道所以保神，德所以弘量，礼所以齐仪，物所以养体。**

四者皆可以资身，不可暂无也。

**好质白之物者，以黑为污；好质黑之物者，以白为污。吾又安知天下之正洁污哉？由是不主物之洁污矣。夫瞀视者以鲑为赤，以苍为玄，吾乃今所谓皂白，安知识者不以为赪黄，吾又安知天下之正色哉？由是不遁物之色矣。**

瞀，风眩也。鲑，黄色也。赪，赤色也。夫有风眩之疾者，视物不能审也。故以黄为赤，以青为黑，亦犹凡俗之情妄执洁污。虽有大圣，孰能正之？故不主一其洁污不流遁于众色也。

**夫好货甚者，不见他物之可好；好马甚者，不见他物之可好；好书甚者，不见他物之可好。吾又安知天下之果可好者，果可恶者哉？由是不见物之可以保恋矣，无能滑吾夫**音长**矣。**

果，决定也。保，犹怀也。

**陈怀君柳使其大夫祷行聘于鲁。**

怀君，谥也。柳，名也。祷陈大夫之名也。

**叔孙卿私曰：**

叔孙氏，世为鲁卿也。

吾国有圣人,若知之乎?

圣人,谓仲尼也。

**陈大夫曰**:奚以果明其圣? 叔孙卿曰:能废心而用形。

圣境超殊,非凡情所测,徒见其能应接世务,便证以为圣人,岂知其所圣哉?

**陈大夫曰**:弊邑则小,亦有圣人,异于所闻。曰:圣人為谁? 陈大夫曰:有亢仓子者,偏得老聃之道。

门人之中最为称首,故曰偏得也。

其能用耳视而目听。定公闻而异焉,使叔孙氏报聘,且致亢仓子,待以上卿之礼。亢仓子至,宾于亚寝。

亚寝,公之次殿。

鲁公卑辞以问之。亢仓子曰:吾能听视不用耳目,非能易耳目之所用,告者过也。公曰:孰如是寡人增异矣,其道若何? 寡人果愿闻之。亢仓子曰:我体合于心,心合于气,气合于神,神合于无,其有介然之有,唯然之音,虽远际八荒之表,迩在眉睫之内,来干我者,吾必尽知之,乃不知為是。我七窍手足之所觉,六腑五脏心虑之所知,其自知而已矣。

心形泯合,神气冥符,洞然至忘,与无同体,然后心弥静而智弥远,神愈默而照愈章,理极而自通,不思而玄览。非夫至圣至神,其孰能与于此哉? 斯固灵真之要枢,重玄之妙道也。

## 用道篇第二

无非利物,上合天心,克己归仁,化行刑措。

天不可信,坠不可信;人不可信,心不可信。惟道可信,贤主秀士岂可知哉? 昔者桀信天与其祖四海,己不勤于道,天夺其国以授殷。纣亦信天与其祖四海,己不躬于道,天夺其国以授周。

与,犹以也。祖,犹主也。夏桀、殷纣,耽淫奢纵,自云有命,禀于上天,穷凶肆虐,不修其道,故天夺其国以授于汤武。

**今夫堕㽎**音农。**信坠实生百谷,不力于其道,坠窃其菓稼而荒翳之。**

堕农之人信坠生谷,不勤耘耕,粮莠荒芜,故不能获菓稼。

**齐后信人之性酬让,不明于其道,举全境以付人,人实鸥义而有其国。**

后,君也,齐简公也。信人性不明酬让,为陈恒之所弑,而取其国。鸥义,喻贪残也。

**凡人不修其道,随其心而师之,营欲茂滋,灾疾朋衅,戕身损寿,心斯害之矣。**

人自师心,不遵圣教,营欲炽盛,百殃斯集。此乃心为身害。朋,犹群也。衅,犹动也。戕,害者也。

**故曰惟道可信。**

道者,坦荡恬怡,无所染著。人能虚心归道,则身命保全也。

**天坠非道,不能悠久;**

天得一以清,地得一以宁。

**苍生非贤,不能靖顺;庶政非材,不能和理。**

贤材皆用,道以理物。

**夫用道之人,不露其用,福滋万物,归功无有,**

潜功密济,百姓谓我自然。

**神融业茂,灵庆悠长。**

融,通也。神理通达,德业荣茂,积善所钟,庆流后裔也。

**知而辨之谓之识,知而不辨谓之道。识以理人,道以安人。**

辨析事物，使人去恶就善，所以理人也。含弘冲寂，无所毁誉，所以安镇浮竞也。

**夫鸡呃**音辰。**而作，负日任劳，流汗洒坠，夜分仅息，氓夫之道也。**

鸡晨，谓鸡鸣之旦也。夜分，中夜。负日，为日所曝也。仅，少也。

**俯拾仰取，锐心锥撮，力思搏精，希求利润，贾竖之道也。嚥气谷神，宰思损虑，超遥轻举，日精炼仙，高士之道也。**

嚥气，胎息五牙之类也。谷，养也。宰，割也。日精，吸日精也。炼仙，炼质专而乃升仙也。

**割情耑想，毕志所事，伦揆忘寝，谋效位司，人臣之道也。**

专情正想，尽忠于所事之君；道理揆度，效功于所司之位，是人臣之道也。

**清心省念，察验近习，务求才良，以安万姓，人主之道也。**

清心，寡嗜欲也。省念，无私也。近习，谓近臣。

**若由是类之，各顺序其志度，不替寔**音塞。**其业履，是为天下有道。**

农夫贾竖，各保其业，明君贤臣，各修其道，则天下顺序而业履安定者也。

**道筋骨则形全，翦情欲则神全，靖言语则福全。宋**音克。**此三全，是谓清贤。道德盛，则鬼神助，信义敦，则君子合，礼义备，则小人怀。有识者自是，无识者亦自是；有道者静默，暗钝者亦静默。物固有似是而非，似非而是。先号后笑，始吉终凶。身可亲而才不堪亲，才可敬而身不堪敬。敬甚则不亲，亲甚则不敬。亲之而疏，疏之而亲。恩甚则怨生，爱多则憎至。有以速为贵，有以缓为贵，有以直为贵，有以曲为贵。百事之宜，其由甚微，不可不知，是故智**

者难之。静则神通,穷则意通,贵则语通,富则身通,理势然也。

王本云理势使然也。

同道者相爱,同蓺者相嫉;同与者相爱,同取者相嫉;同病者相爱,同壮者相嫉,人情自然也。

情通无求则相爱,争能尚胜则相嫉,势使然也。

才多而好谦,贫贱而不谄,处劳而不为辱,贵富而益恭勤,可谓有德者也。

## 政道篇第三

顺天行令,不择亲疏,异域同归,望风而靡。

人无法以知天之四时寒暑,日月星厄之所行,若知天之四时寒暑、日月星厄之所行当,则诸生血气之类皆得其处,而安其产矣。人臣亦无法以知主之赏罚爵禄之所加,若知主之赏罚爵禄之所加宜,则亲疏、远近、贤不肖皆尽其才力,而以为用矣。信全则天下安,信失则天下危。夫百姓勤劳,财物殚尽,则争害之心生,而不相信矣。人不相信,由政之不平也。政之不平,吏之罪也。吏之有罪,刑赏不齐也。刑赏不齐,主不勤明也。夫主勤明则刑赏一,刑赏一则吏奉法,吏奉法则政下宣,政下宣则民得其所,而交相信矣。是知天下不相信者,由主不勤明也。亢仓子居息壤五年,

息壤,是周地名也。

灵王使祭公致筐帛与纫璐,

灵王,周灵王也。祭公,周之卿士也。璐,美玉也。灵王慕亢仓之德,使祭公致玉帛之礼以聘之。筐,盛帛之筐也。纫,所以贯玉者也。

曰:余末小子,否德忝位,水旱不时,借为人,若何以禳之?

灵王云：我浅末小子，不明其德，忝君宝位，致使水旱失时，人遭饥苦，故请问禳辟之方也。

**亢仓子曰：水，阴渗也。阴于国政类刑，人事类私。**

渗，乱也。水，阴象，阴主刑。水，又潜流私匿之类也。若刑狱不直，人事多私，则有渗水之灾也。

**旱，阳过也。阳于国政类德，人事类盈。**

旱，阳象。阳主德。阳，为显盛骄盈之类也。若君不修其德，人事盈侈，则有大旱之灾也。

**楚以为凡遭水旱，天子宜正刑修德，百官宜去私戒盈，则以类而消，百福日至矣。**

楚，亢仓子名也。后皆放此。

**郑有胡之封珪、戎弓，**

胡，国名。封珪，大珪也。戎弓，弓名也。二物本胡国所有，后为郑所得也。

**异时失同于荆。**

异时，犹他时也。诸侯殷见曰同。荆，楚之旧号也。盖时楚大，诸侯共朝于楚，为会同之期，而郑后至也。

**荆曰：必得封珪、戎弓，不然，临兵于汝。**

荆恃强大，欲行非义，因郑后期，胁而迫之，将求二物。

**郑君病之，驾见亢仓子，曰：封珪、戎弓先君得之胡，绵代功实，传章翼嗣。**

病，患也。绵，历也。翼嗣，谓后嗣。先君得此二物，敬而藏之，欲传示子孙，以为有功之宝也。

**今荆恃大而曰必得，不然，临兵国危矣。寡人欲以他封珪、戎弓往，若之何？**

他封珪,别珪也。

**亢仓子曰:君其少安。**

劝君少安,勿怀忧惧。

**今是楚亦有宝于此,**

亢仓以信义为宝也。

**饰楚之宝以赀罪于君,楚所不能为,**

赀,赊也。伪以他珪欺诳大国,取我诚信光饰而行。虽罪可延赊,终致后戮。陷君于罪,亏我信义,故我不能为也。

**君必致夫真。**

劝郑君勿以他珪往。

**今荆以浅鲜之过而负其威刑,申逞不直以耗敝与国,荆失诸侯,于是乎在诸侯闻之,将警劝备伦比,勤明会同,上义固存郑为首,君姑待之,岂必非福?**

浅,鲜小貌也。负,恃也。逞,快也。伦比,犹等伦也。姑,且也。郑之失期,实为小过,荆恃强大,欲肆威刑,胁迫珪弓,侵夺与国,无德贪取,必失诸侯矣。

**于是,以胡珪、戎弓往。未至郢,**

郢,荆所都。

**荆人闻之,**

闻亢仓之谋也。

**曰:彼用圣人之训辞,吾焉取此,以暴不直于天下,而令诸侯实生心焉。遽返其赂,而益善郑焉。**

暴,犹露也。遽,急也。赂,即郑之珪弓也。

**人之情欲生而恶死,欲安而恶危,欲荣而恶辱。天下之人得其欲则乐,乐则安;不得其欲则苦,苦则危。若人主放其欲,则百吏庶**

夫具展其欲。

放,谓放纵也。百吏,百官也。庶夫,众事之长。展,申者也。

百吏庶夫具展其欲,则天下之人,贫者竭其力,富者竭其财,四人失其序,

士农工商,失其次序。

皆不得其欲矣。天下之人不得其欲,则相与携持,保抱逋逃,隐蔽漂㵽音流。捃采以祈性命。

捃,拾也。采,取也。拾取野菜求养性命。

吏又从而捕之,是故不胜其危苦,因有群聚背叛之心生。若群聚背叛之心生,则国非其国也。勿贪户口,百姓汝走;勿壮城池,百姓汝疲;赋敛不中,穷者日穷;刑罚且二,贵者日贵;科禁不行,国则以倾。

中,平之也。

官吏非才,则宽猛失所,或与百姓争利,由是狡诈之心生,所以百姓奸而难知。夫下难知则上人疑,上人疑则下益惑,下既惑则官长劳,官长劳则赏不足劝,刑不能禁,易动而难静,此由官不得人故也。政术至要,力于审士。

力,犹勤也。

士有才行比于一乡,委之乡;

士能和比一乡,则委一乡之政以任。

才行比于一县,委之县;才行比于一州,委之州;才行比于一国,委之国政,而后乃能无伏士矣。

各得展其才用,则无隐伏之士者矣。

人有恶戾于乡者,则以诲之;

戾,罪也。人有罪恶者,则一乡之长先教诲之也。

**不改是为恶戾,于县则挞之;**
在乡不改,则送上于县而挞之也。
**不改是为恶戾,于州则移之;**
挞之不改,则送州而流移之也。
**不改是为恶戾,于国则诛之,而后乃能无逆节矣。诚如是,举天下之人,一一胸怀,无有干背慆慢之萌矣,此之谓靖人。**
贤材获用,暴恶迁善,则天下之人安静也。
**凡为天下之务,莫大求士;士之待求,莫善通政;通政之善,莫若靖人。**
人主通达圣教,则士归之。众贤共治,莫善于靖人也。
**靖人之才,盖以文章考之,百不四五;**
文章浮华,矫而不实。今以文章考核靖人之才,百中无四五也。
**以言论考之,十或一二;**
有言者不必有德,有德者不必有言,故十中或有一二也。
**以神气靖作态度考之,十全八九。**
贤良心广体胖,神气冲和,动靖态度必合仪,则审而察之,十得八九者矣。
**是皆贤王庆世明识,裁择所能尔也。**
外虽有贤才,而主无明识,亦不能以裁择。
**夫下王危世,以文章取士,则剸巧绮滥益至,而正雅縏**音素**。实益藏矣;**
末世文章尚于绮靡,则雅素之士不来矣。
**以言论取士,则浮㧓游饰益来,而謇谔诤直益晦矣;**
浮游华饰之士贵,则謇谔忠诤之才伏矣。
**以神气靖作态度取士,则外正内邪益尊,而清修明实益隐矣。**

内无明识故任，择不得其人也。

**若然者，贤愈到，政愈僻，令愈勤，人愈乱矣。**

用非贤为贤，乃益所以乱。

夫天下，至大器也；帝王，至重位也。得士则靖，失士则乱。人主劳于求贤，逸于任使。於呼！守天聚人者，其胡可以不事诚于士乎？人情失宜，主所深恤，失宜之大，莫痛刑狱。夫明达之才，将欲听讼，或诱之以诈，或胁之以威，或开之以情，或苦之以戮，虽作设权异，而必也公平。

一物失宜，明主之所深恤，况刑狱之大乎？夫察狱问囚，务得其实，或有隐匿，则设威以胁之，或道之以实情，或苦之以刑戮，虽权变多端，而终无枉滥也。

**故使天下之人，生无所于德，死无所于怨。**

理自当生，故生无报德；理自当死，故死无咎怨。

**夫秉国、建吏、持刑若此，可谓至官。至官之世，群情和正，诸产咸宜，爱敬交深，上下条固，不可摇荡，有类一家，苟有违顺陵逆，安得动哉？平王反正，既宅天邑，务求才良，等闻一善，喜豫连日。**

平王承幽、厉之后，天下板荡，无复纪纲。于是拨乱返正，东迁洛邑，改革前非，务求贤哲，得闻一善，累日欢悦。宅，居也。天邑，即洛邑也。等，犹得也。

**左右侍仆累言大臣有贤异者，如是逾岁。**

侍仆，左右小臣也。见王悦喜，承意阿谀也。

**王曰：余一人于德不明，务求贤异，益恐山泽遗逸不举，岂乐闻善以自闭塞哉？乃者仄媚仆臣累誉权任，颇阶左右，意余屏昧，无能断明，徒唯萉**音共**。和，依违浸长。自贤败德，莫此为多，不时匡**

遏，就兹固党。

仄媚，邪媚也。权任，大臣也。阶，升也。孱，弱也。依违，相依也。邪媚小臣称扬权任，阶缘左右，共相蒙蔽，谓我暗弱，不能明察。若不遏绝，党固滋深也。

于是弃左右近习三人市，

谓杀之而曝尸于市也。古者刑人于市，与众共弃之。

贬庶司尹夫五人，

庶司尹夫，谓权任大臣也。

曰：无令臣君者附下罔上，持禄阿意。天下闻之，称为齐明，海南之西归者七国。至理之世，舆服纯縠，宪令宽简，禁网疏阔。夫舆服纯素，则人不胜羡；

不相企羡。

宪令宽简，则俗无忌讳；禁网疏阔，则易避难犯。若人不胜羡，则嗜欲希微，而服役乐业矣；

服，从也，从于所役之业也。

俗无忌讳，则抑闭开舒，而欢欣交通矣；

凡所抑闭，皆由忌讳。今既无忌讳，皆得开舒也。

易避难犯，则好恶分明，而贵德知耻矣。

贵德则不犯，知耻则易避。

夫服役乐业之谓顺，欢欣交通之谓和，贵德知耻之谓正。浮堕之人，不胜于顺；逆节之人，不胜于和；奸邪之人，不胜于正。顺、和、正三者，理国之宗也。衰末之世，舆服文巧，宪令襀祈，

襀祈，烦多者也。

禁网颇僻。夫舆服文巧，则流相炎慕；

俗尚文巧，则下人随流，递相企慕，如火之上炎也。

宪令禳祈，则俗多忌讳；禁网颇僻，则莫知所逭。

逭，犹逃也。

若流相炎慕，则人不忠洁，而耻朴贵华矣；俗多忌讳，则情志不通，而上下胶戾矣；莫知所逭，则谗祸繁兴，而众不惧死矣。夫耻朴贵华之谓浮，上下胶戾之谓寔，众不惧死之谓冒。真正之士，不官于浮；公直之士，不官于寔；器能之士，不官于冒。浮、寔、冒三者，乱国之梯也。荆君熊围问水旱理乱，

熊，荆之姓，围名。

亢仓子曰：水旱由天，理乱由人。若人事和理，虽有水旱，无能为害，尧汤是也。

尧时九年洪水，汤时七年大旱。

故周之秩官云：人强胜天。

《秩官》《周书》篇也。

若人事坏乱，纵无水旱，日益崩离，且桀纣之灭，岂惟水旱？

一云岂因水旱。桀纣之君，暴雪奢淫以灭亡，非独水旱也。

荆君北面遵循稽首曰：天不弃不谷，及此言也。

一本云遵修。遵循，退行也。荆君敬重亢仓子，故称之曰天。不弃不谷，王公之卑称也。亢仓子不弃于我，故得及闻此言者也。

乃以弘璧十朋为亢仓子寿，拜为亚尹。

弘璧，大璧也。十朋，十双也。亚尹，小尹也。

曰：庶吾国有瘳乎？亢仓子不得已，中宿微服，违之他邦。

瘳，差也。违，去也。

至理之世，山无伪隐，市无邪利，朝无佞禄。国产问：何由得人俗醇朴？

国产,郑大夫公孙乔,字子产也。

**亢仓子曰:政烦苛,则人奸伪;**

法令滋彰,盗贼多矣。

**政省一,则人醇朴。**

其政闷闷,其人醇醇。

**夫人俗随国政之方圆,犹蠖屈之于叶也,食苍则身苍,食黄则身黄。曰:何为则人富?亢仓子曰:赋敛以时,官上清约,则人富。赋敛无节,官上奢纵,则人贫。勾粤之簳镞以精金,鹜隼为之羽,以之掊棰,则其与槁朴也无择。**

勾粤,东粤也。簳,箭簳也。鹜隼,雕鹗之类也。掊棰,打击也。《尔雅》云:东南之美者,有会稽之竹箭焉。夫勾粤之簳,以精金为镞,以隼翎为羽,用之打击,则同于槁朴。无择,犹无异。

**及夫荡寇争虓,**音冲。**觐武决胜,加之骇弩之上,则三百步之外不立敌矣。**

排荡寇敌,争冲决胜,加此勾粤之簳于强弩之上,则前无立敌矣。

**蜚景之剑威夺白日,气盛紫霓,以之刲获,则其与剾刃也无择。**

蜚景,神剑也。剾镰也。神剑虽利,以获稻则同于镰刃也。

**及夫凶邪流毒,沸渭不靖,加之运掌之上,则千里之内不留行矣。**

凶邪流毒,谓温疫之气也。此神剑能辟凶邪,故威光所行,则千里之内未尝留止也。

**夫材有分,而用有当,所贵善因时而已耳。**

槁朴、剾刃施于常用耳,粤簳、蜚景以御凶灾。材分所当,各因时而贵也。

昔者明皇圣帝，天下和平，万物畅茂，群性得极，善因时而勿扰者也。近古是来，天下奸邪者众，正直者寡；轻薄趋利者多，敦方退静者鲜。奸者出言夫于忠言，

巧伪乱真，不能辨也。

遂使天下之人交相疑害。悲夫！作法贵于易避而难犯，救弊贵于省事而一令。除去豪横则官人安，刑禁必行则官人不敢务私利，官人不敢务私利，而百姓富。史刑曰：眚灾肆赦，赦不欲数，赦数则恶者得计，平人生心，

恶者得计，务益于奸；平人生心，亦为不善也。

而贤良否塞矣。人有大为贼害，官吏捕获，因广条引，诬陷页良，阔远牵率，冀推时序，卒蒙赦宥。遇贼害者，讫无所快，自毒而已。由是平人递生黠计，吏劳政酷，莫能镇止，此由数赦之过也。夫人之所以恶为无道不义者，为其有罚也；所以勉为有道行义者，为其有赏也。今无道不义者赦之，而有道行义者被奸音害。而不赏，欲人之就善也，不亦难乎？世有贤主秀士肯察此论：

讫，犹终也。快，喜也。毒，苦也。肯，可也。

人怨若，非不接人也；神怒者，非不事神也；巧佞甚，人愈怨；淫祀盛，神益怒。

## 洞灵真经卷中

何璨注

### 君道篇第四

清静无为，以身帅下。

始生之者天也，养成之者人也。

万物之始生者,由乎天也;助天而养之,由乎人也。

**能养天之所生而物㺩之谓天子。**

㺩,扰也。人能助天养物而物驯,扰之者是谓天子也。昔舜有圣德,三徙成都是也。

**天子之动也,以全天气,故此官之所以自立也。立官者,以全生也。**

天不自治,故圣人代天以治物者也。圣人不能独治,故立官以辅之。立官之由,本以养物,贵全天气,不使有亏伤。

**今世之惑主,多官而反以害生,则失所以为立官之本矣。**

后世惑主,务在多官,官多则政烦,政烦则害物,是失立官之本意也。

**草郁则为腐,树郁则为蠹,人郁则为病,国郁则百慝并起,危乱不禁。**

郁者,气未通之谓也。官多政烦,事有拥滞,如草木之成腐蠹也。

**所谓国郁者,主德不下宣,人欲不上达也。**

奸臣蒙蔽,故主德不下宣;黎庶枉屈,故人欲不上达。

**是故圣王贵忠臣、正士,为其敢直言,而决郁塞也。克己复礼,贤良自至;**

克,损也。复,反也。人君能以谦损反礼,则贤良归。

**君耕后蚕,苍生自化。**

天子亲耕,皇后亲蚕,以身率人,则天下化之也。

**由是言之,贤良正,可待不可求,求得非贤也;**

君有礼让,贤臣自归,故可待也。君无礼让,虽复求贤,贤至,乃非贤也。

苍生正，可化不可刑，刑行非理也。

君耕后蚕，人自效之，故可化也。身不自为而使人为之，人必不从。虽复刑之，刑行非至理。

尧舜有为人主之勤，无为人主之欲，天下各得济其欲；

勤，谓劳心以养物；欲，谓私身以奉已也。

有为人主之位，无为人主之心，故天下各得肆其心。

位，谓居位而治事；心，谓求安以自适。肆者，申也。

士有天下爱之，而主不爱者；有主独爱之，而天下人不爱者。

竭公忠而养天下者，则天下爱之；狗私情而媚一人者，则其主爱之。

用天下人爱者，则天下安；用主独爱者，则天下危。人主安可以自放其爱憎哉？由是重天下爱者，当制其情。

圣人以天下为安危者也。欲天下之安，则人主不得纵其爱憎，当抑制其私也。

所谓天下者，谓其有万物也；所谓邦国者，谓其有人众也。夫国以人为本，人安则国安，故忧国之主，务求理人之材。

天下以万物为多，邦国以人众为富，忧国家者不可不任贤以辅已也。

玉之所以难辨者，谓其有硈石也；金之所以难辨者，谓其有鍮石也。

硈石似玉，鍮石似金，犹奸人外正内邪，亦难辨也。

今夫以隼翼而被之鷃，视而不明者，正以为隼；明者，视之乃鷃也。

隼，鹰也。鷃，雀也。

今夫小人多诵经籍方书，或学奇技通说，而被以青紫章服，使愚者听而视之,正为君子也,明者听而视之,乃小人也。

奇技,异艺也。通说,杂说也。

**故人主诚明,以言取人理也,以才取人理也,以行取人理也;人主不明,以言取人乱也,以才取人乱也,以行取人乱也。**

人主明者,以言行取人,尽皆理也;主昏昧,虽以言行取人,尽皆乱也。

**夫圣主之用人也,贵耳不闻之功,目不见之功,口不可道之功,而百姓畅然自理矣。**

夫贤良之治世也,不显其名,不彰其用,不称其能,潜功密济,理自玄畅,名迹不生,人无企尚,故圣主贵之也。

**若人主贵耳闻之功,则天下之人运货逐利而市誉矣;**

若人主贵闻臣下之功,则奸人运其财货,随逐便利以市声誉也。

**贵目见之功,则天下之人恢形异艺而争进矣;**

恢诞形容,奇异技艺,夸企争进,愈乱天下矣。

**贵可道之功,则天下之人习舌调吻而饰辞矣。**

利口便辩,虚而不实。

**使天下之人市誉争进,饰辞见达者,政败矣。**

争名尚能,则正理之道衰矣。

**人主皆知镜之明己也,而恶士之明己也。镜之明己也功细,士之明己也功大。知其细,失其大,不知类也。**

镜知形之好丑,士知心之善恶。正形之功细,正心之功大。今人主乃贵其细而失其大,岂不惑哉?

**於呼!人主清心省事,人臣恭俭守职,太平立致矣。而世或难之,吾所不知也。若人主方寸之坠不明不断,则天地之宜,四海之**

内,动植万类,咸失其道矣。

方寸之地,谓心之所居也。动,谓含气之类。植,谓草木之类也。

以耳目取人者,官多而政乱;

取闻见之功,则饰伪者众。争进者多,主不能辨,故官多而政乱也。

以心虑取人者,官少而政清。

用心愿神识而得人者,其官甚寡,其政甚治也。

是知循理之世,务求不可见、不可闻之材;浇危之世,务取可闻可见之材。呜呼,人主岂知哉?以耳目取人,人皆敳敦以买誉;以心虑取人,人皆静正以勤德。吏静正以勤德,则不言而目化;吏敳敦以买誉,则刑之而不畏,音畏。世主岂知哉?

## 臣道篇第五

尽忠竭力,谋效所司。

夫国之将兴也,朝廷百吏或短、或长、或丑、或美、或怡、或厉、或是、或非。

丑,恶也。怡,悦也。厉,严厉也。

虽听其言,观其貌,有似不同,然察其志,征其心,尽于为国。所以刚讦不怨,黜退不愕,议得其中,无违乎理。故天不惑其时,坠不乏其利,人不乱其叀,鬼神开赞,蛮夷柔同,保合大和,万物化育。

国之兴也,朝廷禄位务尽其忠,各竭其能,力行公正,无有阿私。故天时不忒,地利不乏,人事不乱,鬼神佑助,远方柔服也。

国之将亡也,朝廷百吏姿貌多美,颜色谐和,词气华柔,动止详润。

亡国之臣,外虽和顺,内怀猜忌,各徇其私,暗相谋害。

虽观其貌,听其言,有若欢洽,然察其志,征其心,尽在竞位。所以闻奇则怪,见异必愕,相嫉相蒙,遂丧其道。故天告灾时,坠生反物,

天反时为灾,地反物为祅。

人作凶德,鬼神闲祸,

闲,犹伺也。

戎狄交侵,丧乱弘多,万物不化。夫不伤货财,不妢人力,不损官吏,而功成政立,下阜百姓,上滋主德,如此者忠贤之臣也。若费财烦人,危官苟效,一时功利规赏于主,不顾过后贻灾于国,如此者奸臣也。至理之世,官得人。不理之世,人得官。郏龙觋问事君,亢仓子曰:既策名而臣人者,心莫若公,

无阿私也。

貌莫若和,言莫若正。公不欲灵,和不欲杂,正不欲犯。

君不见察,亦不欲犯颜而谏也。

古之清勤为国修政,今之清勤为身修名。夫为国修政者,区处条别,动得其宜,合于大体。为身修名者,区处条别,致远不通,拘于小节。是知心以道为主,抵事得其所;心以事为主,抵物失其所。

以道为主,公心也;以事为主,私情也。抵者,触也。

臣居上位不谏,下位不公,不合赡其禄。

赡,赒给也。

君不严敬,大臣不彰信小,臣不合官其朝。有才者不必忠,忠者不必有才。臣不患不忠,适恐尽忠而主莫之信;主不患不信,适

恐信之而莫能事事。

事事,犹用事也。

上等之人,得其性则天下理;中等之人,得其性则天下乱。明主用上等之人,当委以权宜,便恣肆其所为;

上等之人,谓贤良也,公平正直,无所阿私,使之莅职,信能匡赞。虽权变有时,必归于正也。

用中等之人,则当程课其功,示以赏罚。

中等之人,谓艺能之士。见善则迁,见恶则染,故人主以赏罚制之也。

## 贤道篇第六

克己复礼,贤良自至。

贤良所以屡求而不至,难进而易退者,非为爱身而不死王事,适恐尽忠而主莫之信耳。自知有材识之人,外恭谨而内无忧。其于众也,和正而不狎。亲之则弥庄,疏之则退去而不怨,穷厄则以命自宽,荣达则以道自正。人有视其仪贤也,听其声贤也,征神课识,或负所望。夫贤人其见用也,入则讽誉,出则龚默,职司勤办,居室俭闲。

讽,谓刺君之过。誉,谓称君之美。龚默,静慎也。办,治也。闲,谓防闲。

其未见用也,藏身于众,藏识于目,藏言于口,饱食安步,独善其身,贞而不怨。智者不疑叇,识者不疑人。有识之士,行危而色不可疏,言逊而理不可拔。

谓遇浊世不变其志,行虽危而色常和,言虽逊而理确然。

凡谓贤人不自称贤,

自伐者无功,故非贤。

**效在官政,功在事事。**

验其官政,察其用事,贤不肖可辩也。

**太平之时,上士运其识,中士竭其耐,小人输其力。齐有掊子者,材可以振国,行可以独立,**

振,济也。独立,谓德行孤标不可倾拔。

**事父母孝谨,乡党恭循,念居贫无以为养,施信义而游者久之矣。所如寡合,或为乘时夸毗者所蚩绐,**

如,往也。本作所蚩往。绐,音待。一云始于是也。寡合少谐,偶也。夸毗,矜恃也。蚩,笑也。绐,欺也。

**于是负杖步足,问乎亢仓子曰:吾闻至人忘情,**

至人虚怀,与道合体,故忘情也。

**黎人不事情,**

黎,众也。智力愚昧,不能用情也。

**存情之曹,务其教训而尊信义。**

曹,辈也。中人存情,以信义为尊。

**吾乃今不知为工,**

工,犹能也。躬行信义,所往寡合,不知其所为能。

**受不信为信,**

世有受人之不信,将以为信也。

**信而不见信为信,**

有实为信,而不为人所见信,乃自以为信。

**为勤慕义为义,**

人有本非义,而以慕义为义,乃为人所称义也。

**义而不俟义为义。**

有实为义，而不待人称义，亦常自为义也。

然则信义之士，常独厄随退，胡以取贵乎时，而教理之所上也？亢仓子俯而循衻，衶而嘻，超然而歌，

衻，衣襟也。嘻，叹声也。超然，高举之貌。

曰：时之阳兮信义昌，音昌。

时之阳喻君有道也，有道则信义昌也。

时之默兮信义伏，

时之默喻君暗昧也，君暗昧则信义伏藏。

阳与默，昌与伏，汩吾无谁私兮？羌忽不知其读。

汩，乱也。羌，发声也。读，犹云也。夫时有治乱，故用有行藏。阳则与时俱昌，默则与时俱伏，随流任运，宁有私耶？今乃问我，不知其云也。

夫运正性以如适，而物莫之应者，真不行也。夫真且不行，谓之道丧。

信义者，正性之用也。真者，正性之本也。

道丧之时，上士乃隐，隐之为义。有可㕻音为。也，

时有可为，莫可㕻者也。时有否泰，莫得长为。

有可用也，有时而用。莫可用者也。

用有行藏，莫得长用。

祭公问：贤材何从而致？亢仓子曰：贤正可待不可求，材慎在求不慎无。

材在求而择之，不慎无材。

若天子静，大臣明，刑不避贵，泽不隔下，则贤人自至而求用矣。贤人用，则四海之内，明目而视，清耳而听，坦心而无郁矣。天自成，地自宁，万物醇化，鬼神不能灵。

天下醇和，故鬼神不能见灵怪。

**故曰贤正可待不可求。若天子勤明，大臣和理之求士也，则恢弘方大，公直靖人之才至；若天子苛察，大臣躁急之求士也，则凶心巧应，毁方破道之才至；若天子疑忌，大臣巧随之求士也，则奇姓异名，仄媚怪术之才至；若天子自贤，大臣固位之求士也，则事文逐誉，贪浊浮丽之才至；若天子依违，大臣回佞之求士也，则外忠内僻，情毒言和之才至。故曰才慎在求不慎无。昔者黄帝得常仙、封鸿庞，**音鬼。**容丘，**音丘。

三人，黄帝臣也。

**商王得伊尹，中兴得甫、申，**

中兴，周宣王也。甫，仲山甫也。申，申伯。

**齐桓得甯籍，**

即甯戚也。

**皆由数君体道迈仁，布昭圣武，思辑光明，宽厚昌正，而众贤自至而求用，非为简核而得之也。**

迈，行也。辑，睦也。简核，犹择也。

**祭公曰：夫子云贤人不求而自至，亦有非贤不求而自至者乎？亢仓子曰：夫非贤不求而自至者固众矣。夫天下有道，则贤人不求而自至；天下无道，则非贤不求而自至。人主有道者寡，无道者众；天下贤人少，不肖者多。是知非贤不求而自至者多矣。祭公曰：贤固济天下，材亦能济天下，俱济天下，贤与材安异耶？亢仓子曰：窘乎哉其问也。**

窘，迫也。言所问切迫。

**夫功成事毕，不徇封誉，恭退朴俭之谓贤。**

徇，求也。功成不居其位，守恭谦以自牧也。

功成事毕,荣在禄誉,光扬满志之谓材。贤可以镇国,材可以理国。所谓镇者,和宁无为,人不知其力。

至德潜化,人莫能知之也。

所谓理者,勤率其事,人知所于德。

人赖其功,故推德于己也。

一贤统众材则有余,众材度一贤犹不足,如是贤材之殊域。

一贤虽少,统领众材,尚有余德;众材虽多,比度一贤,犹不能及。

有居山林而喧者,有在人俗而静者,有喧而正者,有静而邪者也。

言求贤不可不察其邪正矣。

凡视察其貌鄙俗,而能有贤者,万不有一;视察其貌端雅,而实小人者,十而有九。

言贤人难得也。

夫不炼其言而知其文,不责其仪而审其度,不采其誉而知其善,不流其毁而断其实,可谓有识者也。

不待流言毁谤,而知其恶情也。

## 洞灵真经卷下

何璨注

### 训道篇第七

至德之用,万教之主,神明共赞,可以化民。

闵子骞问仲尼:道之与孝相去奚若?

疑其相去远也。

仲尼曰:道者,自然之妙用。孝者,人道之至德。

穷于本始谓之道,施于人理谓之孝。道能通生万物,不知其所由然,故曰妙用。孝者,善事父母,尽敬尽顺,通乎神明,故曰至德。

**夫其包运天地,发育万物,曲成类形,布亘性寿。**

性者刚柔之质,寿者一期之尽。

**其功至实,而不为物府,不为事官,无为功尸,扣求视听,莫得而有,字之曰道,**

虽曲成万类,雕刻众形,寻求生宰,莫见其朕,故字之曰道。道者,虚通之谓。

用之于人,字之曰孝。孝者,善事父母之名也。夫善事父母,敬顺为本,意以承之,顺承颜色,无所不至。发一言,举一意,不敢忘父母;营一手,措一足,不敢忘父母。事君不敢不忠,朋友不敢不信,临下不敢不敬,向善不敢不勤,虽居独室之中,亦不敢懈其诚,此之谓全孝。故孝诚之至,通乎神明,光于四海,有感必应,善事父母之所致也。昔者虞舜其大孝矣乎!庶母惑父屡憎害之,舜心益恭,惧而无怨。谋使浚井,下土实之,于时天休,震动神明,骏赫道穴而出,奉养滋谨,由是玄德茂盛,为天下君,善事父母之所致也。

按《史记》称:舜父瞽叟与庶母弟皆欲杀舜,使舜修廪,瞽叟从下纵火焚廪。舜乃以两笠自抒而下。去,得不死。后又使舜穿井,舜穿井为匿孔旁出。舜既入深,瞽叟与象共下土填井,舜匿孔出,去。是其事也。于时天以休美之德,震动舜心,神明赫然,令其免害。及出之后,事父弥谨。尧知其圣,历试诸难,后乃禅其位焉。

**文王之为太子也,其大孝矣,朝夕必至乎寝门之外,问寺人曰:**

**兹日安否？何如？**

寺人，奄官。主在左右侍君也。

**曰:安。太子温然喜色。小不安节,太子色忧满容。朝夕食上,** 谓侍者进食于君也。

**太子必视寒暖之节,食下必知膳养所进,然后退。**

知所食之多少。

**寺人言疾,太子肃冠而斋,**

君有疾,故太子严肃衣冠而斋斋者,虚心专志以祈神明,使救护者耳。

**膳宰之馔,必敬视之,汤衣之贡衣必亲赏之。**

馔,饮食也。贡,进之也。

**尝馔善,**

谓君尝馔者也。

**则太子亦能食,尝馔寡,太子亦不能饱,以至乎复初,然后亦复初。**

君病间,而太子亦复初也。

**君后有过,怡声以讽。**

怡,悦也。谓下气怡声,几微讽谏。

**君后所爱虽小,物必严羹。**

不敢慢君父之所爱。

**是故孝成于身,道洽天下。《雅》曰:文王陟降,在帝左右。**

《雅》,《诗·大雅》也。陟,升也。帝,天也。左右,助也。言文王所为,天必助之。

**言文王静作进退,天必赞之,故纣不能害。**

赞,佐也。文王事纣,为天所佐。故殷纣虽暴,不能辄害。

**梦启之寿,**

《礼记》云:文王有疾,旬有二日乃间。文王谓武王曰:汝何梦矣?武王对曰:梦帝与我九龄。文王曰:汝以为何也?武王曰:西方有九国,君王其终抚诸?文王曰:非也。我百尔九十,吾与汝三焉。文王九十七而终,武王九十三而终也。

**卜世三十,卜年七百,天所命也,善事父母之所致也。**

《左传》曰:成王定鼎于郏鄏,卜世三十,卜年七百,天所命也。

**闵子骞曰:善事父母之道幸既闻之矣,敢问教子之义?仲尼曰:凡三王教子必视礼乐。**

视,犹示也。

**乐所以修内,**

和其心也。

**礼所以修外。**

检其容也。

**礼乐交修,则德容发辉于貌,故能温恭而文明。夫⺪人臣者,杀其身有益于君则为之,况利其身以善其君乎?是故择建忠良贞正之士为之师傅,欲其知父子、君臣、长幼之道。夫知为人子,然后可以为人父;知为人臣,然后可以为人君;知事人,然后能使人。此三王教子之义也。**

三王,谓夏、殷、周三代之王也。

**闵子骞退而事之于家,三年人无间于父母兄弟之言,**

上事父母,下顺兄弟,尽善尽美。故人无非间之言也。

**交游称其信,乡党称其仁,宗族称其悌,德行之声溢于天下,此善事父母之所致也。齐太子坐清台之上,燕壮侯他,**

壮,燕侯谥也。他,名也。

高冠严色,左带玉具剑,右带环佩,左光照右,右光照左。

言玉佩之光交相照也。

太子读书不视,壮侯他问曰:齐国有宝乎?太子曰:主信臣忠,百姓戴上,齐国之宝也。壮侯他应声解剑而去。

闻义而服也。此言君子尚德,不尚华饰也。

呜呼!人有偏蔽,终身莫自知己乎?贤者见之宽恕而不言,小人暴爱而溢言,亲戚怜嫉而贰言。人有偏蔽,恶乎不自知哉?

恶乎,犹何也。

是故君子检身常若有过。衣其衣,食其食,知其过而不戸音克。有以正之者,君子耻之。

言为人臣,不能有所匡正也。

将欲有言,识其必不能行者,君子罕言。

君不纳忠谏,则罕言以避患也。

当责众人之恶者,视己善乎哉?当责众人之邪者,视己正乎哉?此之谓反明。

先审身之善正,然后责人之邪恶也。

翟西氏之子甚孝谨,翟西怜其子而好妄与之言。翟西厄出,夕返,则曰:甲死矣。其子信之,既而甲在焉。他夕则曰:乙且害。余其子伺将行仇。既而不见恶端。他夕则曰:丁病矣。其子觇之,丁诚无恙,举此类也。

觇,视也。恙,忧也。举,皆也。

冒淹年序,子固孝谨,至于训勒,益不保承。乡国之人,疾其咎口,谋将煞之。翟西闻而惧,归以告子,子未甚信,既而翟西见煞。

此章戒人轻言致害。虽爱子,犹不信之,以至见煞,况他人乎?

谓多言之人为疏露,亦有辞约而不密者;谓轻佻之人为不定,亦有体闲而心躁者；

轻佻，犹轻躁也。

谓蘩杂之人为猥细，亦有外洁而内浊者。若类而引之，不可殚载。若非彻识，孰㪯<small>音克</small>。究详？

殚，犹尽也。

时有不可不应叓也者，内静而外动，易动而难静。

谓外见利贪而逐之，愈得愈贪，故身劳而难静。

时有不可不求叓也者，内思而外待，待至而后乐。

谓内兴情欲，缘境思求，心有所待，故待得而复乐，不知心摇而伤性。

是故外静而内动者，摇思而损性；奔走而逐利者，劳力而害名。

唯泊然无情欲，而不为名利所诱者，然后身安而性全也。

人生于世，或有叓不遂志，而宣言云不遇时者，是无异负丹颈之罪，俟时行戮，岂不殆哉？

不能危行言逊，干犯时君，无异负斩首之罪，待时行戮也。丹，血色。

其博才通识未见称用者，正可云时非不清，命未与耳，岂不氐欤？

氐，犹是也。

长于谏者，务依存前人之性而弱制其情之所由起，是彼此开进，亲敬殷笃。不长于谏者，务攻前人之性而暗于情之所来，是以彼此嫌貳，猜衅日积。儿童之所简者，乃耆耋之所非；耳目之所娱者，乃心虑之所疾。健责天下之愚者，己之未贤也；健责天下之迷者，己之未明也。

贤明者当恕，愚迷而勿责。

以未贤责众愚，未贤者以之亡；以未明责众迷，未明者以之伤。

愚迷之人无所损,健责者徒自伤耳。

## 农道篇第八

夫谷者,人之天。理国之道,务农为本。

**人舍本而事末,则不一令,**

本谓农也,末谓趋浮利也。人趋末利,则奸诈多端,故一令不能制也。

**不一令则不可以守,不可以战。**

趋利多端,人心不一。故不可以固守,不可以攻战也。

**人舍本而事末,则丌音其。产约,**

人贪浮利则产业薄也。

**丌产约则轻流徙,轻流徙则国家时有灾患,皆生远志,无复居心。人舍本而事末则好知,好知则多诈,多诈则巧法令,巧法令则以是为非,以非为是。古先圣王之所以理人者,先务甾人。甾人非徒为坠利也,贵行其志也。**

志在安人。

**人甾则朴,朴则易用,易用则边境安,安则主位尊。人甾则童,**

如童儿无异志也。

**童则少私义,少私义则公法立。力博深留则丌产复,**

复,犹厚也。

**丌产复则重流散,**

不流散也。

**重流散则死其处无二虑,是天下罥一心矣。天下一心,轩皇几蘧之理不足过也。**

轩皇、几蘧,古之有道之君也。

**古先圣皇之所以茂耕织者,以为本教也。是故天子躬率诸侯耕籍田,火夫、士第有功级劝人尊坠产也,**

第,次第也。《月令》云:正月中气,天子乃择元辰,亲载耒耜,置之车右,率公卿、诸侯、大夫,躬耕籍田。天子三推,三公五推,卿、诸侯九推,是以功级劝人也。

**后妃率嫔御蚕于郊,桑公田,劝人力,归教也。**

《月令》云:三月中气,命有司无伐桑柘,乃修器,后妃斋戒享先,蚕而躬桑,以劝蚕事。

《祭义》云:古者天子诸侯必有公桑蚕室,近川而为之,君卜三宫之夫人、世妇之吉者,使入蚕室,世妇亲蚕,奉玺以示于君,遂献于夫人。夫人缫,三盆手,遂布于三宫夫人,世妇之吉者,使缫之。此劝妇教也。

**男子不织而衣,妇人不耕而食,男女贸功,资相戛业,此圣王之制也。**

贸,犹易也。

**故敬时爱日,埒实课功,**

埒,量也。

**非老不休,非疾不息,一人勤之,十人食之。**

上农夫,食十人。

**当时之务,不兴土功,不料师旅,男不出御,女不外嫁,**

一作大嫁。

**以妨齧也。**

兴土功,治师旅,行婚嫁,皆谓妨农业也。御,迎也。谓男子不亲御。

**黄帝曰:四时之不可正,正五谷而已耳。夫稼,为之者人也,**

稼，谓种也。

**生之者天也，养之者地也。是以稼之容足，耨之容耰，**

耨，锄也。又，耰，谓锄器也。

**耘之容手，**

耕，除草也。

**是谓耕道。**

种苗可使容足，耨之可使容耰，耘之可使容手。

**𠵽攻食，工攻器，贾攻货。**

攻，治也。

**时孛不龚，夺之以土功，是谓大凶。**

君王不恭，则大凶之道也。

**凡稼早者先时，暮者不及时，寒暑不节，稼乃多灾。**

言太早太晚者，谓不得中和之气也。

**冬至已后，五旬有七日而昌生，**

旬，十日也。五十七日在立春节中，而草木昌发。

**于是乎始耕。壹𠵽之道，见生而蓺生，见死而获死。**

因天时而兴人事也。蓺，种也。获，刈也。

**天发时，坠产财，不与人旂。**音期。

产，生也。

**有年祀土，无年祀土，**

有年，丰年也。无年，荒年也。祀土，祭社稷也。春祭祈丰，祥也。秋祭报成，熟也。不以有年则祭，无年不祭，所以祈地，利重人命。

**无失人时，迨时而作，过时而止，老弱之力可使尽起。**

迨，及也。虽老弱可使尽，耕所以趁时也。

不知时者，未至而逆之，
谓兴农太早也。
既往而慕之，
时既过，往而慕之，是大晚。
当时而薄之，
虽当其时而用功寡薄，所收亦不多。
此从使之下也。
此三者，虽从农务，不得其时，故云下也。
夫耨必以旱，使坠肥而土缓。
夫锄必用旱时，旱时则草易死，而土脉肥缓也。
稼欲产于尘土而殖于地坚者，
殖，长也。下种欲其土细如尘，则地虚而根深。及苗长也，得雨则土坚，坚则茎固也。
慎其种勿使数，亦无使疏。
数，为烦也。
于其施土，无使不足，亦无使有余。
施土，谓施种于土也。种不足则伤疏而费地，种有余则伤密而损谷。不费不损，取其中也。
甽欲深以端，亩欲沃以平。
端，正直也。甽深直则水流疾，亩沃平则润泽匀。
下得阴，上得阳，然后咸生。
下阴谓水润，上阳谓日气。
立苗有行，故速成，强弱不相害，故速大。
苗成行则长疾，强不害弱则易大也。
正其行，通其中，疏罂泠风，

使苗疏而通风。

**则有收而多功。率稼望之有余,就之则疏,是坠之窃也。**

由地瘠薄也。苗不茂盛,若被窃之状。

**不除则芜,除之则虚,是妻伤之也。**

除,治也。草盛而后除之,苗则虚矣,是人事伤之也。

**苗丌弱也欲孤,**

欲——孤生不并聚也。

**丌夫也欲相与居,**

与众同居,共相荫映。

**丌熟也欲相与扶。**

无倒折之害也。

**三以💬族,稼乃多谷。**

三者,如人之宗族,共相扶持则多收。

**凡苗之患,不俱生而俱死,**

生不齐则大苗凌小,小苗不茂。

**是以先生者美米,后生者为粃。**

强者凌弱,故后生者不实。

**是故其藉也,夫其兄而去其弟。**

以人喻苗也,先生为兄,后生为弟也。

**树肥无使扶疏,树墝不欲专生而独居。**

墝,瘠地。专生独居,不耐风旱。

**肥而扶疏则多粃,墝而专居则多死。不知耨者,去其兄而养其弟,不收其粟而收其粃。上下不安,则稼多死。得时之禾,长秱而大穗,圜粟而薄糠,米饴而香,舂之易而食之强;**

禾,谓粟也。秱,穗颈也。圜,圆也。饴,谓味甘如饴也。

失时之禾,深芒而小茎,穗锐多秕而青蘦。

深芒,长芒也。锐,细也。青蘦,其米青也。

得时之黍,穗不芒以长,搏米而寡糠;

搏,谓以手挼谷而出米。

失时之黍,大本华茎,叶膏短穗。

本,根也。华茎,茎傍有华也。膏,言肥大也。

得时之稻,茎葆长䅣,穗如马尾;

葆,大也。马尾,言长也,

失时之稻,纤茎而不滋厚糠而菑死。得时之麻,疏节而色阳,坚枲而小本;

阳,光扬也。坚,牢也。言皮坚劲。

失时之麻,蕃柯短茎,岸节而叶虫。

蕃柯,谓枝柯多也。岸节者,高节也。

得时之菽,长茎而短足,其荚二七以为族,多枝数节,竞叶繁实,称之重,食之息;

菽者,豆也。族,聚也。息,犹盈也。

失时之菽,必长以蔓,浮叶虚本,疏节而小荚。得时之麦,长䅣而颈族,二七以䰂行,薄翼谓 高音屯。色,食之使人肥且有力;

薄翼,谓糠也。䰂,黄色也。其麦穗一行有二七粒。

失时之麦,胕肿多病,弱苗而䭆穗。

胕肿,谓茎根粗而且虫。䭆穗,多芒。

是故得时之稼丰,失时之稼约。庶谷尽宜,从而食之,使人四卫变强,耳目聪明,殃气不入,身无苛殃。

四卫,四支也。

善乎,孔子之言,冬饱则身温,夏饱则身凉。夫温凉时适,则人无疾疢；人无疾疢，是疫疠不行；疫疠不行，咸得遂其天年。故曰：谷者，人之天。是以兴王务鬻，王不务鬻，是弃人也。王而弃人，将何国哉？

## 兵道篇第九

兵者，不祥之器，不得已而用之。

**秦景主将视强兵于天下，**

秦恃崤函险固，兵强士勇，故欲示强于兵，使天下无敢与之敌。视，犹示也。

**使庶夫鲍戎必致亢仓子，**

庶长，秦爵号。鲍戎，人姓名也。

**待以坏邑十二，周实迫之。**

周，密也。欲问亢仓子计，故以十二邑待之，恐其不来，密使鲍戎迫之使必来。

**亢仓子至，自荣泉宾于上馆。**

荣泉，秦地名也。

**景主三日弗得所问，**

谓欲问之而不得也。

**下席北首顿珪曰：天果无意恤孤耶？**

北首顿珪，尽礼也。

**亢仓子油然亏眄曰：朕以主矞异之，问而宁弊弊焉？以斫刺矞故，**

油然，微动貌。亏，侧也。眄，顾盼也。朕，我也。我以景主有远异之问，而何为弊弊焉？言景主以兵戈斫刺为故乎？言其所问下。

**抑者亦随其欲而得正焉，无如可矣。**

言景主既以兵道问我,故我抑亦随其所欲而正之,非至理之可也。

**景主一拜再举,敛黼衼端珪,抑首而坐曰:实惟天所命。**

黼衼,绣襟也。抑首,低首也。惟天所命,愿垂告命。

**亢仓子仰榱而嘘,俯正颜色曰:原兵之所起与始,有人俱。**

榱,橼也。仰榱,仰面屋榱也。嘘,叹声也。嗟其不问至道,故仰面而发嘘叹。夫兵之所起与人俱生,本始有之,非独今也。

**凡兵也者,出人之威也。人之有威,性受于天,**

人有喜怒之性,本受于天。怒则威生,威生则兵起之由也。

**故兵之所自来上矣。尝无少选不用。**

少选,犹少时也。喜怒之情,用之无常,故无少时不用也。

**贵贱、夫少、贤愚相与同。**

同察怒气之动,则知兵起之原。

**察兵之兆,在心怀恚而未发,兵也;疾视作色,兵也;傲言推拨,兵也;侈斗攻战,兵也。此四者鸿细之争也。**

恚,怒也。作色,厉色。拨,亦推也,谓相推荡也。四者虽有大小之异,皆有怒心,故为兵也。

**未有蚩尤之时,人实揭材木以斗矣。**

蚩尤,黄帝时豫诸侯,兄弟八十一人,铜头铁额,与帝战于涿鹿之野,造兵器,后为黄帝所灭也。

**黄帝用水火矣,**

或引水注邑,或纵火烧城。

**共工称乱矣,**

共工与颛顼争天下。

**五帝相与争矣,一兴一废,胜者用事。**

用兵之道,有废有兴,皆以顺天而胜者,得用耳。

夫有以咽药而死者,欲禁天下之医,非也;有以乘舟而死者,欲禁天下之船,非也;有以用兵丧其国者,欲禁天下之兵,非也。夫兵之不可废,譬水火焉,善用之则为福,不善用之则为祸。是故怒笞不可偃于家,刑罚不可偃于国,征罚不可偃于天下。

笞,鞭杖。偃,息也。

古之圣王有义兵而无偃兵,

义兵者,顺天应人,所以诛暴乱也。

兵诚义以诛暴君而振苦人,人之悦也,若孝子之见慈亲,饿隶之遇美食,号呼而走之,若强弩之射深谷也。

振,救也。隶,仆隶也。强弩之射深谷,言救之疾也。

胜负之决,勿征于他,必反人情。

兵之胜负,勿征验于他,反求人情,则得之。

人之情欲生而恶死,欲荣而恶辱,死生荣辱之道一,则三军之士可使一心矣。

人君与三军之士同其死生荣辱,则三军虽众,可使一心矣。

凡君欲其众也,心欲其一也。三军一心,则令可使无敌矣。古之至兵,盖重令也。

古之至极善用兵者,盖重慎其令也。

故其令强者其敌弱,其令信者其敌诎。先胜之于此,则胜之于彼。

夫料敌制胜,必先自料。若与众同死生,而三军一心,则胜于彼矣。

诚若此,则敌胡足胜也?凡敌人之来也,以求利也。今来而得死,且以走为利,敌皆以走为利,则刃无所与接矣,此之谓至兵。傲虐奸诈之与义理反也。

言奸兵与义兵,逆顺之理相反。

其势不俱胜,不两立。

义兵胜,奸兵败。

故义兵之入于敌之境,则人知所庇矣。兵至于国邑之郊,不践果稼,不宼丘墓,不残积聚,不焚室屋,得人虏厚而归之。信与人期,以夺敌资,以章好恶,以示逆顺。

先示之以义也。

若此而犹有愎狠凌傲遂宕不听者,虽行武焉可也。

愎狠,犹恶戾也。宕,流宕也。先行义以示之,犹有恶戾不听服者,用武诛之可也。

先发声出号令曰:兵之来也,以除人之雠,以顺天之道。故克其国,不屠其人,独诛所诛而已矣。

独诛者,暴君也。

于是举选秀士贤良而尊封之,求见孤疾长老而拯救之。

孤疾之人拯给之,长老者致敬之也。

发府库之财,散仓廪之谷,不私其物,曲加其礼。

不私其利,与众共之,曲加其礼,聘以求贤也。

今有人于此,能生死一人,则天下之人争事之矣。

生,犹活也。言有人以义能活一人之死,则天下咸能事之矣。

义兵之生一人亦多矣,人孰不悦?故义兵至,则邻国之人归之若流水,诛国之人望之如父母。行地滋远,得人滋众。辞未终,景主兴,稽首曰:孤获闻先生教言,不觉气盈宇宙,志知所如也。而心滋益龚,

既闻义兵之道,鄙其奸傲之心,故气志盈满,充塞宇宙,志知所

如也。

**于是步前称觞**，音觞。**为亢仓子寿，**
举步前进称献寿，所以严师重道也。
**拜居首列师位，严于斋室。又月涉旬，辰加天关，白昼行道。**
天关,即天纲,谓辰时也。行道,行弟子礼也。